Lektorat: Jutta Bloemeke, Mark Bloemeke
Cover-Gestaltung und Layout: Mark Bloemeke
Mitarbeit: Harald Bluschke
Beratung: Richard Weize

www.voodoo-verlag.com

Erweiterte zweite Auflage

ISBN 978-3-00-071795-6

Rüdiger Bloemeke

Capitol Records

Wie Amerikas Musik Europa eroberte

VOODOO

Inhalt

VORWORT

Es ist heute – in einer Zeit, in der Musik über Streaming-Dienste abrufbar ist, – schwer vorstellbar, was es 1949 bedeutete, dass nach Jahren der Diktatur Schellackplatten mit amerikanischer Musik erstmals wieder in Deutschland vereinzelt erhältlich waren. Dass mit einem Mal, wenige Jahre nach der Zerstörung und Erstarrung des Landes durch den Nazi-Terror, die den Faschisten verhasste amerikanische Kultur präsent war. Ebenso schwer nachvollziehbar ist, dass ein deutscher ehemaliger Offizier der Reichsarmee aus der Mark Brandenburg und ein amerikanischer ehemaliger Radiohändler aus Nebraska in der Ruinenstadt Berlin einen Vertrag abgeschlossen hatten, der das ermöglichte. Beide, Hans Lieber und Glenn Wallichs, waren jetzt an die Spitze von Plattenfirmen gelangt, der eine bei Telefunken, der andere bei Capitol Records, und schlossen eine Vereinbarung, die das westliche Europa mit den Platten der Firma aus Hollywood versorgte. Das geschah noch vor Gründung der Bundesrepublik. Ein Jahr zuvor hatten bereits Capitol-Kundschafter, die mit der „Queen Mary" angereist waren, das Terrain sondiert. Telefunken war von ihnen als Lizenznehmer ausgewählt worden, um verschiedene Staaten auf dem europäischen Festland mit Matrizen zu versorgen. Es war ein folgenschweres Tauschgeschäft: Die Amerikaner bekamen von den Deutschen europäische Klassik geliefert, die Deutschen wurden im Gegenzug mit amerikanischer Pop-Musik versorgt. Capitol hatte sich damit als erstes US-Label nach 1945 in Europa etabliert und so einen Vorsprung vor der Konkurrenz erlangt. Zwar war amerikanische Musik in den 20er und 30er Jahren bereits präsent gewesen, zum Beispiel auf dem Brunswick-Label, doch der Zweite Weltkrieg hatte eine Zäsur bedeutet. Das durch die Hitler-Herrschaft von Norwegen bis Österreich entstandene Vakuum wurde erst jetzt durch die dank Capitol hereinströmende US-Kultur wieder beseitigt. Was zunächst angeboten wurde – erst Jazz, dann Filmmusik und Pop, dann Country –, traf in Deutschland auf ein wenig vorbereitetes Publikum.

Der während der Berlin-Blockade abgeschlossene Vertrag war für die Verantwortlichen der Telefunken-Platte mit großem Risiko verbunden, weil sie sich den Amerikanern gegenüber zur Veröffentlichung verpflichten mussten. Schließlich fehlte es den Berlinern an Produktionsmöglichkeiten, an Vertriebswegen und vor allem an Geld. Trotzdem entwickelten sich die Telefunken-Capitol-Beziehungen zu einer bisher wenig beachteten

Erfolgsgeschichte. Gegen alle Widerstände! Während in den von der deutschen Besatzung befreiten Ländern wie Holland und Frankreich das neue Angebot begrüßt wurde, gab es bei den Deutschen Vorbehalte. Man befürchtete, dass die Amerikaner, nachdem sie die politische Macht mit der Militärregierung übernommen hatten, jetzt zur kulturellen Übermacht werden könnten. Die Musik der Befreier galt hier als Musik der Besieger, der Eroberer. Die Gefahr einer „Amerikanisierung" wurde heraufbeschworen. Teile der Bevölkerung, die der Meinung waren, dass in der Nazi-Zeit „nicht alles schlecht" war, hatten noch Begriffe wie „Niggerjazz" und „entartete Musik" in den Köpfen. Ihre Gesinnung hielten sie für guten Geschmack und verdammten die Moderne aus Amerika. So stemmten sie sich gegen die Tatsache, dass die USA in Politik, Wirtschaft und Kultur – und hier besonders in der Musik und beim Film – nach 1945 der dominierende Einfluss in der Bundesrepublik wurden. Lediglich die Swing-Jugend, die ihren Jazz trotz aller Verbote nicht aufgegeben hatte, atmete auf und empfand die Capitol-Platten als Lichtblick in einer grauen Welt. Erzählungen von Zeitzeugen schildern das eindringlich. Von Seiten der deutschen Rundfunksender war keine große Unterstützung zu erwarten. Zwar hatten die Funkhäuser von Baden-Baden bis Hamburg Jazz-Sendungen im Programm, aber zu ungünstigen Sendezeiten. Für mehr Akzeptanz der US-Musik sorgten statt dessen die Soldatenradiostationen AFN und BFN, deren Sendungen von Jugendlichen im Land mit Begeisterung gehört wurden. Anders als die Erwachsenen gingen sie nicht auf Distanz zu den GIs und Tommys, sondern suchten deren Nähe. Die lässige Art der Soldaten war eine Offenbarung für sie und vermittelte ihnen ein Lebensgefühl der Modernität.

Wie die meisten deutschen Radiostationen ignorierte die überregionale Presse die musikalische Entwicklung. Ausnahme: „Der Spiegel" berichtete nach ersten Artikeln 1952 über Capitol-Künstler dann ein Jahr darauf in einer Titelgeschichte über eine Europa-Tournee des Jazzers Stan Kenton. Verlässliche Quelle stellte in den 50er Jahren „die Schallplatte" dar – allerdings war sie als Zeitschrift der Firma TELDEC nicht immer objektiv. Sie brachte regelmäßig Plattenbesprechungen und stellte Künstler vor. Erst ab 1956 beschäftigten sich die neugegründeten Blätter „Bravo" und „Star-Revue" mit amerikanischer und englischer Musik. Gleichzeitig schossen sich die Tageszeitungen auf den neuen Rock 'n' Roll-Boom ein, der als Angriff auf die Werte des „Dichter und Denker"-Volkes verurteilt wurde. Die deutsche Musikbranche sah das anders. Schon früh bemühten sich hiesige Verlage um Copyrights von erfolgreichen US-Songs und versorgten Schlagersänger mit deutschen Texten zu den amerikanischen Originalen. Die Liste dieser Cover-Versionen ist lang.

Ende 1956 lief der Vertrag zwischen Telefunken und Capitol aus. Die Plattenfirma aus Hollywood gehörte von jetzt an dem internationalen Konzern EMI, war in dem Unternehmen ein Label unter vielen. Capitol Records hatte in den zurückliegenden sieben Jahren Europa mit einer Palette an moderner Musik bereichert und mit bedeutenden Künstlern vertraut gemacht: Frank Sinatra, Nat King Cole, Dean Martin, Al Martino, Les Paul und Mary Ford, Kay Starr, June Christy, Jo Stafford, Stan Kenton, Miles Davis, Gerry Mulligan, Harry James, Ray Anthony, Ella Mae Morse, T-Bone Walker, Tennessee Ernie Ford, Faron Young, Hank Thompson, Gene Vincent und viele mehr. In dieser Zeit gingen die Pionierjahre des Labels zu Ende. Das Start-up hatte sich zum Global Player entwickelt. Es war eine unglaubliche Geschichte. Der mitten im Krieg auf Initiative des Songwriters und Sängers Johnny Mercer gegründeten Plattenfirma hatten Insider kaum Chancen gegeben. Die Schellackmasse für die Plattenproduktion war damals rationiert, ein Musikerstreik ließ die Aussichten auf Erfolg zudem düster erscheinen. Dieser Situation begegneten die Gründer Johnny Mercer, Glenn Wallichs und Buddy DeSylva mit Einfallsreichtum. Ihr Programm, ihre Musikerauswahl, ihre Geschäftsmethoden machten ihre Firma zur Avantgarde. Auf allen Gebieten waren sie der Konkurrenz immer voraus: In der gleichzeitigen Einführung der Formate Langspielplatte und Single, mit der Gestaltung der Cover, mit Veröffentlichung eines ersten Tributalbums und eines ersten Konzeptalbums. Nicht zuletzt mit der Idee, Europa zu erobern. Am Anfang der Geschichte stand die Kreativität eines Mannes: Johnny Mercer. Seine Geburtsstadt Savannah in Georgia erinnert an ihn auf einem zentralen Platz in der Stadt mit einem Denkmal. Und dieses Buch würdigt seine wesentliche Rolle in der Musikgeschichte.

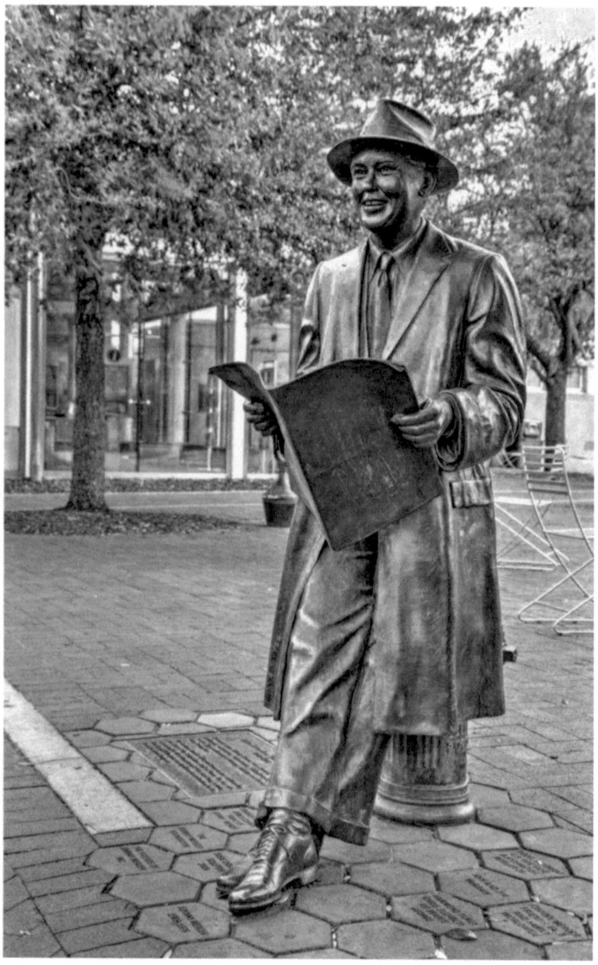

Mercer-Denkmal in Savannah

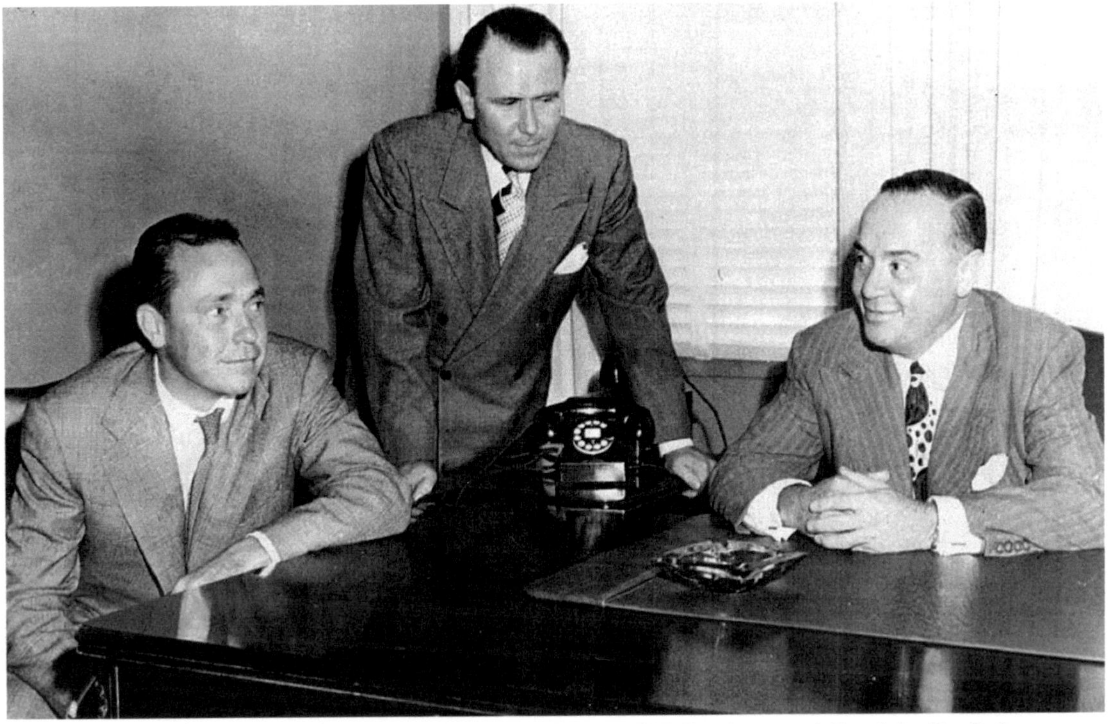

Drei Visionäre: Johnny Mercer, Glenn Wallichs und Buddy DeSylva

TEIL I

„ICH MÖCHTE EINE PLATTENFIRMA GRÜNDEN“

Auf Golfplätzen gehört es zur Gepflogenheit, über Geschäfte zu sprechen. Für Songschreiber und Sänger Johnny Mercer war das allerdings ungewöhnlich. Denn er war in seinem Selbstverständnis kein Geschäftsmann, aber die Idee, die er seinem Co-Autor Harold Arlen und dem Bandleader Bobby Sherwood am Rand des Green unterbreitete, sollte zu seinem größten kommerziellen Erfolg werden. „Ich habe diese Idee, eine Plattenfirma zu gründen. Ich bin so überdrüssig zu hören, wie Musik behandelt wird. Und ich mag auch nicht, wie Musiker behandelt werden. Ich weiß noch nicht, aber es könnte Spaß machen.“ Seine Spielpartner zeigten Verständnis, aber kein Interesse an so einem gewagten Unterfangen. Das sah bei Glenn Wallichs schon anders aus. Der Besitzer von „Music City“, dem größten Musikalien- und Plattenladen der USA in Los Angeles, erkannte die Chancen von Mercers Plan. Die beiden hatten sich kennengelernt, als Johnnys Frau Ginger einmal Wallichs engagierte, damit er ein Radio im Auto ihres Mannes installierte. Seither besuchte Mercer häufig

„Music City“, um Platten zu hören, zu kaufen und sich mit Wallichs zu unterhalten. Der hatte schon selbst darüber nachgedacht, ins Plattenproduzieren einzusteigen. „Das ist gut“, sagte Wallichs zu Mercers Vorschlag, „du leitest die Plattenfirma und engagierst die Künstler!“ Und Mercer erwiderte: „Und du kümmerst dich ums Geschäftliche.“

Zwei Monate nach dem japanischen Angriff auf Pearl Harbor und einen Monat nach Amerikas Kriegserklärung gegen Deutschland klang die Idee entlegen. Was die USA jetzt am wenigsten brauchten, war noch eine Plattenfirma. Und was den Newcomern ganz dringend fehlte, war Kapital. Die großen amerikanischen Labels wie RCA und Brunswick in New York hatten große Konzerne im Rücken, Columbias Muttergesellschaft war ein erfolgreiches Filmstudio. Da lässt es sich leicht nachvollziehen, dass Mercer andachte, seinen Bekannten Buddy DeSylva ins Boot zu holen. DeSylva hatte mit ihm in der Vergangenheit Songs geschrieben und war jetzt Produzent bei Paramount Pictures. Das Restaurant Lucey's an der Melrose Avenue in Hollywood lag auf der anderen Straßenseite des Filmstudios. Dort trafen sich die drei im Februar 1942, um die Finanzierung zu besprechen. DeSylva schloss aus, dass Paramount einsteigen würde, aber er war bereit, 25 000 Dollar zu investieren – für 30 Prozent der Anteile. Als die Bedienung die Rechnung brachte, hatten Mercer, Wallichs und DeSylva auch schon einen Namen für ihr Unternehmen gefunden: Liberty Records. So begann das Abenteuer der Gründung einer internationalen Plattenfirma. Im März meldeten sie ihr Label an.

Und es begann gleich mit einem Rückschlag: Der Name Liberty ließ sich nicht verwenden, weil eine New Yorker Musikladenkette den Begriff reserviert hatte. Also traf man sich wieder in einem Lokal, diesmal im „Chacen's“ am Beverly Boulevard, denn es gab ja noch keine Büroräume. Ginger Mercer war mit von der Partie, und sie machte den rettenden Vorschlag: Capitol Records. Das kam bei den Teilhabern gut an, vor allem, weil Wallichs gleich das Logo entwickelte – eine Abbildung des Capitols in Washington, gesäumt von vier Sternen. Am 1. Juni 1942 wurde dieser Name ins Handelsregister eingetragen. Gründer Mercer übernahm die Position des Präsidenten.

Capitol war die erste Plattenfirma, die einen Künstler zum Präsidenten hatte. Und die erste, die noch keine Verträge mit Interpreten hatte. Das stellte sie vor ein Problem, da die bekanntesten Musiker an andere Labels gebunden waren. In dieser Situation kam den Neulingen zugute, dass Johnny Mercer schon lange als Songschreiber und Sänger im Geschäft war. Als Autor gehörte er zur selben Liga wie George Gershwin, Irving Berlin, Cole Porter, Jerome Kern, Harold Arlen,

Hoagy Carmichael und Richard Rodgers. Damit war er schon einmal als erster Capitol-Star gesetzt. Aber nicht nur das: Er war so gut vernetzt, dass er binnen kurzer Zeit eine beachtliche Schar an Künstlern akquiriert hatte. Wer würde schon ein Angebot ablehnen, wenn Johnny Mercer anrief.

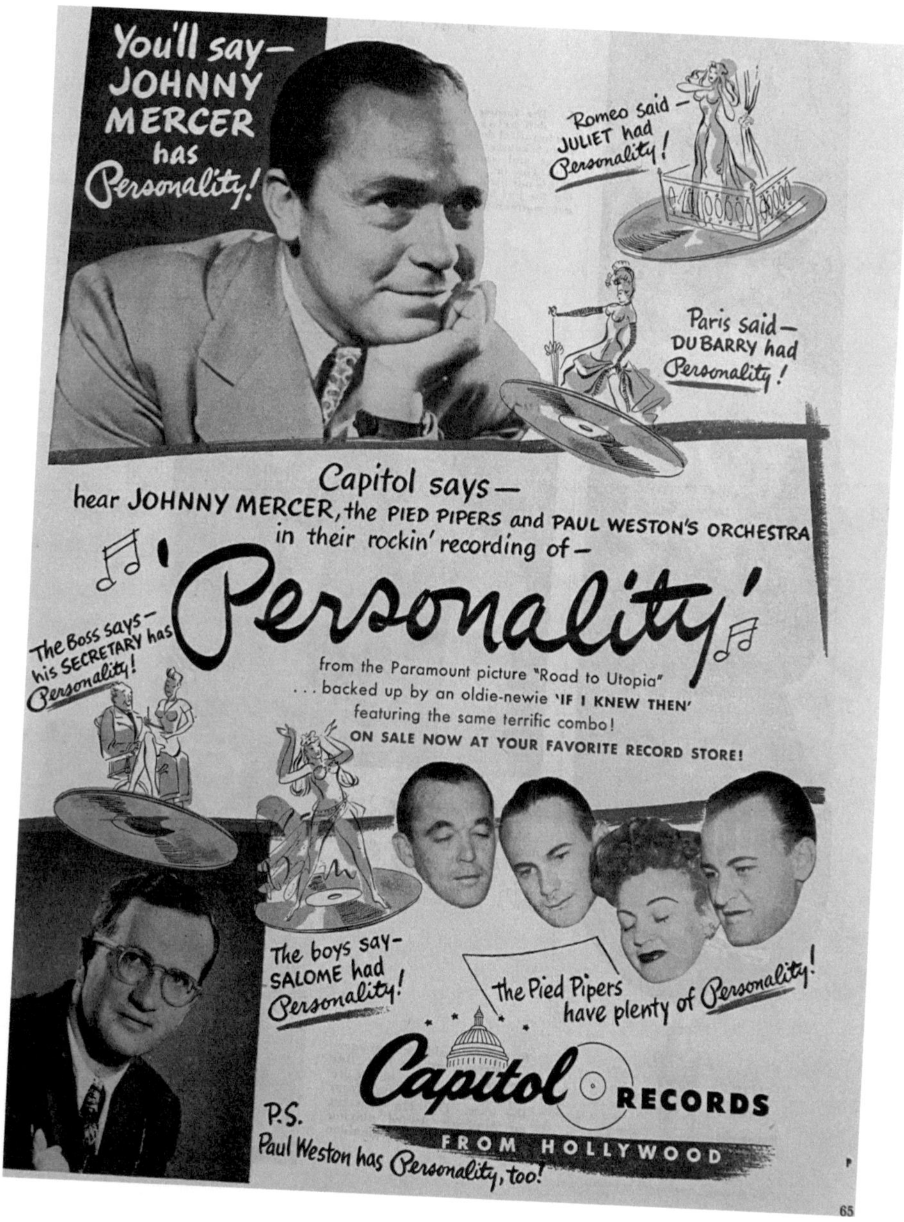

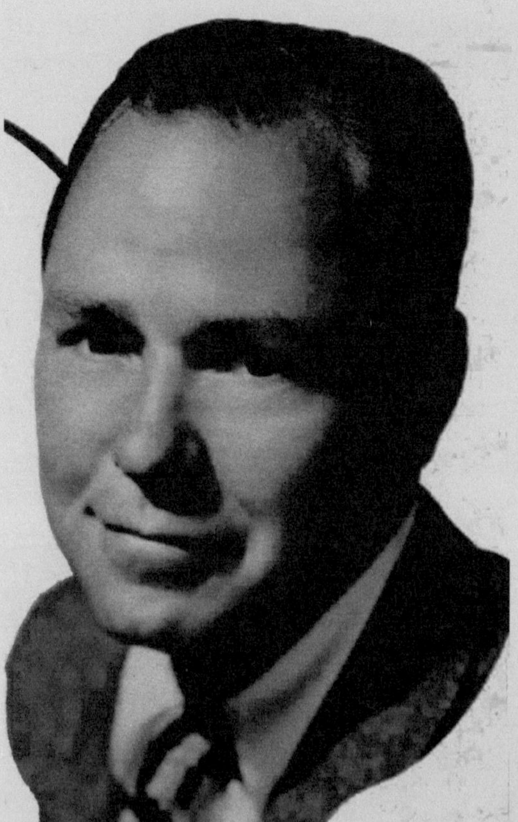

Porträt

JOHNNY MERCER
(18. 11. 1909 - 25. 6. 1976)

Johnny Mercer war einer der erfolgreichsten und populärsten Songschreiber des 20. Jahrhunderts. Er kam in Savannah, Georgia, als Sohn eines Anwalts zur Welt. In seiner Jugend wuchs er mit weißen und schwarzen Nachbarskindern auf, deren Dialekt er lernte. Sein Interesse an Musik wurde von seinen Eltern unterstützt. Eine Tante besuchte mit ihm Vaudeville und Minstrel Shows. In Georgia kamen die musikalischen Einflüsse des Jazz aus New Orleans und der Country-Musik aus den Appalachian Mountains zusammen, die ihn beide prägten. Mit einer Theatergruppe ging er im Alter von 19 Jahren nach New York und begann, neben seinen Auftritten Lieder zu schreiben. Ein Auftrag für ein Musical brachte ihn vorübergehend nach Los Angeles. Zurück in New York gewann er einen Wettbewerb als Sänger bei Paul Whitemans Orchester. Mit dem bekannten Autor Hoagy Carmichael schrieb er „Lazy Bones", seinen ersten erfolgreichen Song. Ein Angebot der Filmgesellschaft RKO brachte ihn als Schauspieler nach Hollywood. Im Anschluss arbeitete er als Songschreiber für Warner-Brothers-Filme. Diese Betätigung verschaffte ihm schließlich Ruhm in der Szene. „Jeepers Creepers", „Goody Goody", „You Must Have Been A Beautiful Baby", „Fools Rush In" und „And The Angels Sing" brachten Anerkennung, aber sein Durchbruch kam, als er sich mit dem Komponisten Harold Arlen zusammentat, um zu schreiben: „Blues In The Night", „One For My Baby", „Ac-Cent-Tchu-Ate the Positive", „That Old Black Magic", „Come Rain Or Come Shine". Mercer verfasste über 1 700 Lieder, von denen er einige auch selbst sang. 18mal wurden seine Songs für Oscars nominiert. Gewonnen hat er die Auszeichnung für „On The Atchison, Topeka & Santa Fe", „In The Cool, Cool, Cool Of The Evening", „Moon River" und „The Days Of Wine and Roses". 1942 gründete er mit Glenn Wallichs und Buddy DeSylva Capitol Records.

ERSTE AUFNAHMEN, ERSTE MITARBEITER

Wer sofort zusagte, war der „King of Jazz“ Paul Whiteman, mit dessen Orchester Johnny früher in New York aufgetreten war. Wie selbstverständlich übernahm Mercer auch die Funktion des Produzenten. Für die Aufnahmen wurde das Radio Records Studio am Santa Monica Boulevard gebucht. Der erste Termin war der 6. April 1942: Mercer hatte dafür Martha Tilton vors Mikrophon geholt, die „Moon Dreams“ sang. Am 5. Mai folgte Bobby Sherwood mit seinem Orchester. Am 21. Mai nahm das Orchester Freddie Slack einen Titel mit Johnny Mercer – „Air-Minded Executive“ – auf, einen mit Ella Mae Morse – „Cow Cow Boogie“.

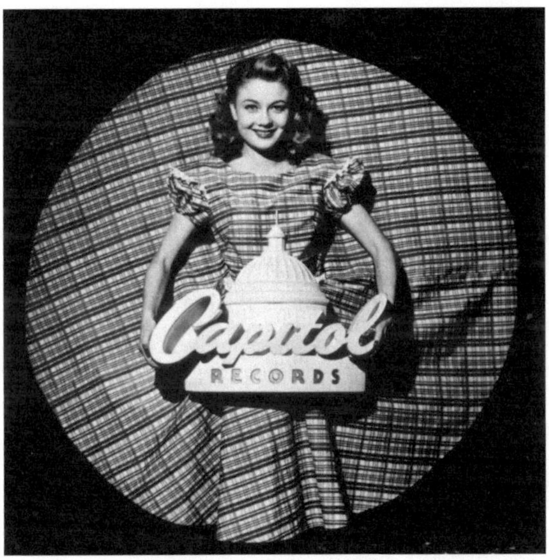

Smash-Hit mit „Cow Cow Boogie“: Ella Mae Morse

Die 17-jährige Texanerin fühlte sich in der Situation verunsichert und wollte nach dem ersten Take das Lied noch einmal singen, weil sie es besser könne, aber Mercer entschied: Besser geht es nicht. Er hatte recht.

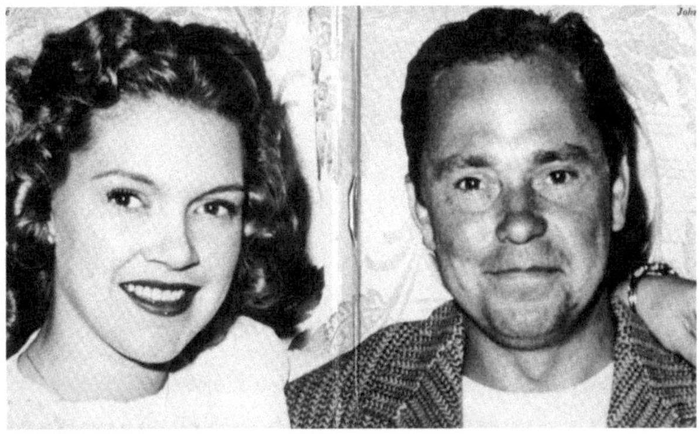

Ella Mae Morse und Johnny Mercer

Seine Geschmacksicherheit und Akribie bekam auch eine andere Anfängerin zu spüren. Mercer kannte seit ihrer Kindheit die Tochter seines Co-Autors Richard Whiting, mit dem er „Too Marvelous For Words“ geschrieben hatte. Jetzt überzeugte er die 17-jährige Margaret, dass ihr Gesang sie zu einem Plattenstar machen würde. Seine Auswahl für die Session mit ihr ist heute weltberühmt: „Moonlight In Vermont“. Er animierte sie bei der Aufnahme, sich jede der beschriebenen Jahreszeiten bildhaft vorzustellen: „Die fallenden Blätter der Ahornbäume... Ich möchte von dir die Kälte, die Wärme, die ersten Düfte des Frühlings...“ So führte er sie durch den poetischen Text, betonte die Schönheit der Worte. Margaret Whiting: „Da war er großartig, brillant.“ Als sie sich die Zeile „Ski tows down a mountainside" nicht vorstellen konnte, weil sie in Kalifornien aufgewachsen war, rief er die Autoren von „Moonlight In Vermont" an und bat sie, statt dessen „Ski trails down a mountainside" verwenden zu dürfen. Was sie sofort akzeptierten. Als Orchester hatte er Billy Butterfield ins Studio geholt. Wie andere auch war Margaret Whiting der Ansicht: „Capitol was Johnny!"Gemeinsam mit Johnny Mercer hatte sie 1949 einen Hit: „Baby It's Cold Outside" von Frank Loesser, das im Film „Neptune's Daughter" (als „Neptuns Tochter" 1951 in deutschen Kinos) von Esther Williams and Ricardo Montalban gesungen wurde, entwickelte sich von da an zu einem Standard der Pop-Musik. Die Version von Whiting und Mercer blieb die populärste. In der Bundesrepublik textete Ralph Maria Siegel darauf „Baby, es regnet doch", was Rita Paul mit Peter Cornehlsen (1949) und mit Bully Buhlan (1950) aufnahm. Weitere frühe Versionen: Renée Francke mit Heinz Erhardt (1950) und Evelyn Künneke mit Erwin Halletz (1951).

Alle drei Sängerinnen, Ella Mae Morse, Martha Tilton und Margaret Whiting, die Mercer in den Anfängen produzierte, kamen mit ihren Songs groß raus. Auffällig ist, wie viele Frauen er gemeinsam mit Dave Dexter für sein Label verpflichtete: Peggy Lee, Jo Stafford, Kay Starr, Julia

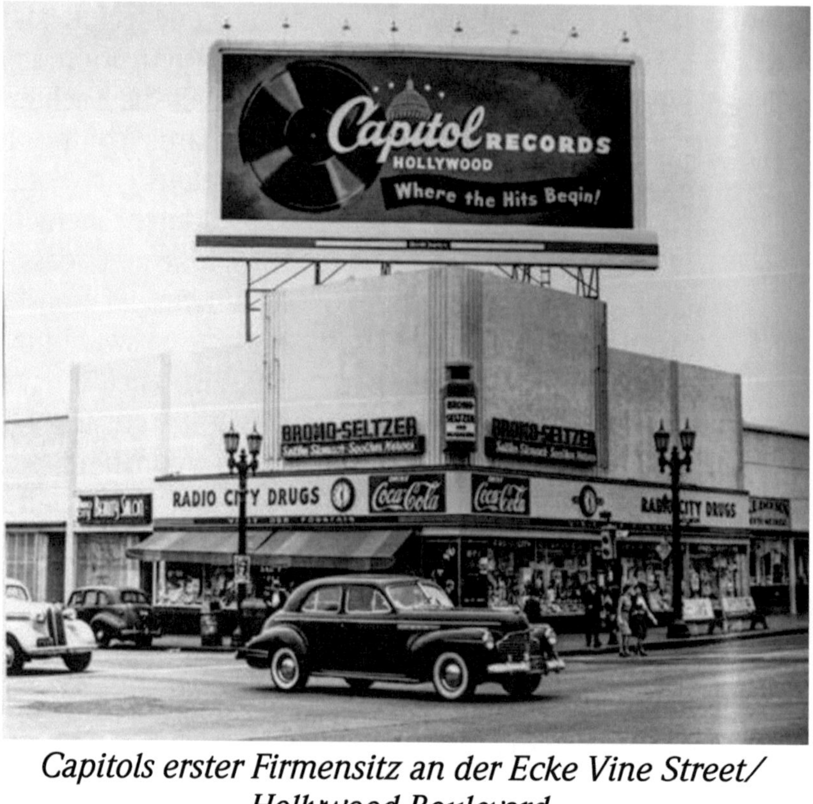

Capitols erster Firmensitz an der Ecke Vine Street/ Hollywood Boulevard

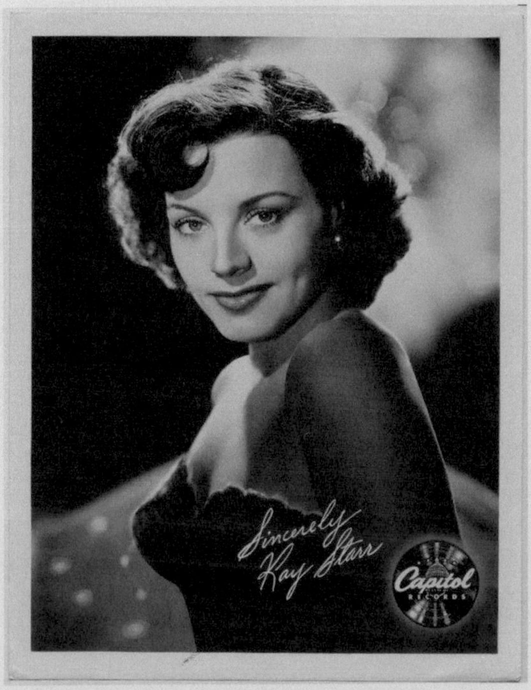

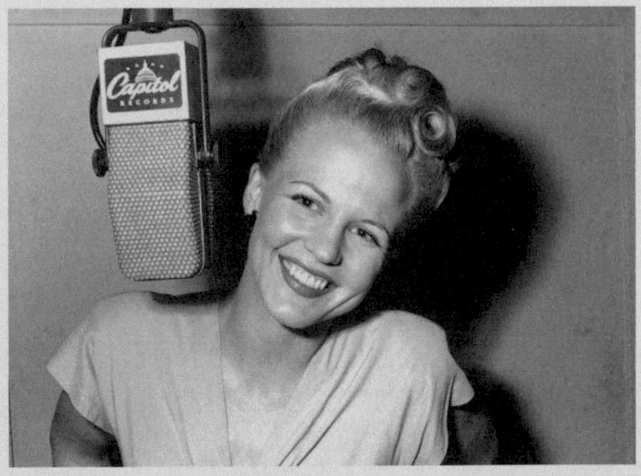

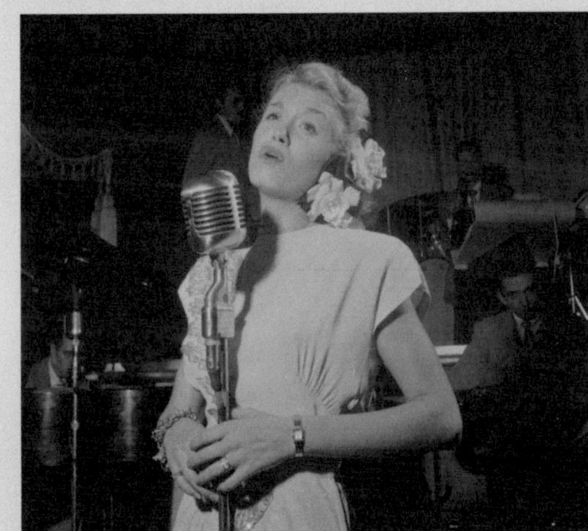

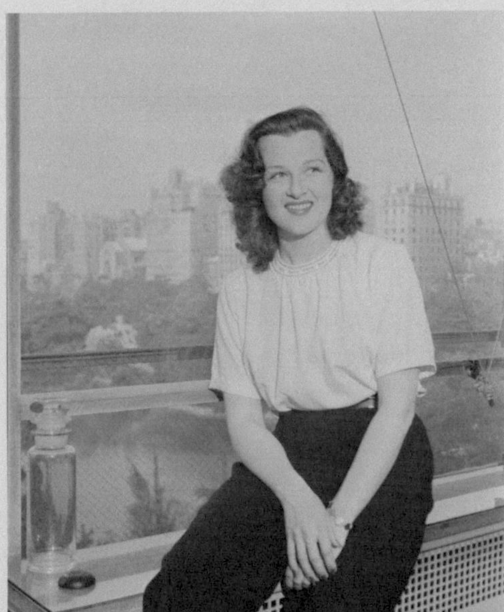

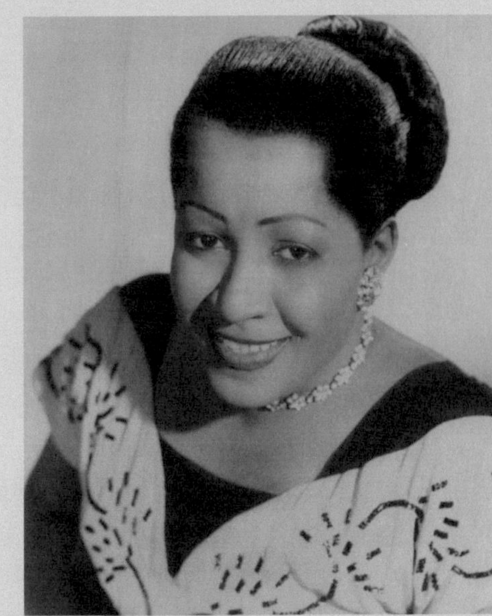

Capitol-Ladys: Kay Starr, Peggy Lee (im Uhrzeigersinn), June Christy, Nellie Lutcher und Jo Stafford

Lee, June Hutton, Judy Garland, June Christy, Nellie Lutcher, Anita O'Day. Er holte sogar Billie Holiday ins Studio, die noch anderweitig vertraglich gebunden war und deshalb bei der Capitol-Aufnahme seines „Trav'lin' Light" mit Paul Whitemans Orchester Lady Day hieß.

„Cow Cow Boogie" von Ella Mae Morse und Freddie Slacks Orchester, Nummer 103 Mercers „Strip Polka", Nummer 105 und 108 Martha Tiltons „The Angels Cried" und „Serenade In Blue" und Nummer 107 war für Bobby Sherwoods Orchester mit „Elk's Parade" reserviert. „Cow Cow

Porträt

GLENN WALLICHS
(9. 8. 1910 - 23. 12. 1971)

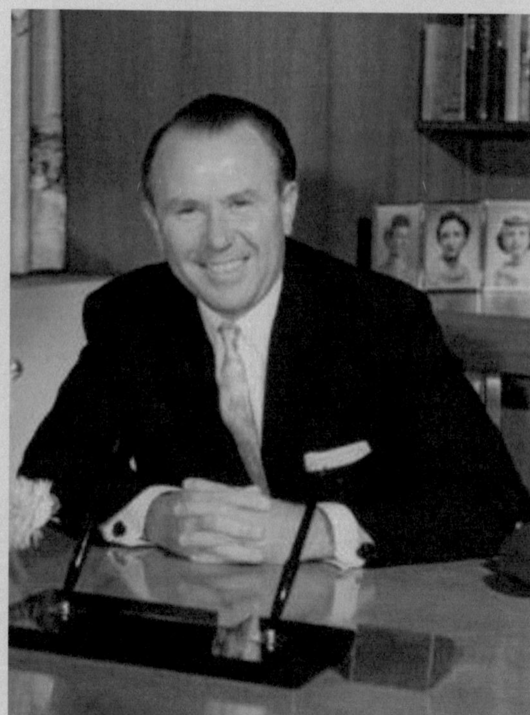

Der Sohn eines Angestellten der „Union Pacific Railway" kam in Grand Island, Nebraska, zur Welt. Mit 13 gelang es ihm, in einem Fingerhut das bisher kleinste Radio zu konstruieren, das auf Ausstellungen gezeigt wurde. Die Familie zog nach Kalifornien, und Glenn blieb an Radios interessiert. Als es noch keine Autoradios gab, installierte er ein Gerät in einen „Model T" Ford und kreierte damit eine noch heute unverzichtbare Innovation. Er eröffnete einen Radio-Laden und nahm zusätzlich Schallplatten mit ins Sortiment. Mitte der 30er Jahre eröffnete er zwei Aufnahmestudios in Los Angeles. 1942 gründete er mit Johnny Mercer und Buddy DeSylva Capitol Records.

Am 9. April war die Firma, die an der Vine Street angesiedelt war, offiziell gegründet worden. Am 1. Juli erschienen die ersten neun Platten. Nummer 101 war Paul Whitemans „I Found A New Baby", Nummer 102

Boogie" und „Strip Polka" wurden die ersten Hits für Capitol. Freddie Slack und Ella Mae Morse bescherten dem Label mit ihrem Boogie sogar eine Goldene Schallplatte.

Vizepräsident Glenn Wallichs, der mittlerweile ein Büro über seiner „Music City“ bezogen hatte und sich „ums Geschäftliche“ kümmerte, hatte großen Anteil am Erfolg der Aufnahmen, die der Präsident produziert hatte. Mit drei der aussichtsreichsten Platten besuchte er in Los Angeles den Discjockey Peter Potter, der davon sehr angetan war. Das ermutigte Wallichs, auch einen Versuch in New York zu starten, wo die Konkurrenzfirmen einen Heimvorteil hatten. Zuvor hatte er den New Yorker „Billboard“-Korrespondenten Dave

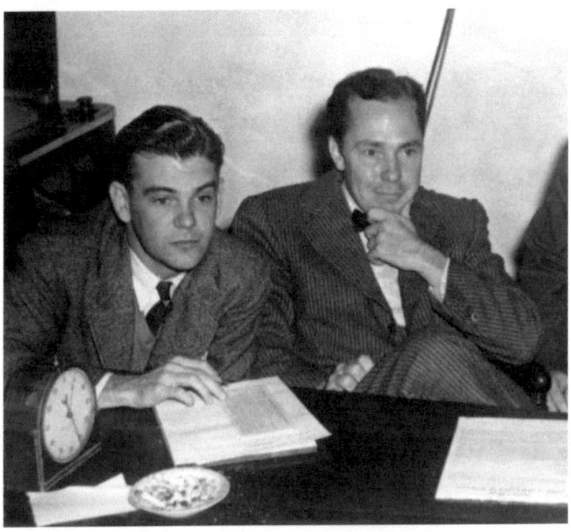

Dave Dexter und Johnny Mercer

Dexter angerufen und um Unterstützung gebeten. Dann packte er den „Cow Cow Boogie“, „Strip Polka“ und weitere Platten ein und flog in die Metropole. Dort zog er mit Dexter von Radiostation zu Radiostation und machte Promotion für seine kleine Firma. Offensichtlich mit Erfolg. Capitol war die erste Firma, die ihre Platten für Werbezwecke kostenlos verteilte. Auch ein Artikel in „Down

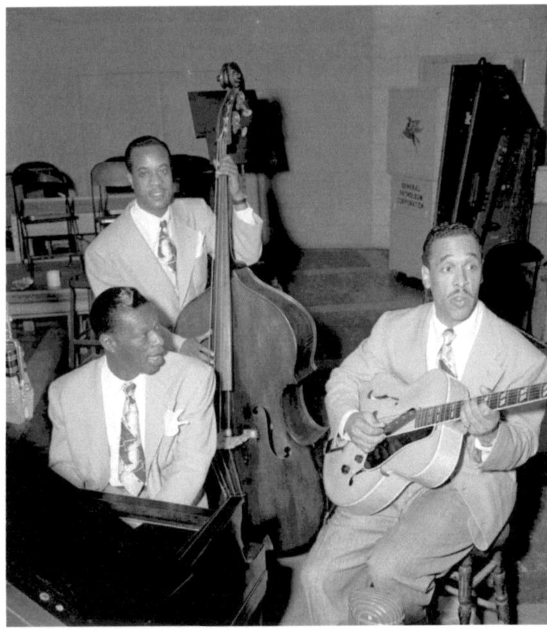

The Nat King Cole Trio

Beat“ vom 15. Juli 1942 mit der Überschrift „New Capitol Records Splendid“ half: „Their first records... are excellent.“ Das Jahr 1942 brachte Capitol mit 25 Singles einen Umsatz von 200 000 Dollar.

Das war beachtlich, insbesondere da die Musikergewerkschaft American Federation of Musicians (AFM) vom 31. Juli bis in den Herbst 1943 die Plattenfirmen durch ihre Mitglieder bestreiken ließ, um bessere Bezahlung zu erreichen. Außerdem war wegen des Krieges die verfügbare Menge an Schellack begrenzt. Trotzdem expandierte die Firma. 1943 wurde Dave Dexter engagiert – zunächst für die Pressearbeit und Promotion und schon bald als A&R-Mann. Anfangs befürchtete er, die Chance, dass Capitol überleben würde, sei wegen des Streiks und der Rationierung

„hundert zu eins". Trotz dieser Schwierigkeiten gelang es den Newcomern in den Kriegsjahren, ein einmaliges Repertoire aufzubauen. Dexters Hauptinteresse galt dem Jazz, was für ein Label, dessen erste Platte von einem Jazz-Orchester stammte, eine Empfehlung war. Er versammelte Größen des Jazz, die gerade verfügbar waren, für die Editionsreihen „The Capitol Jazzmen" und „The Capitol International Jazzmen" und verpflichtete als Begleitsängerinnen der Jazzmen Peggy Lee und Kay Starr. Er holte Nat King Cole und Stan Kenton zu Capitol, Woody Herman und Duke Ellington. Von dauerhafter Bedeutung war seine Reihe „History Of Jazz".

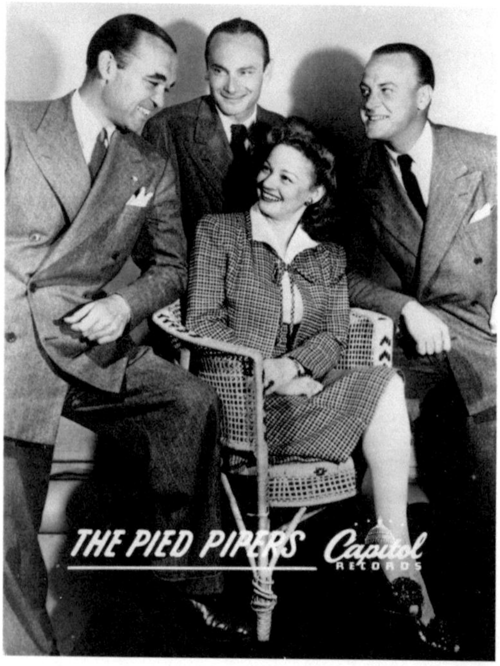

Nat King Cole – das King im Namen war eine Anspielung auf das Lied „Old King Cole" – hatte mit seinem Trio bereits 1937 bei der Eröffnung von Wallichs' Musikgeschäft gespielt. Zu der Zeit hatte er noch einen Vertrag mit Decca. Während des Musikerstreiks kaufte Capitol alte unveröffentlichte Masters von ihm und seinem Trio auf. Als der Aufnahmebann beendet war, begann dort seine Laufbahn als Jazz-Pianist. Zunächst wollte er bei den Sessions nicht singen, weil er sich nicht gut genug fand. Aber Johnny Mercer, der ihn in Nightclubs gehört hatte, ermutigte ihn dazu. 1955 wurde seine Geschichte sogar in einem 18 Minuten langen Universal-Farbfilm „The Nat King Cole Musical Story" ins Kino gebracht. Die Nähe zu den Filmstudios in Hollywood und die Beziehungen von Buddy DeSylva wurden von Capitol schon früh genutzt und sind Teil des Erfolgs des Labels. So sang Ella Mae Morse „Cow Cow Boogie" im Film „Reveille With Beverly" (1943), „No Love, No Nothin'" in „The Gang's All Here" (1943) und „Shoo Shoo Baby" in „Three Cheers From The Boys" (1944).

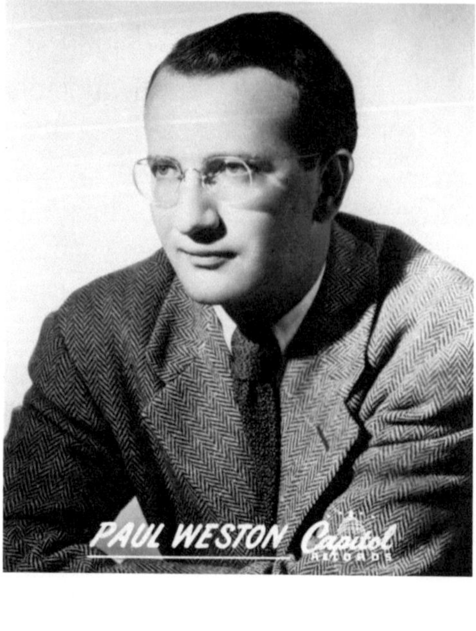

Persönliche Bekanntschaften bedeuteten in der Filmstadt Hollywood viel für das neue Label. So kam die erste feste Gruppe von Mitarbeitern zusammen. Bei Paramount arbeitete der Pianist Paul Weston, den Johnny Mercer dort durch Buddy DeSylva kennenlernte. Mercer engagierte ihn als Musikdirektor. Erfahrung als Arrangeur hatte Weston schon in den Orchestern von Tommy Dorsey und Bob Crosby sowie von Paul Whiteman gesammelt. Sein erster Einsatz war, „Strip Polka“ zu arrangieren. Weston brachte die Gesangsgruppe The Pied Pipers zu seinem Arbeitgeber, mit deren Anführerin Jo Stafford er liiert war. Ihre ersten Schritte ins Showbusiness hatte Stafford mit ihren Schwestern in einem Country-Trio für einen Radiosender in Los Angeles gewagt. Die Pied Pipers hatten in Tommy Dorseys Radio-Show für Aufsehen gesorgt und schwammen mit auf einer Welle der Vokalgruppen. Sie wurden zur ständigen Begleitung von Johnny Mercer, auch nachdem Jo Stafford sich selbständig machte und June Hutton ihre Rolle übernahm. „My Happiness“, nach „Dream“ einer der großen Hits der Pied Pipers, wurde hundertfach gecovert. Das Liebes- und Sehnsuchtslied kam auch in der Bundesrepublik an – in zwei Textversionen: „Dann denk an mich“ von Lale Andersen (1951), die sich selbst den Text schrieb, und „Immer will ich dir treu sein“ von Erni Bieler sowie Gitta Lind und Christa Williams (1959). Die Strategie, die hinter solchen Eindeutschungen stand, erläu-

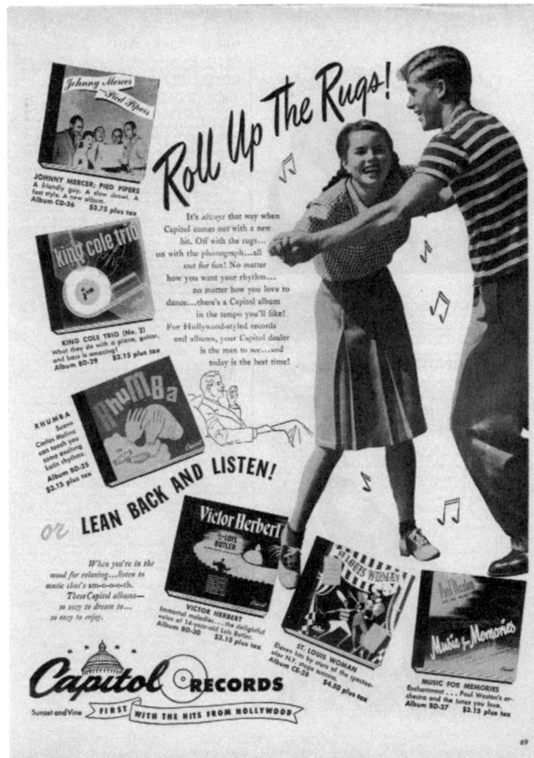

terten die deutschen Musikverleger Dr. Hans Gerig, Ralph-Maria Siegel und Paul C. R. Arends 1959 im „Billboard“: „Sobald sich eine Schallplatte in den USA als Hit erweist, wird der Titel von einem deutschen Verleger erworben, übersetzt, einer Schallplattenfirma zur Produktion übergeben und auf den Markt geworfen.“ Nicht selten wurde ein US-Hit nicht nur von mehreren Interpreten bei verschiedenen Labels gesungen, sondern tauchte auch in zwei deutschen Versionen auf. Es spielte keine Rolle, dass die „Übersetzung“ mit den Originalen nichts mehr zu tun hatte. Hauptsache, es gab ein deutsches Angebot. Die vielzitierte „Überfremdung“ durch Amerikanisches bereitete den Verlegern vor allem Sorgen, weil sie ihre Felle davonschwimmen sahen.

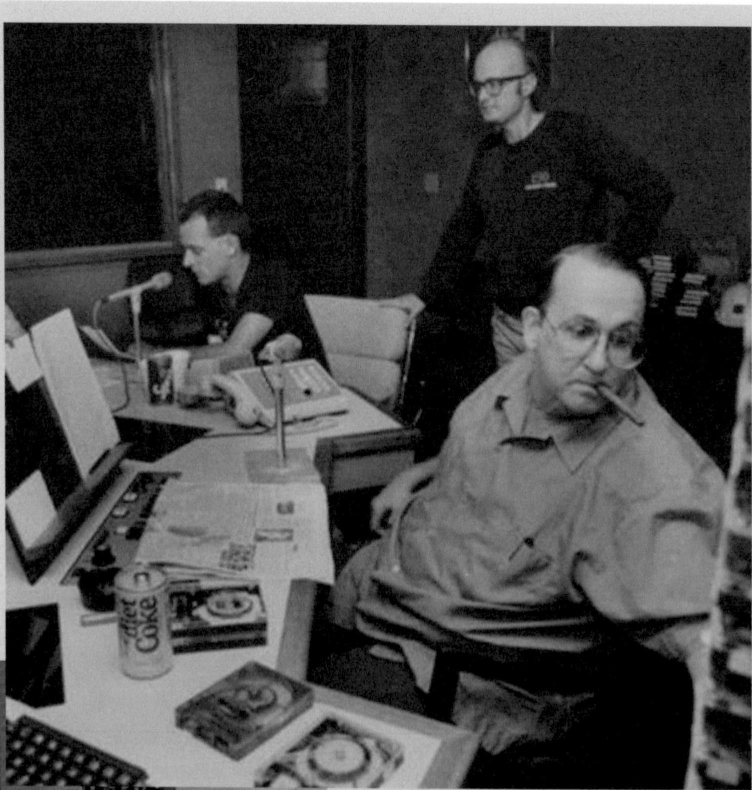

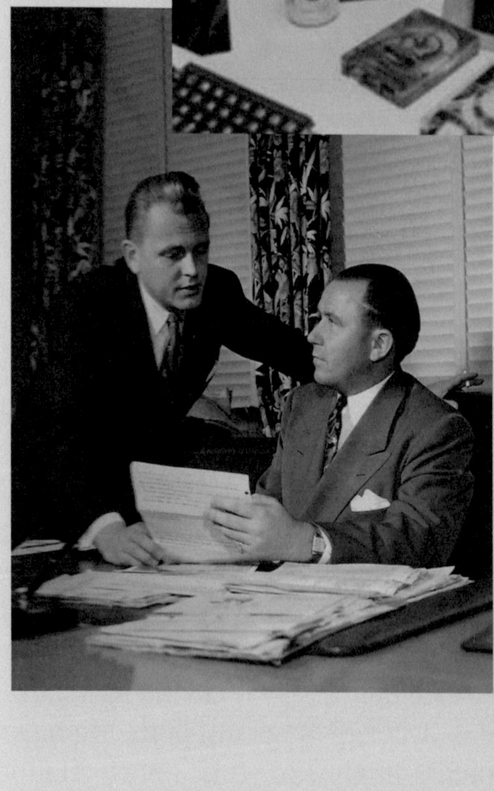

Verstärkung für die Capitol-Gründer: Lee Gillette (oben, rechts im Bild), Jim Conkling (mit Glenn Wallichs) und Ken Nelson

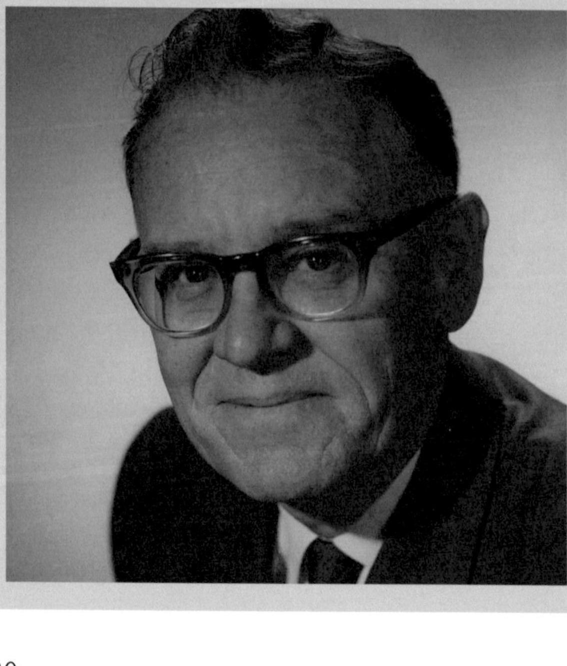

NEU DABEI: JAMES CONKLING, LELAND GILLETTE UND KEN NELSON

Mit Weston befreundet war der Trompeter James B. „Jim“ Conkling, den er 1944 auch zu Capitol holte. Conklings erster Job als Assistant A&R Manager war es, eine Platte mit dem Jazzer Stan Kenton zu produzieren. Außerdem wurde der Sänger Leland „Lee“ Gillette von Glenn Wallichs als Produzent angeworben. Er hatte ihn noch vor der Capitol-Gründung in Hollywood getroffen, als er sogenannte Transcription Discs mit Promotionplatten für Radiosender aufnahm. Das war für Capitol ein Glücksgriff. Gillette hatte zuvor in Chicago in einem Trio gesungen, zu dem auch Ken Nelson gehörte. Beide sollten bei dem Label in den kommenden Jahren historische Produktionen verantworten. Gillette und Nelson bauten eine Country-Abteilung auf. Country hatte seit den 30er Jahren einen festen Platz in der kalifornischen Radiolandschaft. Zumeist wurde die Musik als Parodie auf das vermeintlich hinterwäldlerische Leben der Landbevölkerung gespielt. Auch Folk-Sänger Woody Guthrie aus Oklahoma beteiligte sich in seinen Anfängen an diesen komödiantischen Darbietungen. Bekannte Country-Acts der kalifornischen Szene: Stuart Hamblen, die Sons Of The Pioneers mit Bob Nolan und Roy Rogers. Zunächst verpflichteten Gillette und Nelson die Cowboy-Filmschauspieler Tex Ritter und Jimmy Wakely. Mit Ritters „Jealous Heart“ und Wakelys „Slipping Around“ machten sie das deutsche Publikum schon früh mit Country-Musik (auf Ritters Telefunkenplatte als „Hilly-Billy“ bezeichnet) bekannt. Ritter war mit „Jingle Jangle Jingle“ (Capitol Nummer 110) unter den ersten US-Veröffentlichungen. Die beiden Produzenten nahmen die Musiker auf, wo die gerade anzutreffen waren – mit einem portablen Tonbandgerät und drei Mikrophonen: Hank Thompson bei ihm zu Hause in Texas, Leon Payne in einem Hotel in Houston. Paynes Verleger Fred Rose war auch aus Nashville angereist, um sicher zu gehen, dass sein Künstler richtig zur Geltung kam. So entstand 1949 Paynes berühmtes „I Love You Because“. Tex Williams, Cliffie Stone, Jimmy Bryant, Speedy West, Tennessee Ernie Ford, Hank Thompson, Jean Shepard, „Texas“ Bill Strength, Tommy Collins, Faron Young, Ferlin Husky – die Capitol-Country-Stars sind Legende.

Im Unterschied zum übrigen Capitol-Programm wurde das Country-Repertoire in erster Linie von männlichen Künstlern dargeboten. Anfänglich gaben ansonsten bei dem Label Frauen den Ton an: von Ella Mae Morse bis zu der Gesangsgruppe The Dinning Sisters. Ella Mae Morse hatte vor den anderen einen Startvorteil, weil der „Cow Cow Boogie“ alle Erwartungen übertroffen hatte. Sie wurde mit verschiedenen Orchestern ins Rennen geschickt: Freddie Slack, Dick Walter, Billy May, Ray Linn, Buddy Cole, Nelson Riddle, Dave Cavanaugh, Cliffie Stone, ihren „Boogie Woogie Four“ und anderen. Dreimal schaffte sie es bis 1944 wieder in die Charts. Für ihre Aufnahme von „Mister Five By Five“ holte Capitol 1942 auch T-Bone Walker mit Freddie Slacks Orchester ins Studio. Frühe Versuche, den Gitarristen zu produzieren, wurden bald wieder aufgegeben. Selbst von Leadbelly erschienen zunächst nur die Klassiker „Rock Island Line“ und „Irene“. Blues war nicht gerade die Stärke von Capitol. Auch die schwarze Pianistin und Sängerin Nellie Lutcher, die eher beim Jazz als beim Rhythm and Blues angesiedelt war, wurde von Telefunken nur mit zwei 78ern berücksichtigt.

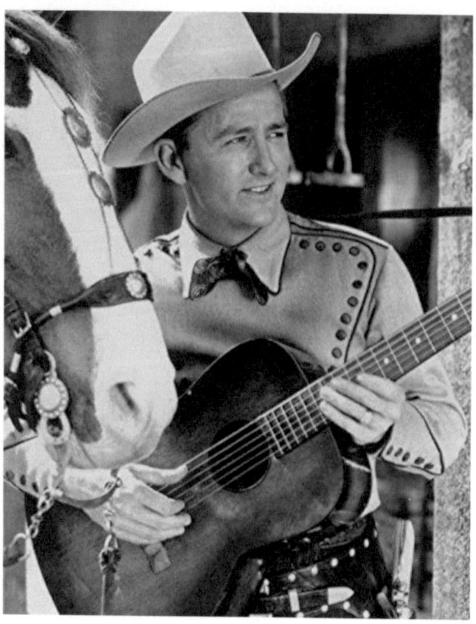

Filmstar Jimmy Wakely

Eine musikalische Mode, auf die das Label nach Ella Mae Morses „Cow Cow Boogie“ verstärkt bis in die 50er Jahre setzte, war der Boogie. Berühmte Beispiele: Ella Mae Morses „Oakie Boogie“, Tennessee Ernie Fords „Smokey Mountain Boogie“, „Shot Gun Boogie“ und „Catfish Boogie“ oder Sugar Chile Robinsons „Number’s Boogie“. Der Kinderstar Robinson brachte Capitol einen kurzen Auftritt in den Rhythm-and-Blues-Charts, für die das Label aber ansonsten kaum Angebote hatte. Kommerziell erfolgreicher waren in den 40er Jahren die Platten von Nat King Cole und Chef Johnny Mercer. Bis 1946 wurden Mercers Aufnahmen – nach „Strip Polka“ – sechsmal in den Charts notiert: „G. I. Jive“, „Ac-Cen-Tchu-Ate The Positive“, „Candy“ (mit Jo Stafford und den Pied Pipers), „On The Atchison, Topeka & Santa Fe“, „Personality“ und „Sugar Blues“. Die Pied Pipers wählte er zu seiner ständigen Begleitgruppe. „Ac-Cen-Tchu-Ate The Positive“ aus dem Film „Here Come The Waves“ (1944) wurde für einen Grammy nominiert, für „On The Atchison, Topeka And Santa Fe“ aus „The Harvey Girls“ (1946) bekam er ihn verliehen. Wallichs hatte voll auf den Erfolg dieses Songs gesetzt und 1945 in Zeiten von äußerst knappen Schellack-vorräten 500 000 Platten davon gepresst.

JOHNNY MERCER VERABSCHIEDET SICH

Seine Rolle als Präsident von Capitol interpretierte Mercer sehr eigenwillig. Er sah seine Bedeutung im Kontakt mit Künstlern, mit denen er durch die Nachtclubs zog. Dave Dexter erinnerte sich: „Johnny dachte nicht daran, um neun zu Bürozeiten anzutreten, er kam mit einem Sporthemd und alten Schuhen irgendwann ins Studio." 1945 war der Umsatz seiner Firma auf 5 100 000 Dollar gestiegen. 1946 hatte Capitol 42 Millionen Platten verkauft – ein Sechstel aller Platten in den USA. Aber dem Gründer Mercer wurde die Firma zu groß. Ihm missfiel auch, dass jetzt Cover-Versionen von Hits anderer Plattenfirmen gemacht wurden. Billy May: „Johnny war wütend darüber, vor allem wie alles nur noch um Konkurrenz ging." Seine Vorstellung von seinem Label war nie gewesen, in einem übergroßen Büro an einem riesigem Schreibtisch zu sitzen. Ginger Mercer erzählte: „Johnny sagte: Es macht mir da keinen Spaß mehr!" Eines Tages kam er von einer New-York-Reise ins Büro, und die Empfangsdame wusste nicht, wer er war. Das war ein Signal für ihn. „Abrupt ist er von Capitol weggegangen", berichtete Dave Dexter. Johnny Mercer legte seine Position als Präsident nieder, behielt aber seine Anteile. Was ihm blieb, waren die

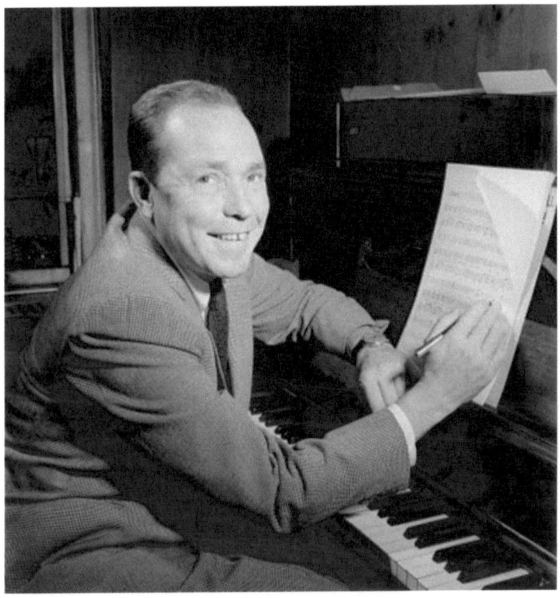

Texter und Komponist Johnny Mercer

einzigartigen Songs, die er gemeinsam mit so bedeutenden Komponisten wie Harold Arlen, Hoagy Carmichael, Walter Donaldson, Jimmy van Heusen, Jerome Kern, Harry Warren und Richard Whiting geschaffen hatte. Die in den 40er Jahren verfassten Musikstücke waren swingender Ausdruck des optimistischen Lebensgefühls der Amerikaner nach dem gewonnenen Krieg. Neuer Präsident wurde Glenn Wallichs, der verstärkt daran ging, mit dem Unternehmen zu expandieren. Verständlicherweise fanden sich in den Konkurrenzunternehmen kaum Leute, die bereit gewesen wären, ihren sicheren Job für die unsichere Zukunft von Capitol Records aufs Spiel zu setzen. Als Newcomer im Business war Wallichs darauf angewiesen, für seine Crew Talente zu suchen, die ebenfalls neu auf dem Gebiet waren. Zunächst installierte er Vertriebsbüros in den größten amerikanischen Städten. 1946 engagierte er Mike Maitland für das Außenbüro in Detroit. Maitland stieg bei Capitol zum Vice President auf, bevor er 1961 zu Warner Bros. wechselte. Im Rückblick sagte er: „Das Erfolgsgeheimnis von Capitol in den 40er Jahren war, dass die Verantwortlichen völlig unbelastet von festgefahrenen Denkweisen waren." 1948 kaufte Wallichs die Scranton Record Company in Pennsylvania, wo seit 1946 die Capitol-Platten gepresst worden waren. Im August setzte Capitol als erste amerikanische Plattenfirma das Tonband im Studio ein. Im selben Jahr betrug der Umsatz 16 900 000 Dollar – erwirtschaftet mit 400 78er-Singles und 44 Schellackalben. Capitols kreatives Team bestand jetzt aus Wallichs' Berater Dave Dexter und dem ebenfalls zum Vice President aufgerückten Jim Conkling sowie den Produzenten und Arrangeuren Paul Weston, Pete Rugolo, und Lee Gillette, der mit „Smoke! Smoke! Smoke! (That Cigarette)" von Tex Williams den ersten Millionseller für das Unternehmen produziert hatte.

Schon 1947 hatte Wallichs bei Columbia Records Sandor A. Porges abgeworben, wo der die internationale Abteilung geleitet hatte. Diese Aufgabe sollte Porges jetzt im New Yorker Capitol-Büro übernehmen. Bei Capitol fühlte man sich mittlerweile stark genug zu expandieren. Der Blick war auf Europa gerichtet. Erste Sondierungen hatte es bereits mit der englischen Decca gegeben. Im April 1948 schließlich buchten Jim Conkling und Sandor Porges in New York eine Schiffspassage auf der „Queen Mary" mit dem Ziel Southampton. Erster Stop London für einen Termin mit Edward Lewis. Kulturelle Entwicklungen wurden damals durch langwierige, verschlungene oder sogar unterbrochene Verkehrswege verzögert oder behindert. Die Reise der Capitol-Musikagenten sollte aber langfristig weitreichende Folgen haben.

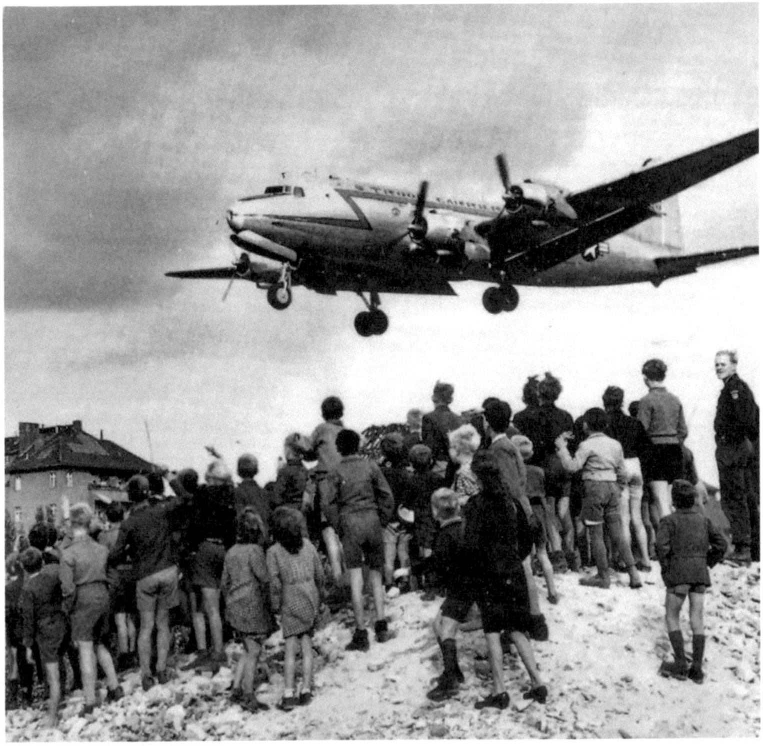

Luftbrücke: amerikanisches Flugzeug im Anflug auf Berlin-Tempelhof

TEIL II

TREFFPUNKT BERLIN

Während die Capitol-Delegation noch auf dem Atlantik schipperte, bereitete die Telefunken-Platte in Berlin alles für ein großes Event vor. Vorausgegangen waren Bemühungen, wieder Anschluss an das internationale Musikgeschäft zu bekommen – zunächst in Skandinavien. Die besten Kontakte hatte die Telefunken-Platte vor 1945 nach Schweden gehabt, wo Sixten Eriksson die Grammophon-Abteilung einer Tochterfirma der AEG-Telefunken (SATT) leitete. Noch während des Krieges waren der Telefunken-Aufnahmechef Herbert Grenzebach und sein Tontechniker Alexander Seeland mehrfach nach Stockholm geflogen, um dort für den schwedischen Markt Aufnahmen zu machen. Dabei freundeten sich Eriksson, Grenzebach und Seeland an.

Bis zum 23. April 1945 hatte es trotz des Weltkrieges noch eine zivile Flugverbindung Berlin-Stockholm gegeben. Ein Jahr später schrieb Herbert Grenzebach nach Stockholm, dass seine Familie und die Seelands den

Krieg überstanden hatten. Postwendend verschickte Sixten Eriksson Lebensmittelpakete an die deutschen Freunde. In der Zwischenzeit hatte er einen Vertrag mit der englischen Decca geschlossen, die er jetzt in Schweden vertrat. Der schwedische Staat hatte Telefunken nach dem Krieg sofort enteignet. Trotzdem blieb Eriksson den Berlinern verbunden. Als er von der Decca hörte, dass Capitol Records in Europa Geschäftspartner suche, informierte er sofort Grenzebach und bot sich an, den Kontakt herzustellen. Im Herbst 1947 wurde er eingeladen, nach Berlin zu kommen. Er nahm sich eine Woche Urlaub und machte sich auf den Weg.

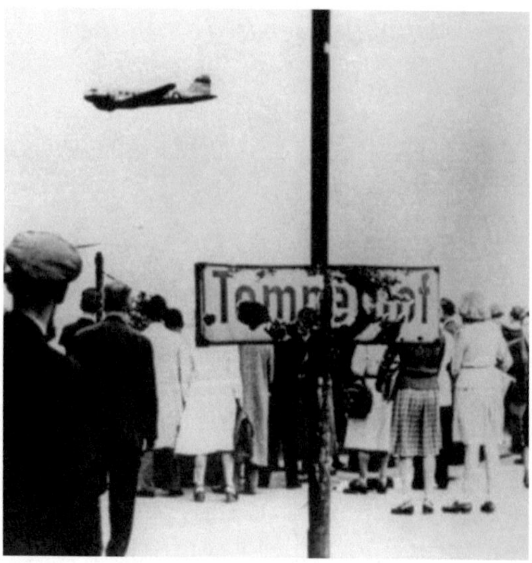

Nachkriegsflughafen Berlin-Tempelhof

An Bord der Dakota C-47, die Berlin-Tempelhof dicht über den Dächern anflog, befand sich als Passagier neben amerikanischen Offizieren auch Sixten Eriksson. Für den Transport von Fallschirmjägern war diese militärische Variante der DC 3 an den Seiten nur mit Netzen statt Sitzen ausgerüstet. Der im Krieg geübte Pilot setzte im Sturzflug zur Landung an. Damit endete für den Schweden, der sich an das Netz klammerte, eine abenteuerliche Reise. Da es keine direkte Flugroute mehr aus seiner Heimat in die von den alliierten Besatzern in Sektoren aufgeteilte Stadt gab, hatte er sich bis nach Hannover durchgeschlagen, wo er dann die Amerikaner überreden konnte, ihn mitzunehmen. Am Flughafen Tempelhof wurde er von Herbert Grenzebach abgeholt. Damit begann ein neues Kapitel für die Telefunken-Platte.

Den Verantwortlichen bei Capitol gegenüber hatte Eriksson das klassische Telefunken-Repertoire als besonders wertvoll gelobt. Jetzt empfahl er Grenzebach und dem kaufmännischen Leiter der Telefunken-Platte Hans Lieber das U-Musik-Angebot der Amerikaner in den höchsten Tönen. Und die beiden überraschten ihn mit dem Vorschlag, er solle für sie eine neue Firma in Schweden aufbauen. Eriksson überlegte nicht lange. Er verabschiedete sich von der Decca und gründete am 1. Januar 1948 in Stockholm die TEFAB (Telefunken Försäljnings AB, Telefunken Verkaufs AG). In Berlin hatte man ihm versprochen, dass er bei dem zu erwartenden Deal mit Capitol mit einbezogen würde.

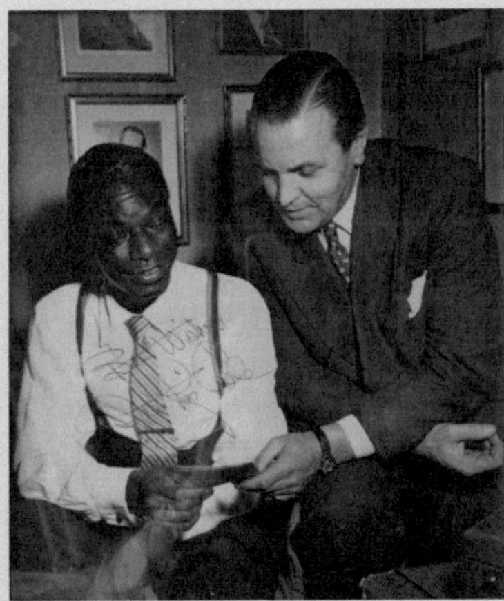

Eriksson und Nat King Cole

Porträt

SIXTEN ERIKSSON (17. 11. 1905 - 5. 3. 1990)

Eriksson wurde in Kungsholmen, einem Ortsteil von Stockholm, geboren. Sein Weg in der Musikindustrie begann 1928 bei der Firma Vox, die von Orchestrola übernommen wurde. Diese ging wiederum an die deutsch-tschechische Ultraphon. 1932 kaufte Telefunken Ultraphon. 1933 gründete Telefunken in Schweden die Gesellschaft SATT (Svenska AB Trådlös Telegrafi) und setzte Eriksson als Geschäftsführer ein. Neben der Produktion von Phonogeräten waren Schallplatten das Geschäft der Firma – außer schwedischer Musik hauptsächlich mit deutschen Schlagern und klassischer Musik. Bis 1945 war er Chef der Grammophon-Abteilung bei SATT. Nach dem Krieg enteignete die schwedische Regierung alle deutschen Firmen. Sixten Eriksson heuerte bei AB F.W. Bennet an, dem Lizenznehmer der englischen Decca. Durch seinen Kontakt zu Herbert Grenzebach, mit dem er schon vor 1945 zusammengearbeitet hatte, übernahm er die Aufgabe, Telefunken wieder in Schweden zu etablieren. Eriksson fand im Besitzer der Firma Elektroholm, E. A. Bolle, einen Geldgeber für die Neugründung TEFAB. Eigner war die Familie Bolle, Vorstandsvorsitzender Sixten Eriksson. TEFAB wurde am 1. Januar 1948 gegründet, und Eriksson wurde engster ausländischer Geschäftspartner von Telefunken und später auch von der TELDEC.

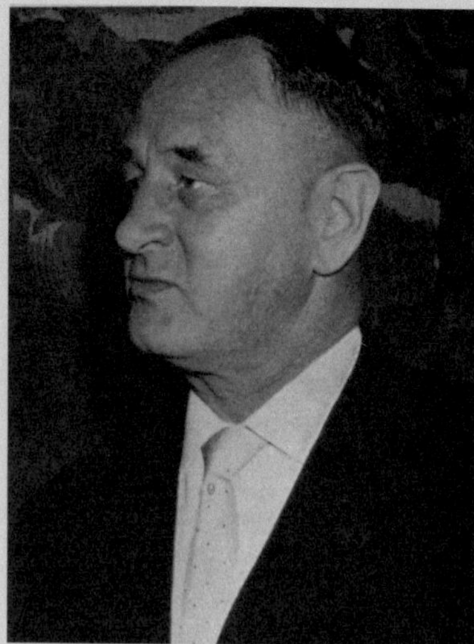

Porträt

HANS LIEBER
(21. 1. 1899 - 4. 2. 1971)

Der in der Mark Brandenburg geborene Lieber wurde 1918 als Fahnenjunker der Wehrmacht im Ersten Weltkrieg verletzt. Er schloss sich bis 1922 der Reichswehr an und volontierte dann bei der AEG. Zehn Jahre später begann er seine Laufbahn in der kaufmännischen Zentrale von Telefunken. 1937 wurde er zum Kaufmännischen Leiter der Telefunken-Platte befördert. Im Zweiten Weltkrieg übernahm er „Wehrmachtsaufgaben" seiner Firma. 1940 startete Lieber gemeinsam mit Herbert Grenzebach Versuche, die Wachsplatte durch das Tonband zu ersetzen. Beide verantworteten den Wiederaufbau nach 1945. Auf seine Initiative übernahm Telefunken die Lederfabrik in Nortorf. 1951 wurde Lieber Kaufmännischer Geschäftsführer der TELDEC.

Nach London stand Berlin auf der Reiseroute der Capitol-Manager. Hans Lieber hatte von der Mutterfirma AEG-Telefunken einen alten Opel ausgeliehen, mit dem er James Conkling und Sandor Porges am Flughafen Tempelhof abholte. Die Amerikaner machten klar, dass sie vor allem am klassischen Repertoire der Telefunken-Platte interessiert waren, weil sie auf diesem Gebiet nichts zu bieten hatten. Grundsätzlich kam aber für sie der ganze Katalog der Deutschen in Frage. Dafür boten sie alles, was Capitol seit 1942 aufgenommen hatte und was in Zukunft in Hollywood aufgenommen werden würde. Dieses Angebot hatten sie auch den Engländern gemacht. Decca wollte allerdings die eigenen Aufnahmen nicht an Capitol abgeben, weil Edward Lewis bereits 1947 mit LONDON Records eine eigene Firma in den USA etabliert hatte. Mit Lewis war der Vertrag unterschriftsreif. Die Beziehung zur Telefunken-Platte musste dagegen noch vom US-Außenministerium abgesegnet werden, weil Deutschland unter der Verwaltung der Militärregierungen stand. Um die Genehmigung für den Deal mit Telefunken zu bekommen, hatte das New Yorker Capitol-Büro schon zuvor mit Washington D.C. verhandelt.

Eine Woche lang führten die Amerikaner die Telefunken-Männer aus. In „Herbert Grenzebach. Ein Leben für die Telefunken-Platte" schildert Hansfried Sieben die Situation: „Man aß im amerikanischen Club. Hans Lieber, der die Verhandlungen führte, meinte, man dürfe sich nicht lumpen lassen, verkaufte auf dem Schwarzmarkt ein Telefunken Radiogerät für dreitausend Mark und lud die Gäste in ein sehr teures Lokal am Nikolassee ein, wo man noch schlemmen konnte. Das Essen kostete 3.300 Reichsmark! Eine empfindliche Ausgabe für Telefunken. Als die Amerikaner abflogen, drückte Mr. Porges Herrn Lieber alles deutsche Geld, das er noch in der Tasche hatte, in die Hand und meinte, daß er damit in Amerika doch nichts anfangen könne. Es waren ganze 4.200 Reichsmark!" Das war zwei Monate vor der Währungsreform, durch die eine erfolgreiche Vermarktung der Capitol-Platten überhaupt erst realistisch wurde. Den amerikanischen Abgesandten hatten die fundierten Kenntnisse Herbert Grenzebachs und das sichere Auftreten Hans Liebers den Eindruck vermittelt, dass ihre vorab über die Telefunken-Platte eingeholten Informationen zutrafen. Dann kam die Berlin-Blockade durch die Sowjets.

Ende September 1948 – während der Luftbrücke der Westalliierten – kehrte Jim Conkling mit Glenn Wallichs nach Berlin zurück. Dem Capitol-Chef, der nicht gern reiste und das Fliegen möglichst vermied, war der Vertrag so wichtig, dass er ihn vor Ort unterzeichnen wollte. Das geschah am 1. Oktober. Dem amerikanischen Label-Gründer offenbarte sich eine unvorstellbare Szenerie, als er in Tempelhof landete. Er hatte das mondäne Hollywood hinter sich gelassen, die strahlende Filmmetropole mit chromblitzenden Limousinen auf den Straßen, die von Palmen, bunten Billboards und leuchtender Neonreklame gesäumt waren. In der zerbombten deutschen Hauptstadt wurde er durch eine desolate Ruinenlandschaft mit Schutt und Trümmern gefahren, durch eine Szenerie, die Elend und Hoffnungslosigkeit ausstrahlte, um in der Telefunken-Zentrale den vorbereiteten Deal zu besiegeln. Es gehörte mehr als normaler Optimismus dazu, sich in dieser Welt ein boomendes Geschäft mit Schallplatten vorzustellen. Wallichs fand sogar mutige Worte, die sich im Nachhinein als prophetisch erwiesen: „Wir sehen die Verbindung mit Telefunken als großartigen Meilenstein in der Geschichte von Capitol Records an."

In der Geschichte der Telefunken-Platte war die Auswirkung nicht geringer. Als erste deutsche Plattenfirma konnte sie nach 1945 amerikanische Musik importieren. Das junge deutsche Label bekam jetzt das Programm des modernsten US-Anbieters geliefert. Andere amerikanische Firmen wie Mercury und Brunswick folgten dem Beispiel Capitols erst Anfang der 50er Jahre. 1950 war Dave Kapp, Chef der US-Decca, in Hannover bei der Deutschen Grammophon Gesellschaft (DGG) in einem Straßenkreuzer vorgefahren, um das Brunswick-Label wieder zu etablieren. Was dann auch im darauffolgenden Jahr geschah. 1951 brachte zum Beispiel die

Plattenfirma Carl Lindström einen Katalog mit dem Titel „Jazz aus aller Welt“ heraus, in dem Parlophone-Aufnahmen seit 1925 versammelt waren – von Louis Armstrong bis Bessie Smith. Die Firma Philips übernahm in Holland 1951 das amerikanische Columbia-Label. Im Lauf des Jahres 1952 begann sie ihr Geschäft in der Bundesrepublik. Als Werbemaßnahme ließ Philips einen Ausstellungsbus mit Rasierapparaten, Radios und Schellackplatten durchs Land fahren. Zu Ehren des Firmenchefs Theodor von Westarp war die Zugmaschine „Theodor“ getauft worden. 1953 folgte bei Lindström das MGM-Label, dessen Jazzangebot sich zunächst auf Woody Herman und Lionel Hampton beschränkte.

Bedeutend war, dass sich Telefunken die Label-Lizenz der Capitol auch für Skandinavien, Holland, Frankreich und die Schweiz sichern konnte. Und Österreich wurde traditionell von den Berlinern bedient. Als nächster Besucher kam Eilif Meyer aus Norwegen angereist. Er hatte bis 1945 die norwegische Dependance für Telefunken geleitet, die wie die schwedische Niederlassung vom Staat konfisziert worden war. Auf den Resten der Firma war 1947 ein neues Unternehmen mit dem Namen A/S NERA aufgebaut worden. Jetzt bekam er wie Eriksson das Angebot, wieder mit der Telefunken-Platte zusammenzuarbeiten. Das kam gerade rechtzeitig für ihn, um sein Interesse am Geschäft mit Capitol anzumelden.

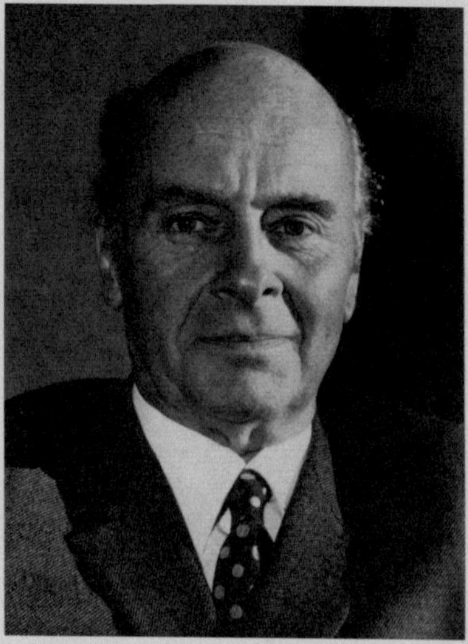

Porträt

HERBERT GRENZEBACH (22.10. 1897 - 1. 4. 1992)

Im Ersten Weltkrieg geriet der geborene Berliner Grenzebach in französische Gefangenschaft. Er wurde 1920 entlassen, studierte Landwirtschaft und gründete dann mit geerbtem Geld eine Schallplattenfabrik. 1929 wurde er künstlerischer Leiter der holländischen Ultraphon in Deutschland. Die Plattenfirma wurde in der Welwirtschaftskrise insolvent und ging 1932 in den Telefunken-Konzern ein. So kam Herbert Grenzebach zur Telefunken-Platte. Bis zum März 1945 produzierte er noch Aufnahmen für die Firma. Nach Gründung der TELDEC setzte ihn der Aufsichtsrat neben Hans Lieber zum Geschäftsführer ein.

DIE ERSTEN TELEFUNKEN-CAPITOL-78ER

Am 16. Oktober 1948 meldete das US-Branchenblatt „Billboard“ unter der Überschrift „Capitol All-Out for Longhair“ eine „Invasion“ ins Gefilde der klassischen Musik. Der Begriff Invasion entsprach der amerikanischen Sicht auf das besetzte Deutschland, in dem Glenn Wallichs und Jim Conkling den Vertrag mit Telefunken geschlossen hatten. Auf deutscher Seite hatten Dr. Herbert Heymann, Chef der Telefunken GmbH, und Herbert Grenzebach sowie Karl-Heinz Richter für die Telefunken-Platte unterschrieben. Schwerpunkt der „Billboard“-Berichterstattung: „der hervorragende“ deutsche Katalog an klassischer Musik. Herbert Grenzebachs Aufnahmen hatten Weltruf. Der Begriff „Longhair“ bedeutet im amerikanischen Sprachgebrauch „intellektuell“, „anspruchsvoll“ und in diesem Zusammenhang „E-Musik“. Weniger Beachtung widmete „Billboard“ dem Thema, dass durch das Gegengeschäft jetzt amerikanische Musik erstmals wieder im von der Diktatur befreiten Deutschland angeboten wurde – das war die eigentliche Invasion. In Berlin erschien auch keine Pressemeldung dazu: In der zerstörten Hauptstadt des ehemaligen Deutschen Reiches gab es kein Blatt, das sich für den Deal mit den Amerikanern interessiert hätte oder darüber hätte berichten können.

Es gehörte eine große Portion Unverfrorenheit der Telefunken-Verantwortlichen dazu, den Capitol-Chefs die Verbreitung des amerikanischen Katalogs zuzusichern. Ihre eigenen Platten konnten sie bis zu diesem Zeitpunkt nur mit wenigen noch nicht zerbombten Pressen in ihrem Werk in Hennigsdorf produzieren. Und das lag auch noch im sowjetisch besetzten Brandenburg. Gleichzeitig kümmerte sich ihr Abgesandter Julius Drogies in Hannover darum, im Westen eine zweite Plattenproduktion aufzubauen. Seit dem 22. Februar 1947 lag dafür das „Performance Certificate“ des englischen „Military Government“ vor. Die Alliierte Kommandantur hatte 1945 eine Zensur aller Veröffentlichungen angeordnet. Nationalsozialistisches oder militaristisches Denken sollte unterbunden werden. Von dieser Maßnahme waren auch Schallplatten nicht ausgenommen. Im Zuständigkeitsbereich der Briten wurde in drei Kategorien zensiert: book section, film section und theatre-music section. Die Freigabe war mit der Aufschrift „Unter der Zulassung Nr. B - 503 der Nachrichtenkontrolle der Militärregierung“ auf den Schallplatten-Etiketten angezeigt. Das AEG-Telefunken-Gebäude im Berliner Bezirk Gesundbrunnen lag im französischen Sektor, so dass die Franzosen die Kontrolle der Telefunken-Platte übernahmen. Das galt auch für amerikanische Aufnahmen. Ihre Kennzeichnung verwendete ungeschminkt den Begriff Zensur, so stand zum Beispiel bei einer der ersten Capitol-Veröffentlichungen, Jo Staffords „On The Alamo", auf dem Label „G. M. F. G. B. Visa Nr. 1-4-/II-46". „G. M. F. G. B." war die Abkürzung für „Gouvernement Militaire Français du Grand Berlin". Nach Gründung der Bundesrepublik 1949 fiel der Vermerk weg.

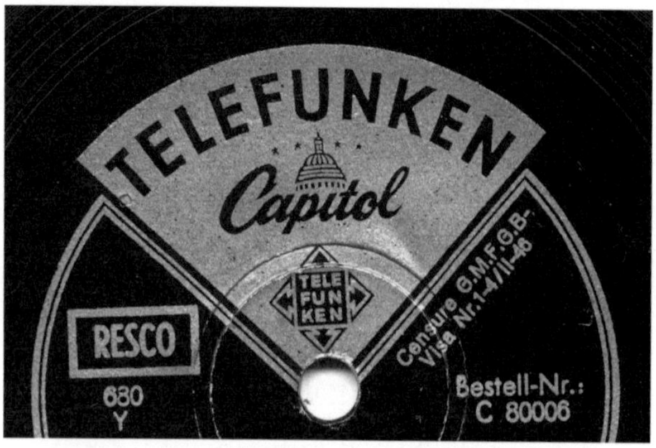

Zensurvermerk der französischen Militärregierung

Für die vom Krieg gezeichneten Deutschen gab es Wichtigeres, als Schallplatten zu kaufen, zum Beispiel genug zu essen zu haben. Zuteilungen an Lebensmitteln in den Geschäften erhielt man nur gegen Lebensmittelmarken: Brotmarken für Brot, Fleischmarken für Fleisch und Fisch. Damit die unterernährten Kinder gesund blieben, gab es von amerikanischen Quakern organisierte Schulspeisungen. Da war es ein Wagnis, Capitol-Platten wie mit einer Wundertüte über der Bevölkerung auszuschütten.

Vor allem: Was wenige Jahre zuvor als „artfremde Niggermusik" verfemt war, wurde plötzlich wie selbstverständlich angeboten. Nach jahrelanger erzwungener Abstinenz bekam die hiesige Bevölkerung wieder ein kulturelles Angebot der führenden Popmusik-Nation präsentiert. Es durfte wieder Jazz gehört werden, wofür vor 1945 Mitglieder der Swing-Jugend ins KZ gesperrt worden waren. Mit dem innovativen Capitol-Label kam jetzt mit einem Mal der gesamte amerikanische Popkanon der 40er Jahre – Blues und Jazz, Boogie und Country, Filmmusik und Musical – in westdeutsche Läden. Das stellte die Geschäftsführer der Telefunken-Platte, deren Interesse über klassische Musik, Operette und deutsche Schlager nicht hinausging, vor Probleme. Zwar hatten Mitarbeiter der Firma in den 30er Jahren in Berliner Lokalen wie Delphi-Palast und Moka Efti Swing-Musik hören können, aber das war lange her. Bei der Auswahl für Veröffentlichungen von Capitol-Platten war man auf die Vorgaben der Amerikaner angewiesen.

Zunächst galten die Vorbereitungen – wie vertraglich vereinbart – der Label-Gestaltung und -Produktion. Erstaunlicherweise hatten die Amerikaner zugestimmt, dass über ihrem Logo mit der Capitol-Kuppel groß und auch in Versalien der Name Telefunken stehen würde. Dasselbe galt für die Labels der in den USA veröffentlichten Telefunken-Platten. Es dauerte Jahre, bis man in Hollywood entschied, der eigene Name habe Vorrang. Die Firmennamen und -symbole waren in einem oberen Sektor der Etiketten plaziert. Diese Anordnung galt auch für alle Lizenznehmer, die mit den Berlinern die Übernahme des Capitol-Materials vereinbart hatten. Die ersten Capitol-78er, die bei der Telefunken-Platte herauskamen, wurden mit Silberaufdruck auf schwarzen oder weinroten sowie dunkelblauen Etiketten veröffentlicht. Die Gestaltung der Papierhüllen blieb den Lizenznehmern überlassen.

Es vergingen Monate, bis es losgehen konnte. Zuerst mussten Wallichs und Conkling wieder zurück in den USA sein, dann mussten sie die Aufnahmen für die Berliner auswählen und schließlich die Bänder auf den Weg bringen. Bis schließlich die Matrizen hergestellt waren, hatte ein neues Jahr begonnen. Erst dann konnte die Produktion beginnen. „Seit Beginn des Jahres 1949 hat unser Telefunken-Repertoire durch den Matrizenaustausch-Vertrag mit einer der größten amerikanischen Schallplattenfirmen 'Capitol Records' eine überaus vielseitige Bereicherung erfahren", verkündete Telefunken im 1950er Katalog „Die Ernte".

Die Verantwortlichen der Berliner Plattenfirma, die einst den „Reichspropagandaleiter" Joseph Goebbels im Studio empfangen und seine Anhänger mit Nazi-Hymnen versorgt hatten, pressten jetzt Aufnahmen von Benny Goodman und Cootie Williams. Der

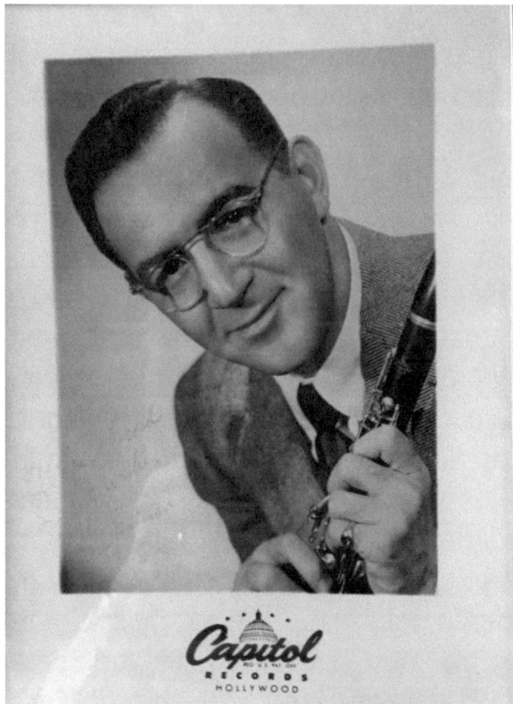

Benny Goodman

eine ein Bandleader aus Chicago mit jüdischen Vorfahren, der andere ein Jazz-Trompeter aus New Orleans mit schwarzer Hautfarbe, der bei Duke Ellington gespielt hatte. Zu ihren ersten Capitol-Veröffentlichungen gehörten Cootie Williams' „Echoes Of Harlem" und Benny Goodmans „Undercurrent Blues". Das Angebot auf Telefunken-Capitol-Platten lieferte zunächst nach, was durch Goebbels' Diktat als „entartet" von Deutschland ferngehalten worden war: Jazz. Im Programm waren schwarze Musiker wie Dizzy Gillespie, Nat King Cole, Coleman Hawkins, Oscar Pettiford, Benny Carter und Leadbelly, deren Kunst als Nigger-Musik diffamiert worden war. Stan Kenton, Billy May, Woody Herman und andere weiße Jazzer wurden gleichzeitig importiert.

Am 29. November 1948 hatte Alexander Seeland aus Nortorf einen Brief an Sixten Eriksson geschrieben. In dem Städtchen in Holstein hatten im April Telefunken-Mitarbeiter mit der Arbeit begonnen, eine Produktionsstätte im Westen zu etablieren, die unabhängig von Berlins unsicherer Situation sein würde. Als erstes ging es darum, aus einer ehemaligen Lederfabrik eine Schallplattenfabrik zu machen. In dem Gebäude stand eine Lederpresse, die es in eine Plattenpresse umzufunktionieren galt. Sie sollte schon bald die Produktion in Berlin ablösen. Seeland berichtete auch, dass „die neu eingerichtete Galvanik in Hannover kurz vor der Vollendung" stehe. Auf diese war man in Nortorf angewiesen, weil eine Galvanik dort noch nicht denkbar war. „Hoffentlich erhalte ich auch bald die 'Capitol-Matrizen'", fügte Seeland hinzu. Am 14. November 1949 schickte Seeland ein neues Schreiben nach Schweden. Inzwischen hatte man acht Pressen in Nortorf in Betrieb. Es wurde ein 800 Quadratmeter großer Fabrikraum errichtet, in den eine Galvanik eingebaut werden sollte. Seeland: „Die Pressung der Capitol-Platten beginnt hier Anfang Dezember. Die Presserei in Berlin wird eingestellt und von uns hier mit übernommen. Die Masse, die wir jetzt verwenden, ist sehr gut." Außerdem konnte er „seinem lieben Sixten" mitteilen, es hätten sich die „Ernährungsverhältnisse soweit gebessert, daß man schon beinahe wieder alles ohne Marken kaufen kann".

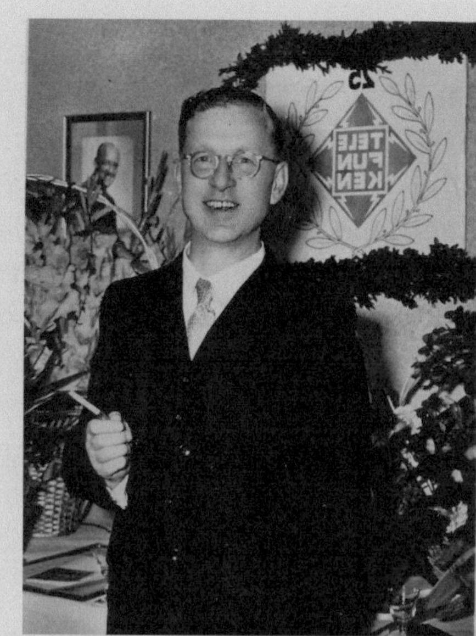

Porträt

ALEXANDER SEELAND
(5. 1. 1905 - 8. 2. 1961)

Bereits vor dem Zweiten Weltkrieg arbeitete der geborene Osnabrücker Seeland als Tontechniker bei der Telefunken-Platte. Dort war er gemeinsam mit Herbert Grenzebach verantwortlich für die Plattenaufnahmen. In den 30er Jahren delegierte ihn seine Firma nach Japan, damit er dort eine Schallplattenfirma aufbaute. In den 40er Jahren hatte er noch bis kurz vor Kriegsende in Berlin und Stockholm Aufnahmen gemacht. Er geriet in russische Gefangenschaft, wurde aber bereits 1946 nach Niedersachsen entlassen. 1948 beauftragte Telefunken ihn mit der Inbetriebnahme der Schallplattenproduktion in Nortorf. Dort war er bis zu seinem Tod Technischer Leiter.

In Hollywood hätte man sich über diesen Situationsbericht gewundert, denn in Berlin waren den Besuchern Potemkinsche Dörfer präsentiert worden. So problematisch, wie von Seeland geschildert, hatte der Beginn der Zusammenarbeit auf sie nicht gewirkt. Capitol Records hatte sich gerade ein eigenes State-of-the-Art-Studio an der Melrose Avenue bei den Paramount Studios gekauft. Als erste Schallplattenfirma weltweit bot sie 1949 alle drei Plattenformate an: Im April 1949 startete das Label mit 45ern, im September mit LPs. Auch in dieser Hinsicht war Capitol Avantgarde. Man steuerte beim Umsatz die 20 Millionen-Dollar-Marke an. Da konnte man sich schwerlich vorstellen, dass der deutsche Geschäftspartner noch in den Vorbereitungen einer funktionierenden Koproduktion stecken geblieben war. Zu der Zeit war man bei der Telefunken-Platte damit beschäftigt, wie und wo man am besten Schellacks pressen konnte. Die Berlin-Blockade der Sowjets erschwerte es, in Hennigsdorf hergestellte Platten – auch von Capitol – in den Westen zu transportieren. Weitsichtig hatte sich die Geschäftsleitung um Alternativen im Westen gekümmert. Schon 1947 hatte die Britische Militärregierung den Berlinern die Erlaubnis erteilt, bei der DGG in Hannover die Plattenpressen zu benutzen.

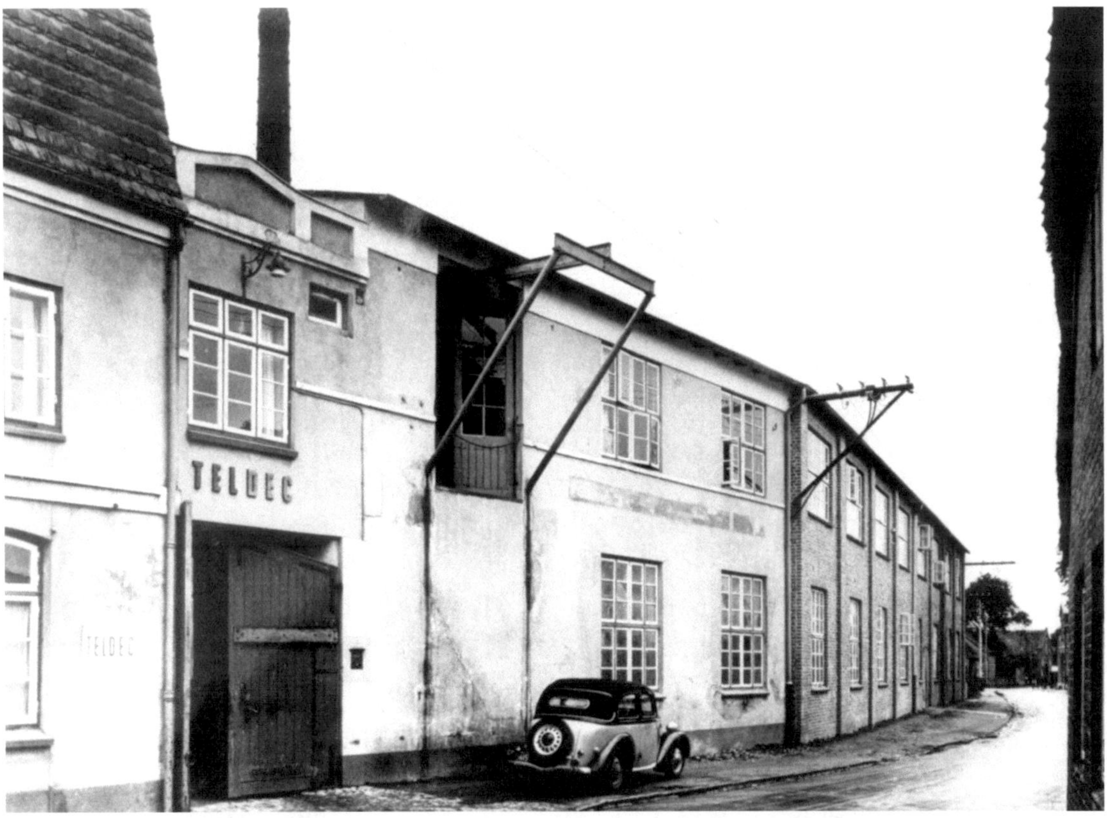

Die alte Lederfabrik in Nortorf, wo Telefunken die Plattenproduktion begann

DAS START-PROGRAMM

Mit Gründung der Bundesrepublik Deutschland musste der Zensur-Vermerk der Militärregierung nicht mehr auf die Plattenlabels aufgedruckt werden. Auch wenn noch Etiketten-Vordrucke mit diesem Hinweis gelagert waren und weiter verwendet wurden, kann davon ausgegangen werden, dass die Censure-Capitol-Platten nur noch bis Herbstanfang 1949 in den Handel kamen. Das ermöglicht es heute, anhand der Censure-Labels einzugrenzen, mit welchen Interpreten Capitol in den ersten Monaten in Deutschland an den Start ging. Typisch für das Start-Angebot waren im Studio zusammengestellte Jazz-Bands wie die „Capitol Jazzmen" oder die „Capitol International Jazzmen". Zum Teil lesen sich die Namen dieser für eine Session engagierten Jazzer wie das Who's Who des 40er-Jahre-Jazz, zum Beispiel bei Harold Arlens „Stormy Weather" und „You Can Depend On Me" der „Capitol International Jazzmen". Um nur die bekanntesten Musiker zu nennen: Benny Carter, Coleman Hawkins, Bill Coleman, Nat King Cole, Max Roach, Gesang: Kay Starr. Bei „That Old Feeling"/ „Someday Sweetheart" der „Capitol Jazzmen" sang Peggy Lee mit. Als andere „Capitol Jazzmen" kamen für Duke Ellingtons „Solitude" und „Casanova's Lament" unter anderen Jack Teagarden, Zutty Singleton, Billy May, Dave Matthews und Art Shapiro zusammen. Und die „Metronome Allstars" Dizzy Gillespie, Buddy DeFranco, Flip Philipps, Nat (King) Cole und Buddy Rich spielten mit Stan Kentons Orchester „Metronome Riff" und „Leap Here".

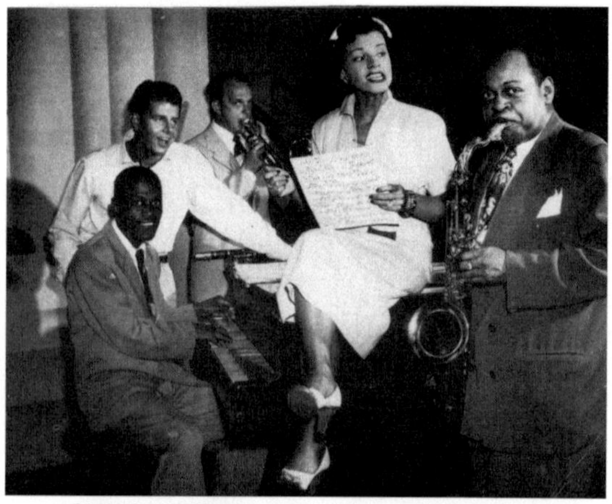

„Capitol Jazzmen" mit Sängerin: Eddie Heywood (von links), Sid Robin, Will Bradley, Kay Starr und Coleman Hawkins

Auf der ersten bebilderten Schellackhülle mit Porträtfotos von Jo Stafford und Stan Kenton war auch ein kurzer Text abgedruckt, der die Käufer auf das Programm einstimmen sollte: „Jazz aus USA, dem Geburtsland dieses so fanatisch bekämpften und noch fanatischer geliebten Musikstils, ist auch heute noch die Sehnsucht der 'hot-fans' in aller Welt... Eine enge Zusammenarbeit zwischen der großen amerikanischen Marke 'Capitol' und

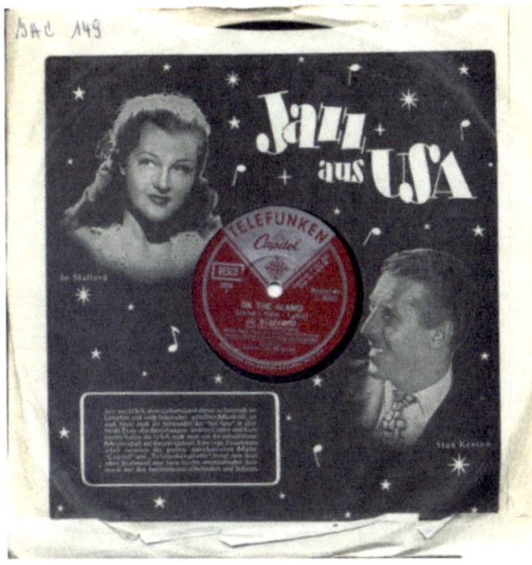

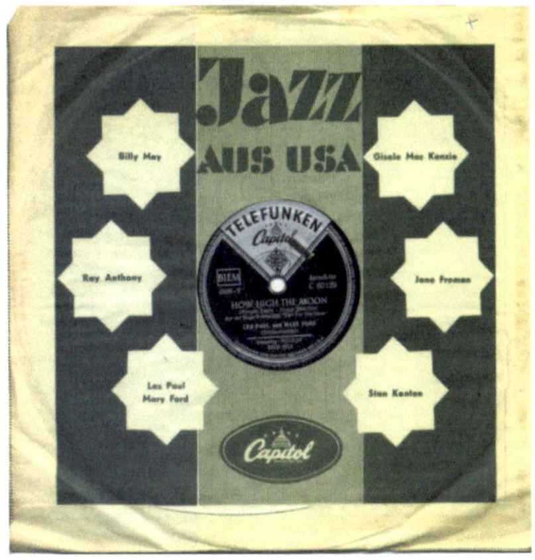

Covers und Labels der Capitol-78er: Neben Grafiken gab's auch Fotos von Jo Stafford und Stan Kenton (oben links), Miles Davis (Mitte rechts) und dem Stan Kenton Orchester (unten links)

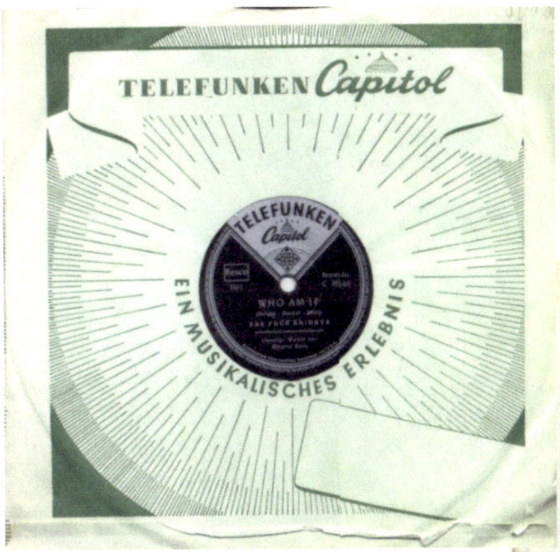

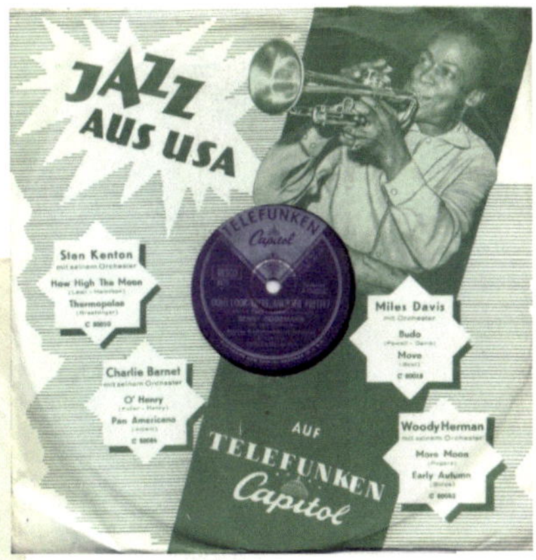

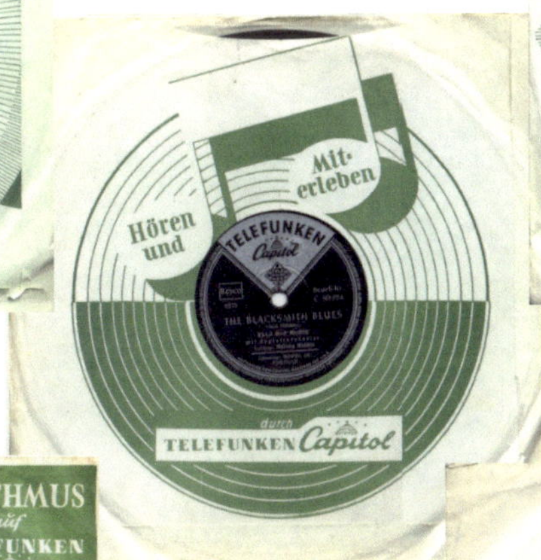

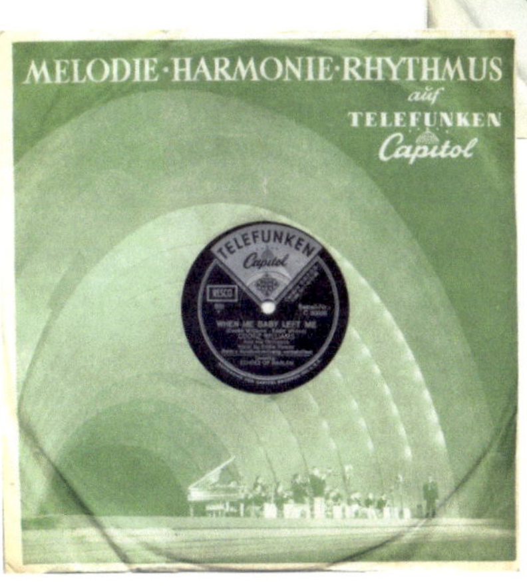

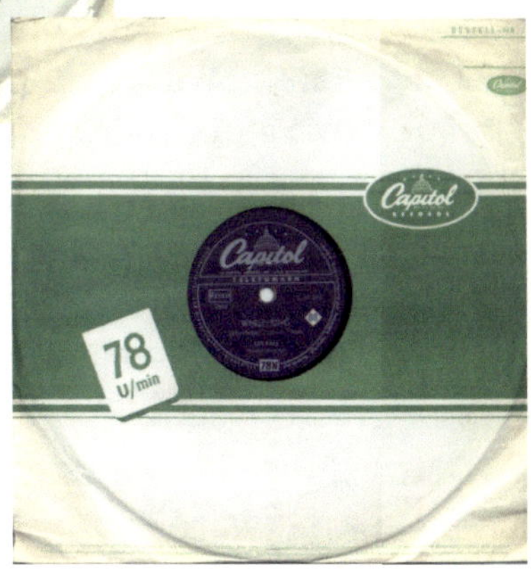

'Telefunkenplatte' bringt dem deutschen Jazzfreund eine Serie bester amerikanischer Jazzmusik mit den berühmtesten Orchestern und Solisten." Bei weitem die meisten Platten wurden hier von Stan Kenton angeboten, darunter seine US-Top-Ten-Hits „And Her Tears Flowed Like Wine"/ „How Many Hearts Have You Broken" und seine Aufnahme von „How High The Moon" mit June Christy. Das King Cole Trio war mit „Sweet Lorraine" und „Sweet Georgia Brown"

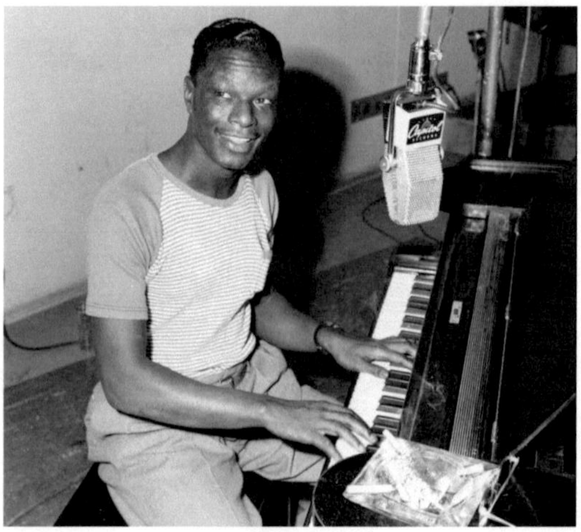

Nat King Cole

vertreten, Billy Butterfields Orchester mit „Stardust". Auf dem Label von Benny Goodmans „Sweet And Lovely" wurde auf den Film „Mein Schatz ist ein Matrose" hingewiesen, aus dem das Stück stammt und der 1949 in Westdeutschland ins Kino kam. Der alberne Revuefilm, in dem ein Millionär (Van Johnson) von zwei Schwestern (June Allyson und Gloria DeHaven) umschwärmt wird, lebte von der Musik und den Tanzeinlagen. Das war die erste Telefunken-Capitol-Platte mit einem aktuellen Aufhänger.

Auch auf Johnny Mercers „On The Atchison, Topeka And Santa Fe" wurde auf einen Film verwiesen – „The Harvey Girls" von 1946 –, der damals aber nicht in Deutschland zu sehen war. Von Mercer gab es außerdem den „St. Louis Blues" und seinen Klassiker „Ac-Cen-Tchu-Ate The Positive". Buddy Cole spielte die Cole-Porter-Titel „Night and Day" und „Begin The Beguine", ein Song, den auch Jo Stafford auf einer Telefunken-Capitol-Platte sang. Jo Stafford, June Christy oder Kay Starr – diese Namen sagten dem deutschen Publikum natürlicherweise nichts.

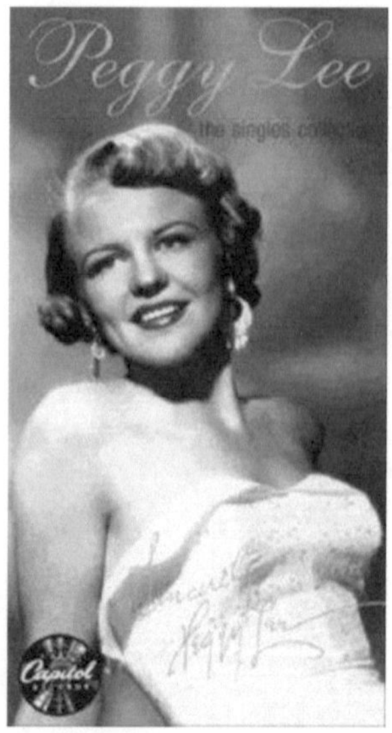

Einer Sängerin wurde in Berlin besondere Aufmerksamkeit geschenkt: Peggy Lee. Sie brachte die erste Version von „Ghost Riders In The Sky" nach Deutschland, ein im Original „A Cowboy Legend" genanntes Stück, das 1949 von Burl Ives, Vaughn Monroe und Bing Crosby in den „Billboard"-Charts war. Auch das von ihr selbst geschriebene „Mañana" und „Golden Earrings" sind heute

Klassiker, die sich seit den 40er Jahren gehalten haben. Peggy Lee (1920 - 2002), geborene Nora Deloris Egstrom, hatte ihre ersten beachteten Auftritte bei Benny Goodman gehabt, bevor sie ab 1944 gelegentlich für Capitol aufnahm. Sie schrieb fast 300 Songs und war die am längsten von diesem Label verpflichtete weibliche Sängerin. 1958 kam ihr größter Hit bei Capitol heraus: eine Cover-Version von Little Willie Johns „Fever".

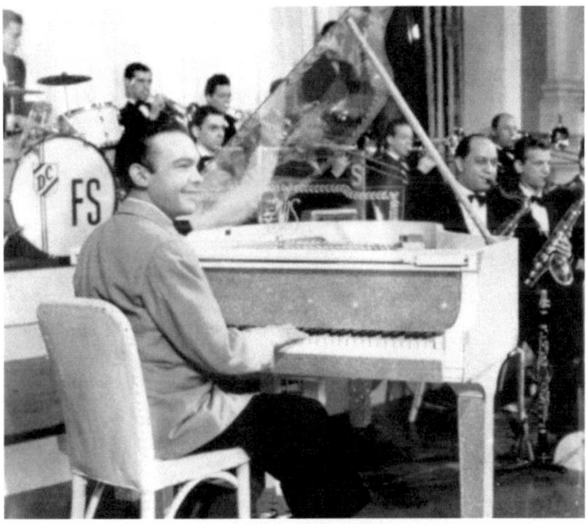

Freddie Slack mit seinem Orchester. Slack war ein renommierter Boogie-Woogie-Pianist und begleitete viele Capitol-Interpreten im Studio

Erstaunlicherweise wurde der erste große Erfolg einer Sängerin des Labels nicht beachtet: Ella Mae Morses mit Freddie Slack aufgenommener „Cow Cow Boogie" kam hier – anders als in Schweden und England – nicht heraus. Stattdessen gab's schon 1949 „Boogie Minor"/„Boogie in G" von Freddie Slack und seinem Orchester als Telefunken-Capitol-Platte. Der Pianist Freddie Slack (1910 - 1965) war Mann der ersten Stunde bei Capitol und schlug als Bandleader mit dem „Cow Cow Boogie" sofort ein. In Musikerkreisen hatte er sich früh einen Namen gemacht mit seinem Boogie-Woogie-Piano auf Will Bradleys „Beat Me Daddy, Eight To The Bar" (1940). Das brachte ihm eine Nennung in Will Bradleys Klassiker „Down The Road A Piece" (1940) ein: „You remember Doc and Old 'Beat Me Daddy' Slack". Er war Teil der Boogie-Renaissance, die nach einem Carnegie-Hall-Konzert „From Spirituals To Swing" 1938 eingesetzt hatte. Bei Slack spielte ein Blues-Gitarrist im Orchester, der später als Solist weltberühmt wurde: T-Bone Walker. Zwei Capitol-EPs „Classics In Jazz" geben davon Zeugnis ab. Mit Leadbelly („Irene") und Sonny Terry („Custard Pie Blues"/„Hot Headed Woman") lernte Westdeutschland bereits 1949 den Blues. Es dauerte eben bei einigen Interpreten, bis sie international anerkannt wurden.

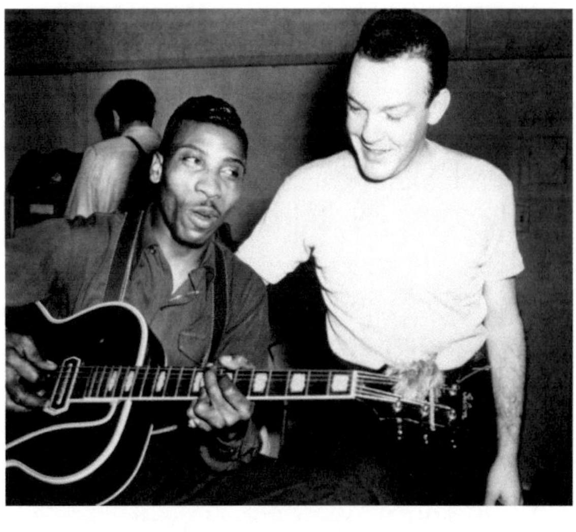

Blues-Gitarrist und -Sänger T-Bone Walker mit Freddie Slack

UNTERSTÜTZUNG VON AUSSEN: AFN UND BFN

Die frühen 78er trugen auf dem Etikett den Hinweis „Recht z. Rundfunkverbreitung vorbehalten“, was nicht gerade dazu beitrug, dass die Bekanntheit der Capitol-Künstler vergrößert wurde. Anderseits wird in den deutschen Sendern das Interesse, deren Platten zu spielen, auch nicht gerade überwältigend gewesen sein. Beliebte Titel der Zeit waren Rudi Schurickes „Capri-Fischer“ und Bully Buhlans „Wir tanzen wieder Polka“. Was aus Amerika kam, galt noch 1956 als Verflachung und „Massenkultur“ und wurde nur von 17 Prozent der Bevölkerung als gleichwertige Kultur oder Kunst angesehen. Auch aufgrund der aus der Nazi-Zeit nachwirkenden Indoktrination und Ablehnung alles Amerikanischen entwickelte sich im Bürgertum ein aufkeimender Generationskonflikt. Die Jugend orientierte sich zum Entsetzen der Eltern zum Westen hin, aus dem eine ansteckende Modernität über den Atlantik herüberschwappte. Durch die Liebe zur Musik, die die Besatzer mitgebracht hatten, entstand bei den Jugendlichen eine naive Romantisierung und Bewunderung für die USA. In den Radioprogrammen aber wurde Ausländisches anfangs allenfalls aus Österreich – „The Harry Lime Theme“ von Anton Karas – oder aus der Schweiz – „O mein Papa“ von Lys Assia“ – beigesteuert. Da war es reines Wunschdenken, als der Tele-funken-Katalog „Die Ernte“ 1950 meldete: „Verschiedene Rundfunkkapellen beginnen bereits, ein wenig 'bop' zwischen ihre Programme zu streuen, obwohl noch vor kurzem das Wort 'bop' so diabolisch klang wie ehemals 'jazz' und 'swing'.“

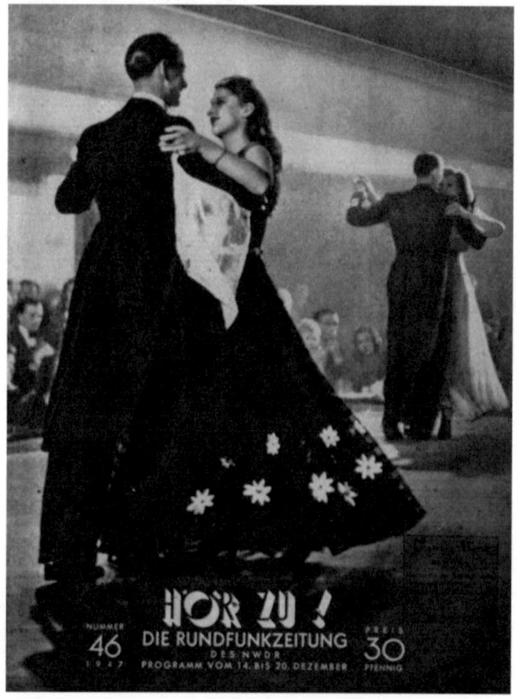

„HörZu“-Titelbild von 1947

Die Wirklichkeit sah nicht so rosig aus. Das wies die Historikerin Lu Seegers in ihrer Veröffentlichung mit dem Titel „Hör Zu! Eduard Rhein und die Rundfunkprogrammzeitschriften (1931 - 1965)“ nach. Schon früh in der Nachkriegszeit wurde ein Kampf um die Kulturhoheit ausgefochten:

Eduard Rhein, der Chefredakteur von „HörZu“ und Erfinder des Füllschriftverfahrens, hatte bereits 1947/48 in der Hamburger Rundfunk-Zeitschrift aus dem Springer Verlag eine Kampagne gegen Jazz im NWDR angezettelt. Das wirkte sich nachhaltig nicht nur in diesem Funkhaus aus. Mit einer gesteuerten Leserbriefflut machte Rhein Front gegen einen empfand man als 'Quaken und Jaulen, häßliches nerventötendes Geplärre und widerliches Gegrunze'.“ In den Zuschriften war wie in der Nazi-Zeit von „Urwaldmenschen“ und „Untermenschen“ die Rede. „Die abgedruckten Leserbriefe weisen darauf hin“, resümierte Seegers, „dass sowohl bei Eduard Rhein als auch beim Publikum nationalsozialistisch sozialisierte Vor-

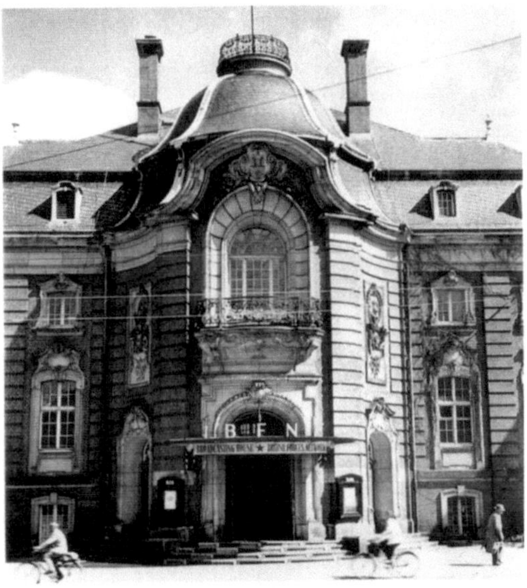

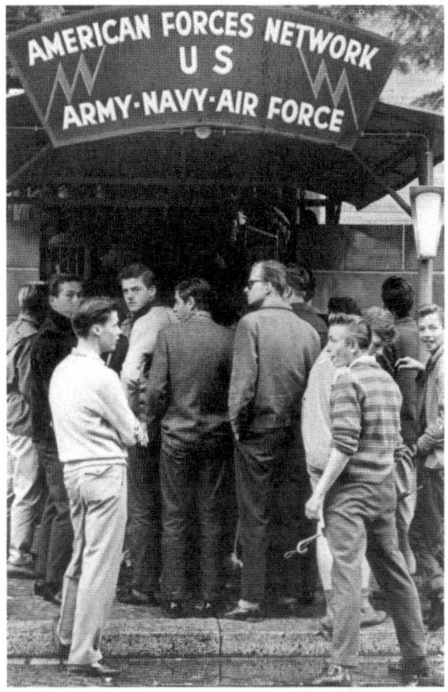

Botschaften aus einer anderen Welt: Die Soldatensender der alliierten Besatzungstruppen waren für die Jugend eine Alternative zum deutschen Rundfunk. Links: BFN in Hamburg, rechts: AFN in Berlin

Tanzabend mit dem Orchesterleiter Kurt Wege, der jeden Mittwoch von dem Sender ausgestrahlt wurde. Stein des Anstoßes war der zaghafte Versuch Weges, sich mit seiner Musik wieder dem Jazz anzunähern. Lu Seegers: „Die Schreibenden beklagten, dass der Anteil deutscher Tanzmusik (Polka, Walzer, Rheinländer) am Mittwochabend zu gering sei... Englische Texte, die für die Jazzmusik typischen Soli und Improvisationen und den synkopischen Rhythmus stellungen von 'entarteter', 'volksfremder' Musik und rassistische Ressentiments noch stark ausgeprägt waren.“ Viele Leserbriefschreiber hatten noch Nazisprüche von der „wahren deutschen Kultur“ im Ohr. Briefe von jugendlichen Hörern, die das Tanzmusik-Programm des NWDR verteidigten, druckte die Redaktion nicht ab, weil sie von „maßlosen Angriffen und von Beleidigungen der Hörerschaft strotzten“. Immerhin bekamen die „HörZu“-Käufer einen

Brief von Kurt Weges Arrangeur Friedrich Meyer zu lesen: „Ihr könnt Euch nicht beklagen; die deutschen Rundfunkstationen nudeln tagaus, tagein Eure Ständchen und Serenaden, Großmütterchen und Rote Laterne von St. Pauli."

Bei so viel Gegenwind war es erstaunlich, dass Telefunken die Capitol-Platten verkaufen konnte. Unterstützung kam wieder von außen. Im Sommer 1945 hatten die amerikanischen Truppen einen Soldatensender im Westen des besetzten Landes installiert – zunächst in München, dann in Berlin und Frankfurt. Seit dem 5. August 1945 sendete der American Forces Network (AFN) Berlin mit 1000 Watt aus der Podbielskiallee in Dahlem. „Es ist die Mission von AFN, die amerikanischen Soldaten zu informieren und erziehen. Darüber hinaus sind wir uns klar, daß wir nicht nur für eine amerikanische, sondern auch für eine weitaus größere deutsche, ja europäische Hörergemeinde arbeiten", erklärte AFN-Nachrichtenchef Spiro Galanopulo. Er hatte recht. Unter deutschen Jugendlichen wurden die AFN-Sendungen mit amerikanischer Musik schon bald als Geheimtip gehandelt. Gebannt saßen sie vor den Röhrenradios mit dem „magischen Auge" und notierten die gespielten Titel. Der Grünen-Politiker Rupert von Plottnitz (Jahrgang 1940) formulierte für seine Generation: Der AFN hat „großen Teilen der Nachkriegsgeneration auch das Gefühl vermittelt, daß es jenseits des kulturellen Miefes der 50er und frühen 60er Jahre auch noch eine andere Kultur gibt, jenseits von Bully Buhlan und Horst Wendland".

Die importierte Musik wurde so für deutsche Hörer identitätsformend und -bestimmend. Die englischen Besatzer hatten ebenfalls ihren Anteil daran. Sie waren seit dem 29. Juli 1945 mit dem British Forces Network (BFN) in der Musikhalle in Hamburg präsent. Auch er erreichte deutsche Hörer. Vom BFN war der Anglo-German Swing Club gegründet worden, den der britische Medienoffizier Captain Neville A. Powley organisierte. Dem Club gehörten englische Soldaten und deutsche Jazz-Fans an, die sogar Mitgliederausweise erhielten. Bei Veranstaltungen des Clubs, bei denen Platten aufgelegt wurden, und mit von den Engländern herausgegebenen „News Sheets" sollte die Jugend angesprochen werden. Es war die Musik der Befreier vom Wahnsinn des Nationalsozialismus, die hier präsentiert wurde. Schon früh hatte sich Horst Ansin (Jahrgang 30) dem Club angeschlossen, von dem er im BFN gehört hatte. Der englische Soldatensender hatte ihn bereits als Schüler erreicht: „Der BFN begleitete meine Hausaufgaben mit phantastischem Swing." Er wohnte nicht weit von der ehemaligen jüdischen Talmud-Tora-Schule in Hamburg, in der sich ein englisches Bataillon einquartiert hatte: „Die Soldaten hatten die Fenster meistens offen, und man hörte den BFN bis auf die Straße." Beliebte

Sendung bei den Engländern und den deutschen Hörern war damals der „1700 Club“ mit Derek Jones. Schon 1949 erwähnten die „News Sheets“ zwei „1700 Club“-Sendungen mit Woody Herman und Stan Kenton. Douglas Brown, Techniker beim BFN, sah in den Deutschen keine beabsichtigte Zielgruppe: „I don't think that the programmes were made with the intention that the Germans should listen to them. Of course the Germans did, because the programmes were much more light-hearted and with more Jazz content than the German programmes had been for the last 15 years... What did they want to hear? Swing and Jazz, which had been denied to the Germans for a long time.“ Der ehemalige Hitlerjunge und Luftwaffenhelfer Werner Burkhardt, der dem Anglo-German Swing Club angehörte, erinnerte sich: „Wo in jenen Tagen der britische Soldatensender BFN angesiedelt war, zeigten sich die Siegermächte von ihrer humansten Seite. Sie kleideten die Umerziehung in ein swingendes Gewand, bescherten uns einen ersten Eindruck von Demokratie durch den Klang von Satchmo und Jelly Roll, Duke und so verstörenden Phänomenen wie Bird und Dizzy. Glückskinder waren wir, weil die Engländer für uns das Archiv öffneten und wir all das hören durften, was in deutschen Schallplattenläden noch so schwer zu ergattern war.“

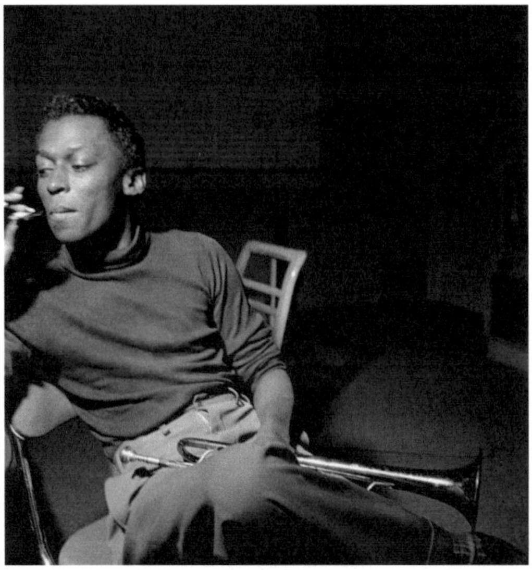

Die Aufnahmen von Miles Davis erreichten Deutschland, Jahre bevor sie als „Birth Of The Cool“ berühmt wurden

Die 78er kosteten je nach Durchmesser vier bis sechs D-Mark. Wer eine alte Platte derselben Größe in den Laden zur Rückgabe mitbrachte, konnte 25 oder 50 Pfennig sparen. Trotzdem bedeutete das 1950 für Jugendliche eine große Ausgabe. Wenn sie Glück hatten, fanden sie in einem Musikgeschäft eine Schellack der Reihe „History Of Jazz“, mit der Capitol den Nachholbedarf decken wollte. Die A- und B-Seiten der Platten waren als eigenständige Serie nummeriert und lieferten einen Überblick über frühe Aufnahmen aus Hollywood – von Zutty Singleton bis zu Coleman Hawkins, von den International Jazzmen bis zum King Cole Trio. Dann wagte sich Capitol mit Miles Davis auf den europäischen Markt. Von seinem Nonett (unter anderen Kai Winding, Gerry Mulligan und Max Roach) erschienen zwei 78er: „Budo“/„Move“ und „Jeru“/„Godchild“. Für Musikkritiker gilt es heute als gesichert, dass im Jazz eine neue Zeitrechnung begann, als Miles Davis 1949 mit seinem Nonett ins Studio ging und Klassiker wie „Move“ und „Godchild“ aufnahm. 1951 reichte Telefunken auch „Boplicity“/„Israel“ nach. Die Anerkennung der Davis-Aufnahmen als „Birth of the Cool“ kam aber erst Jahre später. Gleichzeitig mit den frühen Jazz-Veröffentlichungen traten auch schon die ersten US-Musiker auf deutschen Bühnen auf. Die schwarzen Jazzer Don Byas und Bill Coleman waren schon im Januar 1949 als Kulturbotschafter nach Hamburg gereist. Und am 29. Mai 1950 gab Duke Ellington mit seinem Orchester zwei Konzerte in der Hamburger Musikhalle. Er spielte dort, so „Die Zeit“ damals, vor „lauter Eingeweihten... Vor Jahren noch uniform durch eine Uniform, angetrieben durch einen Pakt, der ihre Stiefel in ganz Europa dröhnen ließ, hat diese Jugend sich heute einem Rhythmus verschrieben, der die westliche Welt, von New Orleans bis West-Berlin, erobert hat.“ Schon früh erkannte man, dass Musik gesellschaftliche Veränderung bewirken kann. Jazz wurde, so die „Süddeutsche Zeitung“ 2016, „nach dem Zweiten Weltkrieg zum amerikanischen Exportschlager..., zu... einer globalen Imagekampagne“ für die Segnungen der westlichen Demokratie. Für die begeisterten Jazz-Fans war die Musik, die sie jetzt endlich unbeschwert hören konnten, ein Symbol der Befreiung.

Der Betrieb in Nortorf lief jetzt auf Hochtouren. Eigentlicher Motor der Verbreitung der Capitol-Platten war aber Schweden. Man orderte in Holstein zwar kaum Platten – der Transport war wegen des Gewichts der Schellacks zu teuer –, dafür eine große Zahl an Matrizen, um dann die 78er selber zu pressen. Die Bestellungen, die aus Stockholm kamen, bewirkten, dass Interpreten in der Bundesrepublik angeboten wurden, für die man sich in Berlin allein nicht entschieden hätte. So sorgten beide Länder gemeinsam dafür, dass eine Vielzahl an Capitol-Aufnahmen verbreitet wurde. Anders als in Norwegen hatte der lange Arm der Nazis nicht bis nach Schweden gereicht, daher war das Interesse an amerikanischer Musik dort weiter gewachsen, statt wie in Deutschland abgewürgt zu werden. Schweden hatte kein Jahrzehnt der faschistisch-nationalen Gehirnwäsche hinter sich und war aufgeschlossen für Jazz. Die Palette der Angebote wurde von Mal zu Mal reichhaltiger. Neben Dizzy Gillespies „You Stole My Wife – You Horse Thief“/„Say When“ kam Les Paul mit „Lover“/„Brazil“ heraus. Erstmals wurde mit Smokey Rogers’ „Blue Bonnet Polka“/„The Spelling Song“ und Jimmy Wakelys und Margaret Whitings „Slipping Around“/„Wedding Bells“ auch Country-Musik angeboten.

Einen internationalen Hit lieferte Nat King Cole mit „Mona Lisa“/„The Greatest Inventor Of Them All“. Als

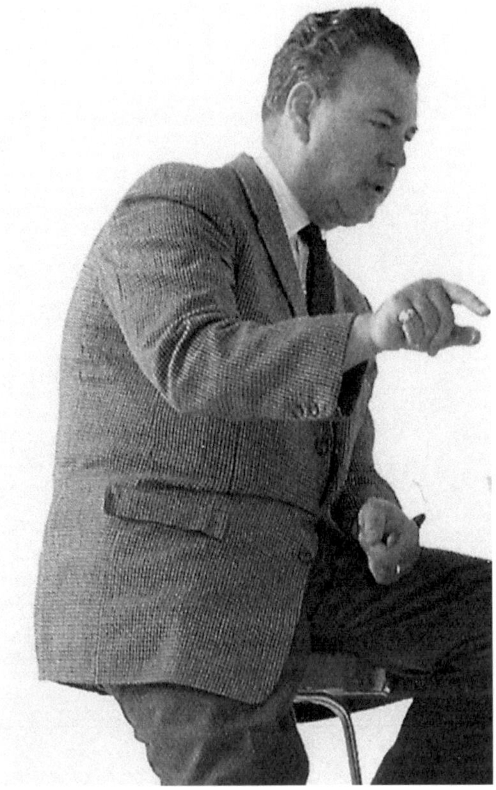

Nelson Riddle im Studio

Arrangeur der Aufnahme firmierte Les Baxter, obwohl Nelson Riddle (1921 - 1985) von ihm mit dem Arrangement betraut worden war. Riddle, der später für Frank Sinatra tonangebend wurde, hatte einen ersten nennenswerten musikalischen Auftritt 1944 als Posaunist in Tommy Dorseys Orchester gehabt. Mit „Mona Lisa“ bewies er jetzt sein Können. Der von Jay Livingston und Ray Evans geschriebene Song stammt ursprünglich aus dem Film Noir „Captain Carey U.S.A.“. Von Nat King Cole wurde „Mona Lisa“ dann im März 1950 aufgenommen. Beinahe wäre die Aufnahme im Archiv gelandet. Jim Conkling hatte das Liebeslied in Form einer Hommage an Leonardo Da Vincis Gemälde ursprünglich nicht herausbringen wollen, aber Nat King Cole bestand darauf. Man einigte sich, dass es auf der B-Seite plaziert werden sollte. Aber die Radiosender in aller Welt drehten die Platte um, weil sie die Schönheit der Rückseite erkannten. Das Lied war so populär, dass der englische Regisseur Alfred Hitchcock es noch 1954 in seiner Thriller-Komödie „Rear Window“ („Fenster zum Hof“) einsetzte: Da singt eine Party-Gesellschaft bei einem Komponisten gemeinsam „Mona Lisa“. Auch der AFN brachte „Mona Lisa“ regelmäßig im Programm, ebenso wie Nat King Coles „Route 66“, das 1950 von der Telefunken-Platte veröffentlicht wurde. Beide Songs sind heute Cole-Klassiker und wurden oft gecovert, auch in Deutschland. „Mona Lisa, heute vergeß ich, daß es andre Frauen gibt“, textete Kurt Feltz, der notorische Verwerter und Vermarkter internationaler Hits, auf den ursprünglichen Text „Mona Lisa, Mona Lisa, men have named you“, und Gerhard Wendland sang es 1951. Da gab es keine Berührungsängste mit amerikanischer Musik.

JAZZ IM RADIO

Kurt Feltz und Gerhard Wendland hatten keinen Grund, sich über mangelnde Sendezeit im Radio zu beschweren. Feltz hatte den Kölner Westdeutschen Rundfunk fest im Griff, und auch im Hamburger Partnerfunkhaus Norddeutscher Rundfunk tat man alles für die deutsche leichte Muse. Am 24. Februar 1951 feierte dort eine NWDR-Schlagerparade Premiere, in der vom Sprecher Hans Hellhoff nur deutsche Schlager gespielt werden sollten. Programmleiter Christian Törleff beteuerte: „Wir wollen dem deutschen Schlager wieder ans Tageslicht verhelfen.“ Ein Beispiel dafür, was ans Tageslicht befördert wurde, war Vico Torrianis „Lorilu“. Als Feigenblatt dienten dem Sender an der Rothenbaumchaussee die nächtlichen Plaudereien im „Jazz-Almanach“ (von ein bis zwei Uhr) von Dietrich Schulz-Köhn, alias Dr. Jazz. Der ausgewiesene Jazzkenner hatte sich bereits als Student seit den 30er Jahren eine Schellack-Sammlung angelegt, die mittlerweile auf 4000 Platten angewachsen war. Entsprechend wies er häufig darauf hin, dass beim Jazz neben dem Radio- auch das Plattenhören essentiell sei. Durch seinen alten Fundus konnte er – anders als Moderatoren der übrigen Jazz-Sendungen dieser Zeit – den „Jazz-Almanach“ mit immer neuen Beispielen gestalten. Die Situation änderte sich allgemein erst, als die ersten Capitol-Platten auf den Markt kamen. Im Hauptberuf war Schulz-Köhn Repertoirechef des Brunswick-Labels der Deutschen Grammophon in Hannover und hatte ab 1952 Zugriff auf deren Jazz-Veröffentlichungen. Seine Sendung fand in den „News

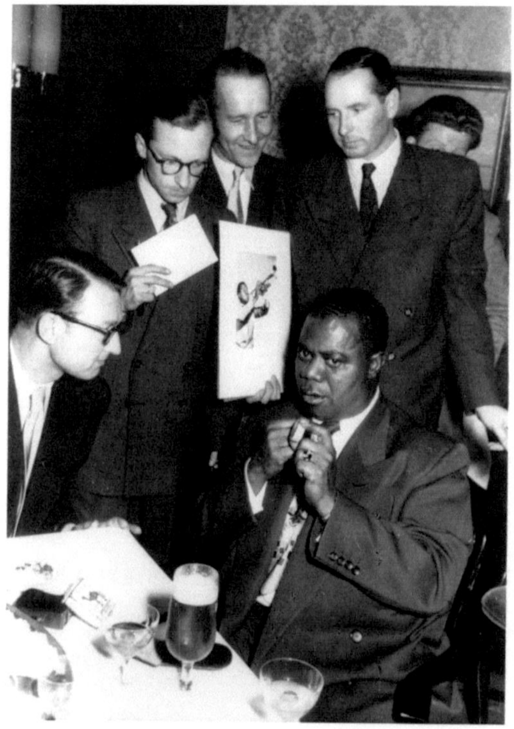

Dietrich Schulz-Köhn (ganz links im Bild) mit Louis Armstrong (1952). Der Jazz-Experte des Brunswick-Labels hatte regelmäßig Sendungen im NWDR und schrieb für die „News Sheets“ des Anglo-German Swing Clubs

Sheets“ des „Anglo-German Swing Clubs“ Beachtung. Allerdings gab es darin auch Kritik aus der Warte der Puristen. „Die Hamburger Sendung 'Jazz-Almanach' war teilweise gut“, heißt es da, „wenn Herr Dr. Schulz-Köhn auch sehr viele 'Commercials' und auch Limonadenmusik in seiner Sammlung hat.“ Es gab in der deutschen Jazzgemeinde der Nachkriegsjahre viele Auseinandersetzungen um die Deutungshoheit, was echter Jazz sei. So lehnten die Anhänger der reinen Lehre etwa den Swing von Bing Crosby, Nat King Cole, Johnny Mercer und Frank Sinatra als „kommerziell“ ab.

Der Vorwurf angeblicher „Limonadenmusik“ bei Schulz-Köhn hält einer Überprüfung nicht stand. Der WDR-Mitarbeiter und Jazz-Historiker Bernd Hoffmann hat die Beiträge der ersten „Jazz-Almanach“-Sendungen ausgewertet und die gesendeten Porträts aufgelistet: Duke Ellington, Jimmie Lunceford, Count Basie, Benny Goodman, Bob Crosby, Fletcher Henderson, Fats Waller, Lionel Hampton, Django Reinhardt, Johnny Hodges, Louis Armstrong, Coleman Hawkins, Benny Carter und Jack Teagarden. Und die Haltung der „fanatischen Jazzfreunde“ hatte Schulz-Köhn bereits 1949 treffend so beschrieben: „Der Jazzfreund erwartet, daß man die Jazz-Musik gelten läßt und anerkennt. Wenn er selber aber ein Anhänger des Be-Bop ist, verdammt er den anderen Jazzfreund, der für Swing oder Dixieland schwärmt.“ Zu solch einer Fraktion gehörte auch der Autor der „News Sheets“, der den „Jazz-Almanach“ in einer Übersicht der aktuellen Jazz-Rundfunksendungen 1950 vorgestellt hatte. Ab Mai 1949 war Schulz-Köhn, dessen Beiträge aus Köln von dem Schauspieler Peter René Körner gesprochen wurden, statt wöchentlich nur noch monatlich auf Sendung. 1952 endete der „Jazz-Almanach“ und wurde durch Schulz-Köhns „Jazz-Party“ und „Jazz-Vitrine“ (ab 1954) abgelöst.

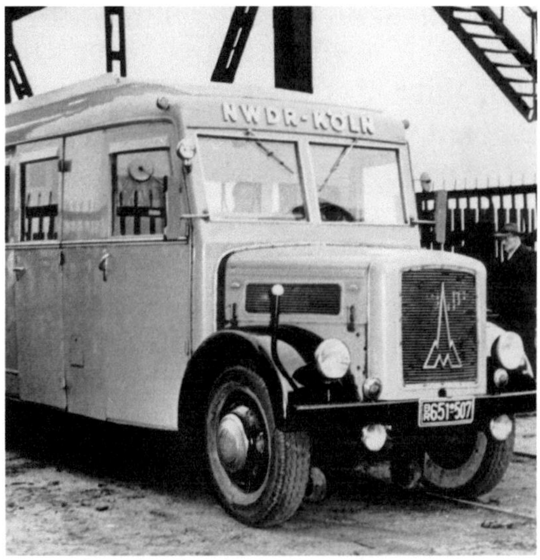

Beim NWDR wurde die Sendung „Jazz-Almanach“ von „Dr. Jazz“ Schulz-Köhn ausgestrahlt

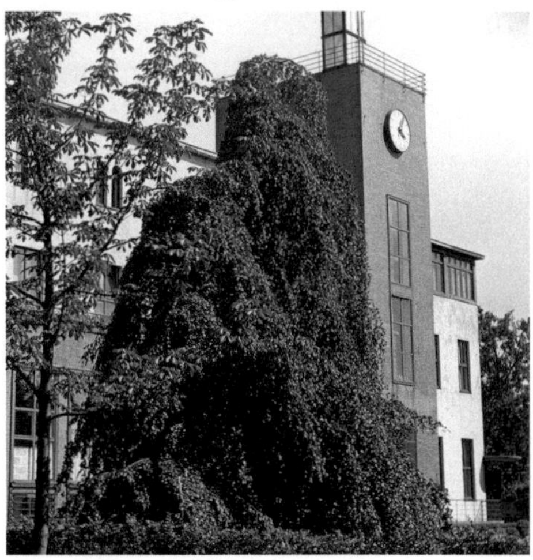

„Quantitativ steht wohl der bayrische Rundfunk (sic) mit seinen drei wöchentlichen Sendungen 'Mitternacht in München' an erster Stelle der deutschen Stationen", zogen die „News Sheets" Jazz-Bilanz. Trotzdem ist der Kritiker des Blattes nicht glücklich, denn: „Leider, leider läßt der Inhalt dieser Programme sehr viel zu wünschen übrig. Große Swing-Orchester wie Goodman, Dorsey etc. herrschen vor." Zunächst trug „Mitternacht in München" den Titel „Midnight in Munich" und wurde vom AFN übertragen. Der Bayerische Rundfunk übernahm die Ausstrahlung ab 1. Dezember 1947. Zuständig im Funkhaus war Jimmy Jungermann, der bei dem damals noch Radio München genannten Sender bereits 1945 eine erste Jazz-Sendung hatte. Ihm folgte Werner Götze als Moderator. Bernd Hoffmann zitiert aus dem Buch „The Americanisation of Germany" von Ralph Willett: „Under German presenters Werner Gotze (sic) and Jimmy Jungermann it („Midnight in Munich") became one of the best jazz programs in Europe. Equally successful was Radio Stuttgart's ‚Masters of Jazz', which began in 1948 and within a year was attracting large number of listeners, not only in Württemberg and Baden but also in northern spots such as Holstein and Hannover." Das erwähnte Radio Stuttgart (ab 1949 Süddeutscher Rundfunk) war wie Radio München von den Amerikanern gegründet worden. Vom Münchener Sender hatte der Jazz-Kenner Dieter Zimmerle in das Stuttgarter Funkhaus gewechselt, wo er ab 1947 zuständig für die Jazz-Sendungen wurde. Im Oktober 1951 wurde er zum Präsidenten der Deutschen Jazz Föderation gewählt, die auf Vorschlag von Neville Powley, Programmchef des BFN in Hamburg, gegründet wurde. Ab 1952 gab er die renommierte Zeitschrift „Jazz Podium" heraus. Dem Kritiker der „News Sheets" gefielen die Sendungen aus Stuttgart besser: „Herr Zimmerle weiß wenigstens, was Jazz ist." Einer der frühen Jazz-Moderatoren im Nachkriegsradio war 1946 Joachim Ernst Berendt, der den Südwestfunk in Baden-Baden mitbegründet hatte. Ab 1949 wurde seine Sendung auf ein Mal pro Woche reduziert. Bedeutender als die Rundfunkmoderationen bei dem kleinen Sender entwickelten sich für die Beeinflussung der Jazz-Rezeption im Land allerdings seine Beiträge in Zeitschriften und seine Buchveröffentlichungen. Außerdem gestaltete er eine Fernsehsendung „Jazz – gehört und gesehen", die von der ARD ausgestrahlt wurde.

RIAS SENDET HÖRERWÜNSCHE

Für die jüngere Generation, die all die nächtlichen Jazz-Stunden im Radio schwerlich hören konnte, spielte nach wie vor der AFN die größte Rolle. Das blieb nicht ohne Kritik: „Schüler und Jugendliche haben oft wenig akustische Ehrfurcht durch überreiches und falsches Radiohören", urteilte eine Dozentin an der Volkshochschule Hamburg. Statt „ehrfürchtig" zu sein, begeisterten sie sich für die Lucky-Strike-Hitparade, die jeden Sonnabend um 21.30 Uhr vom AFN ausgestrahlt wurde – allerdings ohne die in den USA eingeblendete Zigarettenwerbung. Als Geheimtipp galt auch die „Schlager der Woche"-Sendung des RIAS. Der von der amerikanischen Militärverwaltung gegründete Sender schuf damit bereits 1947 die erste Hitparade in Westdeutschland. Sie fand viel Zuspruch, weil sie anders als der NWDR nicht „den deutschen Schlager ans Tageslicht" brachte. In Ermangelung eigener Platten übernahmen die RIAS-Macher zunächst Bänder vom AFN. Die Hörer begrüßten die Musikauswahl durch ihre Zuschriften. Und auch der „Spiegel" schaltete das Radio ein, wenn die „Schlager der Woche" abends nach 21 Uhr im Programm waren. „Spitzenreiter der vielgehörten ‚RIAS-Schlagerparade' ist gegenwärtig ‚Good morning, Mr. Echo', ein abwechslungsreich auf Echo-Effekte hin arrangiertes Tanzlied", schrieb das Magazin im April 1952. „Käufer der auch im Schallplattenhandel reüssierenden Telefunken-Capitol-Platte halten in der Regel die Angaben des Etiketts für unvollständig. Daß die verschiedenen, teilweise sogar chorisch geführten Echo-Stimmen nur aus einer einzigen Kehle kommen, erscheint unglaubhaft und ist doch wahr." Im Artikel wurden die Leser darüber informiert, dass die „Trickaufnahmen" der Margaret-Whiting-Platte auf eine von Capitol-Künstler Les Paul etablierte Technik zurückgingen, die seine Plattenfirma als „New Sound" propagierte. Als Beispiele der Klangeffekte aus dem Les-Paul-Studio führte der „Spiegel" die Songs „Lover" und „How High The Moon" an.

Nicht alles, was Capitol exportierte kam unbedingt gut an. „‚Das kann man doch gar nicht mehr hören',

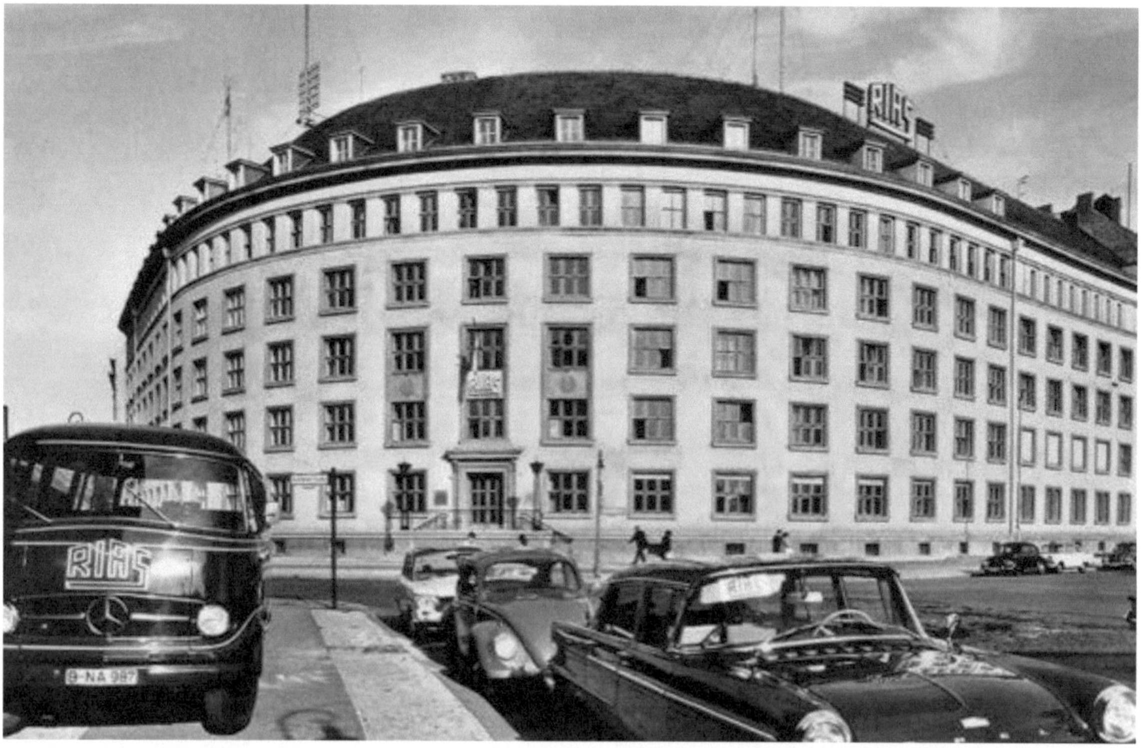

Der RIAS (Rundfunk im amerikanischen Sektor) wurde von der US-Militärregierung in Berlin-Schöneberg gegründet.

beklagte sich eine zart besaitete Hörerin beim Amerikanischen Soldatensender (AFN)", berichtete der „Spiegel" einen Monat später. „Fliegeralarm, Luftschutzsirenen, die Bombe pfeift herunter und im nächsten Moment der Einschlag." Sieben Jahre nach dem Krieg Billy Mays Saxophone bei dem Instrumental „All Of Me" mit Sirenen zu vergleichen mag als subjektiver Eindruck zwar gerechtfertigt gewesen sein, war aber doch sehr weit hergeholt. Laut „Spiegel" hatte May 1952 in der Bundesrepublik große Popularität erreicht. „Der Swingorchester-Chef Billy May hat sich in diesen Wochen an die Spitze der musikalischen Amerika-Importen in Deutschland gesetzt. Deutsche Rundfunkstationen registrieren bereits jetzt mehr Billy May- als Les Paul-Zuschriften. Der Trick-Gitarrist Les Paul lag bisher in der Gunst der Freunde amerikanischer Musik in Deutschland an der Spitze. Die Telefunken-Capitol-Platte in Hamburg bereitet sich auf einen besonderen Verkaufserfolg vor." Der Artikel mit der Überschrift „Boogie des dicken Mannes" beschäftigte sich dann mit der Rivalität zwischen dem (übergewichtigen) Billy May und Ray Anthony. Angeblich kopierte Anthony seinen Konkurrenten. Beide Capitol-Bandleader hatten als Solisten bei Glenn Miller gespielt, bevor sie sich selbständig machten.

Der „Spiegel" beschäftigte sich in diesem Jahr mehrfach mit Capitol in Deutschland – nicht immer ohne

Kritik: „Die deutsche Telefunken-Platte, Vertragspartnerin der amerikanischen Plattenfirma Capitol, hat, ganz entgegen ihrer sonst geübten Zurückhaltung bei der Übernahme der Capitol-Produktion, diesmal (bei Billy May) sofort geschaltet.“ Bereits im Februar hatte das Magazin Yma Sumac vorgestellt („Sie beherrscht einen Tonumfang von über vier Oktaven.“) und ihre Platten angekündigt: „Die Schallplattenleute der deutsch-englischen Teldec rechnen sich für ihre zweite, im März in Deutschland erscheinende Aufnahme mit der Indianerin Yma Sumac reelle Bestseller-Chancen aus.“ Dass Capitol im Fokus stand, lag daran, dass das Label zu dieser Zeit noch die einzige amerikanische Firma war, deren Platten in der Bundesrepublik bisher erhältlich gewesen waren. Schon ein Jahr später sah das anders aus. „Mit spürbarer Erleichterung schieben die Schallplattenjockeys der deutschen Rundfunkstationen immer wieder amerikanische Platten mit Rosie Clooney oder einer ihrer Kolleginnen (Doris Day, Jo Stafford, Peggy Lee, June Christie, Kay Starr) zwischen die triefenden deutschen Schmalztiegel“, stellte der „Spiegel“ im November 1953 fest. Mehrere US-Konkurrenten von Capitol waren jetzt in Deutschland angekommen. Aber die TELDEC behielt zunächst ihre Vorreiterrolle bei. Zufrieden registrierte sie, dass das RIAS-Wunschprogramm „Schlager der Woche“ Platten von Ray Anthony, Billy May, Les Paul, Nat King Cole und Stan Kenton spielte. Täglich hatten immerhin AFN und BFN eine Auswahl von deren Platten im Programm. Von Chris Howlands „Rhythmus der Welt“, seit 1952 montags 17.45 Uhr auf Sendung beim NWDR, war Amerikanisches sporadisch zu erwarten. Der ehemalige BFN-Moderator, der von der Hamburger Musikhalle in das Funkhaus an der Rothenbaumchaussee (Foto siehe Seite 47) gewechselt war, bevorzugte wegen der Sprachbarriere für das deutsche Publikum anfangs Instrumentals. Einen besonderen Erfolg erzielte er im ersten Jahr mit Les Pauls „Meet Mister Callaghan“. Laut „Spiegel“ verlangten die Hörer pausenlos nach dem Stück, so dass er es neun Sendungen hintereinander spielen musste.

MIT BOOGIE IN DIE 50ER JAHRE

In Los Angeles bedeutete ein Trauerfall Veränderungen bei Capitol. Buddy DeSylva, Mitgründer, Geldgeber und Teilhaber der Firma, starb am 11. Juli 1950. Der Songschreiber („April Showers", „California, Here I Come") und Filmproduzent („Double Indemnity", „The Glass Key", „For Whom The Bell Tolls") hatte bei dem Label trotz seiner bedeutenden Rolle eher mehr als Ideengeber im Hintergrund gewirkt. Ein halbes Jahr später verließ James Conkling Capitol Records und heuerte bei Columbia Records (CBS) als „President" an. Auch bei der Telefunken-Platte tat sich Wesentliches: In Hamburg wurde die erste englisch-deutsche Gesellschaft gegründet: Am 4. Dezember 1950 wurde die TELDEC Telefunken-Decca Schallplatten GmbH in das Hamburger Handelsregister eingetragen. Gesellschafter waren auf deutscher Seite Martin Schwab, Dr. Hans Heyne und Dr. Herbert Heymann, auf englischer Seite Edward R. Lewis und James Gray sowie Maurice Rosengarten für die Schweizer DECCA-Holding. Das Stammkapital wurde zu je 49 Prozent von Telefunken und Decca beigesteuert, 2 Prozent gab Rosengarten, Chef der Musikvertrieb-Firma in Zürich. Er hatte den Deal für Edward Lewis eingefädelt. Alle bisherigen Aktivitäten der Telefunken-Platte gingen jetzt in die TELDEC ein. Die Berlin-Blockade hatte überdeutlich gemacht, dass Berlin für die Plattenfirma kein idealer Standort war. Der mit Gründung der TELDEC gewählte Sitz für das Unternehmen in Hamburg an den Hohen Bleichen 22 brachte neben der Nähe zum Presswerk in Nortorf den Vorteil der unbehinderten Verkehrsanbindung über Autobahn, Bahn, Hafen und Flughafen. Nominell blieb der Vertrag mit Capitol bei Telefunken, wurde nun aber von der TELDEC wahrgenommen. Dass die englische Decca ebenfalls Capitol-Platten vertrieb, konnte jetzt für einen Informationsaustausch genutzt werden. Der Anteil der Capitol-Titel in den Telefunken-Katalogen wuchs rasch, die Verbreitung amerikanischer Musik nahm Fahrt auf. Der weiße Fleck in der deutschen Musiklandschaft wurde allmählich beseitigt.

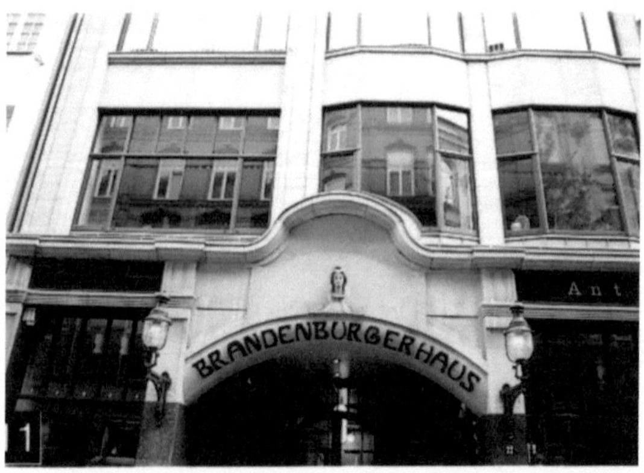

Erster Firmensitz der TELDEC in den Hamburger Hohen Bleichen. 1956 zog die Firma in den Heußweg um

Die ersten Erfolge gelangen, als Johnny Mercer die Band von Freddie Slack, Ella Mae Morse und The Pied Pipers für das Label gewann. Auch Mercer selbst sorgte als Sänger für Hits. Paul Weston und Dave Dexter heuerten Jazz-Musiker an. Zwei Namen stehen für diese anfängliche Ausrichtung: Nat King Cole und Stan Kenton. Allerdings wurde Capitol gerade durch die Vielfalt an musikalischen Angeboten groß. Anlässlich des 10jährigen Jubiläums veröffentlichte Capitol im „Billboard“ eine Aufstellung der 25 erfolgreichsten Titel des Labels – einschließlich 1951:

1. „Twelfth Street Rag“ (1948): Pee Wee Hunt
2. „Mañana“ (1948): Peggy Lee
3. „Slipping Around“ (1949): Margaret Whiting, Jimmy Wakely
4. „How High The Moon“ (1951): Les Paul, Mary Ford
5. „Smoke, Smoke, Smoke That Cigarette“ (1947): Tex Williams
6. „Temptation“ (1947): Red Ingle
7. „Too Young“ (1951): Nat King Cole
8. „Mona Lisa“ (1950): Nat King Cole
9. „Nature Boy“ (1948): Nat King Cole
10. „Yingle Bells“ (1949): Yogi Yorgenson
11. „A Tree In The Meadow“ (1948): Margaret Whiting
12. „Mockin’ Bird Hill“ (1951): Les Paul, Mary Ford
13. „Golden Earrings“ (1947): Peggy Lee
14. „On The Atchison, Topeka And Santa Fe“ (1945): Johnny Mercer
15. „The World Is Waiting For The Sunrise“ (1951): Les Paul, Mary Ford
16. „Cow Cow Boogie“ (1942): Ella Mae Morse, Freddie Slack
17. „Personality“ (1946): Johnny Mercer
18. „For Sentimental Reasons“ (1946): King Cole Trio
19. „Whispering Hope (1949): Jo Stafford, Gordon MacRae
20. „My Happiness“ (1948): The Pied Pipers
21. „Tampico“ (1945): Stan Kenton, June Christy
22. „Ac-Cen-Tchu-Ate The Positive“ (1944): Johnny Mercer
23. „Doctor, Lawyer, Indian Chief“ (1945): Betty Hutton
24. „Tennessee Waltz“ (1950): Les Paul, Mary Ford
25. „My Sugar Is So Refined“ (1946): Johnny Mercer

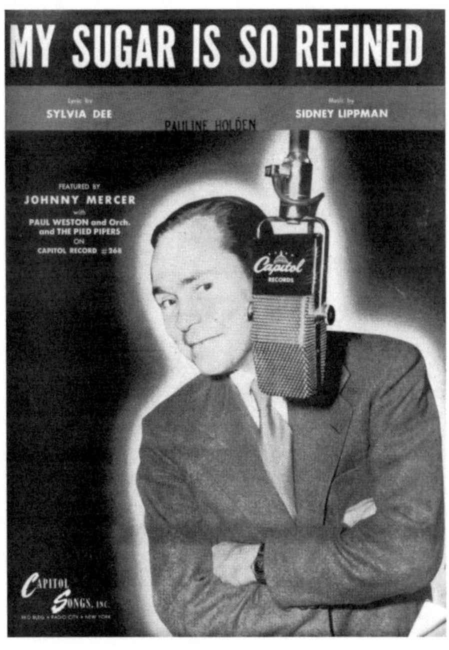

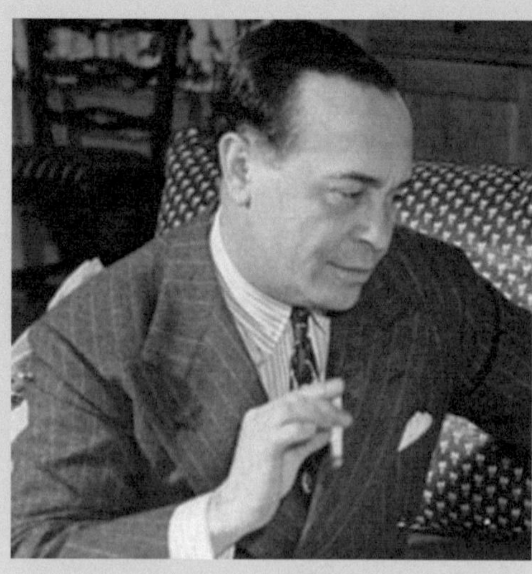

Porträt

BUDDY DESYLVA
(27. 1. 1895 - 11. 7. 1950)

Der Sohn eines New Yorker Stummfilmstars wurde 1918 von Al Jolson entdeckt und arbeitete für Musicals und Broadway-Shows als Songwriter – unter anderem auch für George Gershwin. Anfang der 30er Jahre wechselte er ins Filmgeschäft. Als Produzent war er verantwortlich für mehrere Shirley-Temple-Filme. Bei Paramount Pictures avancierte er zum Chef-Produzenten. 1942 gründete er mit seinem Kollegen Johnny Mercer und Glenn Wallichs Capitol Records.

Größte Umsatzbringer waren Nat King Cole und Les Paul und Mary Ford, deren auf Seite 53 aufgeführte Hits zur Jahrzehntwende veröffentlicht wurden. Jazz spielte in der Bilanz kaum noch eine Rolle. Capitol Records hatte sich im populären Sektor durchgesetzt. Das spiegelt sich auch in den Veröffentlichungen von 1951 in der Bundesrepublik wider. Bekannte Titel:

„My Happiness“: The Pied Pipers
„Walkin’ And Whistlin’ Blues“: The Four Knights
„Rye Whiskey“: Tex Ritter
„Hey Good Lookin’“: Tennessee Ernie (Ford) und Helen O’Connell
„Shot Gun Boogie“: Tennessee Ernie (Ford)
„Guitar Boogie“: Alvino Rey
„Laura“: Stan Kenton

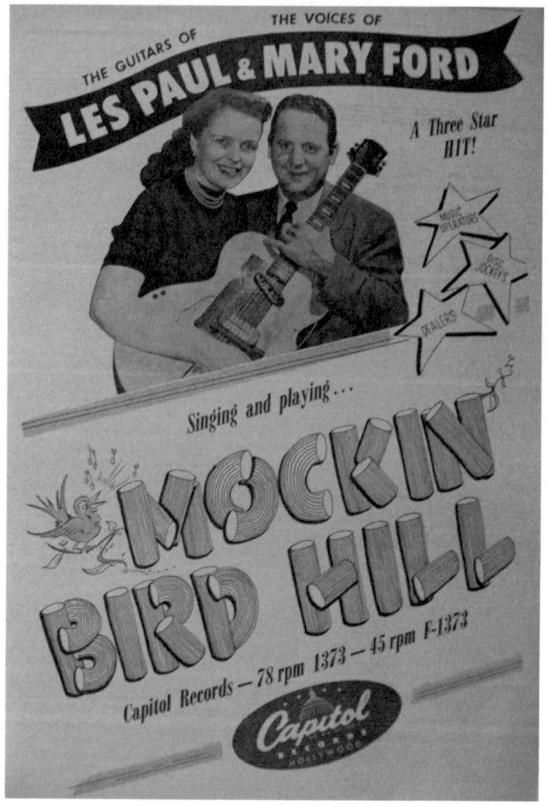

Sogar Blues-Gitarrist T-Bone Walker kam 1951 mit „Long Lost Lover Blues"/„You' re My Best Poker Hand" hier in die Läden. Blues war aber nur ein Randgebiet des Labels. Dem Zeitgeschmack entsprach Boogie. Im Studio in Hollywood, so scheint es, war jetzt der vom schwarzen Boogie-Woogie abgeleitete Boogie zu Hause. Als Variante spielte auch der Oakie Boogie oder Country Boogie bei Capitol eine Rolle. Einige Musiker des Labels haben gleich mehrere Boogies aufgenommen. Hier eine Auswahl:

Ray Anthony: „Mr. Anthony's Boogie", „Trumpet Boogie"
Joe „Fingers" Carr: „Boogie Woogie Rag"
Tommy Dorsey: „Boogie Woogie"
Tennessee Ernie Ford: „Rock City Boogie", „Shot Gun Boogie", „Smokey Mountain Boogie", „Kissin' Bug Boogie", „Catfish Boogie"
Stan Freberg: „The Boogie-Woogie Banjo Man From Birmingham"
Skitch Henderson „Skitch's Boogie"
Stan Kenton: „Artistry In Boogie"
Nellie Lutcher: „Lake Charles Boogie"
Clyde McCoy: „Sugar Blues Boogie"
Billy May: „Fat Man Boogie"
Ella Mae Morse: „Barrelhouse, Boogie And The Blues", „Oakie Boogie"
Gene O'Quin: „Boogie Woogie Fever"
Les Paul und Mary Ford: „Mammy's Boogie"
Alvino Rey: „Guitar Boogie"
Tex Ritter: „Boogie Woogie Cowboy", „Number's Boogie", „Frustration Boogie", „Lazy Boy's Boogie", „Drum Boogie", „Bouncing Ball Boogie"
Jerry Shard: „Trombone Boogie"
Freddie Slack: „Boogie In G", „Boogie Minor"
Merle Travis: „Merle's Boogie Woogie"
Tex Williams: „Talking Boogie"

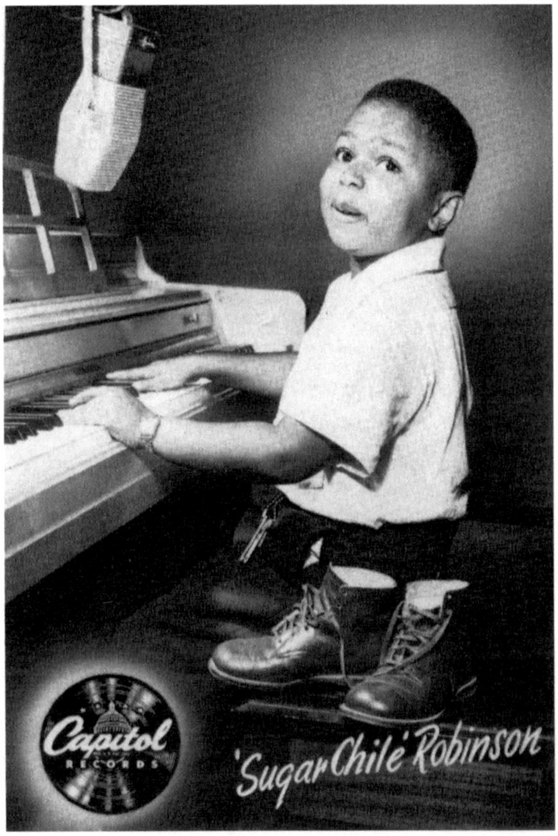

Über Sugar Chile Robinson, der auch ein Album „Boogie Woogie!" herausbrachte, erschien 1947 sogar ein Dokumentarfilm: „Chile". Die Boogie-Breitseite blieb in Deutschland nicht ohne Folgen. Es war die erste amerikanische Musik-Mode, die nach 1945 in Deutschland Wirkung zeigte. Über die Jahre inspirierte sie Rundfunkorchester, Sängerinnen und Sänger:

1947, Fud Candrix: „Midnight Boogie“, „Jam Boogie“
1948, Tanzkapelle Berliner Rundfunk, Ltg. Walter Dobschinski, Rita Paul: „Choo Choo Boogie“
1949, RBT Orchester: „Bumble Boogie“
1952, Walter Dobschinski: „Boogie in B“
1952, Erwin Lehn: „Cocktail Boogie“, „Mr. Anthony's Boogie“
1952, Werner Müller: „Trumpet Boogie“
1952, Helmut Zacharias „Schwips Boogie“, 1956, „China Boogie“
1952, Rita Paul, Bully Buhlan: „Mäcki Boogie“
1953, Willy Berking: „Derby Boogie“, 1954, „Rugby Boogie“
1953, Rita Paul, Bully Buhlan: „Optimisten Boogie“
1954, Evelyn Künneke „Bongo Boogie“, 1955, „Boogie im Dreivierteltakt“

Erwin Lehn nahm sich mit „Mr. Anthony's Boogie“ direkt Ray Anthonys Platte als Vorbild. Der Kulturwissenschaftler Kaspar Maase stellte fest, dass sich „die Boogie-Woogie-Fans der unmittelbaren Nachkriegszeit ihre Dosis amerikanischen Schwung abholten“. Schließlich war der Boogie 1955 beim deutschen Publikum so beliebt, dass Evelyn Künneke Kay Starrs Hit „Rock And Roll Waltz“ als „Boogie im Dreivierteltakt“ eindeutschte. Als Bill Haley dann mit dem „ABC Boogie“ und dem „Rock-A-Beatin' Boogie“ über den Atlantik kam, war man darauf nicht völlig unvorbereitet.

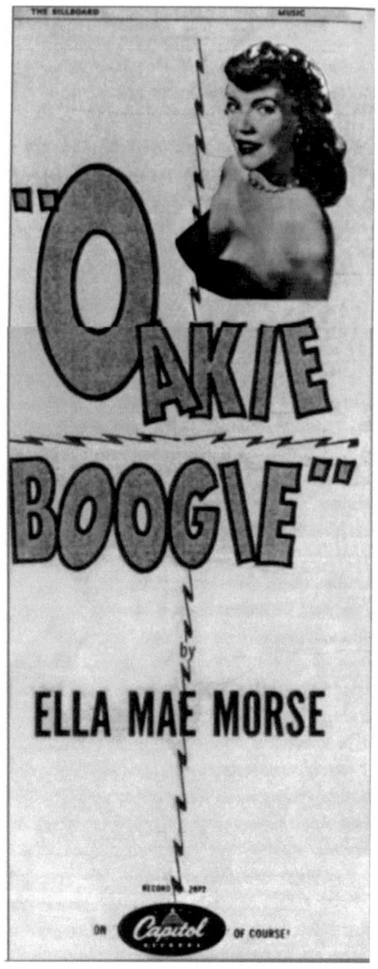

DEUTSCHLAND NIMMT CAPITOL ZUR KENNTNIS

Mit ihren jazzfeindlichen Kommentaren 1947 war die HörZu Vorbote der Anfeindungen gewesen, die in den 50er Jahren häufiger wurden. Erstaunlicherweise gab es aber schon früh nach 1945 Publikationen mit informativen oder sogar wohlgesonnenen Artikeln über den Jazz. Das früheste Heft, das sich neben Artikeln über Schlager und Pop dem Thema widmete, war „Melodie“. Das zwischen Juni 1946 und Juni 1949 in Ost-Berlin erscheinende Magazin, wurde vom Schlagertexter Bruno Balz und dem Komponisten Gerhard Froboess (Connys Vater) herausgegeben. Bereits 1946 erschien darin eine Serie über die Geschichte des Jazz. Die zweite Ausgabe des Jahres 1948 stellte den Hollywood-Film „Rhapsody In Blue“ („Rhapsodie in Blau“) vor, der am 28. April in Deutschland anlief. In dieser George-Gershwin-Story spielte Paul Whitemans Orchester. Im Juni 1949 nahm ein freier Mitarbeiter von „Melodie“ an der Gründungssitzung des Hamburger „Anglo-German Swing Clubs“ teil. Die Jazz-Szene der Nachkriegszeit war eng verflochten. „Melodie“-Herausgeber Froboess war bereits vor dem Krieg Jazz-Fan wie auch Günter Boas, der seit April 1949 in Frankfurt das hektographierte DIN-A-4-Blatt „Jazz Home“ veröffentlichte. Ab Ende des Jahres beschloss man bei „Jazz Home“ eine Zusammenarbeit mit den „News Sheets“ des „BFN Anglo-German Swing Clubs“. Die einzige gemeinsame Ausgabe erschien im Februar 1950, danach war Schluss. Einer der Autoren neben Boas war Horst Lippmann. 1949 hielt das Blatt ein „Jazz Home Referendum“ ab, dessen Ergebnis 1950 veröffentlicht wurde. Unter den beliebtesten Solisten neben Louis Armstrong auch Coleman Hawkins.

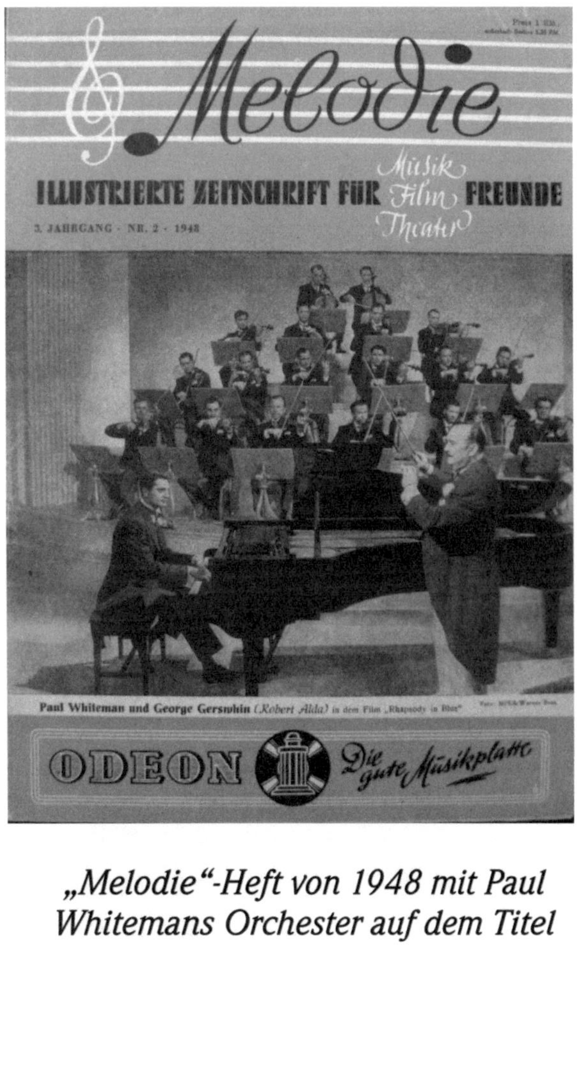

„Melodie“-Heft von 1948 mit Paul Whitemans Orchester auf dem Titel

Für die Rezeptionsgeschichte der Capitol-Interpreten in der Bundesrepublik spielen die „News Sheets“ des „Anglo-German Swing Clubs“ – seit 1949 – eine besondere Rolle. In den mit Schreibmaschine geschriebenen Blättern wurden Plattenveröffentlichungen und Rundfunksendungen kommentiert. Der Jazz-Experte Dr. Dietrich Schulz-Köhn, der seit 1948 seine nächtliche Sendung „Jazz-Almanach“ im Nordwestdeutschen Rundfunk hatte, begrüßte die neuen Capitol-Platten, fand allerdings angesichts von 27 Stan-Kenton-Titeln, dass „es fuenf oder sieben auch tun würden“. Weiter heißt es in dem Artikel „Zur Situation auf dem deutschen Plattenmarkt“: „Wir wollen nicht die Dienste der 'Capitol' schmälern. Sie war die erste, die original amerikanische Aufnahmen auf den deutschen Markt brachte und aus Konkurrenz- und Prestigegruenden folgten die anderen Firmen.“ An anderer Stelle hatte es in einem kritischen Beitrag „Round the Record“ der „News Sheets“ geheißen: „Die langerwartete Telefunken-Capitol Serie ist nun mit den ersten Pressungen auf dem Markt erschienen, aber man kann beim besten Willen nicht sagen, dass diese den Erwartungen entsprechen.“ Jack Martin, BFN-Manager des „Anglo-German Swing Clubs“, beschäftigte sich dann im November 1950 ausführlich in seinem „Record Round Up“ mit den neuesten Platten der Hamburger Firma. Seine Besprechung schlug einen wohlwollenden Ton an: „Die Telefunken-Capitol-Serie hat in den letzten beiden Monaten wiederum eine Reihe von Aufnahmen herausgebracht, die vielen Jazzfreunden langgehegte Wünsche in Erfüllung gehen lassen.“ An erster Stelle stand Stan Kenton mit „Concerto To End All Concertos I+II“, dann folgte Coleman Hawkins mit „Stuffy“ und „It's The Talk Of The Town“. Weiter: Pete Daily mit „Down Home Rag“ und „O Katharina“. Bei Nat King Coles „Mona Lisa“ wies Martin darauf hin, dass es sich um einen „No. I Top Hit“ handele, gekoppelt mit „lebendigem Jazz“: „An Old Piano Plays The Blues“.

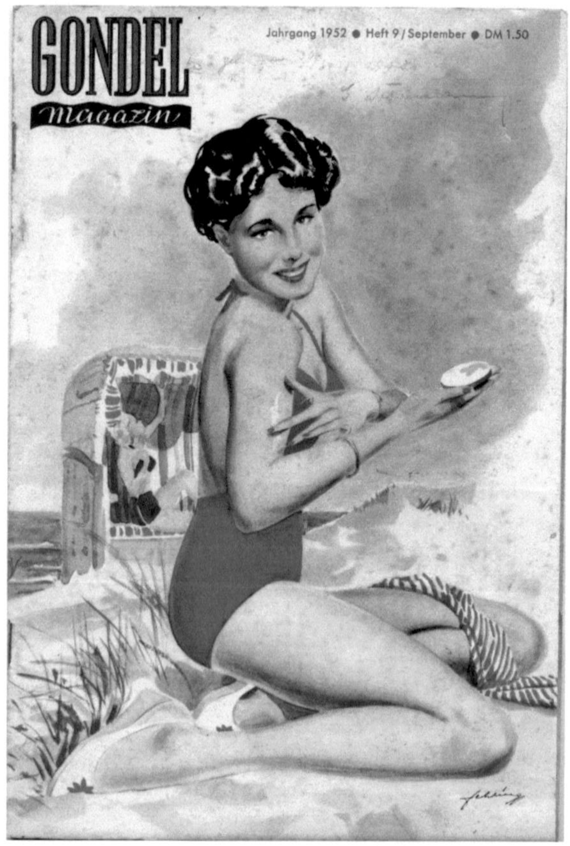

„Gondel“-Heft von 1952 mit Fragebogen zum Jazz-Poll

Bereits in den 40er Jahren entdeckte der Hamburger Gondel Verlag, „sex sells“. Das kleinformatige „Gondel“-Heft (Preis 1,50 DM), das als „Schund und Schmutz“ galt, widmete sich in den 50er Jahren mit einzelnen Artikeln aber auch dem Thema Jazz. Mehrere Seiten, die in späteren Heften als Sonderteil in der Mitte der Zeitschrift integriert waren, hießen „Jazz-Echo“. Darin Artikel wie „Ein neuer Stil aus Hollywood“ über die Capitol Künstler Billy May, Woody Herman und Stan Kenton. Unter „Jazz-News“ erfuhren die Leser zum Beispiel, dass Kenton eine Organisation „Jazz-International“ gegründet hatte und finanzierte, die auch in Deutschland Mitglieder suchte. Zuständig für die Jazz-Artikel war ein gewisser Joe Brown, ein Pseudonym,

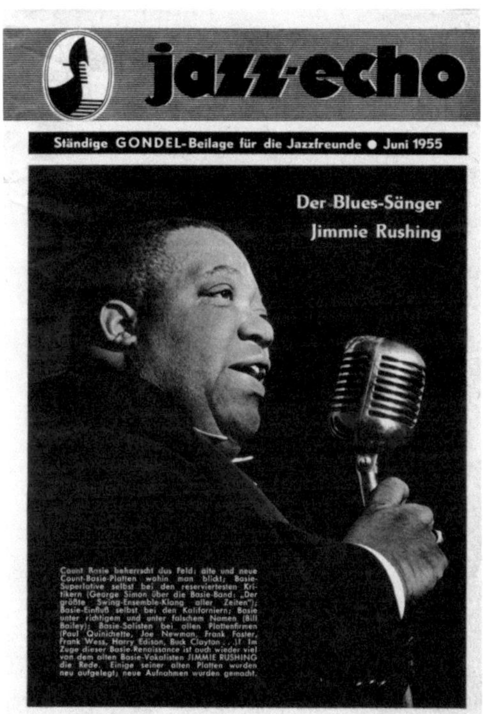
jazz-echo

Ständige GONDEL-Beilage für die Jazzfreunde • Juni 1955

Der Blues-Sänger
Jimmie Rushing

Count Basie beherrscht das Feld: alte und neue Count-Basie-Platten wohin man blickt; Basie-Superlative selbst bei den reserviertesten Kritikern (George Simon über die Basie-Band: „Der größte Swing-Ensemble-Klang aller Zeiten"); Basie-Einfluß selbst bei den Kaliforniern; Basie unter richtigem und unter falschem Namen (Bill Bailey); Basie-Solisten bei allen Plattenfirmen (Paul Quinichette, Joe Newman, Frank Foster, Frank Wess, Harry Edison, Buck Clayton ...)! Im Zuge dieser Basie-Renaissance ist auch wieder viel von dem alten Basie-Vokalisten JIMMIE RUSHING die Rede. Einige seiner alten Platten wurden neu aufgelegt; neue Aufnahmen wurden gemacht.

„Jazz-Echo“-Beilage aus einem „Gondel“-Heft von 1955

hinter dem sich Joachim Ernst Berendt versteckte. Der „Jazz-Papst“ wollte so vermeiden, mit dem Umfeld der „Gondel“ in Verbindung gebracht zu werden. Werner Burkhardt hatte als „Gondel“-Autor nicht solche Berührungsängste. 1952 und 1953/1954 veranstaltete die „Gondel“ einen „Jazz-Poll“. Dafür wurde im Heft auf zwei Seiten ein Fragebogen abgedruckt. Berendt war es dabei wichtig, im Vorfeld auf den „Unterschied zwischen Jazzmusik und Tanz- bzw. Schlagermusik“ hinzuweisen. In einer Anzeige, die im März 1954 erschien, behauptete der Gondel Verlag, sein Jazz-Poll sei das „größte Jazz-Referendum in der Welt“. Garniert war die Anzeige mit Fotos von Stan Kenton („gehört zur großen Lesergemeinde der GONDEL“) und Billie Holiday, die auf Deutschland-Tournee war und im „Jazz-Poll“ gut abgeschnitten hatte. Auf vorderen Plätzen wurden auch Coleman Hawkins, Miles Davis, Duke Ellington und Benny Goodman notiert.

In dieser Zeit kamen Jazz-Wettbewerbe en vogue. Die Deutsche Jazz Föderation hatte einen „Großen Deutschen Jazz-Schallplatten-Preis 1952/53“ ausgeschrieben. Am besten schnitten dabei etablierte Künstler wie Louis Armstrong und Sidney Bechet ab. Aber auch moderne Musiker wurden gewürdigt: Stan Getz für „Flamingo“ und Miles Davis für „Israel“ und „Boplicity“. Im Zusammenhang mit Davis war da auch schon von „cool Jazz“ die Rede.

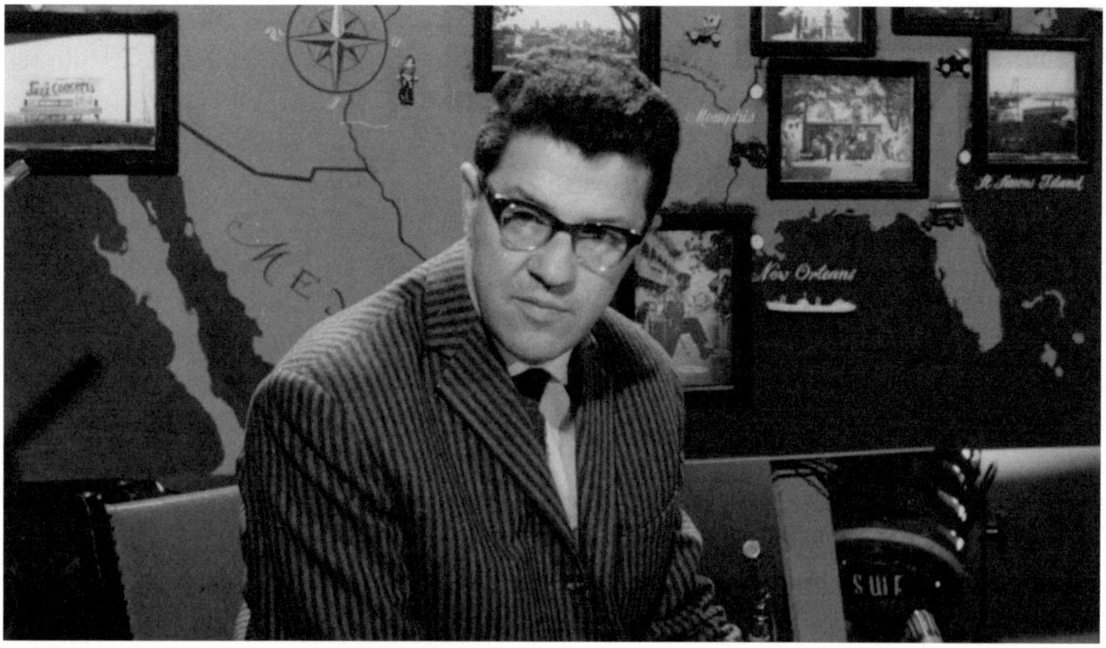

Joachim Ernst Berendt schrieb für die Gondel unter dem Pseudonym Joe Brown

Die Berichterstattung der Blätter blieb nicht ohne Folgen. Man beschäftigte sich mit dem Phänomen Jazz – sogar in der evangelischen Kirche. In der Evangelischen Akademie Tutzing veranstaltete Pfarrer Sommerauer – später als Fernsehpfarrer bekannt – 1953 drei Tage lang eine „Jazz-Tagung". Weltanschaulich gab es zumindest in der Kirche keine Vorbehalte gegen die profane Musik. Auch die Militärregierung der Alliierten hatte in den Kulturblättern keine bedenkliche Beeinflussung der Bevölkerung gesehen. Das galt sowohl für „Melodie" aus der Sowjetischen Besatzungszone, als auch für „vierViertel", das ab November 1947 in der Französischen Besatzungszone Berlins erschien. Erster verantwortlicher Redakteur war Kurt Balzer, Journalist vom Berliner „Kurier", ein Blatt, das auch von den Franzosen genehmigt worden war. Als Grafiker wirkte zeitweise Max Scholz-Peters, jahrelanger Chef der Grafik der TELDEC. Die Jazz-Berichterstattung hieß zunächst „Jazz-Revue", ab 1955 „Jazz-Courir". Das Blatt für 50 Pfennig berichtete über Jazz-Konzerte und stellte Jazz-Platten vor, zum Beispiel 1953 Benny Goodmans Carnegie Hall Konzert, das im selben Heft von Philips beworben wurde. Zum Januar 1954 erschien in „die Schallplatte" eine Anzeige für „vierViertel". Text: „Das führende Musikmagazin für Schlager-, Film-, Schallplatten- und Jazzfreunde."

Auch „Die Bunte Platte" kam ab 1950 aus Berlin – aus Lichterfelde West. Untertitel des Heftes: „Aktuelles von Film/Funk und Schallplatte". Lichterfelde West, Redaktionssitz des Heftes, war zugleich der Stadtteil, in

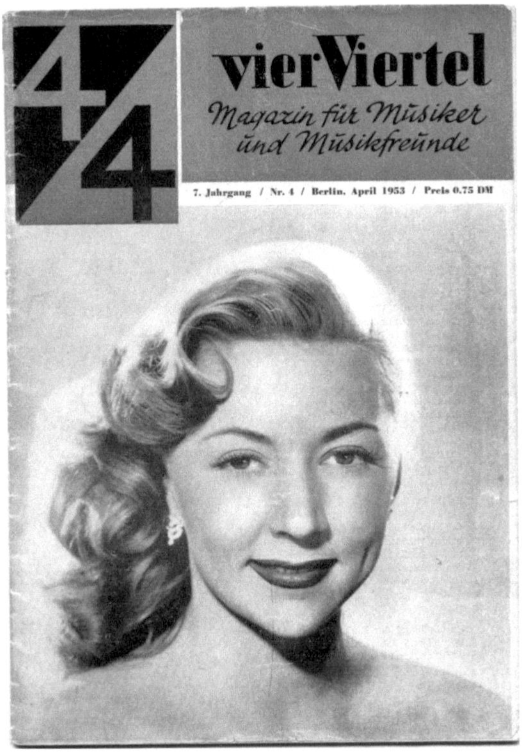

„vierViertel"-Heft aus dem Jahr 1953 mit einer „Jazz-Revue"

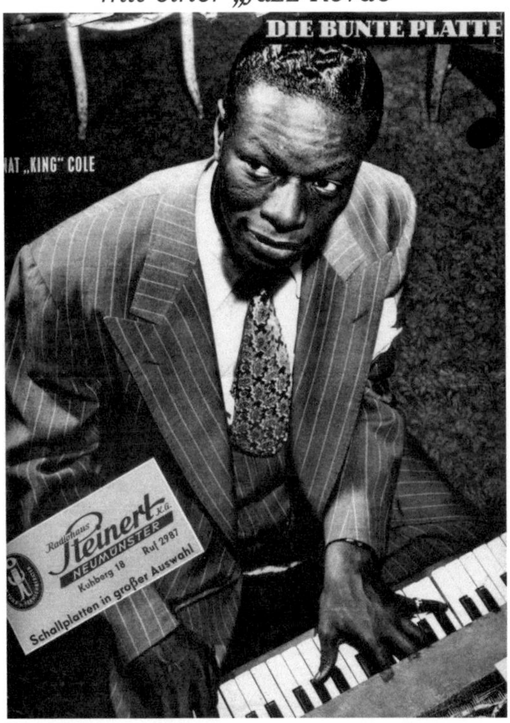

„Die Bunte Platte" hatte 1951 Nat King Cole auf dem Cover

dem die TELDEC ihr Studio hatte. Der räumlichen Nähe entsprach auch eine inhaltliche Nähe in den Beiträgen. Im Impressum wurde der Otto H. Hess Verlag ausgewiesen, ein Hinweis auf Telefunken fehlte. Gleich in der ersten Ausgabe wurde eine Seite Stan Kentons „progressivem Stil" gewidmet. In dem Artikel „Experimentieren ist alles" gab der Autor kenntnisreich die Entwicklung Kentons wieder und wies auf die „Telefunken-Capitol"-Platten hin – insbesondere auf „Tampico", „Thermopolae" und „Rika Jika Jack" mit June Christy. Neben Telefunken- und Decca-Platten wurden auch aktuelle Capitol-Veröffentlichungen besprochen, unter anderem von Les Paul, Jo Stafford, Margaret Whiting und Billy Butterfield. Eine kurze Notiz stellte noch die Dinning Sisters vor: „Sie singen so gut, wie sie aussehen."

Plattenvorstellungen in „Die Bunte Platte" beschränkten sich auf Capitol, Decca, Telefunken und Regina – sämtlich im Telefunkenvertrieb. Auch bei Verlosungen unter den Lesern wurden nur diese Labels angeboten. Unter dem Titel „Zwei hatten eine Idee" brachte das Blatt eine Geschichte über die Anfänge von Capitol in Hollywood. Im Mai 1951 erschien ein „Rundfunkporträt" über Joachim Ernst Berendt, dessen „geglückte Reihe 'Jazz 1951'" im Süd-West-Funk hervorgehoben wurde. Ein paar Seiten weiter berichtete Berendt über seine Amerika-Reise. Überschrift: „Jazz in Hollywood". Im Text beschäftigte er sich mit den Capitol-Veröffentlichungen („Der ganze moderne Jazz ist nicht denkbar ohne Capitol“), namentlich mit Pete Dailey, Ray Anthony und Miles Davis. Über dessen Stil, der „kein Be-bop“ mehr sei: „Es ist ein abstrakter, man möchte fast sagen 'vergeistigter' Stil, den man mittlerweile als 'Cool-Jazz' bezeichnet... Gleich die erste Aufnahme 'Budo' wurde eine Sensation.“ Von Capitol erhielt das Heft sogar PR-Fotos, die – zum Beispiel von June Christy, Stan Kenton und Nat King Cole – ganzseitig auf der Rückseite abgebildet wurden.

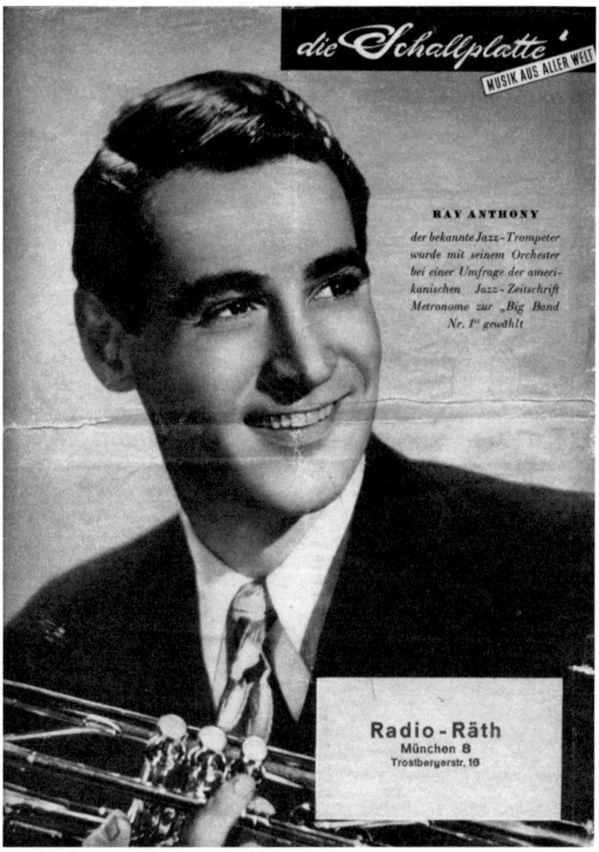

„die Schallplatte“ erschien von 1952 bis 1959

Les Pauls „Tennessee Waltz“ war der „Bunten Platte“ im Juli 1951 unter dem Titel „Ein Welterfolg auf 12 Gitarren“ einen längeren Beitrag wert. Fünf Ausgaben später zeigte sie eine Karikatur, in der Paul immerhin sechs Gitarren in den Händen hält. Die Grafik stammte von seinem Album „The New Sound!“. Im November schließlich konnte die Redaktion den Lesern stolz melden, dass ein deutsches Musikstück in den USA Furore machte: Paul Linckes „Glühwürmchen-Idyll“ aus der Operette „Lysistrata“ vom Anfang des Jahrhunderts war in der Bearbeitung von Johnny Mercer wiederauferstanden. Ab 1952 erschien „Die Bunte Platte“ nicht mehr. Sie wurde abgelöst von einem Heft, das sich offen zu seiner Herkunft von der TELDEC bekannte: „die Schallplatte“.

CAPITOL AUF INTERNATIONALER BÜHNE

Die TELDEC blieb Verteiler der europäischen Vertriebsrechte für Capitol. Im September 1951 setzte Hans Lieber einen sechsseitigen Vertrag mit Norwegens NERA auf, den Eilif Meyer am 17. November in Oslo gegenzeichnete. Gegenstand der Vereinbarung: „Telefunkenplatte räumt Nera ... das Recht ein, von den von Telefunkenplatte bezogenenen Müttern und Preßmatrizen Schallplatten der Marke 'Capitol' zu pressen und diese im Vertragsgebiet zu vertreiben." Die an die TELDEC zu entrichtenden Preise (zwischen 21,60 DM und 38,80 DM) waren nach Größe der Mütter und Matrizen aufgelistet. Für jede verkaufte Platte musste NERA zusätzlich nach Deutschland zahlen. Große Stückzahlen waren aus dem kleinen Norwegen nicht zu erwarten.

1951 war auch das Jahr, in dem der phänomenale Aufstieg von Les Paul und Mary Ford begann. Gitarrenvirtuose Paul (1915 - 2009) war seit 1948 bei Capitol, nachdem er wenig erfolgreich bei Columbia und Decca Aufnahmen gemacht hatte – zum Teil unter dem Hillbilly-Pseudonym „Rhubarb Red". In der Musikszene war er bei Jazzern und Popmusikern als Gitarrist begehrt, so zum Beispiel bei Aufnahmen von Bing Crosby („It's Been A Long, Long Time"). Jim Conkling engagierte ihn auf der Stelle, als Paul mit einem Stapel Demos in seinem Capitol-Büro auftauchte. Anfangs produzierte ihn Lee Gillette, bis Paul seine selbst mit einem Ampex-Aufnahmegerät produzierten Bänder mitbrachte, um sie mastern zu lassen. Paul – „eine Kreuzung aus Thomas Edison und Django Reinhardt" („What Was The First Rock'n'Roll Record") – hatte als Tüftler nicht nur eigene elektrische Gitarren gebastelt, sondern auch in seinem Heimstudio eine Mehrspurtechnik entwickelt. Auf seiner deutschen 78er von „How High The Moon" wurde das als „Trickaufnahme" deklariert. Sein „slap-back echo" tauchte später laut „What Was The First Rock'n'Roll Record" bei Rockabilly-Gitarristen wieder auf, so zum Beispiel bei Danny Cedrone auf Bill Haleys „Rock The Joint" und „Rock Around The Clock". Mit Mary Ford (1924 - 1977), die Gesangsstimme bei „How High The Moon", war Paul 1945 bekannt gemacht worden, als sie unter ihrem richtigen Namen Colleen Summers eine Radioshow als Westernsängerin hatte. 1949 heirateten die beiden. Unter den vielen Duos bei Capitol waren sie am erfolgreichsten. Zwischen 1950 und 1952 listete „Billboard" sie elfmal auf hohen Chartsplätzen. 1952 verzeichnete das Label im Vergleich zu 1951 einen Anstieg der Single-Verkaufs-

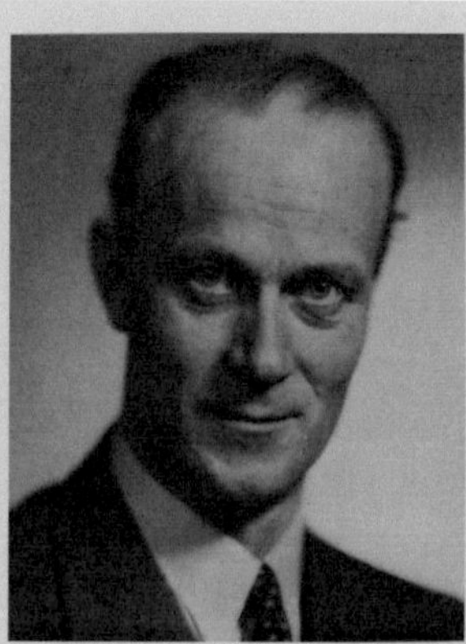

Porträt

EILIF MEYER
(2.11.1906 - 26.12.1994)

Meyer wurde in Kristiania geboren. Seine Verbindung zu Deutschland entstand, als Telefunken im Winter 1935/36 Hermann Zander in die norwegische Niederlassung entsandte, damit er die Produktion überwachte. Eilif Meyer wurde dort im Juni 1936 eingestellt und im Gegenzug zur Telefunken nach Berlin geschickt. 1939, in Norwegen zurück, wurde er verantwortlich für die Musikabteilung. Sein Kontakt bei der Telefunken-Platte war Hans Lieber. Während der deutschen Besatzung nahm Meyer sich Freiheiten heraus und interpretierte die Vorschriften der Militärverwaltung sehr eigenwillig. 1943 wurde er verhaftet und als Kriegsgefangener nach Deutschland transportiert. 1945 kam er zurück nach Norwegen, wo die Telefunken-Dependance konfisziert wurde. Auf den Resten der Firma wurde 1947 ein neues Unternehmen mit dem Namen A/S NERA aufgebaut.

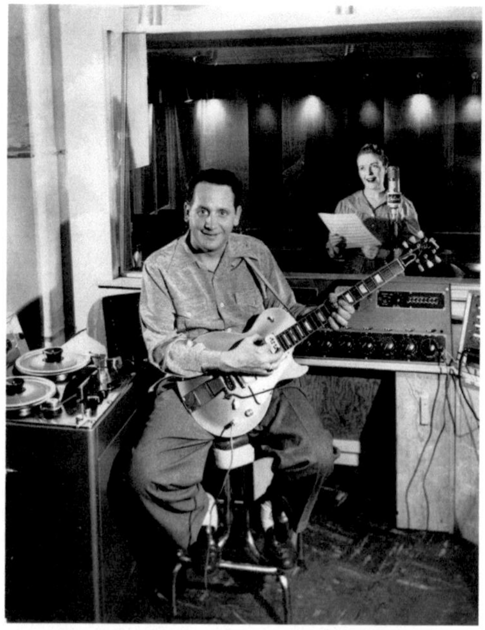

Les Paul nahm seine Platten im eigenen Studio auf. Seine Frau Mary Ford sang dazu

zahlen um 52 Prozent. Als Gründe wurden die Hits „Blacksmith Blues“ von Ella Mae Morse und „Wheel of Fortune“ von Kay Starr angegeben. Außerdem vermutete man in Hollywood ein technisches Detail als Anlass für die Umsatzsteigerung: die „optional center“ – die herausnehmbaren Mittelstücke.

Übertroffen wurden Les Paul und Mary Ford nur von Nat King Cole, der im selben Zeitraum zwölfmal ähnlich hohe Positionen erreichte. Vom Jazzpianisten des King Cole Trios hatte er sich zum Popsänger gemausert. Schon 1948 hatte das kalifornische Blatt „The California Eagle“ geschrieben: „King Cole has sky-rocketed his trio to the top-spot in the musical field's entertainment class.“ Seine großen

Hits erreichten auch Deutschland: „Nature Boy", „Mona Lisa", „Too Young", „Unforgettable". Seine Popularität in den USA brachte ihm 1953 sogar einen Auftritt in „Blue Gardenia" ein. Er sang darin den Titelsong. Der Film von Fritz Lang (mit Anne Baxter und Raymond Burr) zählt zu der Schwarzen Serie Hollywoods. Die Nähe – nicht nur geographisch – zu den Filmstudios wurde von Capitol Records ausgiebig genutzt. Das war auch kommerziell eine kluge Strategie, denn Soundtracks hatten immer das Zeug, in die Charts zu kommen. Viele der Capitol-Filmsongs gaben die Atmosphäre der Schwarzen Serie wieder, die größten Teils auf Kriminalromanen oder Drehbüchern von Dashiell Hammett oder Raymond Chandler basierte. Schon allein Johnny Mercers Songs wurden mehrfach für Films Noirs verwendet, so „I Remember You" und „Not Mine" in „The Glass Key" („Der gläserne Schlüssel", 1942, von Stuart Heisler mit Veronica Lake und Alan Ladd), „Tangerine" in „Double Indemnity" („Frau ohne Gewissen", 1944, von Billy Wilder mit Barbara Stanwyck, Fred McMurray und Edward G. Robinson), „Ac-Cen-Tchu-Ate The Positive" in „The Blue Dahlia" („Die blaue Dahlie", 1946, von George Marshall mit Veronica Lake und Alan Ladd). Nachdem sich die Filmmusik aus Otto Premingers „Laura" (1944, mit Gene Tierney und Dana Andrews) auch im Radio durchgesetzt hatte, schrieb Mercer ebenfalls hierfür einen Text. Dank Telefunken erreichten die Begleitsongs dieser klassischen Schwarzweißfilme Deutschland, bevor sie in den Kinos zu sehen waren. Für die Verbreitung amerikanischer Musik in Europa stellten die Hollywood-Kinoproduktionen ein wichtiges Vehikel dar.

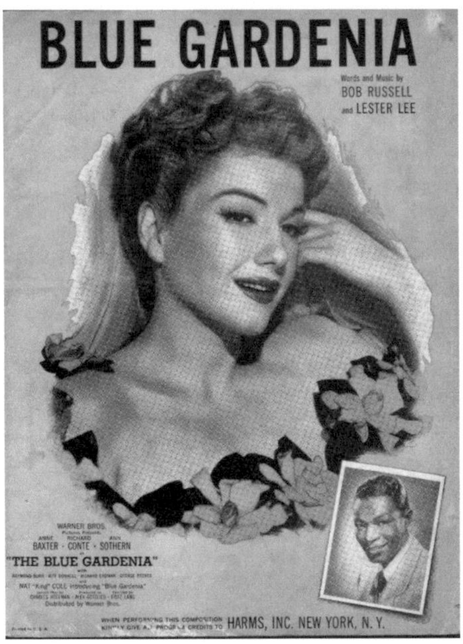

Capitol-Interpreten traten häufig in Filmen auf oder ihre Songs wurden im Soundtrack eingesetzt.
Ella Mae Morse sang ihren „Cow Cow Boogie" in „Ghost Catchers" (rechts im Bild Mel Torme).
Nat King Cole spielte und sang in „Blue Gardenia".

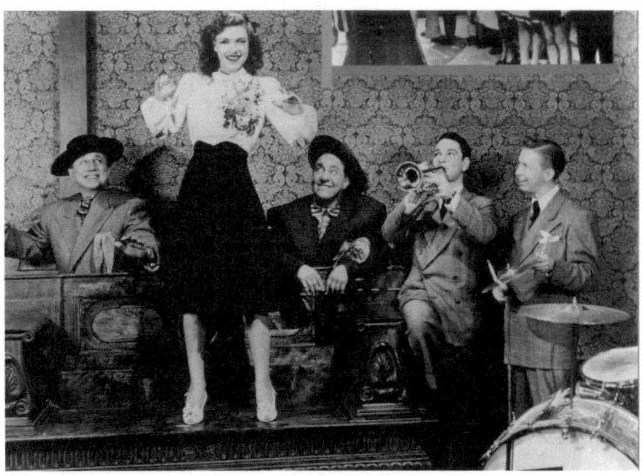

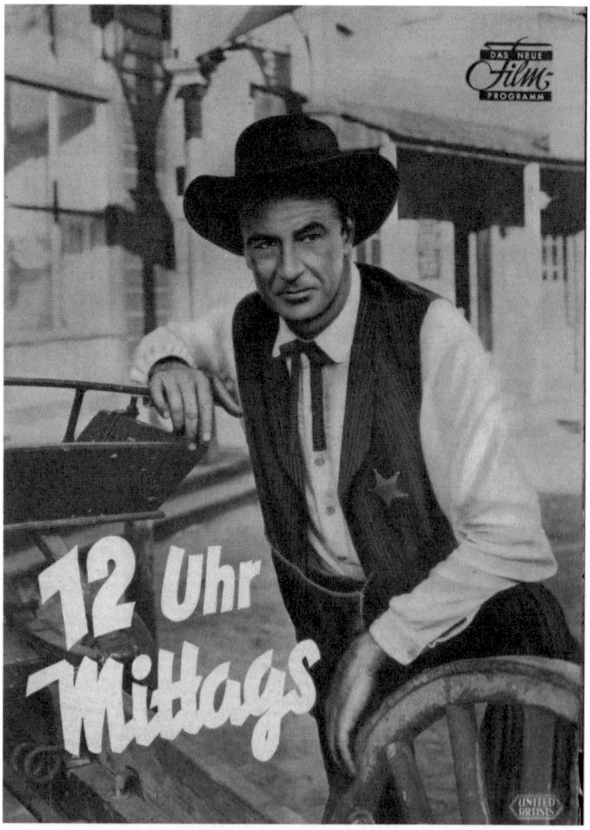

Im Film „High Noon" („Zwölf Uhr Mittags") mit Gary Cooper in der Hauptrolle wurde Tex Ritters „High Noon" gespielt

Hier auszugsweise eine Aufstellung der Filme, in denen Titel von Capitol-Künstlern vorkamen – oder aus denen Capitol-Künstler Titel aufnahmen (nach Musikern geordnet, deutsche Filmtitel in Klammern, nach dem Doppelpunkt folgt der Songtitel).

Ella Mae Morse in „Reveille With Beverly", 1943: „Cow Cow Boogie" , in „The Gang's All Here", 1943: „No Love, No Nothin'", in „Three Cheers From The Boys", 1944: „Shoo Shoo Baby", in „Ghost Catchers", 1944: „Quoth The Raven"
Johnny Mercer in „The Sky's The Limit", 1943: „One For My Baby", in „Here Come The Waves", 1944: „Ac-Cen-Tchu-Ate The Positive", in „The Harvey Girls", 1946: „On The Atchison, Topeka And Santa Fe"
Benny Goodman in „Two Girls And A Sailor", 1944 („Mein Schatz ist ein Matrose", 1949): „Sweet And Lovely"
Peggy Lee in „Golden Earrings", 1947: „Golden Earrings"
The Pied Pipers in „Luxury Liner", 1948 („Liebe an Bord", 1951): „Yes, We Have No Bananas"
Margaret Whiting in „Showboat", 1951 („Mississippi-Melodie", 1952): „Can't Help Lovin' Dat Man"
Tex Ritter, Billy May in „High Noon", 1952 („Zwölf Uhr mittags", 1953): „High Noon"
Nat King Cole in „The Blue Gardenia", 1953 („Gardenia – Eine Frau will vergessen", 1953): „Blue Gardenia"
Merle Travis in „From Here To Eternity" („Verdammt in alle Ewigkeit", 1953): „Re-Enlistment Blues"
Tennessee Ernie Ford, Billy May in „River Of No Return" („Fluß ohne Wiederkehr", 1954): „River Of No Return"
Frank Sinatra in „Three Coins In The Fountain", 1954 („Drei Münzen im Brunnen", 1954): „Three Coins In The Fountain", in „Young At Heart", 1954 („Man soll nicht mit der Liebe spielen, 1962): „Young At Heart"
Dean Martin in „Here Comes The Groom", 1951 („Hochzeitsparade",

1952): „Bonne Nuit“, in „Living It Up“ mit Jerry Lewis, 1954 („Der sympathische Hochstapler“, 1956): „Money Burns A Hole In My Pocket“
Stan Kenton in „Blackboard Jungle“, 1955 („Saat der Gewalt“, 1955): „Invention For Guitar And Trumpet“
Al Martino in „The Man From Laramie“ („Der Mann aus Laramie“, 1955): „The Man From Laramie“
Tex Ritter in „Wichita“, 1955 („Wichita“, 1956): „Wichita“, in „The Searchers“ („Der schwarze Falke“, 1956): „The Searchers“ („Ride Away“)
Les Baxter in „The High And Mighty“ („Es wird immer wieder Tag“, 1954): „The High And Mighty“, in „Helen Of Troy“, 1956 („Die schöne Helena“, 1956): „Theme From Helen Of Troy“, in „Unchained“, 1955 („Die Flucht“, 1955): „Unchained Melody“
Ray Anthony in „Daddy Long Legs“ („Daddy Langbein“, 1955): „Daddy Long Legs“
Louis Armstrong und Bing Crosby in „High Society“ („Die oberen Zehntausend“, 1956): „High Society Calypso“/ „Now You Has Jazz“

In Europa wirkte sich das auch auf die Plattenverkäufe aus. Die Jugendlichen, die „Saat der Gewalt“ gesehen hatten, stürmten jedoch nicht wegen Stan Kentons „Invention For Guitar And Trumpet“ die Läden. Bill Haleys „Rock Around The Clock“ kam bei ihnen besser an. Die amerikanischen Filmverleihe waren seit 1949 wieder mit Büros präsent in Westdeutschland. Bei Capitol in Hollywood reifte auch die Erkenntnis, dass eigene Präsenz in Europa die Geschäfte fördern würde. Glenn Wallichs wählte für diese Aufgabe Bobby Weiss aus, den er bereits seit 1939 kannte. Damals hatte der junge Bobby eine Ausbildung in einem Studio gemacht, an dem Wallichs beteiligt war. 1942 betraute er Weiss mit Vertriebstätigkeiten in New York. Als Bobby Weiss 1945 aus dem Krieg zurückkehrte, wurde er bei Capitol zum ersten Promotion-Direktor befördert. 1952 ging er als European Director nach Paris – als erster Repräsentant eines Major Labels in Europa nach 1945. Seine Ansprechpartner waren die Lizenznehmer Edward Lewis (Decca, England), Hans Lieber (TELDEC, Telefunken, BRD), Sixten Eriksson (TEFAB, Schweden), Eilif Meyer (NERA, Norwegen), Maurice Rosengarten (Musikvertrieb, Schweiz) und Gerry Oord (Bovema, Holland). Sein Einsatz für Capitol kam im richtigen Moment. Im „Billboard“-Magazin beschrieb er 1992 die Situation: „Wir waren der Konkurrenz um eine gute Meile voraus. Die deutsche Fabrik belieferte den ganzen Kontinent.“

ERSTE LANGSPIELPLATTEN UND SINGLES

Schon in ihrem ersten Jahr tat die TELDEC alles, um mit der Entwicklung von Langspielplatten Anschluss an den Weltmarkt zu bekommen. In Nortorf experimentierten die Ingenieure mit der neuen Vinylmasse, die beim Pressen andere Eigenschaften hatte als Schellack. Und im Frühling 1952 reisten Herbert Grenzebach und Hans Lieber auf Einladung von Capitol erstmals in die USA. Die Präsenz von Bobby Weiss in Europa zeigte erste Wirkung. Nachdem die TELDEC-Direktoren in Hollywood mit Glenn Wallichs und Alex Sandor Porges über die weitere Zusammenarbeit und die Innovationen der Amerikaner gesprochen hatten, flogen sie nach Scranton, Pennsylvania, und besichtigten die Fabrik, in der Capitol die Schellacks, Singles und Langspielplatten herstellte. Es war daher selbstverständlich, dass unter den ersten LPs, die 1952 die Nortorfer Fabrik verließen, auch zwei 10-inch-Capitol-Alben waren: Paul Whitemans Aufnahmen von Gershwins „Rhapsodie In Blue“ plus „An American In Paris“ und Pete Daily's Dixieland Band. Außerdem hatten Lieber und Grenzebach einen Vertrag unterschrieben, der sie verpflichtete, in Europa die Capitol-Aufnahmen mit klassischer Musik aus der angeblich technisch verbesserten „Full Dimensional Sound“-Serie zu pressen und zu vertreiben.

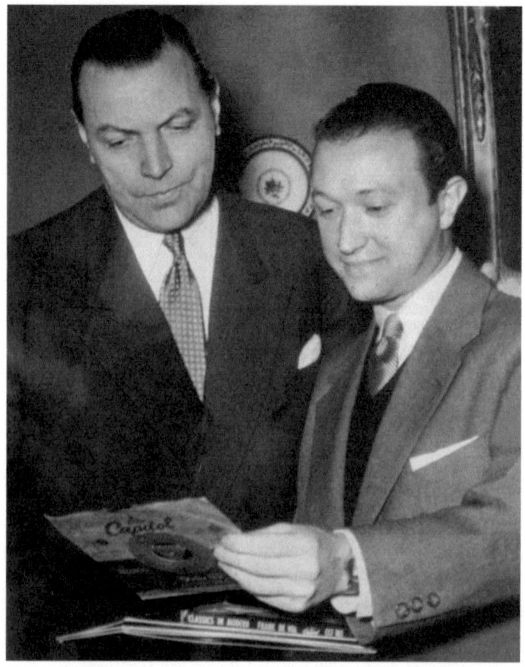

Sixten Eriksson mit Bobby Weiss

Erste Klassik-Alben, die die TELDEC 1952 aus Hollywood übernahm, waren Arnold Schönbergs „Verklärte Nacht op. 4“ und Jacques Offenbachs „Pariser Leben“.

Die Modernisierung in Nortorf blieb nicht bei der Langspielplatte stehen. Als erste deutsche Firma stellte die TELDEC 1952 Singles her – allerdings zunächst nur Capitol-45er für Schweden und Norwegen. Die treibende Kraft bei der Einführung der Single auf dem europäischen Kontinent war wieder Sixten Eriksson gewesen. Er stand in engem Kontakt mit Capitol Records und hatte wie die Firma in

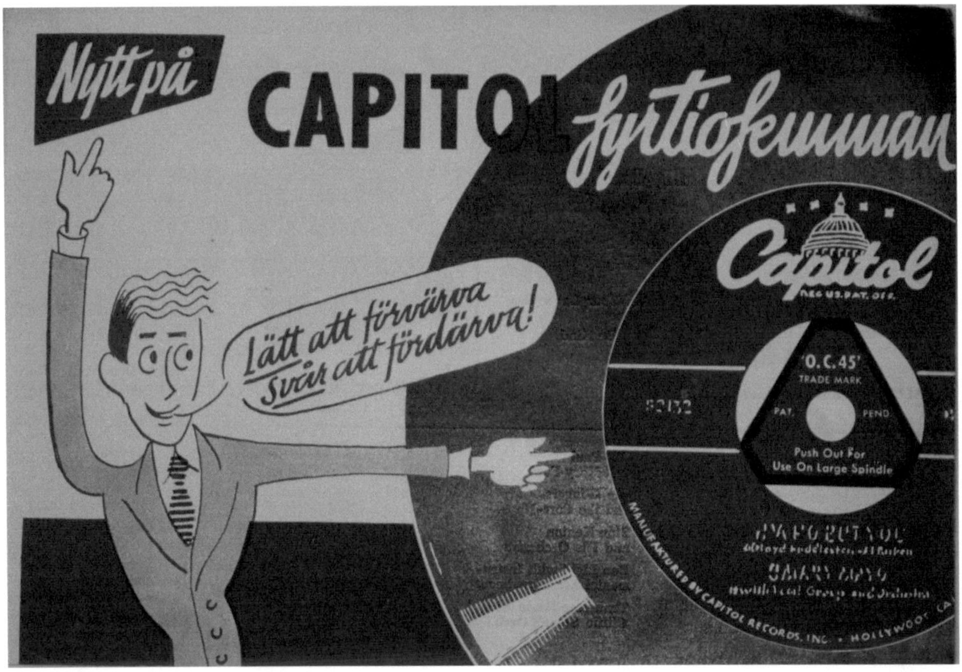

Werbung für erste Capitol-Angebote in Schweden (oben) und England

Hollywood großes Interesse daran, das neue Format in seinem Land anzubieten. Für den Capitol-Musikexport nach Schweden kamen vornehmlich Les Paul und Mary Ford in Frage. Die hatten sich schon auf 78er Schellack gut verkauft, wie auch Stan Kenton, Nat King Cole und Tennessee Ernie Ford. Ehemalige TELDEC-Mitarbeiter haben Tage in Erinnerung, an denen in Nortorf nur Aufnahmen von Les Paul und Mary Ford gepresst wurden. Mit der Format-Innovation kamen die Skandinavier auch automatisch in den Genuss von Eduard Rheins Füllschriftverfahren, das sich die TELDEC gesichert hatte: Sixten Erikssons Firma TEFAB favorisierte die EP (Extended Play) mit vier Musikstücken, die durch Rheins Erfindung möglich war. Die TELDEC-Statistik weist für 1952 die Herstellung von 29 000 Singles für

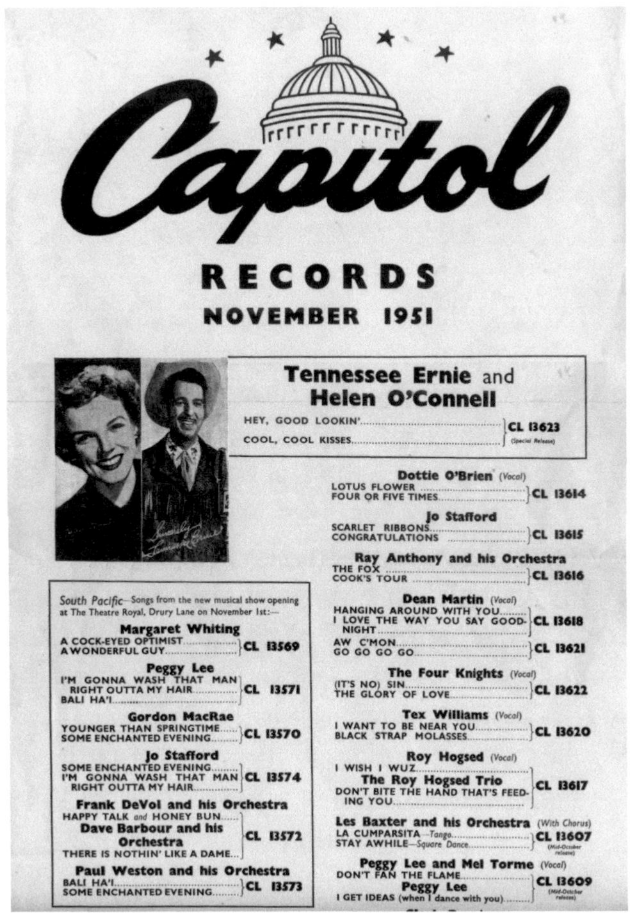
Capitol
RECORDS
NOVEMBER 1951

Tennessee Ernie and **Helen O'Connell**
HEY, GOOD LOOKIN' / COOL, COOL KISSES — CL 13623 (Special Release)

South Pacific—Songs from the new musical show opening at The Theatre Royal, Drury Lane on November 1st:—

Margaret Whiting
A COCK-EYED OPTIMIST / A WONDERFUL GUY — CL 13569

Peggy Lee
I'M GONNA WASH THAT MAN RIGHT OUTTA MY HAIR / BALI HA'I — CL 13571

Gordon MacRae
YOUNGER THAN SPRINGTIME / SOME ENCHANTED EVENING — CL 13570

Jo Stafford
SOME ENCHANTED EVENING / I'M GONNA WASH THAT MAN RIGHT OUTTA MY HAIR — CL 13574

Frank DeVol and his Orchestra
HAPPY TALK *and* HONEY BUN
Dave Barbour and his Orchestra
THERE IS NOTHIN' LIKE A DAME — CL 13572

Paul Weston and his Orchestra
BALI HA'I / SOME ENCHANTED EVENING — CL 13573

Dottie O'Brien (Vocal)
LOTUS FLOWER / FOUR OR FIVE TIMES — CL 13614

Jo Stafford
SCARLET RIBBONS / CONGRATULATIONS — CL 13615

Ray Anthony and his Orchestra
THE FOX / COOK'S TOUR — CL 13616

Dean Martin (Vocal)
HANGING AROUND WITH YOU / I LOVE THE WAY YOU SAY GOOD-NIGHT — CL 13618
AW C'MON / GO GO GO GO — CL 13621

The Four Knights (Vocal)
(IT'S NO) SIN / THE GLORY OF LOVE — CL 13622

Tex Williams (Vocal)
I WANT TO BE NEAR YOU / BLACK STRAP MOLASSES — CL 13620

Roy Hogsed (Vocal)
I WISH I WUZ
The Roy Hogsed Trio
DON'T BITE THE HAND THAT'S FEEDING YOU — CL 13617

Les Baxter and his Orchestra (With Chorus)
LA CUMPARSITA—*Tango* / STAY AWHILE—*Square Dance* — CL 13607 (Mid-October release)

Peggy Lee and Mel Torme (Vocal)
DON'T FAN THE FLAME
Peggy Lee
I GET IDEAS (when I dance with you) — CL 13609 (Mid-October release)

den Export nach Skandinavien aus. Zwei Jahre später importierte TEFAB bereits über 130 000 Singles aus Nortorf. Das Design der Etiketten war in enger Abstimmung mit den Amerikanern entstanden. Kurzfristig druckte man in Nortorf für Schweden auch Telestar-Langspielplattenetiketten, zum Beispiel für das Capitol-Album „Les Paul spielt (The New Sound)“.

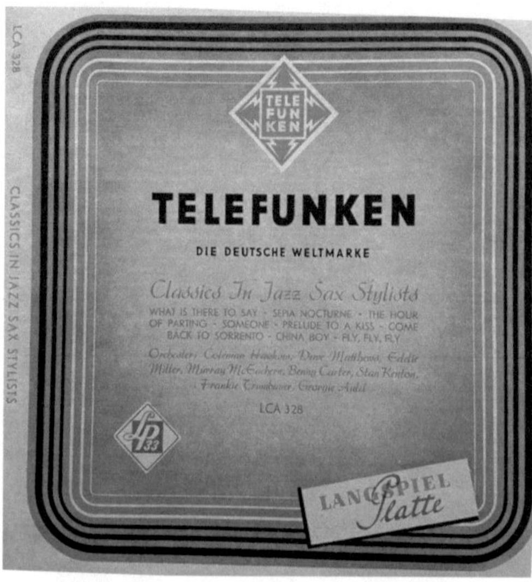

„Classics In Jazz Sax Stylists“

Wenige Jahre nachdem deutsche Soldaten ihre Länder besetzt hatten, bekamen Länder wie Dänemark, Holland und Frankreich amerikanische Musik mit Etiketten geliefert, auf denen unübersehbar der Name Telefunken stand. Die Labels der Capitol-Langspielplatten und -Singles wurden von der Nortorfer Druckerei Hermann Braun und der Druckerei Proppe in Neumünster hergestellt. Beide Betriebe hatten sogenannte Bronziermaschinen, die den Gold- und Silberdruck der Aufschriften und Logos ermöglichten. Zunächst kamen die 10-inch-LPs wie in England in blauen Papierhüllen in die Läden. Nur in Ausnahmen wurden die Platten auch einmal in eine Telefunken-Papiertasche eingetütet („Classics In Jazz Sax Stylists“). Schon bald lieferte die TELDEC laminierte Papptaschen an die Druckerei Braun, die dort mit Interpreten- und Titelangaben bedruckt wurden. Für Capitol waren die Covers, die zum Teil an den Rändern genäht waren, in Grün und Weiß gehalten. Für spätere Ausgaben – wie auch für die EP-Hüllen – wurden aus den USA illustrierte Papphüllen zur Verfügung gestellt. Die Single-Lochcovers wurden im Design und Text dem Vorbild der amerikanischen Hüllen nachempfunden. Das ging sogar so weit, dass bei den 45ern die – zunächst fest verankerten – Mittelstücke mit dem amerikanischen Text („optional center“) oder, seltener, mit deutscher Übersetzung bedruckt waren.

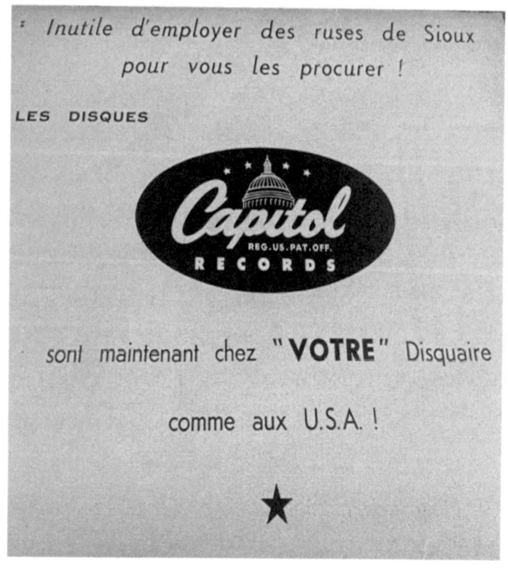

Französische Capitol-Werbung

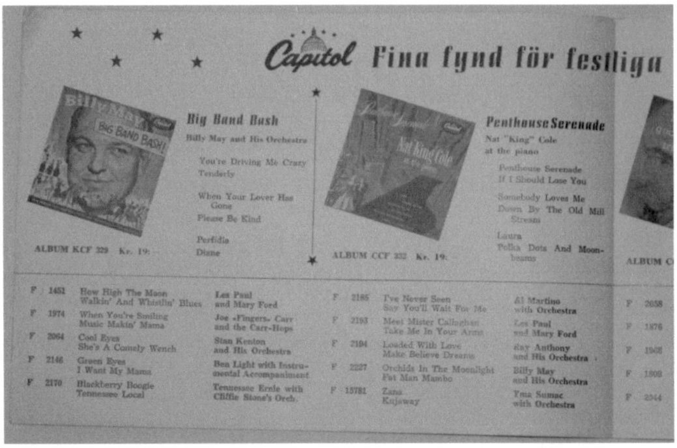

Schwedische Capitol-Veröffentlichungen 1952

Das neue Angebot in Frankreich wurde von Capitol mit einer originellen Anzeige avisiert: „Inutile d'employer des ruses de Sioux pour vous les procurer! Les Disques Capitol Records sont maintenant chez ‚VOTRE' Disquaire comme aux U.S.A.!" (Sie brauchen keine List wie die Sioux anzuwenden, um sie sich zu besorgen. Die Platten von Capitol Records sind jetzt bei ihrem Schallplattenhändler erhältlich wie in den USA.) In einem Prospekt der schwedischen TEFAB, der zum zehnten Jubiläum von Capitol Records erschien, wurden 1952 mehrere Singles angegeben, die zu diesem Zeitpunkt zwar in Deutschland gepresst wurden, aber hier noch nicht erhältlich waren. Einige Beispiele: von Les Paul und Mary Ford „How High The Moon" und „Take Me In Your Arms", von Tennessee Ernie „Blackberry Boogie" und „Hey, Good Lookin'", von Stan Kenton „Cool Eyes", von Al Martino „I've Never Seen", von Nat King Cole „You Will Never Grow Old". Außerdem gab's in Schweden bereits die LPs „Penthouse Serenade" von Nat King Cole, „Big Band Bash" von Billy May und das „Benny Godman Trio". Capitol zeigte großes Interesse an dem Fortschritt in Stockholm, und Bobby Weiss ließ sich von Sixten Eriksson vor Ort über den Markt informieren. Weiss entwickelte auch in anderen Ländern Initiative – vor allem in der Bundesrepublik, wo sein Label ja verankert war. Im März 1953 lud er mit der Telefunken-Platte Vertreter, Verkäuferinnen, Presse und Funk in Hamburg zu einer Veranstaltung ein. Ausführlich berichtete darüber „die Schallplatte", das Magazin, das die TELDEC seit 1952 an den Radiofachhandel (Preis 20 Pfennig) verteilte. Das Blatt spielte eine bedeutende Rolle für die Information der Musikinteressierten – nicht nur weil darin unter anderem immer Mal amerikanischen Interpreten vorgestellt, sondern auch weil sie abgebildet wurden. Bisher hatte es von den Capitol-Künstlern nur einige wenige Fotos in „Die Ernte" und „Die Bunte Platte" gegeben. Für „die Schallplatte" schrieben als ständige Autoren die beiden Journalisten Werner Burkhardt und Joachim Ernst Berendt.

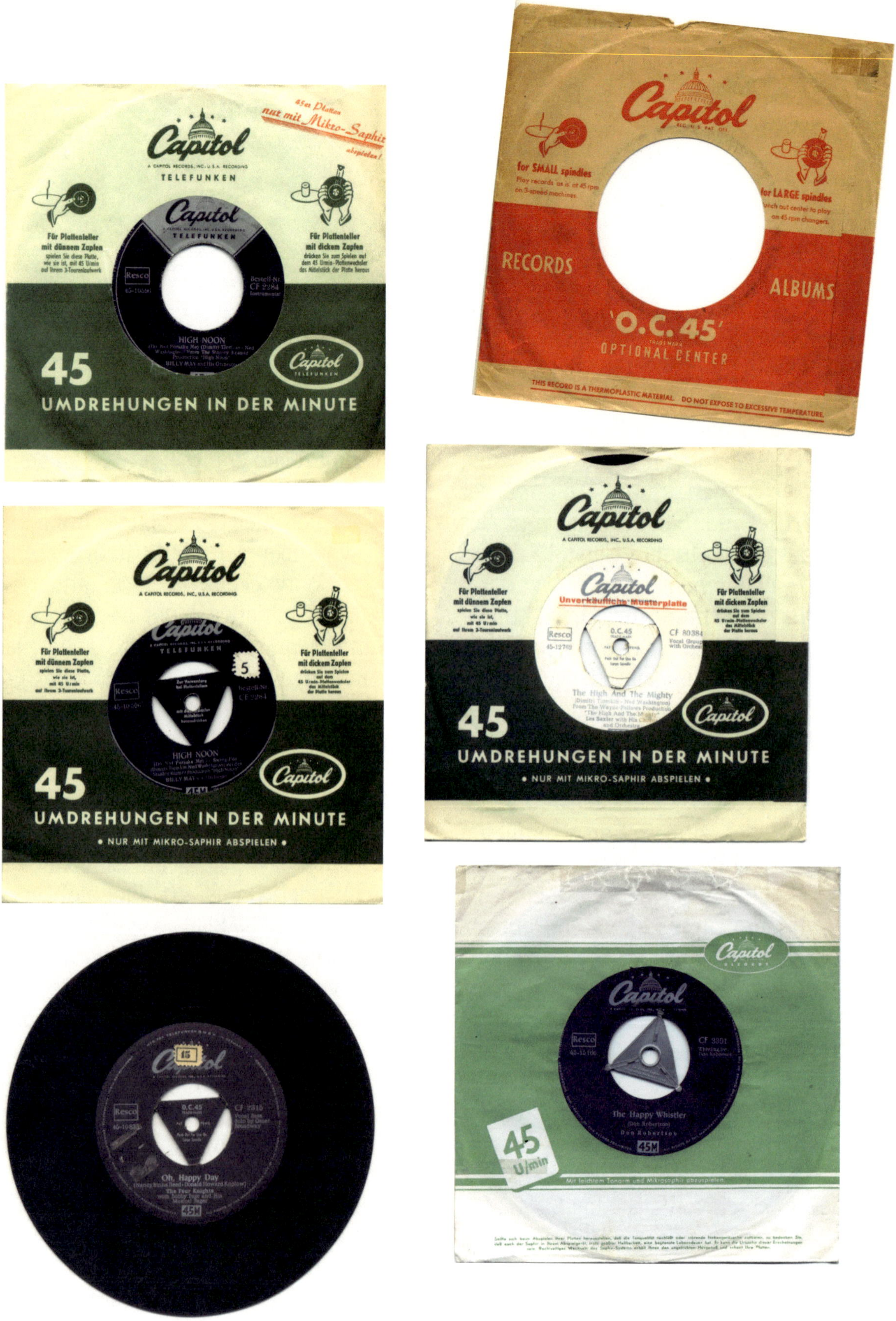

Capitol-Single-Hüllen und -Labels: Die ersten Hüllen glichen dem US-Vorbild

„DIE SCHALLPLATTE“ PRÄSENTIERT „NEUES AUF CAPITOL“

„die Schallplatte“ spiegelte wider, welche Musiker und welche Veröffentlichungen die Firma für wesentlich und verkaufsträchtig hielt. Das zeigte sich schon bei der Auswahl der Titelbilder. Man gab sich oft kulturell anspruchsvoll mit Wieland Wagner, Hilde Güden, Hans Knappertsbusch und Arturo Toscanini oder stieg in die Niederungen des Schlagers herab mit Renate Holm, Lys Assia, Vico Torriani oder Gitta Lind. Ausländisches aus dem Capitol-Repertoire wie Ray Anthony, Frank Sinatra, Nelson Riddle, Kay Starr, Tennessee Ernie Ford oder Les Paul und Mary Ford wurde auf die Rückseite verbannt. Ausnahme: Stan Kenton, der auf seiner Europa-Tournee nach Deutschland kam. Im Inneren des Heftes sah das Spektrum ähnlich aus: Der klassischen Musik wurde überproportional viel Platz eingeräumt, schon bald auch dem Jazz, der mit Capitol- und LONDON-Platten angeboten wurde. Letzteres lag an der Jazzbegeisterung von Werner Burkhardt und Joachim Ernst Berendt. Auf den Labels Telefunken und Decca hatte der Schlager konstant einen festen Platz im Blatt. Mit der Zeit wuchs allerdings die Bedeutung des Capitol Labels. Bereits 1952 erschienen regelmäßig Plattenbesprechungen. Zu Al Martinos „Take My Heart“/„I Never Cared“ hieß es, „daß er wirklich singen kann“. Dem Bandleader Billy May wurde im Mai ein Musikerporträt gewidmet, und einen Monat später berichtete die Redaktion über eine gerichtliche Auseinandersetzung zwischen ihm und Ray Anthony über das Urheberrecht am „New Sound“, den Anthony angeblich kopierte. Und bereits jetzt sprach „die Schallplatte“ anlässlich Miles Davis' „Boplicity“/„Israel“ von „Cool Jazz“: „Ob dieser Jazz so 'cool' aufgenommen wird, bleibt dem Käufer überlassen.“ Stan Kenton wurde mit „Artistry in Boogie“ als „der alte Kenton, der den Jazz konzertreif machte“ gewürdigt. Die Rückkehr von Ella Mae Morse ins Plattenstudio mit „The Blacksmith Blues“ wurde freudig begrüßt. Für die Four Knights („I Go Crazy“/„I Want To Say Hello“) fand die Redaktion die Bezeichnung „Ritter der goldenen Kehle“.

Was Chris Howland im benachbarten Funkhaus des NWDR spielte, wurde selbstverständlich auch von der TELDEC registriert. Sie stellte Les Pauls „Meet Mister Callaghan“ als die Aufnahme vor, „die der englische Discjockey Chris Howland in Deutschland bekannt und populär gemacht hat“. Hauptaugenmerk lag 1953 und 1954 aber auf berühmten Protagonisten des Jazz: Benny Goodmans Band mit den von Capitol wiederaufgelegten Sessions von 1947 und 1948, die „Stilisten auf der Trompete“ wie Roy Eldridge, Miles Davis, Buck Clayton und Bill Coleman in der Reihe „Classics In Jazz“. Joachim Ernst Berendt nahm „Premiered by Duke Ellington“ – Neuaufnahmen alter Stücke – zum Anlass, einen Überblick über das Schaffen des „Herzogs im Jazzland“ zu bringen. Die angekündigte Tournee von Woody Herman, auf der er auch in der Bundesrepublik erwartet wurde, nutzte Berendt für eine ausführliche Würdigung seiner „Third Herd“. In den USA war der Film „Die Glenn Miller Story“ 1954 bereits in den Kinos angelaufen, das war für „die Schallplatte“ ein willkommener Aufhänger, um Ray Anthonys Album „I Remember Glenn Miller“ vorzustellen. Anthony hatte schon ein Jahr zuvor mit „Dragnet“ einen Top-Hit in Amerika gehabt, der jetzt auch Deutschland erreichte. Im Sommer 1955 führte „die Schallplatte“ dann eine ständige Rubrik „Neues auf Capitol“ ein. Man hatte erkannt, dass es eine wachsende Gruppe an Interessenten für amerikanische Musik gab.

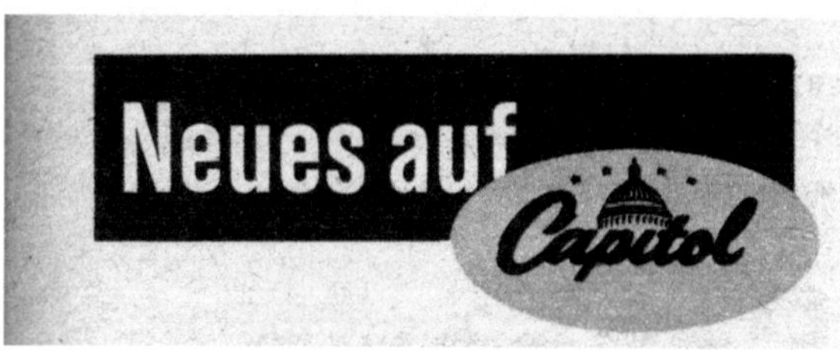

„die Schallplatte“ präsentiert „Neues auf Capitol“

Das hieß nicht, dass die Themenauswahl der TELDEC-Gazette sich von jetzt an nach einem aktuellen Trend richtete. Sie entsprach vielmehr der Situation im Radiofachhandel, in der eher klassische Musik im Vordergrund stand. Die Geschäftsführung hielt sich deshalb an Bewährtes. Auch optisch

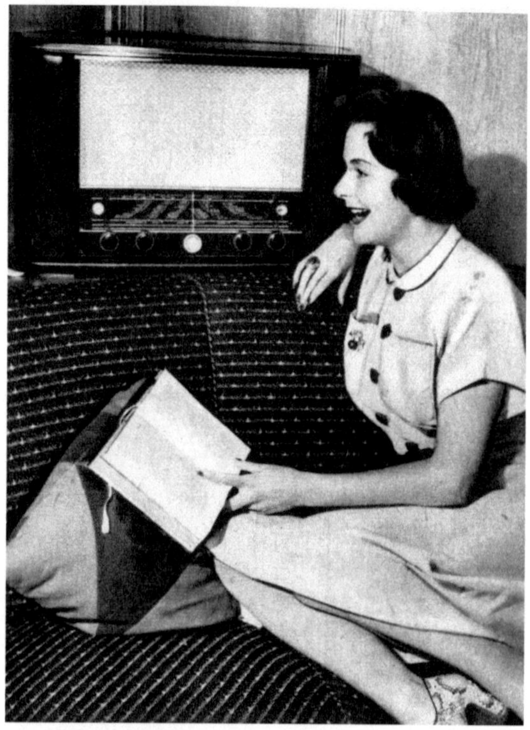

Radiohörerin in den 50er Jahren

war das Blatt nicht geeignet, ein junges Publikum anzusprechen. Selbst wenn die damaligen „Schallplattenbars“ der Läden heute mit ihrer Nierentisch-Ästhetik relativ modern wirken, fühlten sich die Händler einem erwachsenen Publikum und vermeintlicher Hochkultur verpflichtet. Die Industrie bediente diese Haltung mit Radios, die hochtrabende Namen trugen: „Tannhäuser“, „Caruso“, „Rigoletto“, „Bajazzo“, „Traviata“ oder „Operette“. Ein Telefunken-Plattenspieler hieß „Bayreuth“ und sollte wohl eher Wagner-Platten spielen als die von Stan Kenton. Da war es ein großer Schritt in eine neue Richtung, dass die TELDEC einige Angestellte von Radiogeschäften zu einer Präsentation des Capitol-Botschafters Weiss nach Hamburg bat.

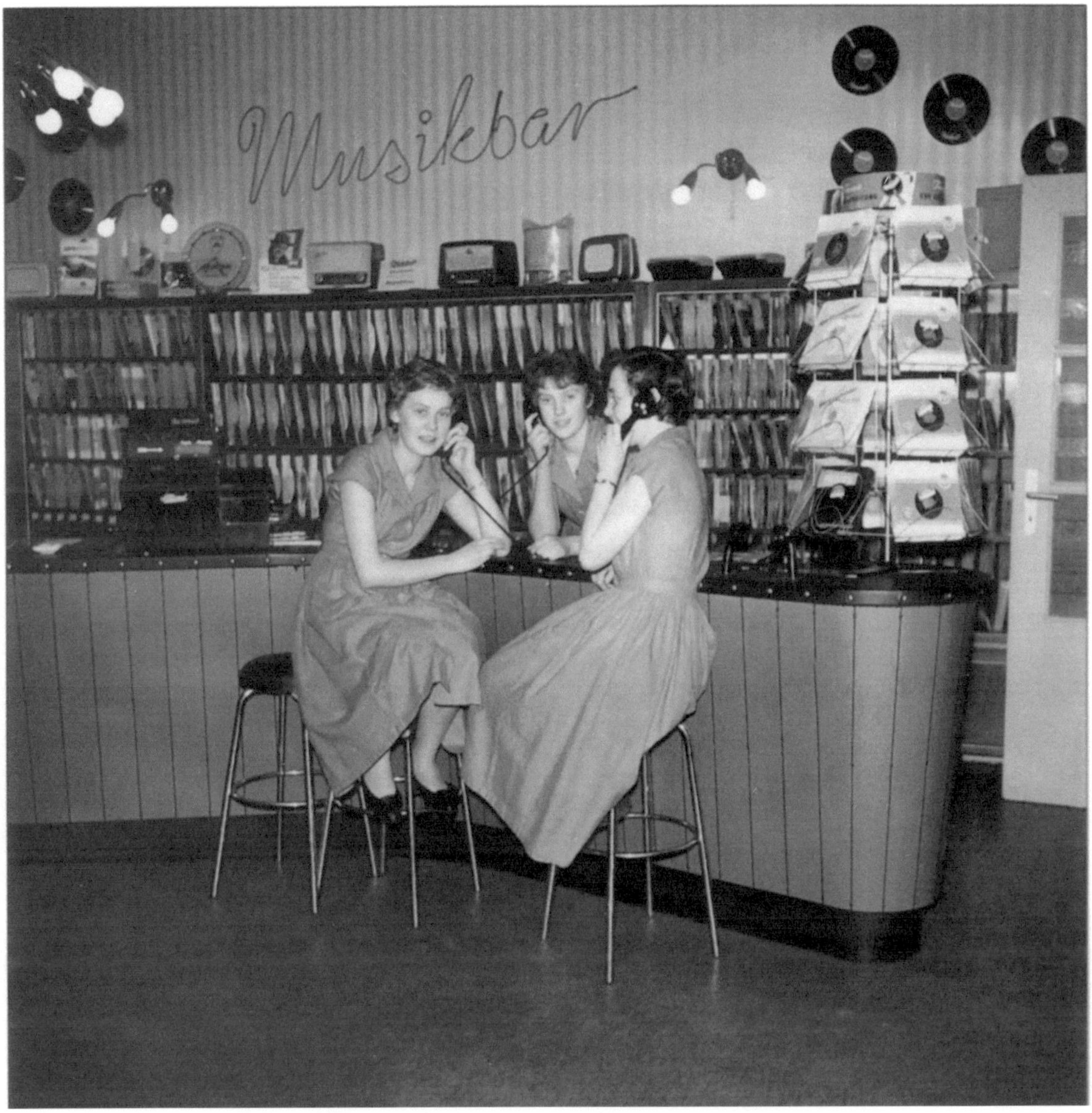

Plattenbar in einem Gelsenkirchener Geschäft

BOBBY WEISS WIRBT FÜR CAPITOL

Als „prominente Gäste“ der Telefunken-Werbeleitung nannte „die Schallplatte“ den „europäischen Repräsentanten der Capitol Records Inc., Hollywood,“ Bob Weiss und „Disc Jockey Chris Howland, bekannt durch seine beliebten Montags-Sendungen im NWDR“. Howland spielte „Capitol-Bestseller“ vor, bevor Weiss eine Ansprache hielt. „Dieser smarte Amerikaner, sympathisch, jung und ein echter businessman, drückte zunächst seine Überraschung darüber aus, daß sich die Capitol-Schallplatte in kurzer Zeit einen so großen und ständig wachsenden Freundeskreis im Bundesgebiet erobern konnte.“ Dann präsentierte er dem Publikum bislang noch nicht veröffentlichte Alben, u. a. von Ray Anthony „The Young Man With The Horn“. Höhepunkt der Veranstaltung: der „von Präsident Wallichs persönlich gedrehte Ton-Farbfilm 'Wanna buy a record'“. Der Film war bereits 1951 entstanden und zeigte, wie Bandleader Billy May in einer Rolle als Schallplattenkäufer von einem Komiker durch die Anlagen von Capitol Records geführt wurde – von Hollywood bis Scranton. Für deutsche Zuschauer musste der drastische Humor merkwürdig wirken, aber kurze Auftritte von Vizepräsident Alan Livingston und Capitol-Künstlern machten den Streifen interessant:

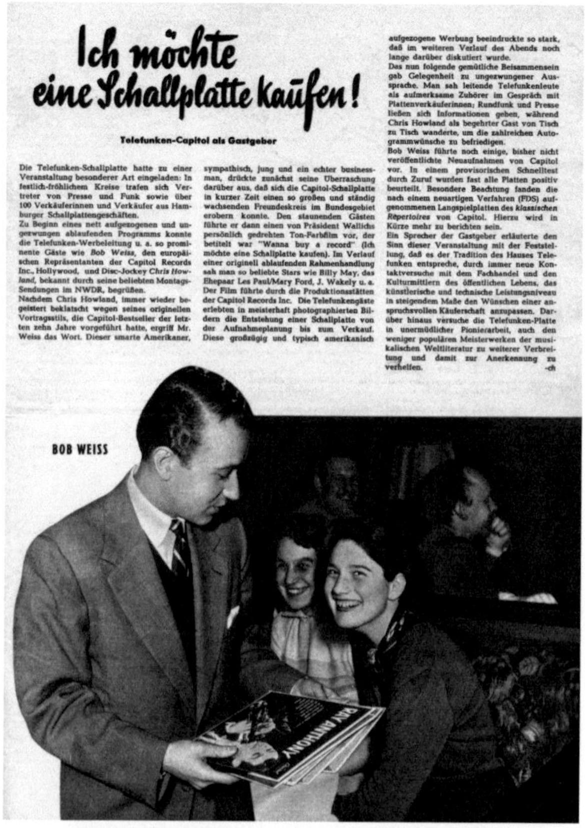
Ich möchte eine Schallplatte kaufen!

Telefunken-Capitol als Gastgeber

Die Telefunken-Schallplatte hatte zu einer Veranstaltung besonderer Art eingeladen: In festlich-fröhlichem Kreise trafen sich Vertreter von Presse und Funk sowie über 100 Verkäuferinnen und Verkäufer aus Hamburger Schallplattengeschäften.

Zu Beginn eines nett aufgezogenen und ungezwungen ablaufenden Programms konnte die Telefunken-Werbeleitung u. a. so prominente Gäste wie *Bob Weiss*, den europäischen Repräsentanten der Capitol Records Inc., Hollywood, und Disc-Jockey *Chris Howland*, bekannt durch seine beliebten Montags-Sendungen im NWDR, begrüßen.

Nachdem Chris Howland, immer wieder begeistert beklatscht wegen seines originellen Vortragsstils, die Capitol-Bestseller der letzten zehn Jahre vorgeführt hatte, ergriff Mr. Weiss das Wort. Dieser smarte Amerikaner, sympathisch, jung und ein echter businessman, drückte zunächst seine Überraschung darüber aus, daß sich die Capitol-Schallplatte in kurzer Zeit einen so großen und ständig wachsenden Freundeskreis im Bundesgebiet erobern konnte. Den staunenden Gästen führte er dann einen von Präsident Wallichs persönlich gedrehten Ton-Farbfilm vor, der betitelt war "Wanna buy a record" (Ich möchte eine Schallplatte kaufen). Im Verlauf einer originell ablaufenden Rahmenhandlung sah man so beliebte Stars wie Billy May, das Ehepaar Les Paul/Mary Ford, J. Wakely u. a. Der Film führte durch die Produktionsstätten der Capitol Records Inc. Die Telefunkengäste erlebten in meisterhaft photographierten Bildern die Entstehung einer Schallplatte von der Aufnahmeplanung bis zum Verkauf. Diese großzügig und typisch amerikanisch aufgezogene Werbung beeindruckte so stark, daß im weiteren Verlauf des Abends noch lange darüber diskutiert wurde.

Das nun folgende gemütliche Beisammensein gab Gelegenheit zu ungezwungener Aussprache. Man sah leitende Telefunkenleute als aufmerksame Zuhörer im Gespräch mit Plattenverkäuferinnen; Rundfunk und Presse ließen sich Informationen geben, während Chris Howland als begehrter Gast von Tisch zu Tisch wanderte, um die zahlreichen Autogrammwünsche zu befriedigen.

Bob Weiss führte noch einige, bisher nicht veröffentlichte Neuaufnahmen von Capitol vor. In einem provisorischen Schnelltest durch Zuruf wurden fast alle Platten positiv beurteilt. Besondere Beachtung fanden die nach einem neuartigen Verfahren (FDS) aufgenommenen Langspielplatten des *klassischen Repertoires* von Capitol. Hierzu wird in Kürze mehr zu berichten sein.

Ein Sprecher der Gastgeber erläuterte den Sinn dieser Veranstaltung mit der Feststellung, daß es der Tradition des Hauses Telefunken entspreche, durch immer neue Kontaktversuche mit dem Fachhandel und den Kulturmittlern des öffentlichen Lebens, das künstlerische und technische Leistungsniveau in steigendem Maße den Wünschen einer anspruchsvollen Käuferschaft anzupassen. Darüber hinaus versuche die Telefunken-Platte in unermüdlicher Pionierarbeit, auch den weniger populären Meisterwerken der musikalischen Weltliteratur zu weiterer Verbreitung und damit zur Anerkennung zu verhelfen. -ch

In Hamburg bei der TELDEC: Bobby Weiss präsentiert neue Platten. („die Schallplatte“)

Man sah Dean Martin und Jimmy Wakely im Aufnahmestudio und Les Paul und Mary Ford bei einem Besuch in der Melrose Avenue. In Anlehnung an den Filmtitel war der Titel der Bobby-Weiss-Geschichte „Ich möchte eine Schallplatte kaufen!“ überschrieben. Der dem hiesigen Publikum bislang unbekannte Country-Sänger Wakely bekam in „die Schallplatte“

sogar eine Kurzkritik seiner Schellack „I Went To Your Wedding“ („eines der beliebtesten melancholischen Cowboy-Lieder“) und „Pale Moon“. Darin wurde hauptsächlich Nelson Riddles „Begleitorchester“ hervorgehoben. Wakely hatte nach einer Radio-Show in Oklahoma City eine Band gegründet. Mitglieder: Merle Travis, Cliffie Stone und Mary Ford. 1946 war er von Lee Gillette für Capiol verpflichtet worden. Alle Band-Mitglieder wurden von Capitol Records engagiert und trugen zum Erfolg des Labels bei. Cliffie Stone erhielt obendrein eine wichtige Rolle als A&R Man und Orchesterleiter, der viele Sänger – vor allem Tennessee Ernie Ford – im Studio begleitete. Durch ihn bekam die Bundesrepublik nach „White Christmas“/„Silent Night“ von Jo Stafford mit Paul Westons Orchester und Nat King Coles „The Christmas Song“ eine weitere frühe Weihnachtsplatte präsentiert. Auf „Here Comes Santa Claus“ sang er sogar, der Rückseite der Schellackplatte, „Christmas Waltz“, liehen „Judy and Sonny“ ihre Stimmen.

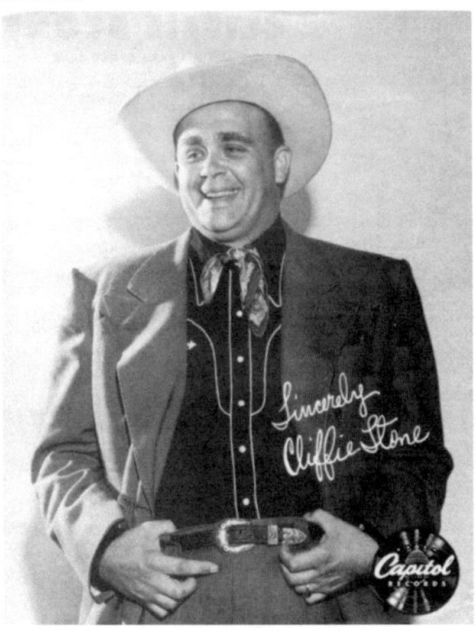

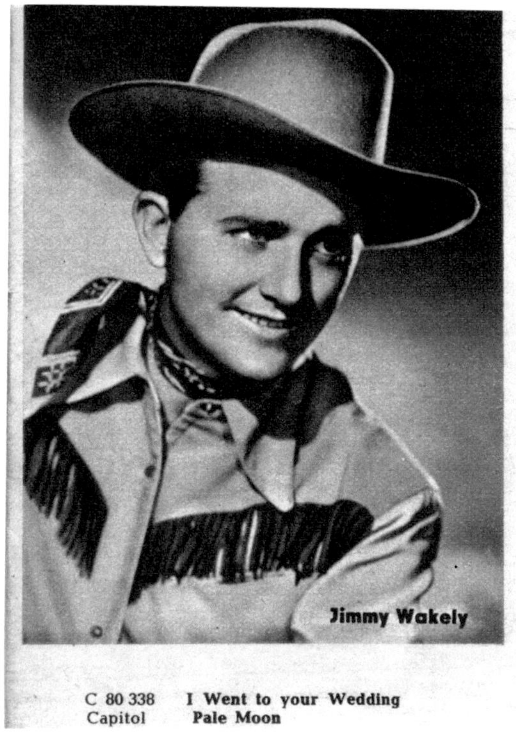

Jimmy Wakely fand sogar in Deutschland Beachtung

In der Bundesrepublik galten 78er immer noch als „Normalspielplatten“. In diesem Format erreichten Blues mit Leadbellys „Sweet Mary Blues“ und Jazz mit Woody Hermans „Early Autumn“ und „More Moon“ das deutsche Publikum. Rückblickend schrieb Werner Burkhardt 1992 über Hermans Platte: „Das Tenorsaxophonsolo von Stan Getz in 'Early Autumn' (dringt) auch heute noch wie etwas Unbegreifliches durch den Sound der Woody-Herman-Band.“ Und Getz schwärmte gegenüber Buchautor Joe Smith von Herman: „Es war großartig. Die großartigste weiße Band, die es je gab, soweit es mich betrifft. Woody ließ die Musiker einfach spielen.“

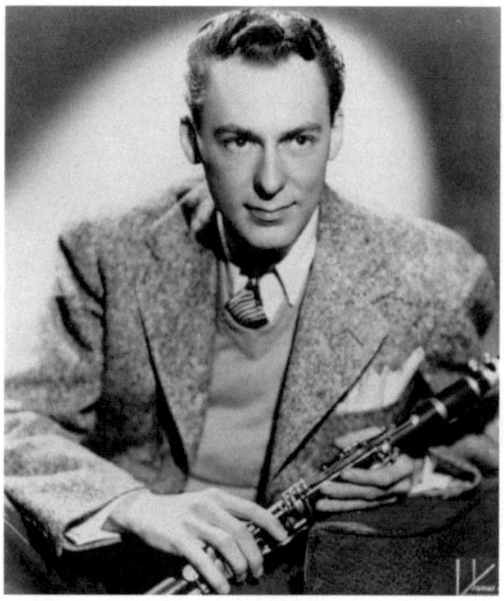

Woody Herman

Mit einiger Verspätung betrat Dean Martin bei Telefunken-Capitol die Bühne. Er hatte bei dem kalifornischen Label seit 1948 einen Vertrag. Als erste Schellackplatte wurde hier erst jetzt von ihm „Bonne Nuit"/„In The Cool, Cool, Cool Of The Evening" angeboten. Sein „You Belong To Me", das 1952 gleichzeitig mit Jo Staffords Hitversion in die Charts kam, brachte es bei der TELDEC ein Jahr später nur auf eine LP der Serie „Today's Top Hits".

Diese Serie versammelte ab 1953 Berühmtes und weniger Bekanntes aus dem Capitol-Studio. Auf solch einem Album erlebte auch Frank Sinatra mit „I'm Walking Behind You" seine Deutschland-Premiere. Gleichzeitig kam „I'm Walking Behind You"/„Lean Baby", aus seiner ersten Capitol-Session mit Axel Stohrdahl vom 2. April 1953, auch als 78er heraus. Allerdings hatte Eddie Fisher, der es nach Sinatra aufnahm, damit den größeren Hit. Im Jahr darauf textete Schlagerautor Hans Bradtke für Gitta Lind und Wolfgang Sauer „Die Glocken der Freude" auf die Vorlage von „I'm Walking Behind You". Zugrunde lag eine englische Aufnahme von Dorothy Squires vom Februar 1953. „Lean Baby", eine Billy-May-Komposition, hatte May selbst schon vor Sinatra 1951 herausgebracht. Schon bei seinem ersten Termin im Capitol-Studio stimmte Sinatra den Song mit einem swingenden „Do, do, do" an, das charakteristisch für ihn wurde. Er war von Vizepräsident Alan Livingston Dave Dexter unter Vertrag genommen worden, als ihn nach seiner Columbia-Zeit niemand mehr haben wollte. Als Idol der „Bobby Soxer"-Generation hatte er abgewirtschaftet und galt als Gift an der Ladenkasse. Nach mehreren vergeblichen Versuchen hatte die William-Morris-Agentur bei Capitol angefragt, ob sie Sinatra übernehmen wollten. Als Alan Livingston die Verpflichtung des ehemaligen Stars auf einer Mitarbeiter-Convention in Colorado bekannt gab, buhten ihn die Vertreter aus, aber er sagte: „Mir geht es nur um Talent, und Frank ist der beste Sänger der Welt." Capitol rettete Sinatra vor dem totalen Absturz. Zu dieser Zeit hatte er zwar bereits den Vertrag für den Film „From Here To Eternity" („Verdammt in alle Ewigkeit") unterschrieben, der sein Comeback bedeutete, aber der Film war noch nicht in den Kinos angelaufen.

FRANK SINATRA AUF EUROPATOURNEE

Sein neues Label setzte so sehr auf seinen Erfolg, dass es ihn im Frühjahr 1953 nach Europa schickte. In Schweden war Sinatra für eine Woche im Mai gebucht. Pressevertreter, Radioreporter und Sixten Eriksson standen am Flughafen in Malmö, um ihn zu empfangen. Er sollte aus Kopenhagen anreisen, aber er erschien nicht zur angekündigten Zeit. Um Deutschland hatte er einen Bogen gemacht. Als er dann endlich ohne jede Erklärung in Begleitung seiner Frau, Filmstar Ava Gardner, mit einem anderen Flug erschien, hatten die schwedischen Medien ihr Urteil über ihn gefällt. Das Publikum in Helsingborg pfiff ihn sogar aus. In Stockholm saß Erikssons Sohn Hans-Ove im Publikum und wurde Sinatra nach dem Konzert backstage vorgestellt. „Als er mich sah, drehte er sich um, nahm einen Stuhl, stieg darauf, um mich zu begrüßen“, erzählt Hans-Ove Eriksson-Regén, der mit seinen 1,98 m Frankieboy um fast 30 cm überragte. Hans-Ove hatte seine Kamera mitgenommen und durfte den Sänger fotografieren. Sein Vater Sixten war aber enttäuscht von seinem Capitol-Star. Er hatte alles getan, um die Tournee zu unterstützen und sogar rechtzeitig „I'm Walking Behind You“ veröffentlicht, aber Sinatra wollte das Lied nicht singen. Er war sogar überrascht, dass es die Single schon gab und behauptete, kein Arrangement für den Song zu haben und nicht darauf vorbereitet zu sein. So sang er seine alten Columbia-Stücke. Schließlich brach er die Tournee ab. „Frankie Go Home!“, schrieben die Zeitungen. Hans-Ove: „Mein Vater schickte einen bösen Brief an Capitol!“ Es dauerte ein Jahr, bis die schwedischen Plattenläden nach diesem Flop bei Eriksson wieder Sinatra-Scheiben orderten.

In der Bundesrepublik wurden die Läden zu Anfang 1953 weiterhin nur mit Capitol-„Normalspielplatten“ beliefert, darunter Tennessee Ernies „Blackberry Boogie“, seine Duette mit Ella Mae Morse „False Hearted Girl“/ „I'm Hog Tied Over You“, „My Baby's Coming Home“ von Les Paul und Mary Ford, „Don't Let The Stars Get In Your Eyes“ sowie „Seven Lonely Days“ von Gisèle MacKenzie und „Artistry In Boogie“ von Stan Kenton. Aktuell war der Filmsong „High Noon“, den Capitol-Interpret Tex Ritter in „12 Uhr Mittags“ (Originaltitel „High Noon“, von Fred Zinneman, mit Gary Cooper und Grace Kelly) in den Kinos sang. Der Film schilderte die dramatischen Stunden, die ein Marshall, gespielt von Cooper, durchzustehen hatte, bis es zum Duell mit einer Gangsterbande kam. Ohne

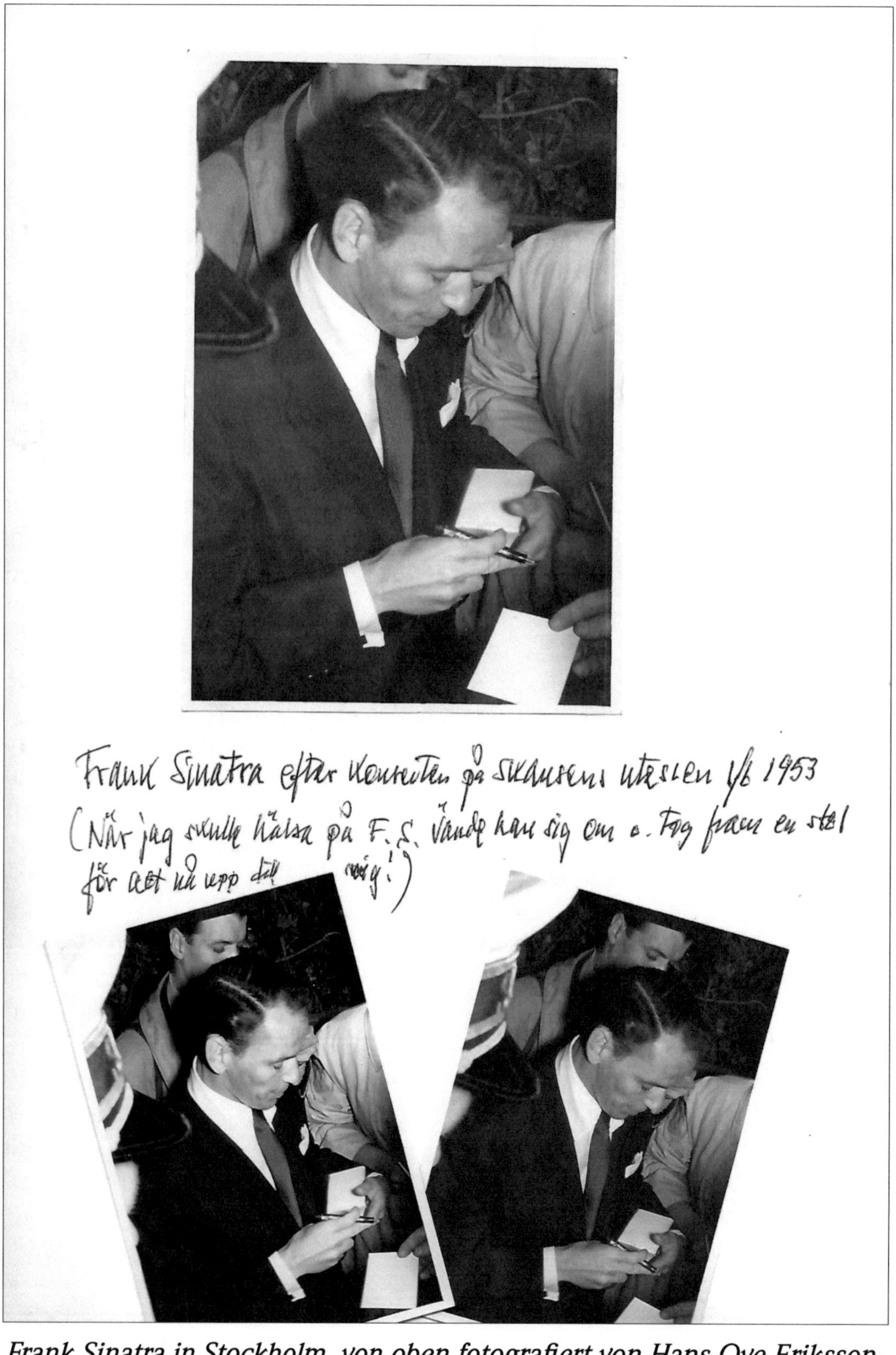

Frank Sinatra in Stockholm, von oben fotografiert von Hans-Ove Eriksson-Regén, der ihn um einiges überragte (aus Hans-Oves Fotoalbum)

Unterstützung von der Stadtbevölkerung war er ganz allein auf sich gestellt und lief auch noch Gefahr, seine Braut Kelly zu verlieren. „High Noon“ gewann vier Oscars, einen davon für den Soundtrack-Song. Dessen dramatischer Text war eine Kurzversion der Filmhandlung: „Do not forsake me, oh my darling, on this our wedding day... I'm not afraid to die, but oh what shall I do, if you leave me...“ Unbegreiflicherweise hat die TELDEC „High Noon“ nur in der Instrumentalversion von Billy May herausgebracht, als der Film anlief, und nicht von Ritter. May gehörte zu

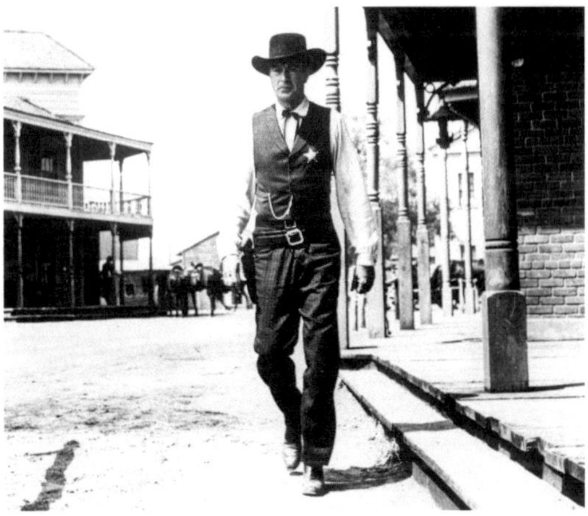

Gary Cooper in „High Noon“

den Arrangeuren und Orchesterleitern, die bei Capitol Anfang der 50er eine neue Swing-Ära einleiteten. Sein Saxophon-betonter Sound bildete die Begleitmusik zum Lebensgefühl Hollywoods. „die Schallplatte“ schwärmte von „Billy May's grandiosem Arrangement“ und „strikten Swingtempo“ in ihrer Besprechung der Platte. Die Schweiz, Schweden, Norwegen und Dänemark nutzten aber die Telefunken-Lizenz und boten ihren Kunden das „High Noon“-Original. Bei uns machte Philips das Geschäft mit der gelungenen Coverversion von Frankie Laine, so dass den deutschen Hörern der Songtext nicht vorenthalten blieb. Es gab sogar eine deutsche Version mit Bruce Low: „Sag, warum willst du von mir gehen“. Billy Mays „High Noon“ tauchte in der Capitol-Sonderliste 3 (Juli bis September 1953) auch unter den ersten „45 rpm.“-Platten auf. Außerdem: „How High The Moon“ von Les Paul und Mary Ford sowie Tennessee Ernies „Blackberry Boogie“. Bei den LPs setzte Telefunken zu Beginn 1953 auf Sampler-Serien wie „History Of Jazz“, „Classics In Jazz“ und „Today's Top Hits“. Mit Nat King Coles „Penthouse Serenade“ und Les Pauls „The New Sound“ („Les Paul spielt“) wurde ein zaghafter Versuch gemacht, bekannte Interpreten nicht nur auf Sampler-LPs zu lancieren.

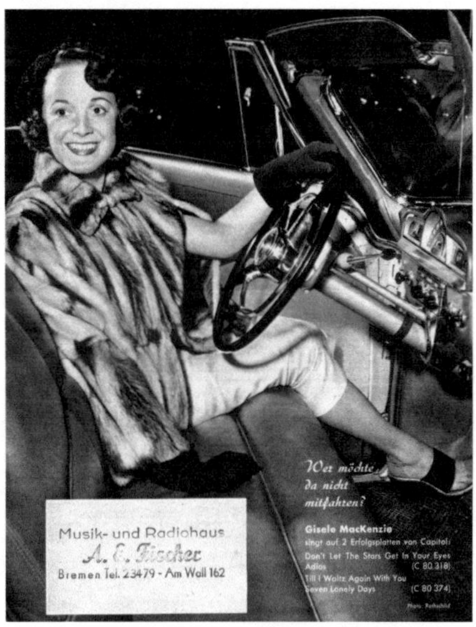

Gisèle MacKenzie in „die Schallplatte“

„DER INTERNATIONALE EINFLUSS WAR BEDEUTEND“

Im selben Jahr übernahm der 22-jährige Peter A. Ingwersen als TELDEC-Abteilungsleiter die Zuständigkeit für das Capitol-Repertoire. In der Hamburger Zentrale hatte man erkannt, dass es an der Zeit war, dem Capitol-Label mehr Aufmerksamkeit zu widmen. Im Interview erzählte er über seine Anfänge: „Ich glaube schon, daß der Auftritt des Capitol-Labels für Deutschland ein großer Schritt war, denn das Label hatte Topkünstler unter Vertrag, unter anderem Frank Sinatra und meinen Lieblingskünstler Nat King Cole und auch Dean Martin. In Deutschland gab es nach dem Krieg einen großen Nachholbedarf, was diese Musik betrifft. Ich fing 1953 bei der TELDEC an und war dann verantwortlich für die Marke Capitol International. Ich habe die Änderungen und Neuerungen, die aus Amerika kamen, sehr begrüßt. Ich war noch jung und hab' mich sehr schnell da hineingefunden. Ich habe mich natürlich mit den Amerikanern Englisch unterhalten. Und Englisch war auch die Geschäftssprache außerhalb Deutschlands. Meine Vorgesetzten konnten das weniger. Einige der Lizenznehmer, vor allem in Skandinavien, waren auch durch die jahrelange Zusammenarbeit mit der Telefunken des Deutschen mächtig.“

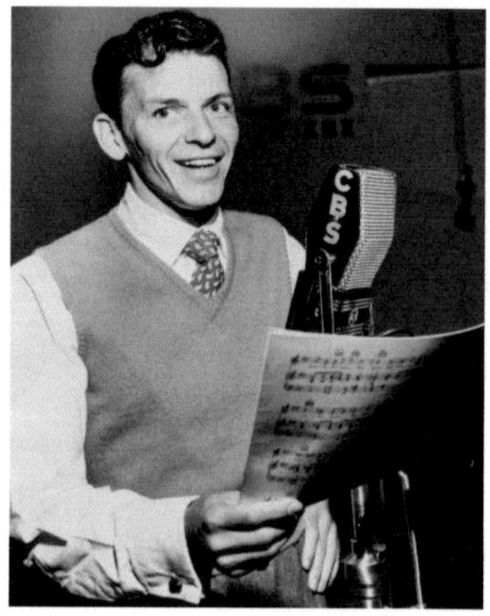

Frank Sinatra

Ingwersen arbeitete in der internationalen Abteilung und war für die Auswertung im Ausland zuständig. „Die Auslandsaktivitäten waren federführend, und die deutschen Veröffentlichungen wurden dann aus dem im Ausland herausgebrachten Material ausgewählt. Die Fabrik in Nortorf war traditionell Lieferant von Schallplatten nach Skandinavien, in die Beneluxländer, Schweiz und Österreich. Daraus ergab sich auch für Capitol die Exporttätigkeit in diese Länder. Der internationale Einfluß der Partnerländer auf die TELDEC war bedeutend. Zu Capitol-Zeiten waren wir mit jedem Land, das die TELDEC als Lizenznehmer belieferte, einzeln im Gespräch. Und es kamen dann auch Capitol-Lizenznehmer hinzu, die vorher nicht Lizenznehmer der Telefunken gewesen und somit keine Kunden der TELDEC waren.“

Manchmal waren die Partnerländer mutiger in ihren Entscheidungen. Holland entschied sich für Pee Wee Hunts „Twelth Street Rag“, den größten Capitol-Hit der 40er Jahre, den die Hamburger ignorierten. Deutschland zog erst 1953 mit Hunts aktuellem „Oh!“ nach. Auch später hatte Holland Capitol-Platten im Programm, die man in Deutschland suchen konnte. Kay Starr hatte in den USA 1952 einen Top-Hit mit „Wheel Of Fortune“, den die TELDEC gekoppelt mit Ella Mae Morses Erfolg „Blacksmith Blues“ 1952 anbot. Den „Blacksmith Blues“

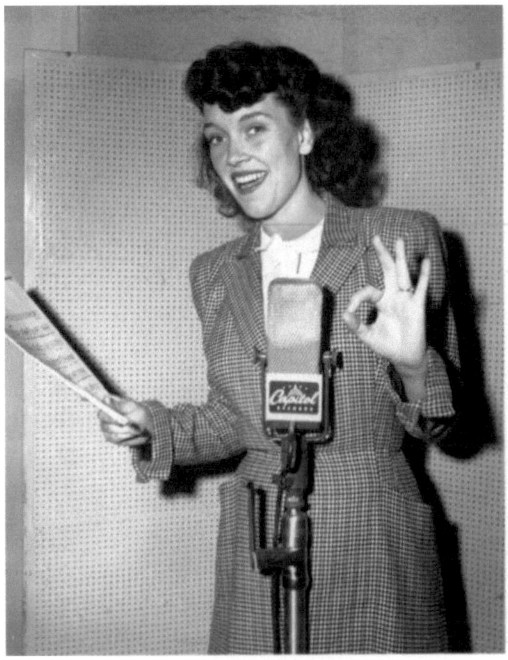

„The Blacksmith Blues“: Ella Mae Morse

hatte Nelson Riddle arrangiert. Er kam auf die Idee, einen Glasaschenbecher einzusetzen, um im Studio das Ambossgeräusch zu erzeugen. Von Ella Mae Morse wurden jetzt gleich vier weitere Platten veröffentlicht. Ihr

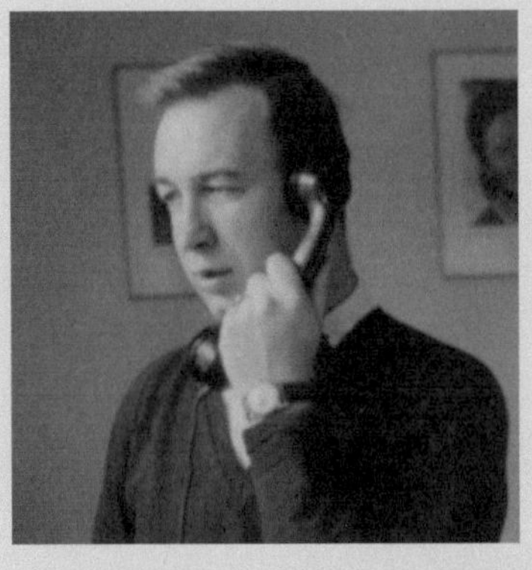

Porträt

PETER A. INGWERSEN (29. 8. 1931 - 20. 12. 2013)

Mit 22 Jahren kam Ingwersen als Abteilungsleiter zur TELDEC und übernahm die Zuständigkeit für das Capitol-Label. Er begleitete die Entwicklung von der Schellackplatte zur 10-inch-LP, 12-inch-LP bis zur Single. Unter seiner Führung wurden die Bestellungen der verschiedenen Lizenznehmer der Telefunken-Platte koordiniert. Außerdem begann in dieser Zeit auch der Vertrieb über die amerikanischen PX-Läden. Sein Ansprechpartner bei Capitol-Records war Bobby Weiss. Ab September 1956 bekam Ingwersen bei der TELDEC die Verantwortlichkeit für die RCA. Von 1965 an erhielt Ingwersen bei der TELDEC die Zuständigkeit für die Labels Warner Bros. und Reprise.

„Tennessee Saturday Night“ hatte auf der Rückseite Tennessee Ernie Fords „Rock City Boogie“ – begleitet von den Dinning Sisters. Die Methode „zwei Künstler zum Preis von einer Platte“ gehörte zu der Strategie, die Capitol-Interpreten unters Volk zu bringen. So wurde auch Fords „Shot Gun Boogie“ sowohl mit Alvino Rays „Guitar Boogie“ als auch mit Stan Frebergs „John And Marsha“ auf eine Platte gepresst. Als Doppelpack kamen ebenso Kay Starr mit „Come On-A My House“ und Peggy Lee mit „Rock Me To Sleep“ in den Handel. Als neuer Sänger wurde 1953 Al Martino mit „Here In My Heart“/„I Cried Myself To Sleep“ dem Publikum vorgestellt. Bis er den Durchbruch schaffte, verging noch ein Jahrzehnt.

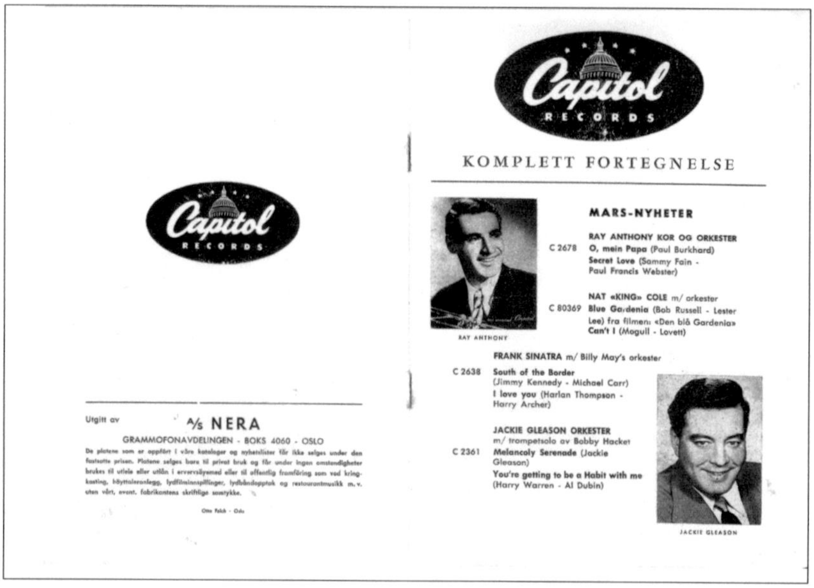

Die Plattenfirmen in Norwegen (oben), Dänemark (unten links) und Holland erhielten ihre Capitol-Aufnahmen durch die Lizenz der Telefunken

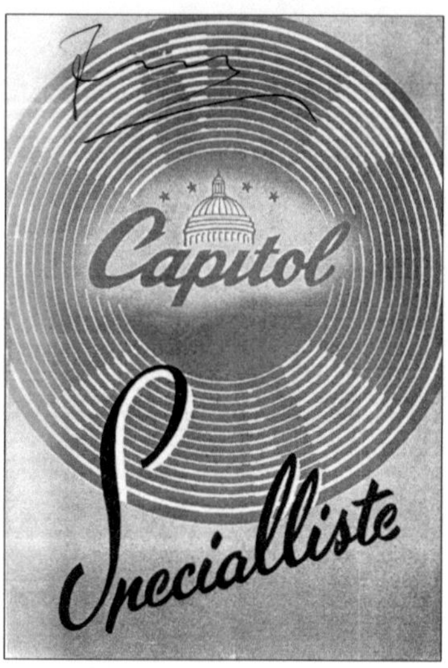

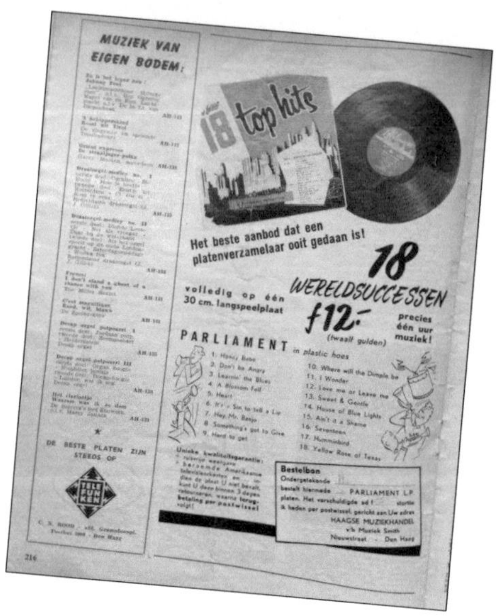

„STAN KENTON KOMMT NACH DEUTSCHLAND“

Anders als Martino war der Pianist Stan Kenton (1911 - 1979) den deutschen Schallplattenkäufern 1953 mittlerweile gut bekannt. Im 1953er Katalog der TELDEC füllten die Titel seines Orchesters mehr als eine Seite. Das entsprach auch seiner Bedeutung in Hollywood, wo er für sein Label eine zentrale Rolle spielte. Am 11. April 1953 meldete der „Melody Maker“, der englische Konzertveranstalter Harold Davison habe Stan Kenton mit Orchester für eine Europa-Tournee engagiert. Vereinbarte Gage: 5000 Pfund für eine Woche. Laut Joachim Ernst Berendt (1922 - 2000) war das für Jazzfreunde „'die' Schlagzeile des Jahres – die sensationellste Schlagzeile, die man seit langem in einer europäischen Musikzeitschrift gelesen hatte“. Der Autor, der diese begeisterten Zeilen in der TELDEC-Zeitschrift „die Schallplatte“ schrieb, war seit 1945 Redakteur beim Südwestfunk und Förderer des Jazz in Deutschland von der ersten Nachkriegsstunde an, außerdem Initiator mehrerer Jazzfestivals, Autor des Bestsellers „Das Jazzbuch“ (1953) und Plattenproduzent. In „die Schallplatte“ handelte Berendt regelmäßig als Nachhilfelehrer der Nation Grundsatzfragen ab wie „Was ist Jazz?“, „Was ist Blues?“, „Wie entstand Jazz?“ oder er erklärte traditionellen und progressiven Jazz.

Unter der Überschrift „Stan Kenton kommt nach Deutschland“ bemühte er sich, die Musik des berühmten Bandleaders für das deutsche Publikum einzuordnen, denn „Jazzfreunde... fanden, daß Kenton das fehlt, was ein Jazzorchester zuerst einmal

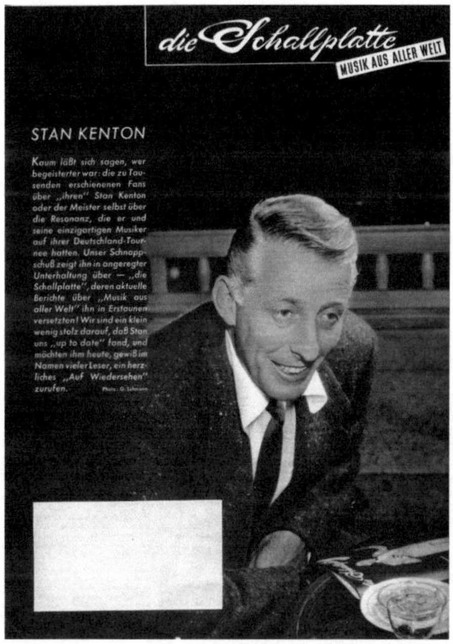
die Schallplatte
MUSIK AUS ALLER WELT

STAN KENTON

Kaum läßt sich sagen, wer begeisterter war: die zu Tausenden erschienenen Fans über „ihren“ Stan Kenton oder der Meister selbst über die Resonanz, die er und seine einzigartigen Musiker auf ihrer Deutschland-Tournee hatten. Unser Schnappschuß zeigt ihn in angeregter Unterhaltung über – „die Schallplatte“, deren aktuelle Berichte über „Musik aus aller Welt“ ihn in Erstaunen versetzten! Wir sind ein klein wenig stolz darauf, daß Stan uns „up to date“ fand, und möchten ihm heute, gewiß im Namen vieler Leser, ein herzliches „Auf Wiedersehen“ zurufen.

Besuch bei TELDEC: Stan Kenton

haben muß, wenn es Anspruch auf den Namen Jazz erheben will: Swing“. Als Gegenbeispiele für Kentons Bandbreite führte er die Aufnahmen „House Of Strings“ und „City Of Glass“ an, eins „der neuesten Werke Kentons“. Wichtig war ihm dabei, die Experimente des Amerikaners mit europäischen Komponisten zu vergleichen: Paul Hindemith, Béla Bartók und Pierre Schaefer. In dieser

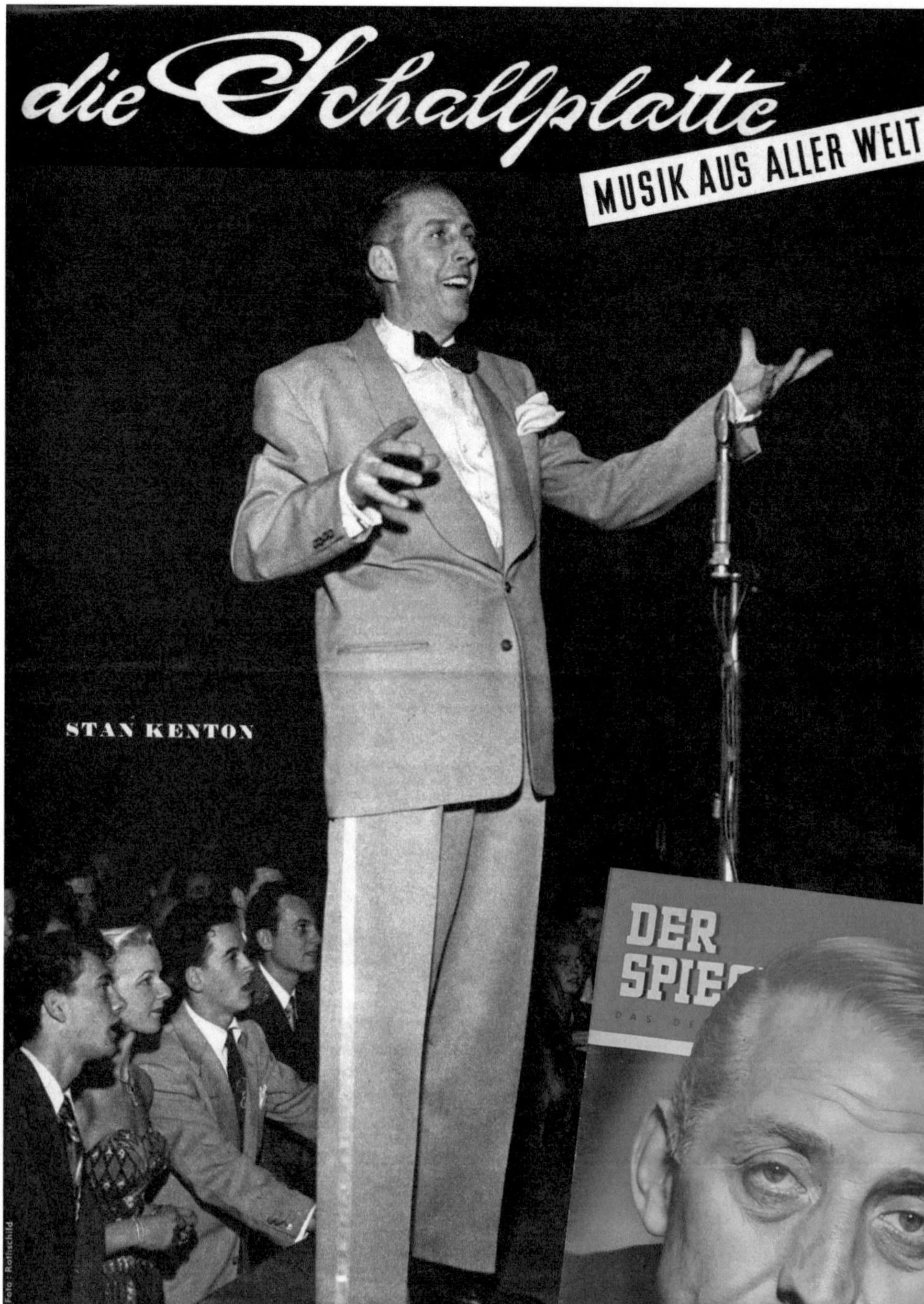

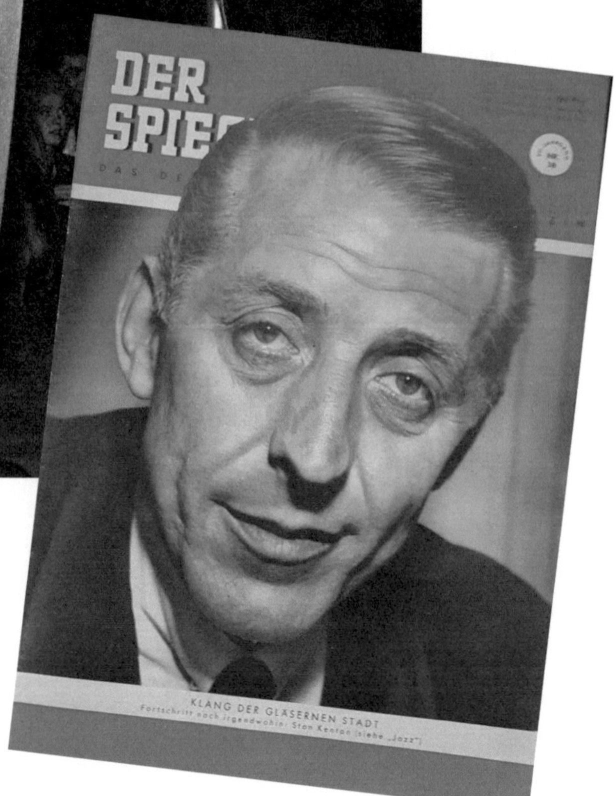

„Die sensationellste Schlagzeile“: Stan Kentons Deutschland-Besuch war für „die Schallplatte“ und den „Spiegel“ 1953 Anlass für eine Titelgeschichte

Zeit kam es ihm darauf an, den Jazz als E-Musik einzuordnen – „die Schallplatte“ sprach im Widerspruch dazu in einer Ankündigung von „schräger Musik“. Für Berendt galt es, den Jazz gegen die Anfeindungen durch deutsche – angebliche – Kulturbewahrer zu verteidigen. Dabei sollte zudem helfen, Kenton als angenehme Person zu schildern: „Kenton wird sich dabei auch hier wieder als der 'gentleman of music' zeigen, der er seit je gewesen ist: der netteste, sympathischste Mann, den es in der amerikanischen Musik gibt.“

Obwohl Kentons Orchester von einem englischen Veranstalter gebucht worden war, durfte es in England nicht auftreten, weil eine Gewerkschaft englische Musiker vor amerikanischen Bands schützen wollten. Erste Station war Schweden. Das Orchester landete in Stockholm mit einer gecharterten englischen „Avro 685 York“ der Fluggesellschaft Skyways. Das viermotorige Flugzeug ohne Druckkabine war ein Umbau des „Avro Lancaster“-Bombers. Einige der Musiker hatten sich Mut angetrunken, weil sie dem „old bird“ nicht trauten. Das Konzert fand am 24. August 1953 im Veranstaltungsort Eriksdalhallen statt. Als nächsten Stop steuerte der „Jazz-Bomber“, wie die Musiker ihr Flugzeug nannten, Hamburg an. Pro Konzertwoche in der Bundesrepublik musste der Mannheimer Veranstalter Heinz Hoffmeister 18 000 D-Mark garantieren. Gebucht waren Termine vom 25. August bis zum 19. September in Kiel, Hamburg, Berlin, Hannover, Düsseldorf, Baden-Baden, Frankfurt am Main, Mannheim, Stuttgart, Nürnberg, München und Köln. In Berlin, wo im Osten der Stadt am 17. Juni der Aufstand von sowjetischen Panzern niedergeschlagen worden war, stand für den 27. August ein besonderer Auftritt im Kalender: Bobby Weiss hatte mit der TELDEC

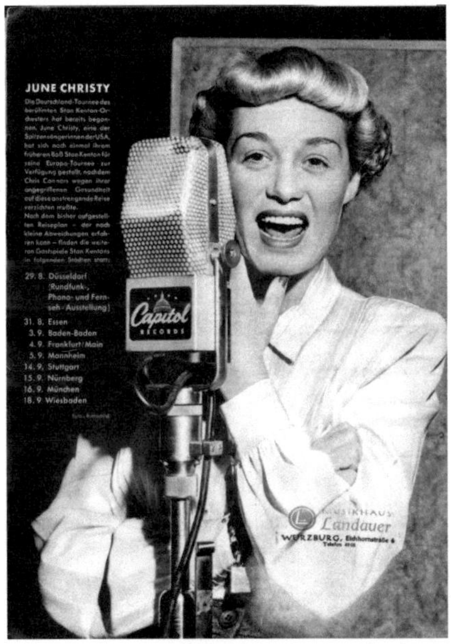

June Christy begleitete Kenton auf seiner Europa-Tournee als Sängerin

arrangiert, dass das Orchester dort für einen deutschen Spielfilm aufgenommen wurde. Weiss hatte sogar Hans Lieber zu einem Kenton-Konzert eingeladen. So geriet Stan Kenton in „Eine internationale Starparade in Deutschlands größtem Musikfilm!“ (Plakatwerbung). Die Internationalität ergab sich durch „Stan Kenton und sein Orchester aus Hollywood“. Weitere Stars: Margot Hielscher, Johannes Heesters, Lys Assia, Gitta Lind, Renate Holm, Rudi Schuricke,

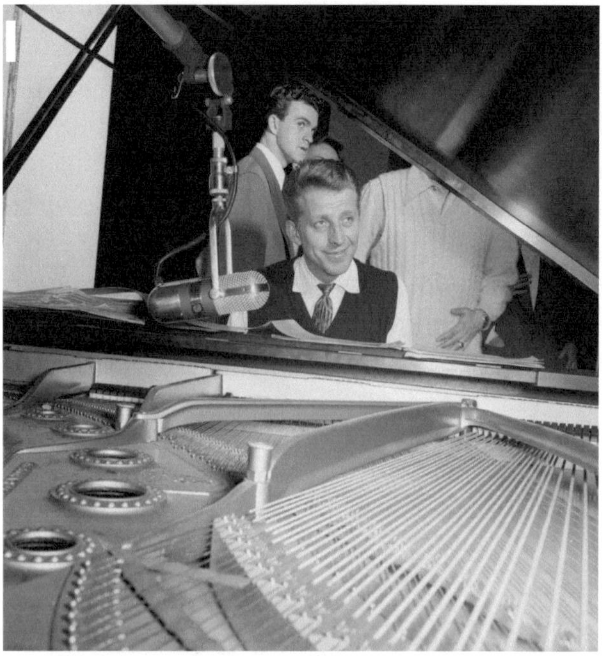

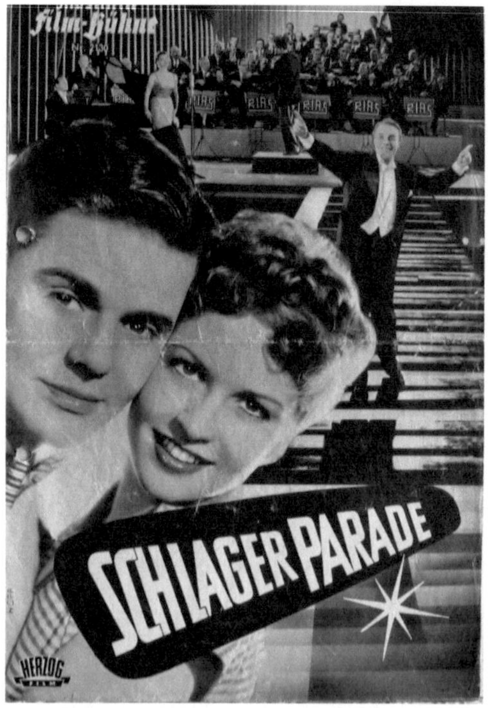

Pianist Stan Kenton im Capitol-Studio (oben links). In Deutschland verschaffte die TELDEC ihm und seinem Orchester einen Auftritt im Revuefilm „Schlagerparade". In Schweden wurde er auf dem Stockholmer Flughafen von Sixten Eriksson begrüßt (aus Hans-Ove Regéns Fotoalbum)

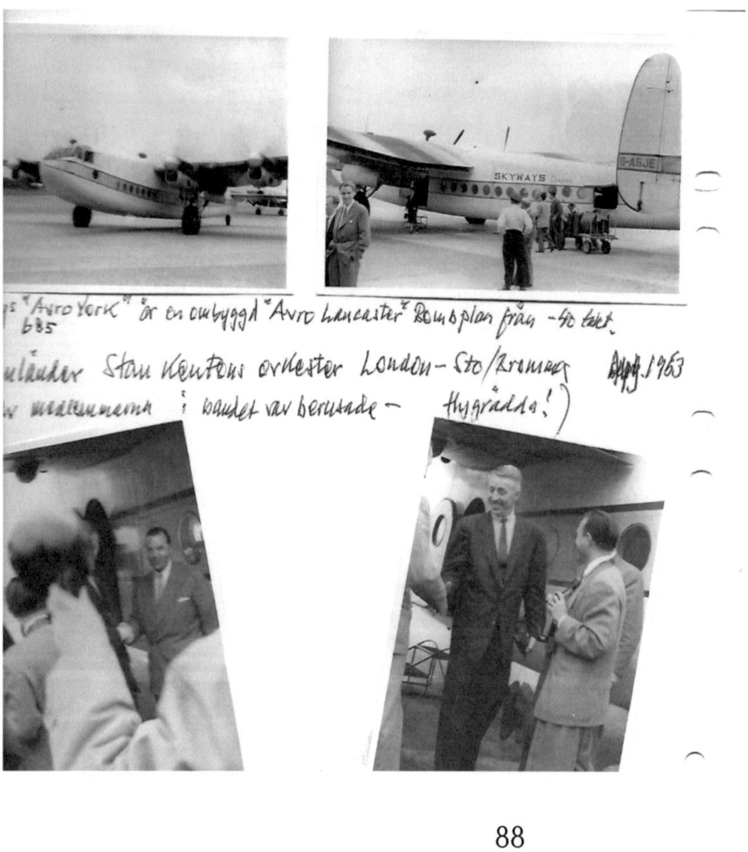

Friedel Hensch und die Cyprys, Macky Kasper und das RIAS Tanzorchester. Kentons Orchester, das im „Schlagerparade"-Film „Swing House" von Gerry Mulligan spielte, stellte mit seinen Saxophon-Solisten Lee Konitz und Zoot Sims alle anderen in den Schatten, dürfte aber beim deutschen Schlager-Publikum keine Begeisterung ausgelöst haben. Telefunken bemühte sich, Verständnis für Kentons Musik zu wecken: „Immerhin ist Kentons neues Orchester 40 Mann stark, und es ist selbstverständlich, daß eine solche Band arrangierte Musik erfordert", hieß es in den Liner Notes eines Schellack-Albums, das die Firma zu der Tournee für die Jazz-Fans herausbrachte. Solche Alben mit vier 78ern waren in den USA üblich, in Deutschland stellte es aber eine singuläre Besonderheit dar.

Kentons Konzerte bekamen in der hiesigen Presse „etwas untertemperierte Kritiken", wie „Der Spiegel" schrieb, der dem berühmten weißen Jazzer erstaunlicherweise eine Titelgeschichte und ein Titelbild widmete. Auf dem Cover trug die Story die Überschrift „Klang der gläsernen Stadt" – ein Hinweis auf die LP „City Of Glass". Der kompetent geschriebene Text erwähnte die Einflüsse von Bob Graettinger (Autor von „City Of Glass"), Pete Rugolo und Bill Russo, listete die verschiedenen Phasen in Kentons Schaffen auf (seine „Artistry"-Aufnahmen, „Progressive Jazz" und „Innovations In Modern Music"). Schließlich verortete das Magazin Kentons „sinfonischen Jazz" mit Bestrebungen zur „Kunstmusik" in einem „Niemandsland". Ein Highlight für das deutsche Publikum war die Sängerin June Christy, die Kenton wie in alten Zeiten begleitete. Sie war für die erkrankte Chris Connnors eingesprungen. Christy (1925 - 1990) hatte in den 40er Jahren mit Kenton Plattenerfolge gefeiert („Shoo-Fly Pie And Apple Pan Dowdy", „Tampico", „How High The Moon" und „Curiosity) und sich dann selbständig gemacht. Als Gast war sie später immer mal bei ihm zu hören („Artistry In Rhythm", „Innovations In Modern Music"). „Der Spiegel" über ihre Absetzbewegung: „Sie war Kentons größter Verlust." Sicherlich war sie auch mit ein Grund dafür, dass er sich „von Amerika aus durch nichts als durch Schallplatten eine europäische Anhängerschaft" geschaffen hatte. So bekam er mehr Zuschriften aus Europa als aus den USA „und die meiste europäische Post aus Deutschland". Aus Deutschland nahm er sogar etwas mit: In Stuttgart besuchte er mit einigen Band-Mitgliedern das Porsche-Werk. Den staunenden Arbeitern ließ er ausrichten, wer modernen Jazz spiele, wolle auch moderne deutsche Autos fahren. Vier der Sportwagen wurden für den Export nach Amerika bestellt. Im selben Jahr war Bundeskanzler Konrad Adenauer zum erstenmal nach Washington gereist, wo er die Freundschaft mit Amerika in den höchsten Tönen lobte. Im September wurde er mit 77 Jahren wiedergewählt.

ORCHESTER-SOUND ALS BEGLEITUNG

Was Deutschland zunächst von Capitol importierte, war hauptsächlich Orchestermusik. Big-Band-Stücke von Stan Kenton, Nelson Riddle oder Ray Anthony, Aufnahmen von kleineren Bands wie Bob Crosby and his Bobcats und Dave Cavanaugh. Andere Bands waren die von Billy Butterfield, Coleman Hawkins, Woody Herman, Billy May und Freddie Slack. Kleinere Besetzungen wie das King Cole Trio gehörten anfangs zu den Ausnahmen. In den 30er Jahren hatten die großen Orchester, zum Beispiel auch von Glenn Miller, Benny Goodman, Duke Ellington, Count Basie, Tommy Dorsey und Les Brown, mit Swing die Szene beherrscht. Zu ihren Bands gehörten oft Vokalisten, die im Gefüge der Orchester einen Stellenwert hatten, der vergleichbar war mit dem der Saxophonspieler oder Trompeter: Doris Day, Jo Stafford, Peggy Lee, Frank Sinatra, Perry Como, Ella Fitzgerald, Anita O'Day, Helen O'Connell, June Christy, um nur die bekanntesten zu nennen. Die Popularität der Bands änderte sich dann während des Zweiten Weltkriegs, vor allem durch den Musikerstreik, an dem sich aber die Sängerinnen und Sänger nicht beteiligten. Von jetzt an standen sie als Solisten im Vordergrund. Die Orchester wurden mehr als Begleitung eingesetzt. Auch die Sängerinnen und Sänger, die bei Capitol unter Vertrag waren, wurden regelmäßig von den namhaften Bands begleitet – beispielsweise von Paul Westons Orchester. Weston war Musical Director des Labels.

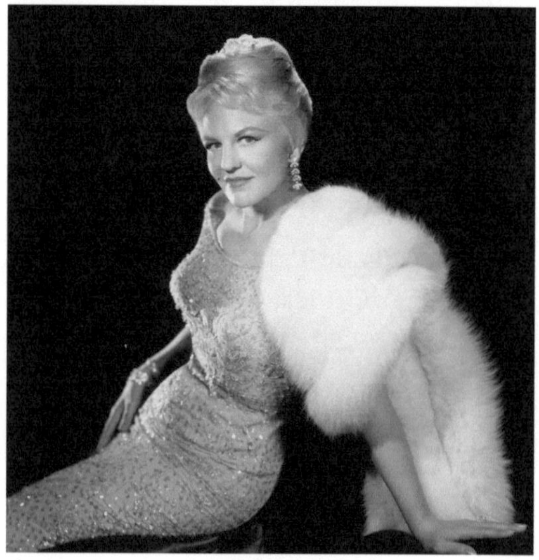

Peggy Lee

Es dauerte, bis sich Country durchsetzte und bis zum Aufkommen des Rock 'n' Roll, ehe sich – trotz Les Paul – die Gitarre als tonangebendes Instrument etablieren konnte. So dominierten zu Beginn der 50er Jahre Orchester das amerikanische Musikangebot – mit oder ohne Solisten. Um den Nachholbedarf an Jazz der 30er und 40er Jahre zu decken, übernahm die TELDEC die Capitol-LP-Reihe „History Of Jazz", die auf den 78ern basierte, die bereits länger auf dem Markt waren. Die vier Alben, ein Lieblingsprojekt von Dave Dexter, trugen Titel, durch die sie verschiedenen Phasen zugeordnet waren: „The Solid South“, „The Golden Era“, „Then Came Swing“, „The Modern Age“. Werner Burkhardt (1928 - 2008), Jazz-Fan und seit 1952 Kritiker bei der „Welt“, bewies mit seiner Besprechung dieser Platten in „die Schallplatte“, dass er dem Kollegen Berendt ebenbürtig war. Auf einer Doppelseite des Heftes lobte er „das große Verdienst“ der Serie, informierte über den Hintergrund der Solisten und ließ erkennen, dass er zu Benny Goodman, dem King Cole Trio und Coleman Hawkins eine große Nähe hatte.

Für deutsche Ohren brachten die Orchester mit ihrem Sound nicht völlig Fremdes. Kurt Edelhagen hatte sogar Stan Kenton als Vorbild, und Werner Müller spielte mit seinem RIAS Tanzorchester Swing. Das erleichterte die Akzeptanz der US-Bands. Wenn dann der Trompeter Ray Anthony auch noch den Lys-Assia-Ohrwurm „O mein Papa“ adaptierte, gab es keine Vorbehalte mehr. Im Unterschied zu Kenton bemühte sich Anthony (geboren 1922) um populäre Kompositionen. Der Veteran des Glenn-Miller-Orchesters (1941 - 1942) sang sogar auf seiner Aufnahme von „When The Saints Go Marching In March“. Für „That's My Weakness Now“, die B-Seite der Platte, engagierte er die Sängerinnen Jo Ann Greer und Mercie Miller. Anthony-Langspielplatten, die die TELDEC ins Programm nahm: „Campus Rumpus“, „The Young Man With The Horn“ und „I Remember Glenn Miller“. In den Liner Notes der Glenn-Miller-Platte beschrieb er seine Aufregung, als er 1941 Miller vorspielen sollte. Mit seinen von Billy May arrangierten Aufnahmen schuf er 1954, dem Jahr des Films „Die Glenn Miller Story“, das erste Tribut-Album der Musikgeschichte. Das LP-Cover, das Anthony mit Trompete vor einem Miller-Porträt zeigt, wurde stilbildend für viele Tribut-Platten anderer Musiker, die im Lauf der Zeit folgten. Anthonys „Dragnet“ von 1953 schaffte es noch 1958 zur Erkennungsmelodie der NDR-TV-Serie „Stahlnetz“. Und 1956 bekam sein Orchester eine größere Rolle in Frank Tashlins Film „The Girl Can't Help It“, der 1957 als „Schlagerpiraten“ in der Bundesrepublik in den Kinos aufgeführt wurde. Anthony war

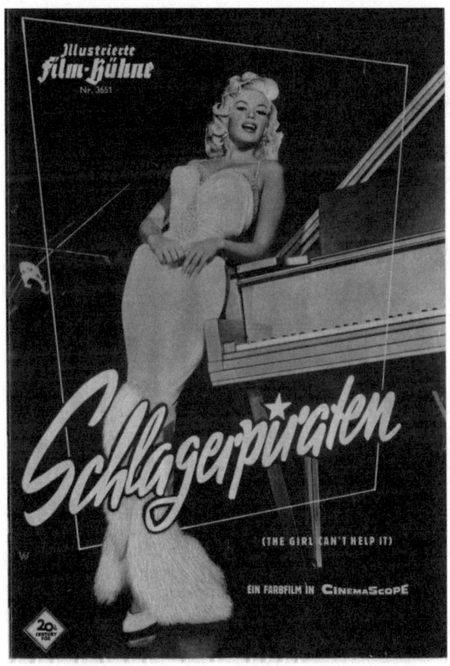

Jayne Mansfield wurde im Film von Ray Anthonys Orchester begleitet

zu der Zeit mit Pin-up-Girl und Schauspielerin Mamie van Doren verheiratet, einer Blondine, deren Erscheinung nicht weit von Jayne Mansfields Äußerem entfernt war, die von seinem Orchester in „Schlagerpiraten“ begleitet wurde. Und noch ein Sex-Idol hatte es ihm angetan: 1952 stellte er mit Marilyn Monroe seine Platte „Marilyn“ vor, eine Hommage an die Schauspielerin, deren „Monkey Business“ („Liebling, ich werde jünger“) gerade Premiere hatte. Anthony gab ihr vor der Erstaufführung ihres nächsten Films, „Niagara“, eine Party in seinem Haus in Sherman Oaks, zu der die Monroe mit einem Helikopter einschwebte.

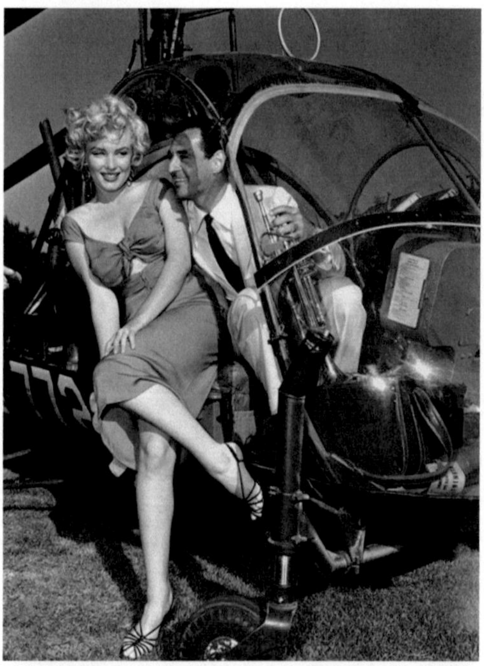

wert. In Fred Zinnemans „From Here To Eternity“ („Verdammt in alle Ewigkeit“, 1953) spielte und sang Merle Travis in einer Rolle als GI den „Re-Enlistment Blues“, der von Capitol in der Bundesrepublik zum Kinostart veröffentlicht wurde. Inhaltlich passte der Song über den Drill und das elende Leben der US-Soldaten vor dem Hintergrund des japanischen Angriffs auf Pearl Harbor zum Thema des Films. Frank Sinatras Song „From Here To Eternity“ spielte zwar auf seine Charakter-Rolle als Angelo Maggio in diesem Kriegsdrama an, kam aber im Soundtrack des Films nicht vor. Seine beeindruckende Darstellung eines Underdogs in der US-Army brachte ihm einen Oscar als

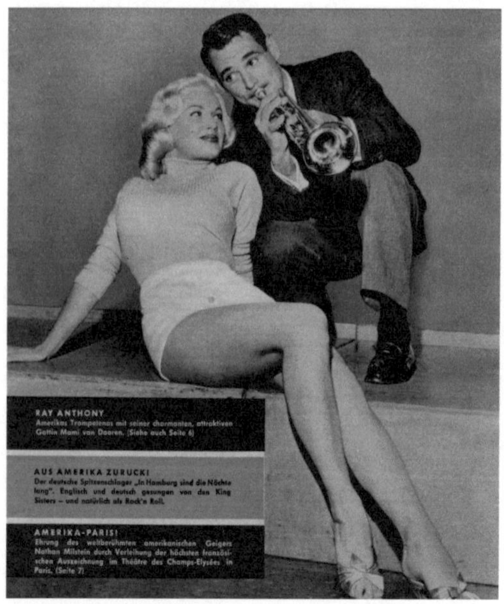

Blondinen bevorzugt: Ray Anthony widmete Marilyn Monroe eine Platte (links)
Verheiratet mit einem Pin-up-Star: Ray Anthony und Mamie van Doren

In Musikfilmen war es üblich, die Musiker irgendwie in die Handlung einzubauen. Dass das auch in einem Drama geschah, hatte Seltenheits-

Nebendarsteller ein und ermöglichte seine Rückkehr ins Rampenlicht. Er arbeitete jetzt im Capitol-Studio nach den Anfängen mit Billy May mit Nelson Riddle zusammen, dessen Arrangements ihm eine ununterbrochene Reihe an Erfolgen bescherten – so auch im Film „Young At Heart" (1954). Sinatra hatte darin eine Rolle an der Seite von Doris Day und sang neben dem Titelstück auch Songs von Cole Porter, George Gershwin und Johnny Mercer („One For My Baby"). „Young At Heart", ein Loblied auf die Unbekümmertheit der Jugend, brachte Sinatra einen Top-Hit in den „Billboard"-Charts ein. Der Film kam erst 1962 unter dem Titel „Man soll nicht mit der Liebe spielen" in deutsche Kinos. Das Musical hatte die genretypischen Irrungen der Liebe zum Thema. Sinatras Rolle, die im Drehbuch düster endete, wurde auf seinen Wunsch umgeschrieben. Die Reihe seiner Filmhits fand dann 1954 vorläufig mit „Three Coins In The Fountain" („Drei Münzen im Brunnen", mit Clifton Webb und Dorothy McGuire) ein Ende.

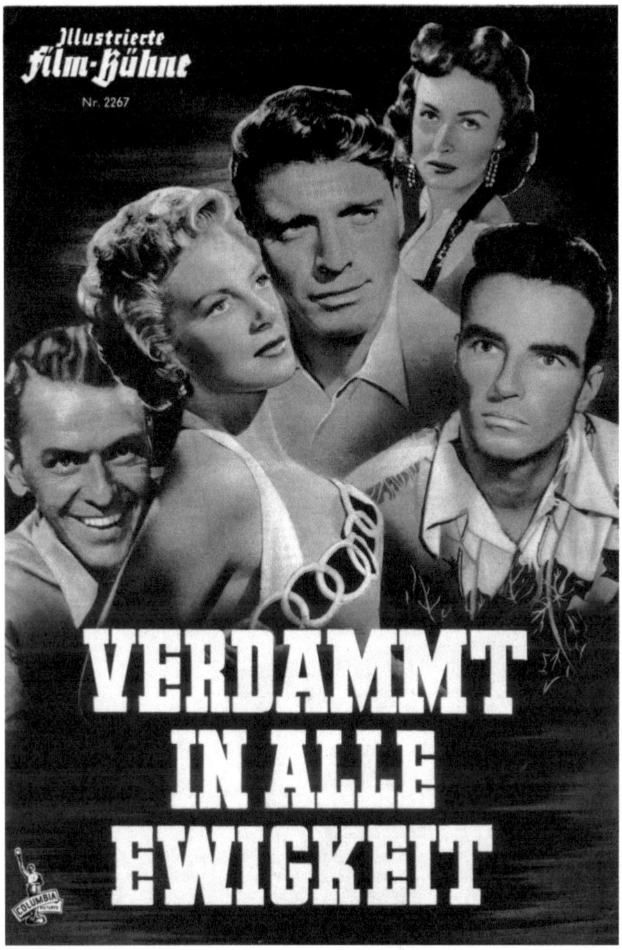

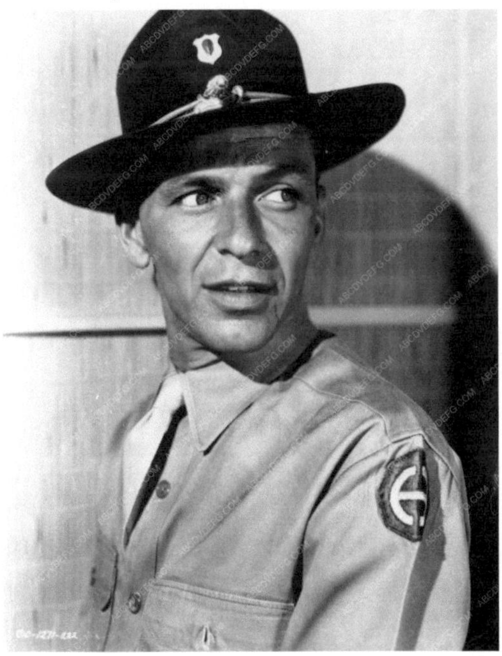

Wieder im Rampenlicht: Frank Sinatra spielte in „From Here To Eternity" („Verdammt in alle Ewigkeit") neben Deborah Kerr, Donna Reed, Burt Lancaster und Montgomery Clift. Seine Rolle als Soldat wurde mit einem Oscar ausgezeichnet. Für seine Aufnahmen bei Capitol brachte das Publicity

CAPITOL FÜR JAZZ-FANS

Werner Burkhardt und Joachim Ernst Berendt schrieben in „die Schallplatte“ für „die große Familie der Jazz-Fans“. Das zeigte sich in der Auswahl der besprochenen Platten und der behandelten Themen. Beide bevorzugten ihr Spezialthema und vermittelten bei den Konsumenten des vielgelesenen Blattes den Eindruck, bei Capitol handele es sich um ein Jazz-Label. In seinem Bestseller „Das Jazzbuch“ empfahl Berendt eine große Anzahl von Capitol-Interpreten: „The Capitol Jazzmen“, „The Hollywood Hucksters“, „The Metronome All Stars 1951/52“, Charlie Barnet, Sharkey Bonano, Al Casey, Nat King Cole, King Cole Trio, Tadd Dameron, Miles Davis, Buddy DeFranco, St. Paul Baptist Church Choir, Stan Hasselgard, Coleman Hawkins, Woody Herman, Stan Kenton, Leadbelly, Julia Lee, Nellie Lutcher, Zutty Singleton, Lenny Tristano und Cootie Williams. Und „die Schallplatte“ stellte auf einer Seite „Pianisten von 'drüben'“ in Wort und Bild vor: Duke Ellington, Nat King Cole, Art Tatum, Lennie Tristano und Joe „Fingers“ Carr. Kommentar der Redaktion: „Das Klavier... ist aus der Entwicklungsgeschichte des Jazz nicht mehr hinwegzudenken.“

Bestätigung bekam die Hamburger Plattenfirma durch den „Großen deutschen Schallplattenpreis '54“, bei dem

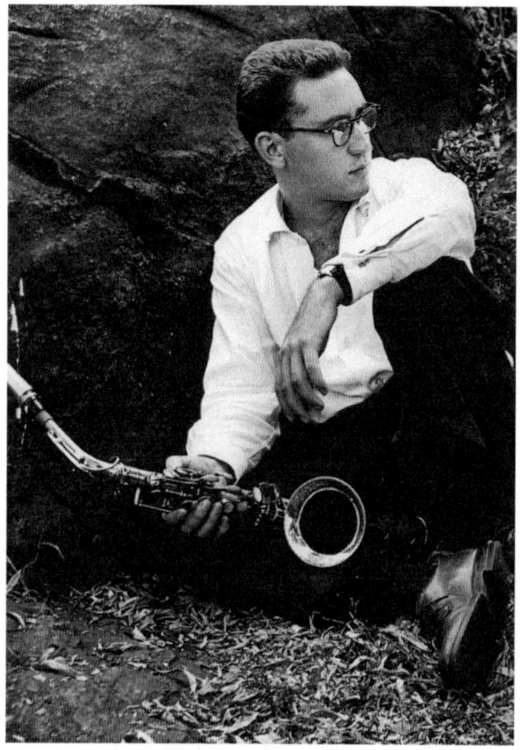

Lee Konitz

Stan Kentons „New Concepts Of Artistry In Rhythm“ und Kentons Altsaxophonist Lee Konitz ausgezeichnet wurden. Und Benny Goodman erhielt einen Preis für das „beste in Deutschland veröffentlichte Swing-Solo der Saison“ auf „Puttin' On The Ritz“, das auf der EP „The Goodman Touch“ zu hören war. Eine längere Würdigung widmete „die Schallplatte“ Kentons „New Concepts Of Artistry In Rhythm“: „Diese Platte erhielt als einzige unter allen im deutschen Jazz-Plattenpreis 1954 ausgezeichneten einen doppelten Preis: einmal für

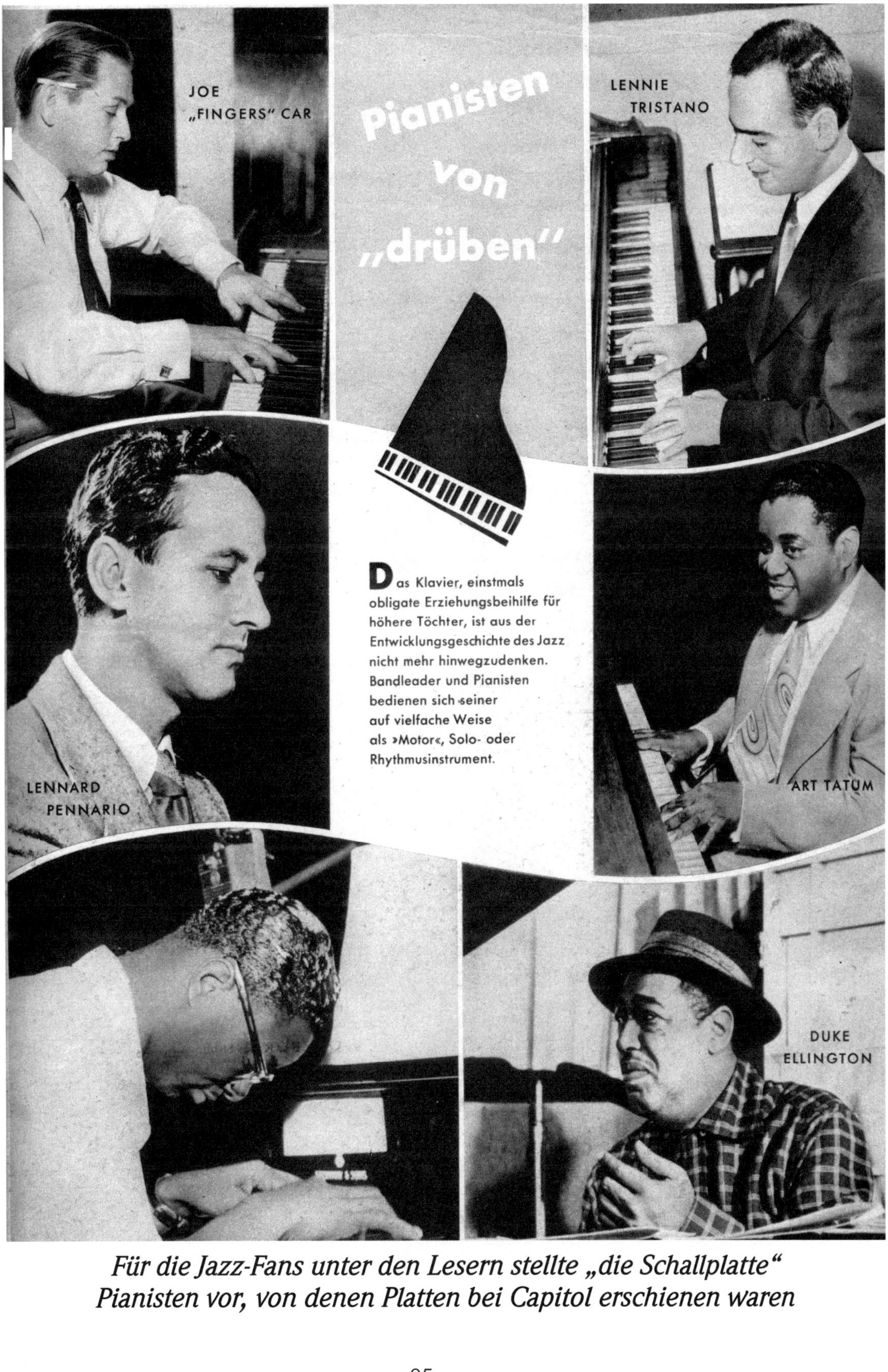
Pianisten von „drüben"

JOE „FINGERS" CAR

LENNIE TRISTANO

Das Klavier, einstmals obligate Erziehungsbeihilfe für höhere Töchter, ist aus der Entwicklungsgeschichte des Jazz nicht mehr hinwegzudenken. Bandleader und Pianisten bedienen sich seiner auf vielfache Weise als »Motor«, Solo- oder Rhythmusinstrument.

LENNARD PENNARIO

ART TATUM

DUKE ELLINGTON

Für die Jazz-Fans unter den Lesern stellte „die Schallplatte" Pianisten vor, von denen Platten bei Capitol erschienen waren die beste Big-Band-Aufnahme und zum anderen für das beste Solo im Bereich der modernen Stile des Jazz. 'Big-Band' ist das Fachwort für das große Orchester in der Jazzmusik. Stan Kenton leitet die meistdiskutierte Big-Band im modernen Jazz. Sein Stil ist der 'progressive Jazz'...Eine ganze Reihe vieldiskutierter Titel finden sich auf dieser Langspielplatte – etwa YOUNG BLOOD von Gerry Mulligan,

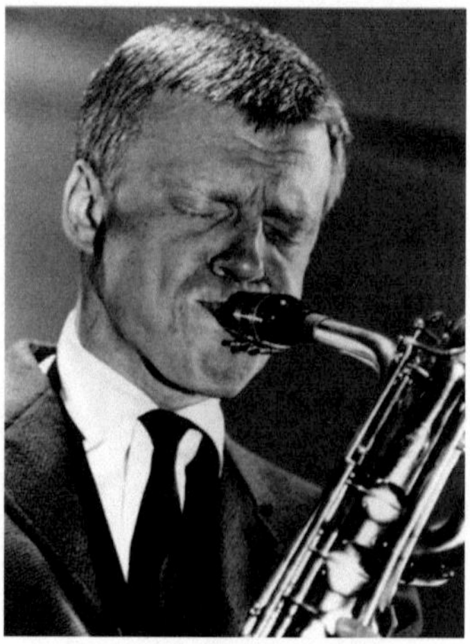

Gerry Mulligan

eine Aufnahme, die man in Amerika als beste bezeichnet hat, die Stan Kenton je gemacht hat. Oder eine zweistimmige INVENTION FÜR GITARRE UND TROMPETE, auf der Sal Salvadore und Maynard Ferguson als Solisten zu hören sind. Oder schließlich Bill Russos IMPROVISATION, in der der Altsaxophonist Lee Konitz vor dem einfachen Hintergrund sparsam gesetzter Gitarrenakkorde eines der großartigsten Soli spielt, die in der Jazzgeschichte geblasen wurden. Es erhielt den Preis für das beste moderne Solo der Saison 1953/54."

Die Jury für die Verleihung war hochkarätig besetzt: Dieter Zimmerle, Präsident der Deutschen Jazz Föderation, Horst Lippmann, Konzertreferent der Deutschen Jazz Föderation, Joachim Ernst Berendt für den Südwestfunk, Günther Boas, Bluesspezialist des AFN, und Posaunist Albert Mangelsdorff. Fünf Jahre, nachdem Capitol die ersten Jazz-Schellacks in Deutschland veröffentlicht hatte, konnte die TELDEC für sich beanspruchen, dem Nachkriegsjazz in der Bundesrepublik den Weg geebnet zu haben. Eine bedeutende Rolle hatte dabei „die Schallplatte" gespielt. Die Konzentration auf Jazz wird auch unter einem anderen Aspekt verständlich. Die übrigen deutschen Plattenfirmen, die bisher mit amerikanischer Musik nur Nachzügler gewesen waren, versuchten jetzt, vornehmlich mit Jazz zu punkten. Electrola bot auf dem Columbia-Label den Clef-Katalog von Jazz-Produzent Norman Granz an. So entstand eine Konkurrenzsituation unter den Labels. Verständlich, dass die TELDEC ihren durch den Frühstart erlangten Vorteil nicht aufgeben wollte. „die Schallplatte"-Autor Burkhardt stellte unter ferner liefen allerdings auch Platten aus anderen Gebieten in dem Blatt vor, aber über den regelmäßigen Capitol-Kritiken stand die Überschrift „For Fans only!" Das konnte so verstanden werden, dass man für diese Musik schon Fan sein musste.

CAPITOL IN NORWEGEN

In anderen Ländern sah man mehr die Vielfalt des Programms. Ende 1953 machte die norwegische Firma NERA eine Aufstellung der Capitol-78er-Matrizen, die sie bisher bei Telefunken geordert hatte (siehe Seite 223). Darunter gab es eine Anzahl von Titeln, die in der Bundesrepublik nicht als Schellacks aufgelegt worden waren. Ein paar Beispiele: „White Christmas" (Jo Stafford), „You Belong To Me" (Dean Martin), „High Noon" (Tex Ritter), „Oh, These Lonely Nights" (June Hutton), „Always You" (Nat King Cole), „Venus De Milo" (Miles Davis). Die Matrizen hatte NERA aufgrund eines Kooperationsvertrags vom 20. September 1951 mit Telefunken (unterschrieben von Hans Lieber und K. H. Richter sowie Eilif Meyer) erhalten. Darin war auf sechs Seiten festgehalten, unter welchen Bedingungen die Norweger die Capitol-Lizenz von Telefunken nutzen durften. Je nach Schellackplattengröße (25 cm oder 30 cm Durchmesser) wurden die Gebühren für Matrizen (28,30 DM bzw. 38,30 DM) und Mütter (21,60 DM bzw. 27,50 DM) berechnet. Die TELDEC war auch verpflichtet, Capitol-Aufnahmen zu liefern, an denen sie selbst nicht interessiert war. Die Vereinbarung wurde zum 31. Dezember 1953 aufgekündigt, weil Capitol Records von nun an selbst mit NERA den Vertrag schloss. Das neue Papier, das von Glenn Wallichs und Eilif Meyer unterschrieben war, umfasste jetzt schon 14 Seiten. Die Matrizengebühren reichten – nach Formaten aufgeschlüsselt – für 78er, 45er Single und EPs, 10-inch- und 12-inch-LPs – von 3,50 Dollar bis 11,20 Dollar. Zusätzlich waren von NERA Pressgebühren in Höhe von 5 Prozent des Verkaufspreises zu entrichten. Die Einzelheiten des Vertrags werfen ein Licht darauf, wie Capitol mit seinen europäischen Partnern alles bis ins Detail regelte. NERA musste sich verpflichten, pro Monat mindestens 4 Capitol-Veröffentlichungen auf 78ern oder 45ern herauszubringen – mindestens 48 im Jahr. Matrizen, Covers, Fotomaterial wurden NERA zur Verfügung gestellt. Matrizen wurden entweder von Capitol oder TELDEC geliefert. Zur Auswahl erhielt NERA jeweils eine Musterplatte von Capitol und musste von jeder gepressten Platte ein Muster an Capitol schicken. Die Kopplungen aus den USA waren identisch zu übernehmen. Muster für die Gestaltung der Labels wurden NERA zugestellt. Auch die Gestaltung der Single-Covers war vorgeschrieben. Falls die zu erwartende Verkaufszahl in Norwegen zu gering sein würde, konnte NERA Platten von der TELDEC beziehen. Wenn die Bestellungen bei TELDEC für alle angeschlossenen Lizenznehmer insgesamt

10. (Continued)

things dealt with in this Agreement, except as specifically provided for herein, shall be valid and binding upon either Company, unless the same be in writing and executed by two officers of CAPITOL and by two officers of LICENSEE.

IN WITNESS WHEREOF, the parties hereto have set their hands and seals the day and year first above written.

CAPITOL RECORDS, INC.

By Glenn E. Wallichs
Glenn E. Wallichs
President

Attest:
Daniel C. Bonbright
Secretary

By Lloyd W. Dunn
Lloyd W. Dunn
Vice President

(SEAL)

AKSJESELSKAPET NERA

By President (Title)

Attest:

_____ (Title)

By _____ (Title)

(SEAL)

(§ 12)
2) Bei Beendigung d
Absatz 2 hat Ner
ihnen entwickelt
zur Verfügung ge
30 Tagen kosten
nennenden Empfä
Zollspesen werd

3) Die im vorstehe
Preßmatrizen ka
Verpflichtung

Alle Abänderungen
ihrer Wirksamkeit
dann wirksam, we
bestätigt worden

Anl

1) Ergänzung un
Recht in der
2) Ausschließli
ergebenden S
zuständigen

Lieferungen, die auf Grund dieses Vertrages ... Außenhandelsbank unterworfen.
Genehmigung einer deutschen Außenhandelsbank

TELEFUNKENPLATTE G.M.B.H.

Berlin, den 20. September 1951

Oslo, den 17.november 1951.

AKSJESELSKAPET NERA

Nå kommer Capitol

med de verdensberømte innspillingene av:

Gitaristen Les Paul og Mary Ford, sang
C 1451 How high the moon / Walkin' and whistlin' Blues
C 1373 Mockin' Bird Hill / Chicken Reel
C 1316 Tennessee Waltz / Little Rock Getaway

Nat „King" Cole and the Trio
C 889 Baby, won't you say you love me / I almost lost my mind

Pee Wee Hunt and his orchestra
C 15105 Twelfth Street Rag / Somebody Else Not Me

Stan Kenton an dhis orchestra
Vocal: Nat „King" Cole
C 1184 Orange Coloured Sky / Jam-Bo

Woody Herman and his orchestra
C 616 Early Antumn / Keeper of the Flame

The Art Van Damme Quintette
C 57-570 After you've gone / Little Brown Jug

A/S NERA
GRAMMOFONAVDELINGEN
BOX 4060 — OSLO

Nr. 1 - 1953

NERA Grammofonplate-nytt

CAPITOL - CUPOL - METRONOME - MUSICA

Capitol

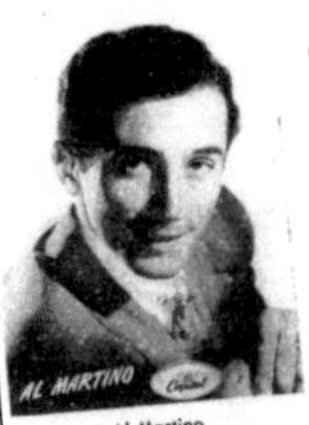

Al Martino

AL MARTINO m/ orkester
C 9022 2 — Here in my heart (Borelli - Levenson - Genaro) / Take my heart (Bill Borelli - Pat Genaro)

NAT «KING» COLE m/ Billy May's orkester
C 2130 2 — Walking my baby back home (Roy Turk - Fred E. Ahlert) / Funny (Prince - Neil - Broughton)

YMA SUMAC
C 80213 2 — Lament (Moises Vivanco) / Suray Surita (Moises Vivanco)

LES PAUL & MARY FORD
C 2193 2 — Meet Mr. Calaghan (Eric Spear) / Take me in your arms and hold me (Cindy Walker)

TENNESSEE ERNIE og DINNING SISTERS - ELLA MAE MORSE
C 80234 2 — Rock City Boogie (Joe Allison - Anita Kerr) / Tennessee Saturday Night (Billy Hughes)

DEAN MARTIN m/ Dick Stabile's orkester
Altsax solo Dick Stabile
C 2165 2 — You belong to me (King - Stewart - Price) / Hominy Grits (Smiley Burnette)

RAY ANTHONYS ORKESTER
C 9024 2 — Mr. Anthony's Boogie (George Williams - Ray Anthony) / Undecided (Sid Robin - Charles Shavers)

PAUL WESTONS ORKESTER
C 629 2 — Some enchanted evening / Bali Ha'i
Fra «South Pacific» (Richard Rodgers - Oscar Hammerstein II)

Erste Vereinbarung über Capitol Records in Norwegen 1951 zwischen Hans Lieber (für Telefunken) und Eilif Meyer (für NERA). Im Dezember 1953 beschlossen Glenn Wallichs und Eilif Meyer die direkte Zusammenarbeit mit Capitol. Mit den US-Importen hatte NERA einen Vorsprung vor der Konkurrenz

500 Platten nicht erreichen würden, konnte NERA die Platten auch bei TEFAB (Schweden), Decca (London) oder Pathé-Marconi (Paris) beziehen. 1954 hatte Bobby Weiss für Capitol einen Vertrag direkt mit Pathés François Minchin geschlossen. Abgerechnet wurde vierteljährlich. Aus den USA Matrizen zu bestellen wurde für Meyers Firma unmöglich wegen der Weigerung der Osloer Regierung Devisengarantien abzugeben. Auch Island kam durch die Norweger in den Genuss von Capitol-Platten. Die Vereinbarung konnte von Capitol mit einer Frist von 90 Tagen wieder gekündigt werden. Vergleichbare Vereinbarungen wurden 1954 mit den anderen bisherigen Lizenznehmern von Telefunken geschlossen.

Eilif Meyer musste zusichern, den Norwegern „different 'popular' type records“ anzubieten. Für NERA waren die EPs besonders interessant: Während für eine Single 3,50 Dollar anfielen, kosteten die Matrizen für EPs nur 4,50 Dollar. Das bedeutete, dass für zwei zusätzliche Titel nur ein Dollar mehr bezahlt werden musste. Die EP-Covers wurden von Capitol geliefert. Auch wegen der Bildhüllen waren die EPs besonders beliebt. Das entsprach der Situation in Schweden, wo Sixten Eriksson hauptsächlich auf Extended-Play-Platten setzte. Die bezog er aus dem TELDEC-Presswerk in Nortorf. Die starke Nachfrage aus Skandinavien blieb in Hamburg nicht ohne Folgen. Im Frühjahr 1954 überflutete die TELDEC den Markt mit EPs. Zunächst gab es ein paar Versuchsballons mit eher unverfänglichen Instrumentals von Ray Anthony, Arthur Murray und Joe „Fingers“ Carr. Unter den ersten EPs war aber auch schon ein Doppelalbum von Nat King Cole. „Nat King Cole Sings For Two In Love“ stellte ihn, von Nelson Riddles Orchester begleitet, mit romantischen Songs als Crooner vor. Auf dem Cover war ein verliebtes – selbstverständlich weißes – Paar wie in einer Filmszene abgebildet. Dazu passend: eine Champagnerflasche im Eiskübel. Die Hüllen bestanden aus stabilen Pappdeckeln und waren mit englischen Texten bedruckt. Sie waren identisch mit den amerikanischen Covers.

ERSTE EXTENDED PLAYS

Schon 1953 gab die TELDEC „Musterplatten“ für den Fachhandel heraus. Das waren Singles, auf denen Neuheiten angespielt und zum Teil auch kommentiert wurden. Als erste Capitol-Veröffentlichung wurde auf diese Weise Billy Mays „High Noon“ vorgestellt. 1954 folgten als „Neuheiten u. Bestseller“ aus den USA „O mein Papa“ (Ray Anthony), „Sugar Blues“ (Clyde McCoy) und „Vaya Con Dios“ (Les Paul und Mary Ford). Paul und Ford waren mit „Vaya Con Dios“ von 1953 auch unter den ersten EPs in Europa. Auf der Platte hatte man zusätzlich den 1952er Hit „My Baby's Coming Home“ untergebracht. Aber „Vaya Con Dios“ sicherte ihnen einen Platz in der Musikgeschichte. In der Bundesrepublik schrieb Kurt Feltz 1954 dazu einen deutschen Text mit dem Titel „Perlenfischer“, verlegte die Szenerie in die Südsee, und die Kilima Hawaiians, das Hula Hawaiian Quartett und Willy Hagara fischten mit ihren Aufnahmen des Liedes nach Schlagerparadenerfolg.

Les Paul hatte das Lied zum ersten Mal gehört, als Anita O'Day es im Radio sang. Er besorgte sich die Platte vom Discjockey des Senders und rief bei Capitol an, wo gerade die Veröffentlichung von „I'm A Fool To Care“ vorbereitet wurde: „Stoppt das! Ich will ,Vaya Con Dios‘ aufnehmen!“

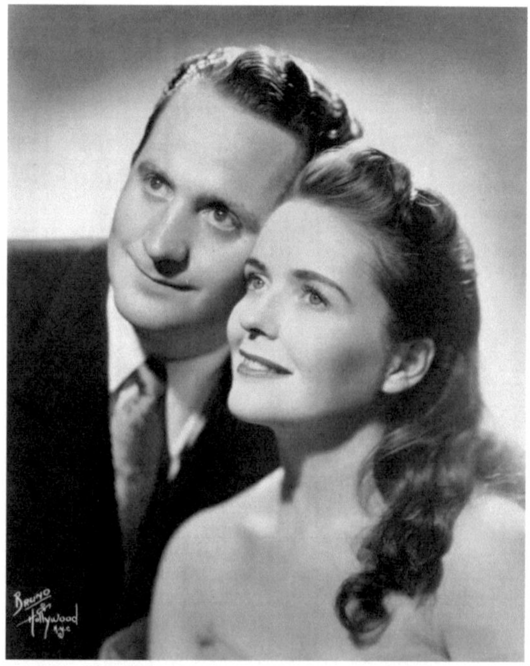

Les Paul und Mary Ford

Sein Label war nicht begeistert, aber man willigte schließlich ein. Bei der Aufnahme änderte Paul für seine Sängerin Mary Ford die Textzeile „Vaya con Dios, my darling, may God be with you, my love“ in „Vaya con Dios, my darling, vaya con Dios, my love“. Einwände, dass niemand den spanischen Text verstehen würde, wischte er vom Tisch. Capitol entschied aber, dass „Johnny Is The Boy For Me“ die A-Seite der Single sein werde. Als im Radio dann erwartungsgemäß nur die A-Seite gespielt wurde, reiste Paul durch sieben große Städte und überzeugte dort die Sender, die Platte umzudrehen. Les Paul:

„Ich bin froh, dass sie das gemacht haben: ‚Vaya Con Dios' ging durch die Decke!" Nach dem Jazzstandard „How High The Moon" wurde es ihr zweiter Nr.-1-Hit und machte das Duo weltberühmt. Als nächste Extended Play des Paars erschien in Deutschland „Les Paul Mary Ford Sitting On Top Of The World!"

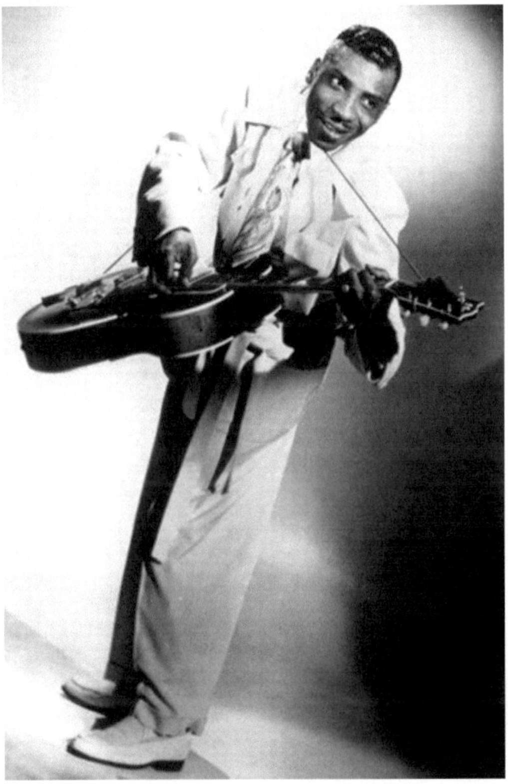

T-Bone Walker

Stan Kenton, Jackie Gleason, Les Baxter, Billy May – das Angebot der frühen EPs wirkt zum Teil eher wahllos. Allerdings gab es auch Überraschungen, so wenn der Bluesmusiker T-Bone (Thibeaux) Walker (1910 - 1975) mit zwei Ausgaben unter der Überschrift „Classics in Jazz" dem deutschen Publikum präsentiert wurde. Einer der Titel, „You' re My Best Poker Hand", war bereits als 78er herausgekommen. Die EP-Edition, die zwei Jahre später mit dem Deutschen Jazzplattenpreis ausgezeichnet wurde, machte die hiesigen Jazzfans mit dem Original der bedeutenden Walker-Komposition „Call It Stormy Monday But Tuesday Is Just As Bad" („Stormy Monday") bekannt, die heute als Klassiker gilt. Walker, dessen Vorfahren afrikanischstämmige Amerikaner und Cherokesen waren, wuchs in Texas auf. Beide Eltern waren Musiker. Als Jugendlicher wurde er von Blind Lemon Jefferson protegiert. In den 20er Jahren begleitete er die Blues-Sängerinnen Ida Cox und Ma Rainey. Schon 1939 schloss er sein Instrument an einen Verstärker an und wurde zum Pionier der elektrischen Gitarre. Seine Plattenkarriere begann in den 40er Jahren bei Capitol. Im Mai 1948 wurde ein Autor der Zeitung „California Eagle" Zeuge eines Blues-Konzertes, bei dem T-Bone Walker „star of the show" war. Das begeisterte Resümee: „He not only strums his electric guitar along with the best of them, but sings the blues better than anyone we've yet heard."

Auch Ella Mae Morse (1924 - 1999) war von Anfang an dabei, als sich das Label etablierte und verschaffte ihm sogar die erste Goldene Schallplatte. Sie blieb ihre gesamte aktive Zeit Capitol-Künstlerin. Laut Donald Clarkes „Penguin Encyclopedia Of Popular Music" war sie eine der Besten ihrer Ära. Wie Walker stammte sie aus Texas. Ihr Vater war ein englisch-

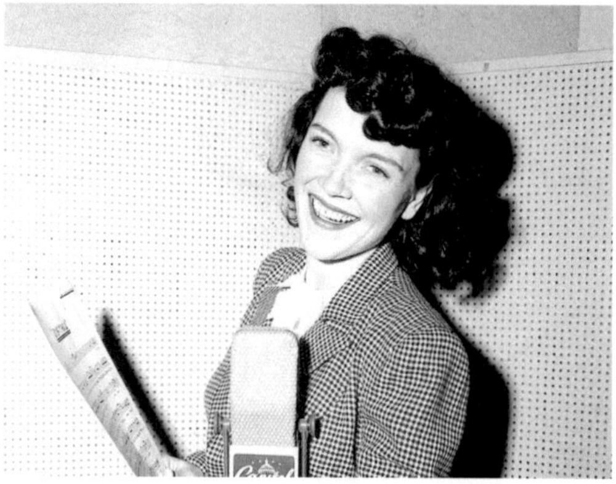

Ella Mae Morse

stämmiger Drummer und ihre Mutter spielte Ragtime- und Dixieland-Piano. Mit 14 wurde sie von Jimmy Dorsey engagiert, mit 17 von der Freddie Slack Band, mit der sie „Cow Cow Boogie“ aufnahm. Ihre Songs waren häufig Crossover-Hits in den Rhythm-And-Blues-Charts. Nach dem „Blacksmith Blues“ (1952) hatte sie aber keinen nationalen Hitparadenerfolg mehr. Doch in Deutschland, wo das Kurt Widmann Orchester, Evi Kent und Evelyn Künneke den „Blacksmith Blues“ zum „Hufschmied Blues“ umdichteten, wie auch in England, gelangten weiterhin 78er und 45er von ihr in den Handel, zum Beispiel „It Ain't Necessarily So“ der Gershwin-Brüder aus „Porgy And Bess“, gekoppelt mit dem Jazz-Standard „'Taint What You Do (It's The Way That Cha Do It)“. 1954 nahm Big Dave Cavanaugh mit ihr in Hollywood sogar noch eine Langspielplatte auf, aus der acht Titel für zwei EPs ausgewählt wurden. Titel: „Barrelhouse, Boogie And The Blues“. Für „Part One“ waren die Songs „Rock Me All Night Long“ (Original von The Ravens, 1952), „Money Honey“ (Original von The Drifters, 1954), „I Love You, Yes I Do“ (geschrieben von Henry Glover), „Daddy, Daddy“ (Original von Ruth Brown, 1952) zusammengestellt. Bedeutsam an der Auswahl war nicht nur, dass es sich um Stücke schwarzer Musiker handelte, sondern dass sie mit „Money Honey“ zwei Jahre früher im Studio war als Elvis Presley. Nicht nur deshalb gilt sie als Wegbereiterin des Rock 'n' Roll. Ihr „House Of Blue Lights“ (geschrieben und begleitet von Freddie Slack, 1946) wird von den Autoren von „What Was The First Rock'n'Roll Record“ als bedeutend für die Entwicklung des Rock 'n' Roll gewürdigt. Bei Capitol coverte Merrill Moore das Stück, Chuck Berry spielte es ein, und Little Richard sang in seinem „Good Golly, Miss Molly“: „Molly's rockin at the house of blue lights.“ Man tat sich bei Capitol jedoch schwer mit der Einordnung der Sängerin, wie Ella Mae Morse erlebte: „Cliffie Stone said, ‚You're a country singer‘. And Benny Carter said, ‚You're a jazz singer‘. T-Bone Walker said ‚You're a rock 'n‘ roll black blues singer – that's what you are.'“ Walkers Urteil sagte ihr besonders zu: „People used to tell me, 'I hope you don't take this the wrong way, but you sing like a black girl', and I'd wonder what other way is there to take that than as a great compliment.“

Dagegen verkörperte Jane Froman (1907 - 1980) aus Missouri das konventionelle amerikanische Musikbusi-

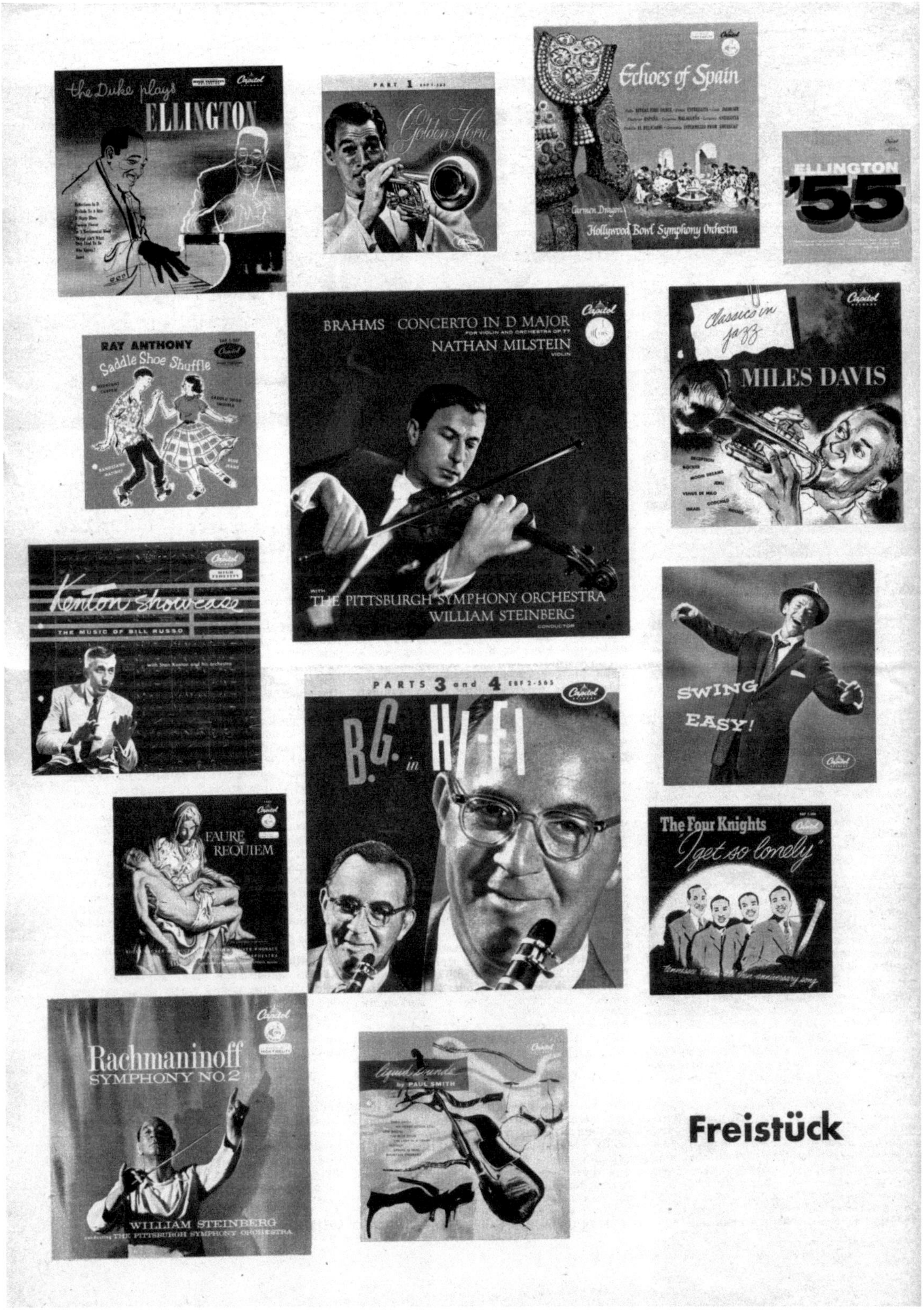

Breit gefächertes Angebot: Capitol-Werbung 1955 in „die Schallplatte"

ness. Sie studierte am Cincinnati Conservatory of Music, wurde aber mehr von den Gershwin Brüdern, Cole Porter und Irving Berlin als von klassischer Musik beeinflusst. Ihre Laufbahn als Sängerin begann sie in populären Radiosendungen. 1943, bei einem Flug nach Portugal, wo Froman vor amerikanischen Truppen auftreten wollte, stürzte die Maschine ab. Sie wurde schwer verletzt, trat aber schon zwei Jahre später wieder vor GIs auf. Ihr Schicksal wurde mit Susan Hayward in der Hauptrolle als heroische Geschichte verfilmt. Anlässlich der deutschen Kinopremiere von „With A Song In My Heart" („Mit einem Lied im Herzen", 1953) wurde dem hiesigen Publikum auch eine EP mit ihren bekanntesten Songs angeboten, darunter „I Walk Alone" von Sammy Cahn und Jule Styne und „With A Song In My Heart" von Richard Rodgers und Lorenz Hart.

Dean Martin (1917 - 1995) war schon seit den 40er Jahren in Filmen zu sehen, ab 1950 vor allem in Komödien mit Jerry Lewis. Der Sohn italienischer Einwanderer (Taufname Dino Paul Crocetti) sprach als Kind nur italienisch und lernte die englische Sprache erst als Schüler. Die Schule in seinem Geburtsort Steubenville, Ohio, verließ er ohne Abschluss, schlug sich als Alkoholschmuggler, Croupier und Boxer durch. Nach Erfolgen als Entertainer und Sänger in Radio und Fernsehen, bekam er 1948 einen Vertrag bei Capitol. Etliche Versuche, ihn mit zeitgemäßer Popmusik zu etablieren, unter anderem gemeinsam mit Peggy Lee, Margaret Whiting und Helen O'Connell, brachten mäßige Resultate. Auch italienisch gesungene Titel blieben ohne Resonanz. Mit der LP „Dean Martin Sings" sowie den Singles „I'll Always Love You" und „You Belong To Me" änderte sich das.

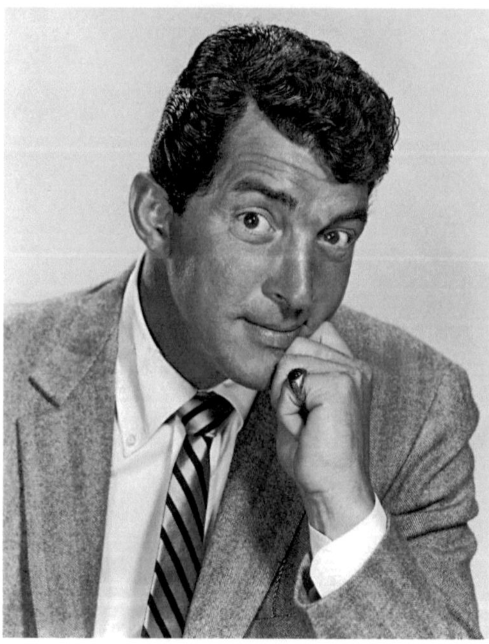

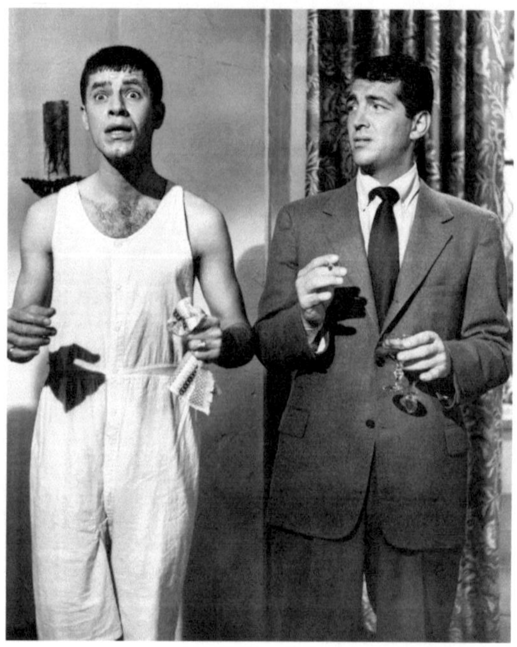

Sänger und Schauspieler: Dean Martin mit Jerry Lewis (in „The Caddy")

Ein weiterer Anlauf, ihn als Italo-Amerikaner zu präsentieren, brachte 1953 mit „That's Amore", einem Song, bei dem er wohl mit einem Glas Chianti in der Hand vorm Mikrofon gestanden hat, den Durchbruch. Capitol hatte den Jackpot geknackt. Premiere hatte „That's Amore" in dem Martin-Lewis-Film „The Caddy" (1953), der 1955 unter dem Titel „Der Tollpatsch" in deutschen Kinos gezeigt wurde. Darin singt Dino den Titel auf einer italo-amerikanischen Familienfeier, die durch Jerry Lewis ins Lächerliche gerät. Die schnell zusammengestellte EP „Sunny Italy" kombinierte den aktuellen Hit mit dem neapolitanischen „Luna Mezzo Mare", das Martin bereits 1951 gesungen hatte, und „Come Back To Sorrento" sowie „Oh Marie" von 1952. Über seinen Gesangsstil bekannte er 1961 im Rückblick: „Ich habe Bing Crosby zu hundert Prozent kopiert. Frank Sinatra und Perry Como haben es auch getan." Und im September 1969 erzählte er „Billboard": „Wir klingen alle ein bisschen wie er, weil er sich beim Singen nicht anstrengte."

Im selben Jahr, als sein späterer Rat-Pack-Partner Martin im Rampenlicht stand, hatte Frank Sinatra (1915 - 1998) das Capitol-Studio betreten, um das epochale Album „Songs For Young Lovers" aufzunehmen. Durch seine erfolgreiche Zusammenarbeit mit Nelson Riddle begann das erstaunlichste Comeback in der Geschichte des Showbusiness. Sinatra war als Sohn italienischer Einwanderer in Hoboken, New Jersey, aufgewachsen. Nach Anfängen in lokalen Clubs wurde er von Harry James engagiert. 1939 verpflichtet ihn dann Tommy Dorsey, in dessen Orchester er mit den Pied Pipers sang. Der Crooner mit Mafiakontakten wurde in dieser Zeit der Liebling der Teenager – damals

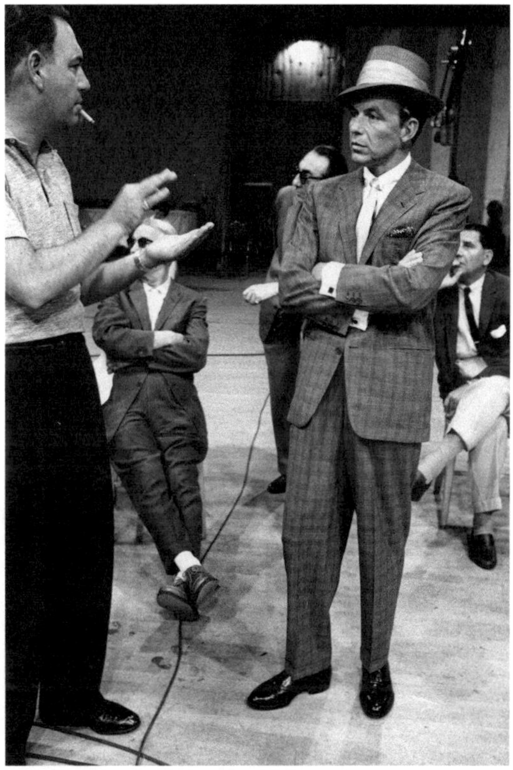

Nelson Riddle und Frank Sinatra

Bobby Soxer genannt. Durch ihn erfuhr die Swing-Ära noch einmal eine Frischzellenkur. Die ausgewählten Stücke seiner LP richteten sich an ein erwachseneres Publikum und entsprachen dem Programm, das Sinatra in Las Vegas vorgetragen hatte. Songwriter waren die bewährten Autoren Cole Porter („I Get A Kick Out Of You"), Ira und George Gershwin

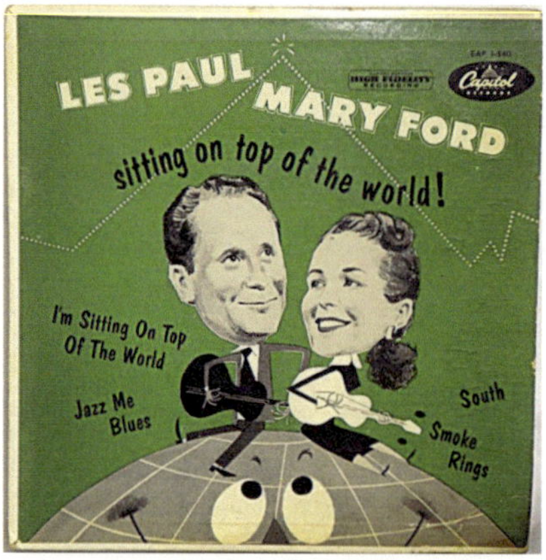
LES PAUL
MARY FORD
sitting on top of the world!
Capitol
I'm Sitting On Top Of The World
Jazz Me Blues
South
Smoke Rings

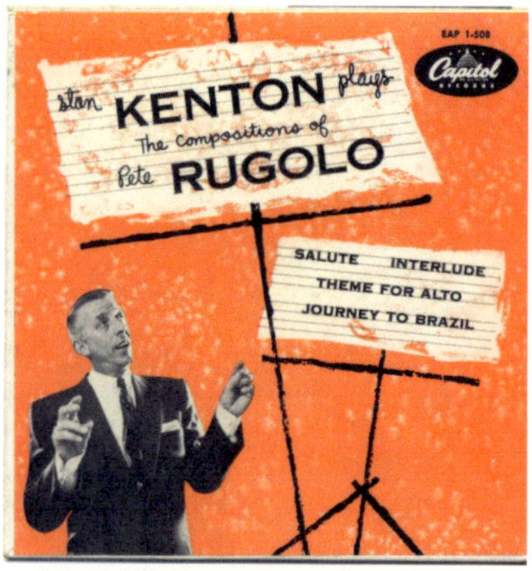
EAP 1-508
Capitol
Stan KENTON plays The Compositions of Pete RUGOLO
SALUTE INTERLUDE
THEME FOR ALTO
JOURNEY TO BRAZIL

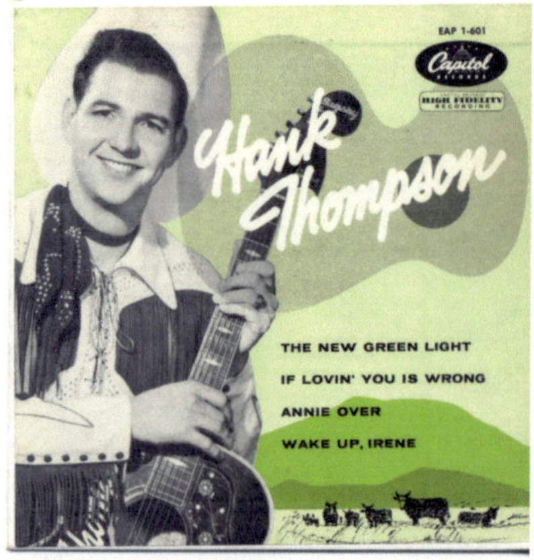
EAP 1-601
Capitol
HIGH FIDELITY RECORDING
Hank Thompson
THE NEW GREEN LIGHT
IF LOVIN' YOU IS WRONG
ANNIE OVER
WAKE UP, IRENE

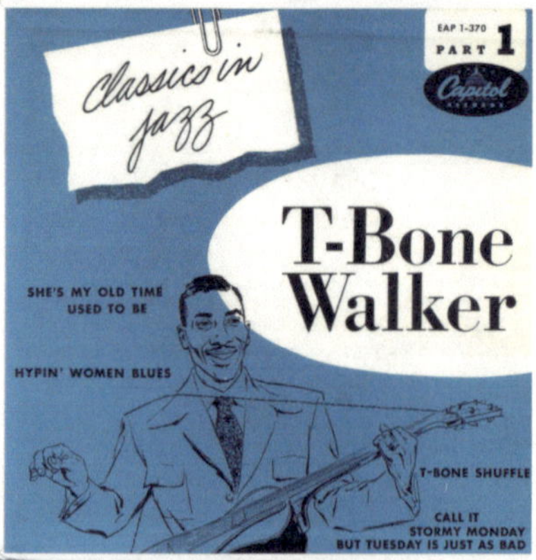
classics in jazz
EAP 1-370
PART 1
Capitol
T-Bone Walker
SHE'S MY OLD TIME USED TO BE
HYPIN' WOMEN BLUES
T-BONE SHUFFLE
CALL IT STORMY MONDAY BUT TUESDAY IS JUST AS BAD

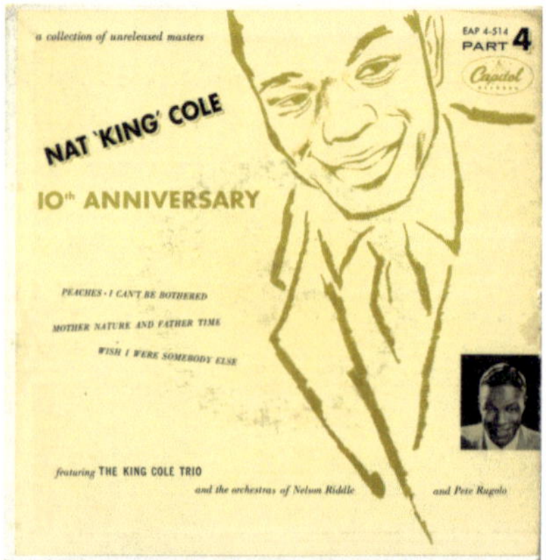
a collection of unreleased masters
EAP 4-514
PART 4
Capitol
NAT 'KING' COLE
10th ANNIVERSARY
featuring THE KING COLE TRIO
and the orchestras of Nelson Riddle
and Pete Rugolo

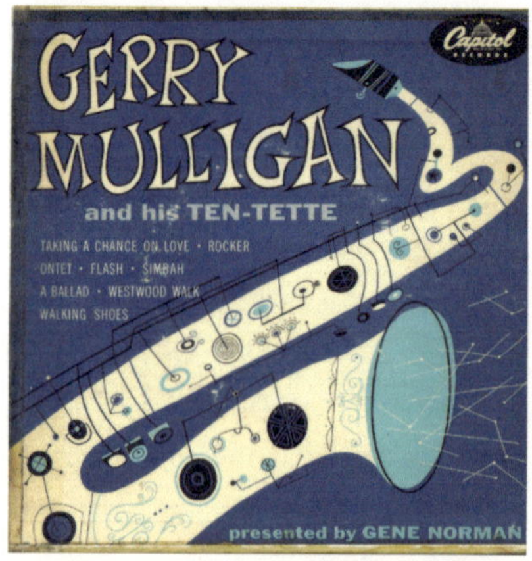
Capitol
GERRY MULLIGAN
and his TEN-TETTE
TAKING A CHANCE ON LOVE · ROCKER
ONTET · FLASH · SIMBAH
A BALLAD · WESTWOOD WALK
WALKING SHOES
presented by GENE NORMAN

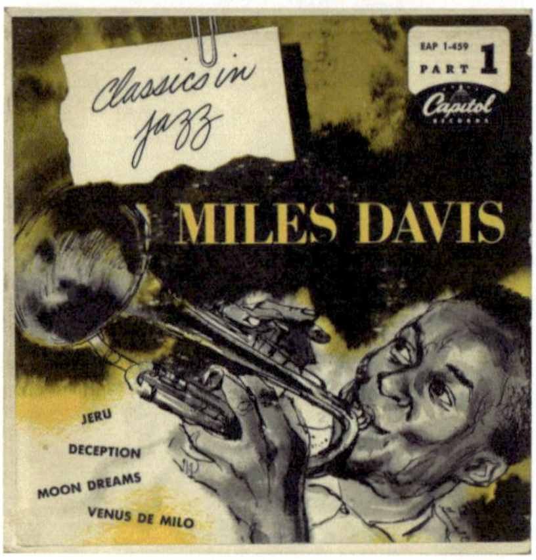
classics in jazz
EAP 1-459
PART 1
Capitol
MILES DAVIS
JERU
DECEPTION
MOON DREAMS
VENUS DE MILO

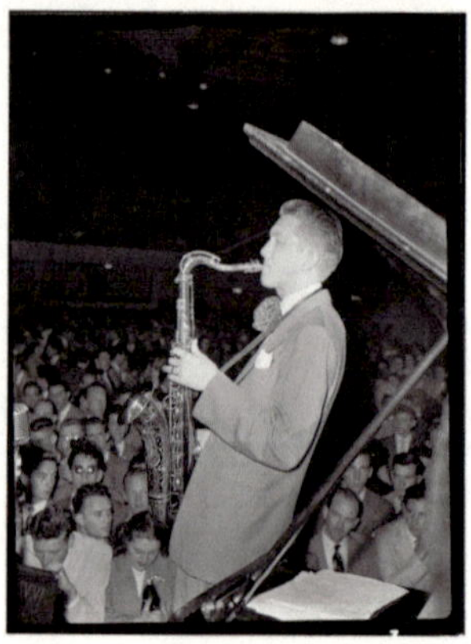

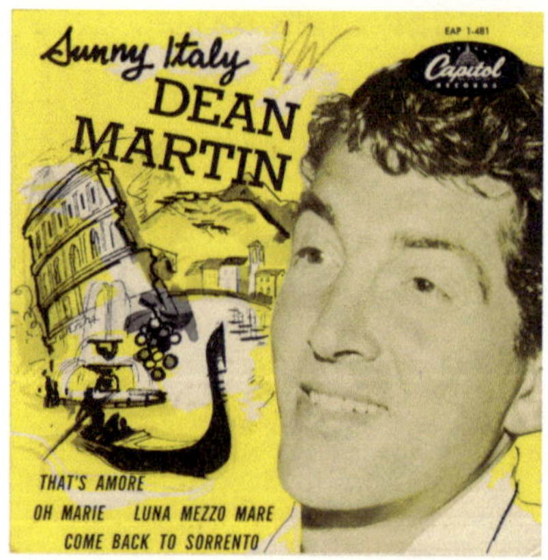
Sunny Italy
Capitol
DEAN MARTIN
THAT'S AMORE
OH MARIE
LUNA MEZZO MARE
COME BACK TO SORRENTO

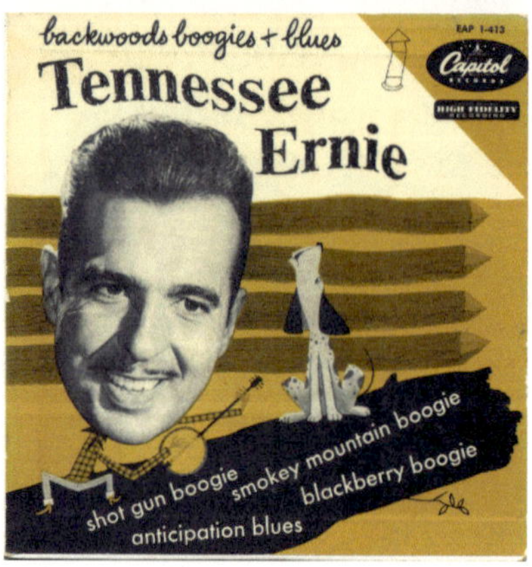
backwoods boogies + blues
EAP 1-413
Capitol
HIGH FIDELITY RECORDING
Tennessee Ernie
shot gun boogie
smokey mountain boogie
blackberry boogie
anticipation blues

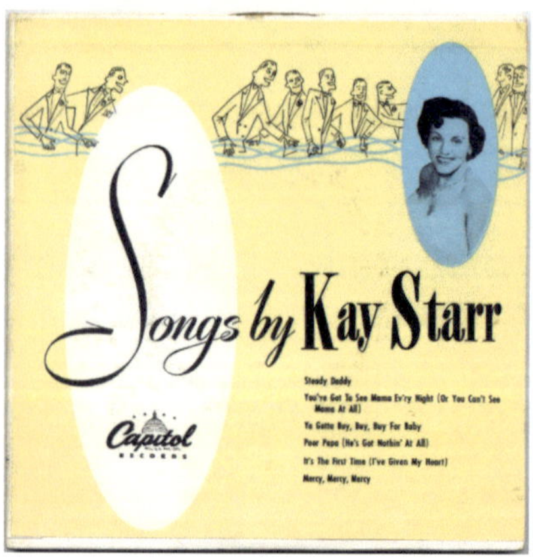
Songs by Kay Starr
Capitol

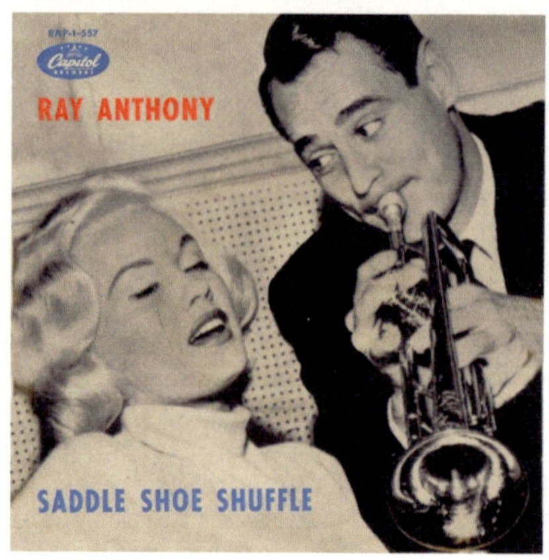
EAP-1-557
Capitol
RAY ANTHONY
SADDLE SHOE SHUFFLE

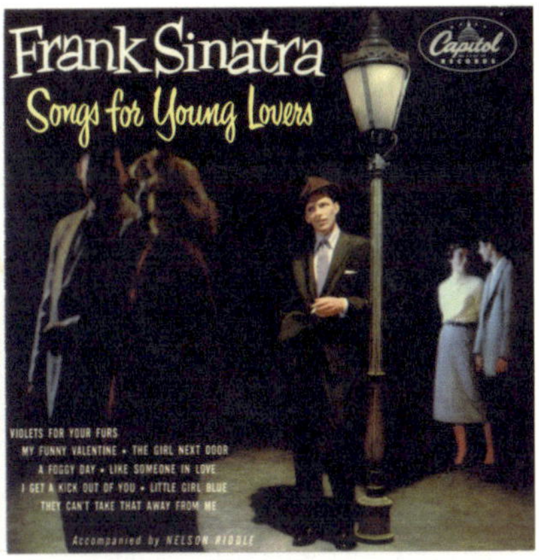
Frank Sinatra
Songs for Young Lovers
Capitol
VIOLETS FOR YOUR FURS
MY FUNNY VALENTINE • THE GIRL NEXT DOOR
A FOGGY DAY • LIKE SOMEONE IN LOVE
I GET A KICK OUT OF YOU • LITTLE GIRL BLUE
THEY CAN'T TAKE THAT AWAY FROM ME
Accompanied by NELSON RIDDLE

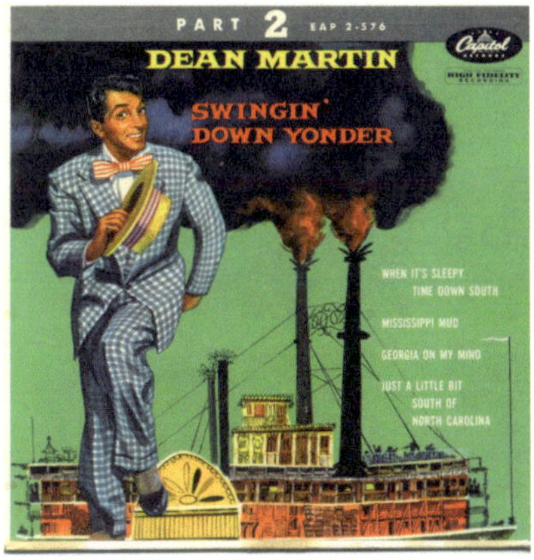
PART 2 EAP 2-576
DEAN MARTIN
Capitol
SWINGIN' DOWN YONDER
WHEN IT'S SLEEPY TIME DOWN SOUTH
MISSISSIPPI MUD
GEORGIA ON MY MIND
JUST A LITTLE BIT SOUTH OF NORTH CAROLINA

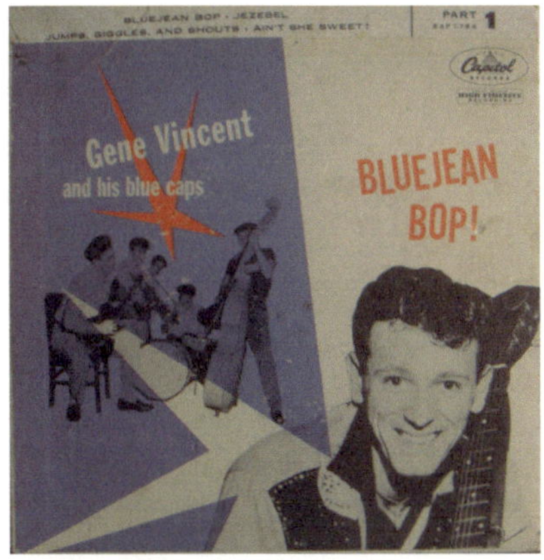
BLUEJEAN BOP • JEZEBEL
JUMPS, GIGGLES, AND SHOUTS • AIN'T SHE SWEET?
PART 1
Capitol
Gene Vincent
and his blue caps
BLUEJEAN BOP!

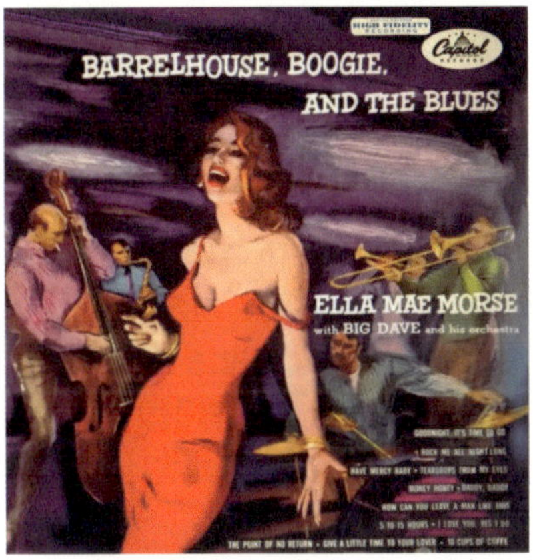
Capitol
BARRELHOUSE, BOOGIE, AND THE BLUES
ELLA MAE MORSE
with BIG DAVE and his orchestra

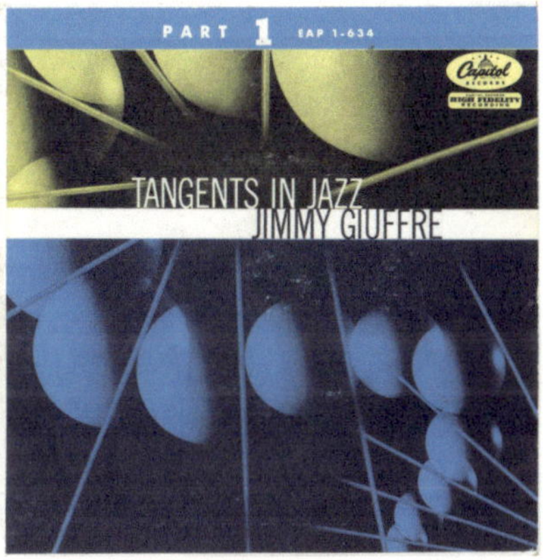
PART 1 EAP 1-634
Capitol
TANGENTS IN JAZZ
JIMMY GIUFFRE

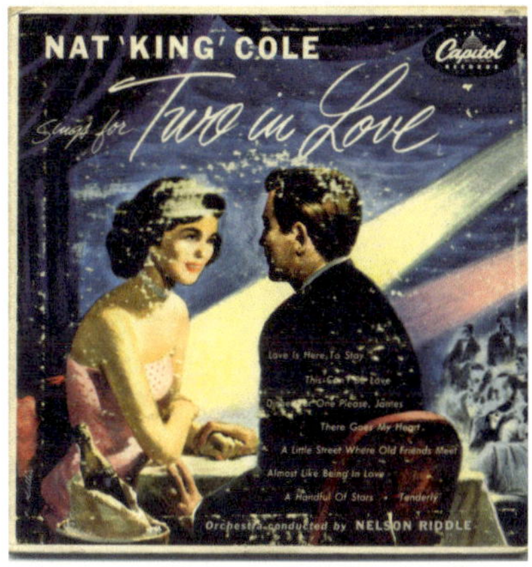
NAT 'KING' COLE
Capitol
Sings for Two in Love
Orchestra conducted by NELSON RIDDLE

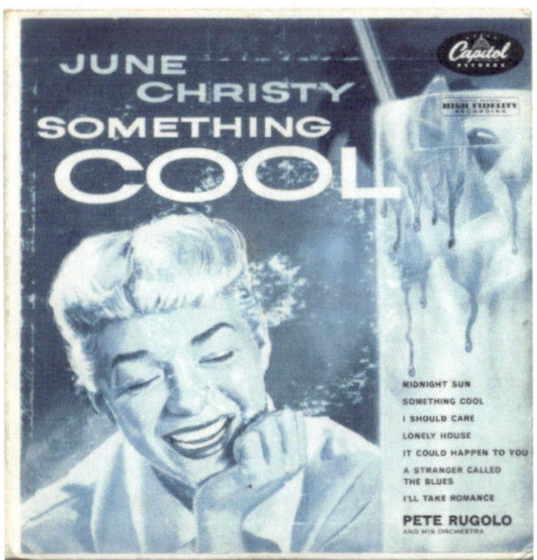
JUNE CHRISTY
SOMETHING COOL
Capitol
MIDNIGHT SUN
SOMETHING COOL
I SHOULD CARE
LONELY HOUSE
IT COULD HAPPEN TO YOU
A STRANGER CALLED THE BLUES
I'LL TAKE ROMANCE
PETE RUGOLO

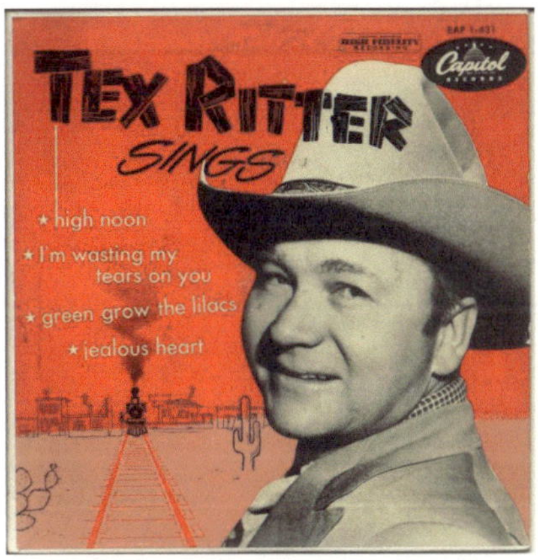
Capitol
TEX RITTER
SINGS
high noon
I'm wasting my tears on you
green grow the lilacs
jealous heart

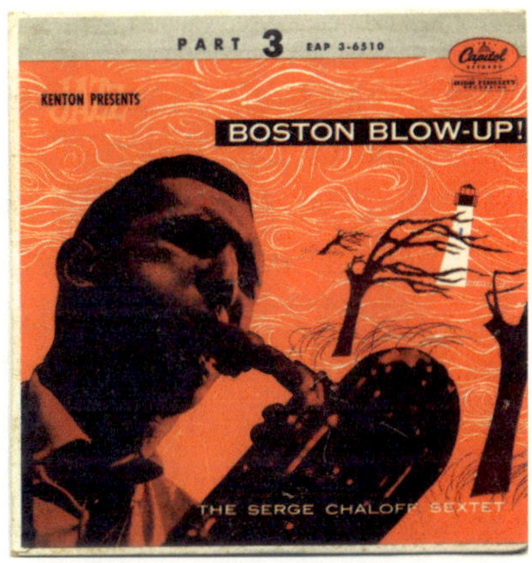
PART 3 EAP 3-6510
Capitol
KENTON PRESENTS
BOSTON BLOW-UP!
THE SERGE CHALOFF SEXTET

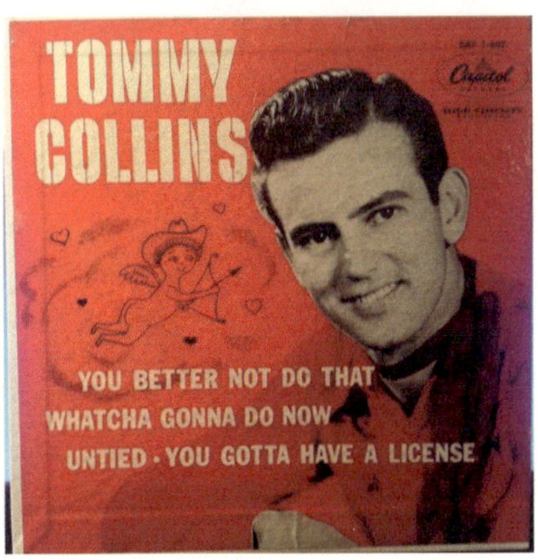
TOMMY COLLINS
Capitol
YOU BETTER NOT DO THAT
WHATCHA GONNA DO NOW
UNTIED • YOU GOTTA HAVE A LICENSE

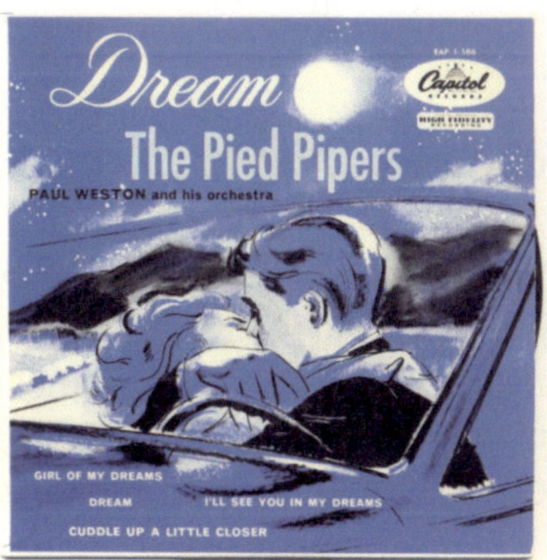
Dream
Capitol
The Pied Pipers
PAUL WESTON and his orchestra
GIRL OF MY DREAMS
DREAM
I'LL SEE YOU IN MY DREAMS
CUDDLE UP A LITTLE CLOSER

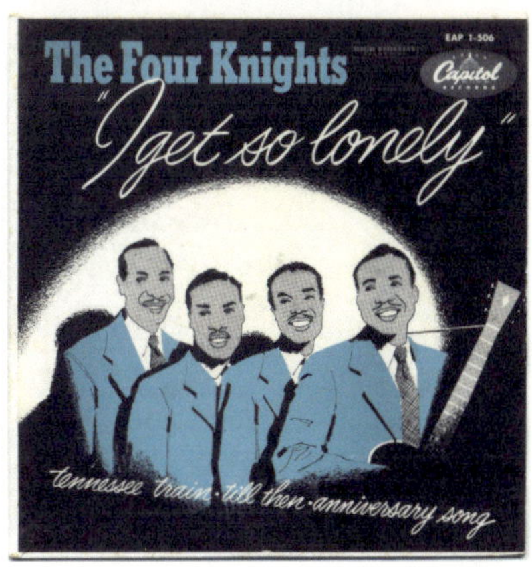
The Four Knights
Capitol
"I get so lonely"
tennessee train • till then • anniversary song

(„They Can't Take That Away From Me") sowie Rodgers und Hart („My Funny Valentine"). Die insgesamt acht Titel kamen 1954 auch auf einer Doppel-EP heraus, die dasselbe Cover-Bild hatte wie das Album: Frank Sinatra einsam mit Zigarette unter einer Straßenlaterne, während zwei verliebte Paare an ihm vorbei schlendern. Das Motiv wurde Vorbild für viele Designer von Plattenhüllen. Die Verpackung der Doppel-EPs war eine Erfindung von Capitol, die keine andere Plattenfirma im Angebot hatte: Die festen Papphüllen waren in der Mitte verbunden und aufklappbar, wie es später für Doppel-LPs üblich wurde.

Im selben Jahr lieferte Capitol die nächste Sinatra-Platte aus: „Swing Easy!" Jetzt leitet Nelson Riddle nicht nur das Orchester, sondern arrangierte auch die Songs. Das Album hatte einen Jazz-Touch und unterstrich Sinatras Anspruch als Swing-Künstler. Die Titel entstammten wieder dem American Songbook aus Standards, diesmal neben Cole Porters „Just One Of Those Things" von Johnny Mercer und Harry Warren „Jeepers Creepers", Harold Arlen „Get Happy" und Gerald Marks „All Of Me". „All Of Me", einen Klassiker von 1931, hatte Sinatra schon 1952 im Film „Meet Danny Wilson" („Zu allem entschlossen") zum Besten gegeben. Das Team Sinatra-Riddle war unübertroffen. „Frank Sinatra is by any reasonable criterion the greatest singer in the history of American popular music," urteilte der Autor John Rockwell. Dem deutschen Publikum präsentierte die TELDEC gleichzeitig die LP und zwei EPs. Zwar handelte es sich um Songs der Vergangenheit, aber in Hamburg hatte man mit Sinatra jetzt Anschluss an die aktuelle Musikszene bekommen. Die Phase des reinen Nachholens war im Wesentlichen beendet. Stattdessen lieferte die TELDEC aktuelle Hits aus wie „Young At Heart" von Sinatra. Stolz verkündete sie im April 1954: „Capitol-Schallplatten brachten in den letzten fünf Jahren die höchsten Verkäufe amerikanischer populärer Musik in Deutschland." Und sie erwähnte auch, dass sie die „Marke ‚Capitol' in Deutschland und in weiten Kreisen Europas eingeführt" habe. Sinatras Capitol-Platten wurden überall in Europa herausgebracht, wo Telefunken Lizenzen vergeben hatte.

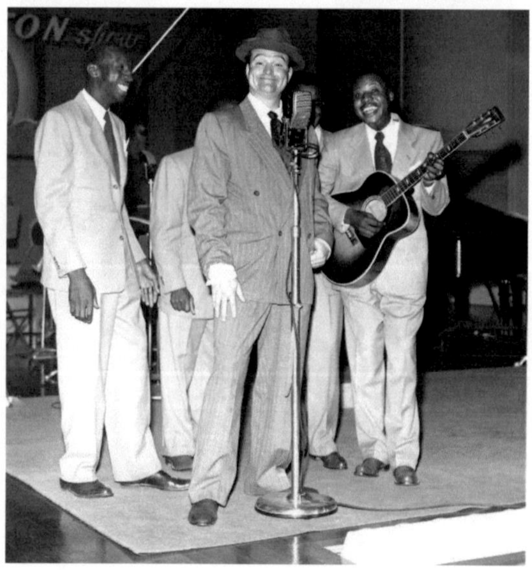

Gesangsgruppe The Four Knights

Ein aktueller Hit, „Oh, Happy Day" der Four Knights, wurde in der Bundesrepublik als 78er und als 45er angeboten. In den USA kam die schwarze Vokalgruppe damit auf Platz 11 der Charts, im AFN hatte der Song einen festen Platz im Programm. Bei der TELDEC bemühte man sich erstmals mit einer großen Geschichte in „die Schallplatte“, eine Pop-Gruppe aus Amerika ins Rampenlicht zu stellen. Das war bislang nur mit Jazz-Bands geschehen. Hier ein Auszug aus dem Text über die vier Sänger aus Charlotte, North Carolina:

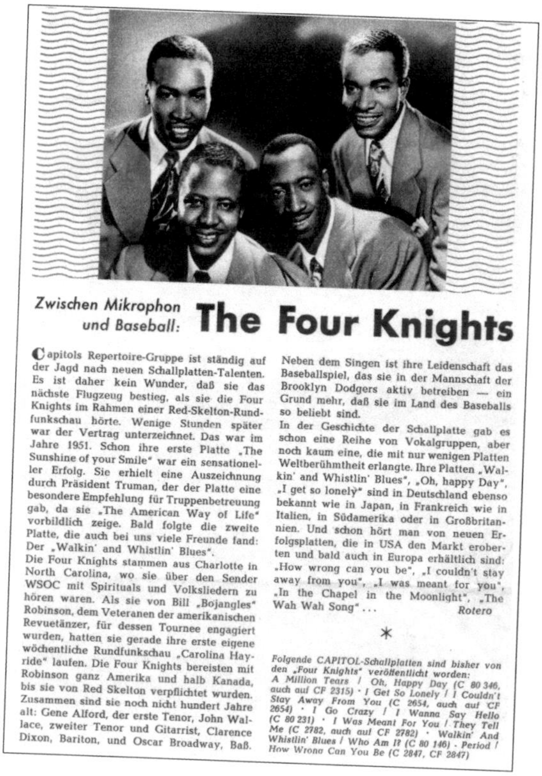

Zwischen Mikrophon und Baseball: **The Four Knights**

Capitols Repertoire-Gruppe ist ständig auf der Jagd nach neuen Schallplatten-Talenten. Es ist daher kein Wunder, daß sie das nächste Flugzeug bestieg, als sie die Four Knights im Rahmen einer Red-Skelton-Rundfunkschau hörte. Wenige Stunden später war der Vertrag unterzeichnet. Das war im Jahre 1951. Schon ihre erste Platte „The Sunshine of your Smile“ war ein sensationeller Erfolg. Sie erhielt eine Auszeichnung durch Präsident Truman, der der Platte eine besondere Empfehlung für Truppenbetreuung gab, da sie „The American Way of Life“ vorbildlich zeige. Bald folgte die zweite Platte, die auch bei uns viele Freunde fand: Der „Walkin' and Whistlin' Blues“.

Die Four Knights stammen aus Charlotte in North Carolina, wo sie über den Sender WSOC mit Spirituals und Volksliedern zu hören waren. Als sie von Bill „Bojangles“ Robinson, dem Veteranen der amerikanischen Revuetänzer, für dessen Tournee engagiert wurden, hatten sie gerade ihre erste eigene wöchentliche Rundfunkschau „Carolina Hayride“ laufen. Die Four Knights bereisten mit Robinson ganz Amerika und halb Kanada, bis sie von Red Skelton verpflichtet wurden. Zusammen sind sie noch nicht hundert Jahre alt: Gene Alford, der erste Tenor, John Wallace, zweiter Tenor und Gitarrist, Clarence Dixon, Bariton, und Oscar Broadway, Baß.

Neben dem Singen ist ihre Leidenschaft das Baseballspiel, das sie in der Mannschaft der Brooklyn Dodgers aktiv betreiben — ein Grund mehr, daß sie im Land des Baseballs so beliebt sind.

In der Geschichte der Schallplatte gab es schon eine Reihe von Vokalgruppen, aber noch kaum eine, die mit nur wenigen Platten Weltberühmtheit erlangte. Ihre Platten „Walkin' and Whistlin' Blues“, „Oh, happy Day“, „I get so lonely“ sind in Deutschland ebenso bekannt wie in Japan, in Frankreich wie in Italien, in Südamerika oder in Großbritannien. Und schon hört man von neuen Erfolgsplatten, die in USA den Markt eroberten und bald auch in Europa erhältlich sind: „How wrong can you be“, „I couldn't stay away from you“, „I was meant for you“, „In the Chapel in the Moonlight“, „The Wah Wah Song“ ...

Rotero

*

Folgende CAPITOL-Schallplatten sind bisher von den „Four Knights“ veröffentlicht worden:
A Million Tears / Oh, Happy Day (C 80 346, auch auf CF 2315) · I Get So Lonely / I Couldn't Stay Away From You (C 2654, auch auf CF 2654) · I Go Crazy / I Wanna Say Hello (C 80 231) · I Was Meant For You / They Tell Me (C 2782, auch auf CF 2782) · Walkin' And Whistlin' Blues / Who Am I? (C 80 146) · Period / How Wrong Can You Be (C 2847, CF 2847)

Porträt der Four Knights in „die Schallplatte“

„Capitols Repertoire-Gruppe ist ständig auf der Jagd nach neuen Schallplatten-Talenten. Es ist daher kein Wunder, daß sie das nächste Flugzeug bestieg, als sie die Four Knights im Rahmen einer Red-Skelton-Rundfunkschau hörte. Wenige Stunden später war der Vertrag unterzeichnet. Das war im Jahre 1951. Schon ihre erste Platte ‚The Sunshine of your Smile‘ war ein sensationeller Erfolg. Sie erhielt eine Auszeichnung durch Präsident Truman, der der Platte eine besondere Empfehlung für Truppenbetreuung gab, da sie ‚The American Way of Life‘ vorbildlich zeige... Ihre Platten ‚Walkin' and Whistlin' Blues‘, ‚Oh, Happy Day‘, ‚I Get So Lonely‘, sind in Deutschland ebenso bekannt wie in Japan, in Frankreich wie in Italien, in Südamerika oder in Großbritannien.“ Mit dem Millionseller „I Get So Lonely (Oh Baby Mine)“, dem Nr.-3-Hit der US-Charts, wurde zusätzlich eine EP der Four Knights angeboten. Der Song wird wie „Sh-Boom“ der Chords als Vorläufer des Rock 'n' Roll genannt. Es gab sogar eine deutsche Version „Wenn alle Wünsche in Erfüllung gingen“ von Peter René Körner. Auch später noch waren die Four Knights als Begleitung von Nat King Cole („If I May“, „That's All There Is To That“) international präsent.

NAT KING COLE BESUCHT EUROPA

Nat (Nathaniel) King Cole (1919 - 1965), Sohn eines Pfarrers aus Alabama, gelang ein besonderer Coup, als er 1954 einen deutschen Schlager coverte. Mit „Answer Me, My Love" schaffte er es in die US-Top-Ten. Das war für die TELDEC ein besonderes Fest, das sie in „die Schallplatte" gebührend feierte:

„Eine der erfolgreichsten Platten des neuen Jahres wurde Nat King Coles ‚Answer me'. Die Millionengrenze ist bald erreicht. Übrigens, – das ‚Answer me' ist die amerikanische Fassung des deutschen Liedes ‚Mütterlein' von Gerhard Winkler." Die Entstehungsgeschichte wurde ausführlich beschrieben:

„Da gab es einmal ein Lied von Gerhard Winkler, das hieß ‚Mütterlein', ein Schlager, der in Deutschland bald wieder vergessen war, weil er eben kein Schlager wurde. Dieses Lied aber wurde dann von einem schwedischen Verleger erworben, und die schwedischen Hörer fanden Gefallen an dieser Melodie. In Schweden hörte es ein amerikanischer Verleger, nahm es mit nach Amerika und machte daraus ‚Answer me'. Nat King Cole besang mit ‚Answer me' eine Platte, und diese Platte wurde in der Hit-Parade ein sogenanntes ‚top-tune', ein Schlager Nummer Eins von Küste zu Küste, vom Atlantischen zum Stillen Ozean. Diese Platte wurde dann nach Deutschland exportiert und plötzlich horchten die Schlagerliebhaber auf. Der Textdichter Fred Rauch aber zog die Lehre daraus und machte auf die alte Melodie – in Anlehnung an die amerikanische Version – einen neuen Text: ‚Glaube mir' – und siehe da... auf dem deutschen Schlagermarkt war ein neuer Bestseller." Das Mütterlein war denn doch zu antiquiert gewesen.

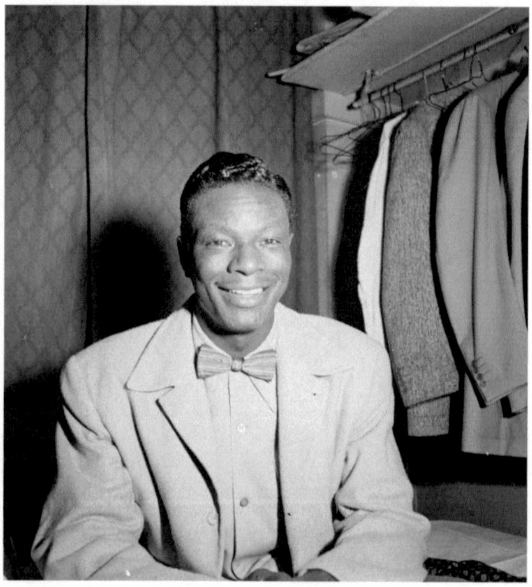

Nat King Cole

Die Geschichte war damit noch nicht zu Ende: Auch bei Capitol bemerkte man die Reaktion in der Bundesrepublik. Als Konsequenz wurde Nat King Cole noch einmal ins Studio gebeten, diesmal um „Mütterlein" zu singen. Das Sprachexperiment gelang nicht ganz so wie gewünscht. „Mütterlein, Mütterlein, könnt' es noch mal so wie

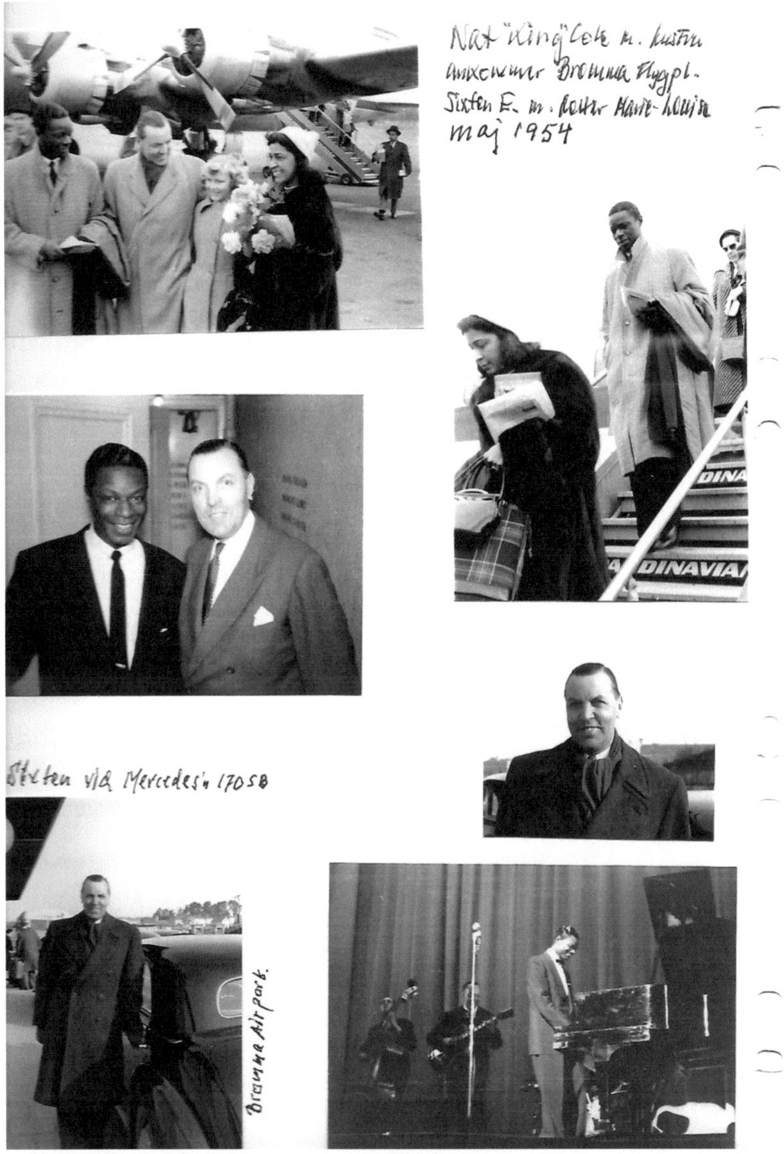

Ankunft in Schweden: Maria und Nat King Cole mit Sixten Eriksson (fotografiert von Hans-Ove)

früher sein" klang mit amerikanischem Akzent wie Kauderwelsch. Die Aufnahme verschwand im Archiv und blieb den deutschen Hörern erspart. Mit dem Rückenwind von „Answer Me, My Love" flog Nat King Cole im Mai 1954 nach Europa. Eine zuvor erschienene EP „10th Anniversary" betonte die Bedeutung des Stars für seine Plattenfirma.

Erste Station: Schweden, wo sich seine Platten sehr gut verkauft hatten. In Stockholm kam Sixten Eriksson mit seinen Kindern Marie Louise und Hans-Ove zum Flughafen, um den berühmten Gast und dessen Ehefrau Maria zu begrüßen. Nach einem Presseempfang lud Hans-Ove das Gepäck der Coles in den Mercedes seines Vaters und chauffierte die

Prominenten ins Grand Hotel. Das Konzert im China Theatre fand am 31. Mai statt. Nat King Cole reiste anschließend auch nach Deutschland. Anders als Stan Kenton kaufte er dort keinen Porsche. Sein Interesse galt einem Auto, das für Amerikaner als Kuriosum gelten musste – dem Messerschmitt-Kabinenroller, der 1953 in Regensburg in Serie gegangen war. Er nahm ein Exemplar mit und hatte sogar den Plan, für den Kleinstwagen in den USA eine Vertretung zu gründen.

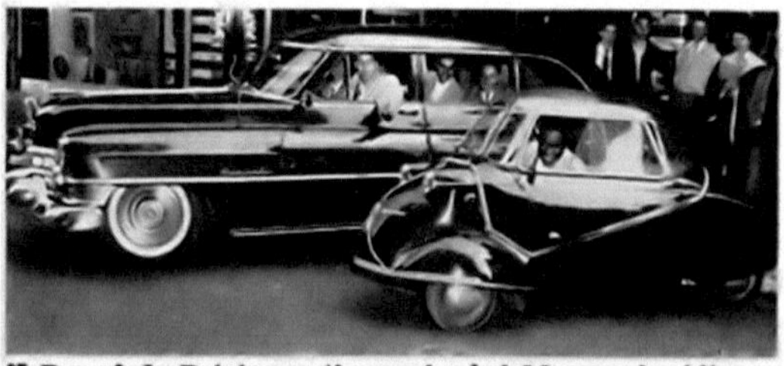
Dwarfed: Driving a three-wheeled Messerschmidt car he brought back to the U. S. from Europe, Nat (King) Cole and his auto are dwarfed by king-sized Cadillac. Cole and his manager, Carlos Gastel, have franchise for selling 111-inch-long $875 car in California.

Nat King Cole in seinem Messerschmitt

In Europa bekam Nat King Cole die Wertschätzung, die ihm in Amerika in weiten Kreisen versagt wurde. 1948 hatte der Ku Klux Klan ihn und seine Frau aus einer weißen Wohngegend vertreiben wollen, in der er in Los Angeles ein Haus gekauft hatte. Eine Immobiliengesellschaft ließ ihn wissen, man wolle keine „unerwünschten“ Zuzügler. Seine Antwort: „Das will ich auch nicht. Sollte ich welche sehen, werde ich mich beschweren.“ Zwei Jahre nach seinem Europabesuch griffen ihn Rassisten bei einem Konzert in Birmingham, Alabama, auf der Bühne an und wollten ihn entführen. Das Schicksal, diskriminiert oder sogar verfolgt zu werden, teilten in den USA schwarze Künstler bis weit in die 60er Jahre. Der weiße Jazzer Woody Herman war davon natürlich nicht betroffen. Im April und Mai tourte er mit seiner Third Herd in Europa. Am 11. April trat die 15-Mann-Band im Palais des Beaux-Arts in Brüssel auf. Veranstalter war der belgische Hot Club. Auch Woody Herman wurde von den europäischen Fans mehr als in den USA gewürdigt. „Wir wurden in Europa so wie die heutigen Rockstars behandelt“, sagte Bassist Red Kelly im Rückblick, „wir kannten solche Bewunderung nicht. Sie versuchten, die Knöpfe von unseren Jacken abzureißen und all so ein Zeug!“ Herman-Arrangeur Ralph Burns schrieb während der Tour im Bus ein Stück, das er „Autobahn Blues“ nannte. Ein Jahr später löste Herman die Third Herd auf.

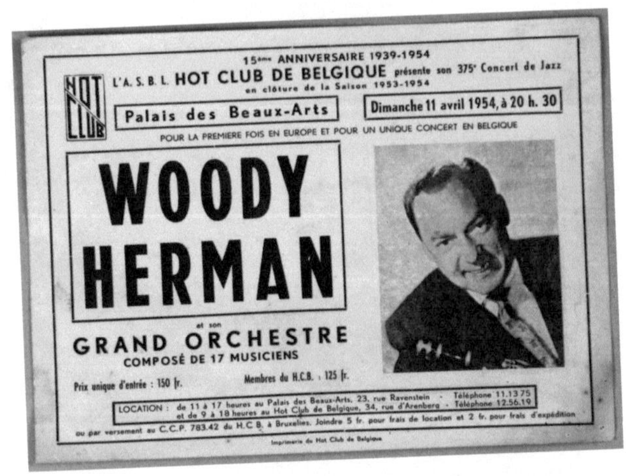

Gefeiert wie Rock-Stars: 1954 gab Woody Herman mit seiner Third Herd Konzerte in Europa

"HAUSHOHE FLAMMEN" IN NORTORF

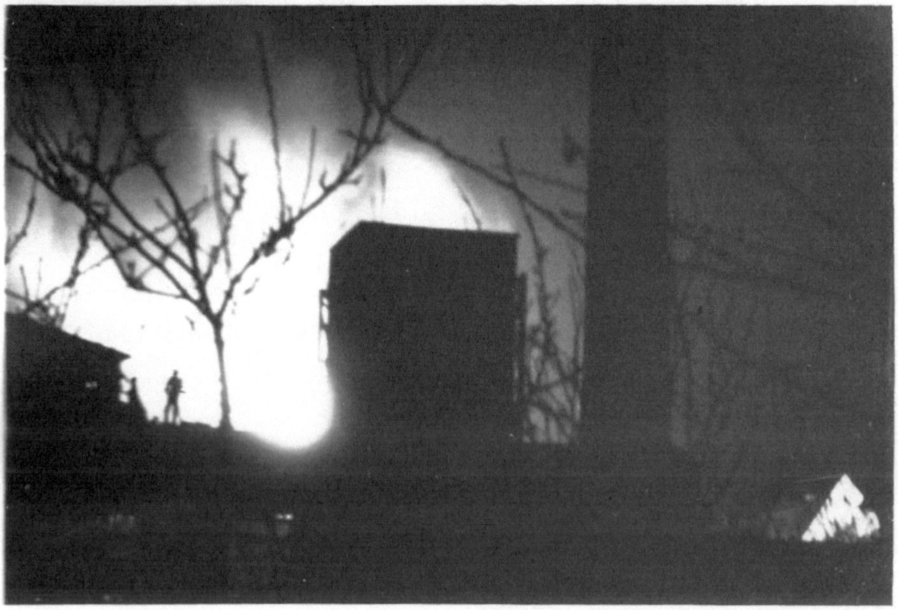

Im November 1954 brannte das Lager mit allen Plattenhüllen in Nortorf

Im Jahr 1954 knüpfte Sixten Eriksson noch engere Beziehungen zur TELDEC: Im Herbst schickte er seinen Sohn Hans-Ove (geboren 1935) nach Nortorf, wo die Platten für die TEFAB gepresst wurden. Mit 18 Jahren musste der junge Mann, der bei Aufnahmen seines Vaters assistiert hatte und mit Frank Sinatra und Nat King Cole zusammengetroffen war, noch einmal ganz unten anfangen. Bei einem Praktikum in der Fabrik stand er mit den Arbeitern an der Plattenpresse, lernte die Zubereitung der Masse für Schellack und Vinyl, beteiligte sich an der Herstellung der Matrizen. Er sollte fit gemacht werden, um eines Tages die Firma vom Vater zu übernehmen. Der TELDEC-Angestellte Helmut Rode erinnerte sich an den „baumlangen Jungen aus Schweden". In Neumünster zeigte man ihm in der Druckerei Proppe die Produktion der Etiketten. In den dreieinhalb Monaten bis Dezember 1954 nahm er am Leben des Ortes teil und wohnte bei der Familie des Technischen Leiters Alexander Seeland. Es war am 30. November, als im Ort die Sirenen heulten. Die Familie Seeland war gerade beim Abendessen. Alle stürmten los und auch Hans-Ove half der Feuerwehr. 18 Löschzüge aus der gesamten Region von Kiel bis Neumünster waren herbeigeeilt, um ein Übergreifen der Flammen auf den Ort zu verhindern. „Haushohe Flammen schlugen aus der TELDEC-Fabrik“, überschrieben die „Kieler Nachrichten“ ihren Katastrophenbericht. „Unermeßlich war die Gefahr. Der ganze Stadtteil zwischen der Großen Mühlen- und der Niedernstraße, in dem der Hauptteil des Werksgeländes liegt, wurde von dem Feuer bedroht und taghell erleuchtet. Umliegende Häuser mussten geräumt werden, Straßen gesperrt ... Das Vieh wurde aus den Stallungen der angrenzenden Bauernhöfe .... getrieben.“

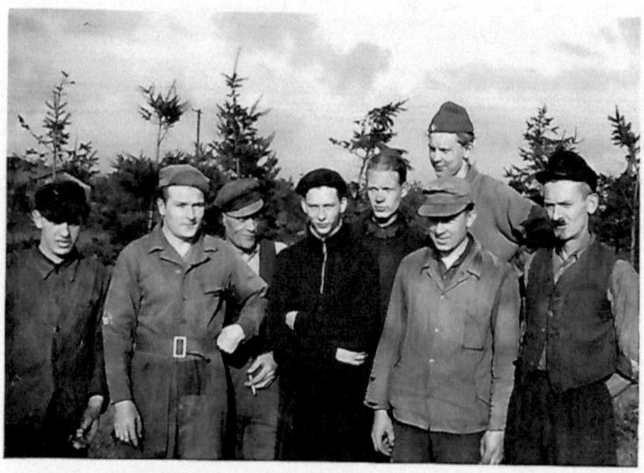

Hans-Ove Eriksson (zweite Reihe rechts) im Kreis von TELDEC-Mitarbeitern

Laut dpa schätzte die „deutsche Telefunkengesellschaft“ den Schaden auf über eine halbe Million Mark. Das Verpackungslager brannte lichterloh. Von den Flammen verschont gebliebenen war die Halle mit den Plattenpressen, die rund 50 Meter entfernt stand. In der abgebrannten Halle hatte die TELDEC sämtliche Plattentaschen für die LPs gelagert. Für deutsche Produktionen konnte zwar schnell Nachschub herbeigeschafft werden, für das Repertoire der amerikanischen Capitol und der englischen Decca bedeutete es aber erst einmal eine Verzögerung. Damit der Bedarf rasch wieder gedeckt werden konnte, sprang Decca in London mit Ersatzhüllen ein. In England wurde das Capitol-Angebot ja ebenfalls von der Decca vertrieben. Die über den Kanal gelieferten Hüllen waren allerdings mit dem amerikanischen Präfix H der Bestellnummern bedruckt, weshalb man in Nortorf das in Deutschland verwendete LCA aufstempelte.

ENTWICKLUNG DER CAPITOL-COVERS BEI DER TELDEC

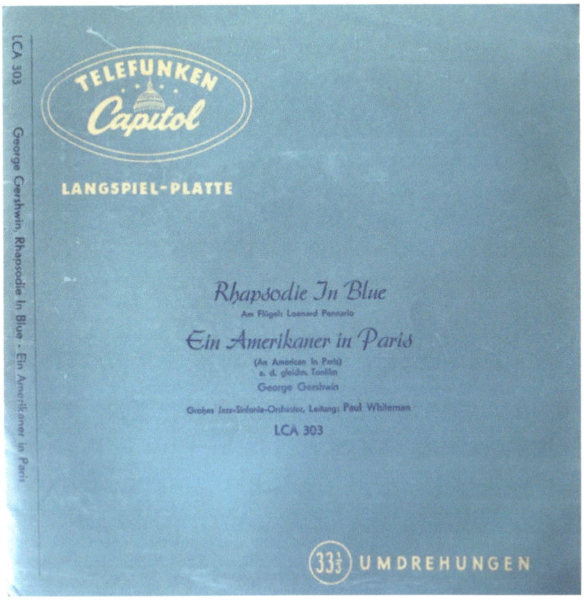

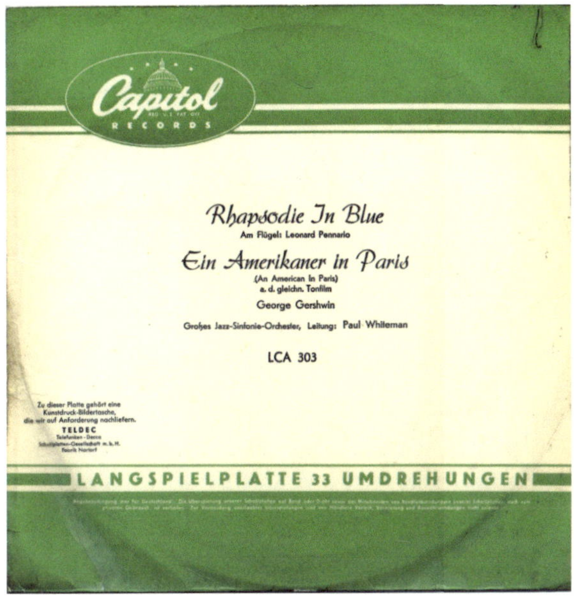

Die ersten Langspielplatten waren, wie in England, in blaue Papierhüllen verpackt. Dann wurden vorübergehend grün-weiße laminierte Covers verwandt. Mit „Rhapsody In Blue"/„Ein Amerikaner in Paris" machte man einen frühen Versuch mit einem Bildcover. Die Motive stammten von den Originalen aus Amerika. Dort kamen die LPs mit umrahmten Bildern heraus. Diese wurden dann auch in Europa übernommen

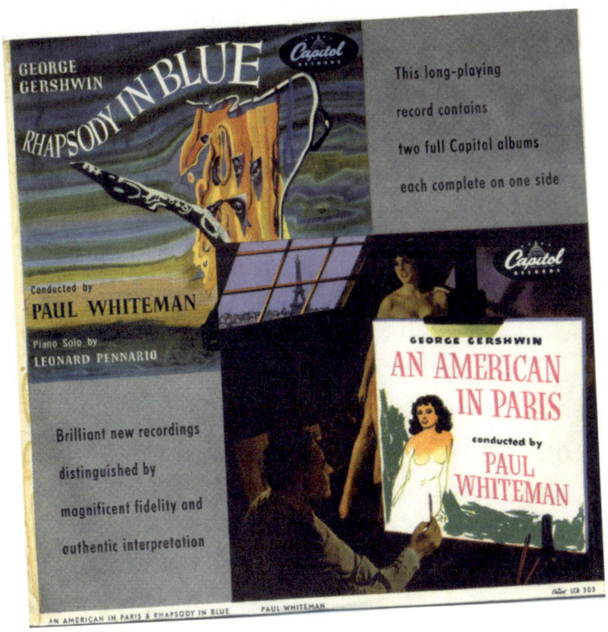

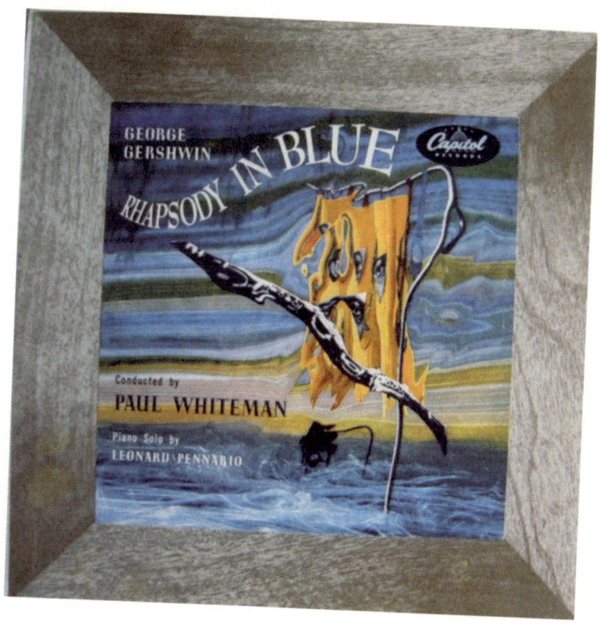

„KUNSTDRUCK-BILDERTASCHEN“ FÜR CAPITOL-LANGSPIELPLATTEN

Capitol brachte 1952 George Gershwins „Rhapsody In Blue“, eins der berühmtesten Werke amerikanischer Musik, als LP nach Deutschland. Gershwin, ein Freund von Buddy DeSylva, hatte von Bandleader Paul Whiteman den Auftrag erhalten, ein konzertantes Stück mit Jazz- und Blues-Elementen zu schreiben. Es wurde im Februar 1924 in New York aufgeführt und machte seinen Autor weltberühmt. Ähnlich populär wurde sein „An American In Paris“ von 1928. Gemeinsam mit seinem Bruder Ira verfasste Gershwin das Musical „Porgy And Bess“, durch das die Brüder unsterblich wurden. Die Texte, die die Sprache und das Lebensgefühl der schwarzen Amerikaner der Südstaaten wiedergeben sollten, stammten von Ira. Berühmte Beispiele: „Summertime“, „It Ain't Necessarily So“ und „I Got Plenty O' Nuttin'“.

Die Gestaltung der Albumhüllen beschäftigte Bobby Weiss, als er die Vertretung für Europa übernahm: „Wir waren ja die erste Plattenfirma, die Grafik mit bunter Optik für die Covers benutzte“, erzählte er „Billboard“ 1962. Aber: „Es gab eine Zeit, da lehnten die ausländischen Firmen die farbigen Abbildungen ab – mit der Begründung, die Kunden in ihren Ländern hätten einen konservativen Geschmack und würden sich nicht für die amerikanischen Methoden begeistern.“ In Hamburg dauerte es auch eine Weile, bis man sich umstellte und die Bedeutung einer attraktiven Verpackung für die Platten erkannte. Peter A. Ingwersen: „Es spielte bei den Bestellungen auch die Verpackung eine Rolle. Bei Capitol hatten wir ja zunächst neutrale Plattencover, und später spielte die Gestaltung der Covers eine Rolle.“ Das erste Album, bei dem die Vorgabe aus den USA umgesetzt wurde, war Paul Whitemans „Rhapsody In Blue“ und „An American In Paris“ von George Gershwin. Die erste Ausgabe war noch in einer blauen Papierhülle herausgegeben worden, die zweite in einer laminierten in Grün und Weiß. Sie wurde mit einem speziellen Aufdruck ausgeliefert: „Zu dieser Platte gehört eine Kunstdruck-Bildertasche, die wir auf Anforderung nachliefern“, darunter die Anschrift der Fabrik in Nortorf.

Waren bei der grün-weißen Hülle auf der Rückseite noch weitere Capitol-LPs beworben worden, hatte man für die „Kunstdruck-Bildertasche“ bereits die Liner Notes der US-Ausgaben übernommen. Das Besondere an dieser Platte: Sie war eine Zusammenstellung aus zwei amerikanischen

Editionen: der LP „Rhapsody In Blue“ und der EP „An American In Paris“. Beide hatten in den USA Bildmotive auf der Hülle. Diese wurden jetzt auf der Telefunken-Hülle kombiniert, wobei die Grafiker das Bild von „An American In Paris“ zum Teil in das von „Rhapsody In Blue“ laufen ließen. Die beiden Motive deuteten die stilistische Bandbreite der Darstellungen auf den Capitol-Covers an: Das Motiv von „Rhapsody“ war eine künstlerische Interpretation à la Salvador-Dali-Surrealismus, das von „An American“ eine fotorealistische Umsetzung, die an eine Filmszene erinnert. Die Kreativ-Abteilung in Hollywood hatte von Anfang an hohe Ansprüche in der Vermarktung der Aufnahmen ihrer Musiker. Historisch gingen die Bebilderungen der Hüllen auf die Notenblätter („Sheet Music“) zurück, mit denen die Musikverlage in der ersten Hälfte des 20. Jahrhunderts ihre Geschäfte machten. Als man dann die ersten Schellackplatten in Alben zusammenfasste, wurden deren Deckblätter mit vergleichbaren Abbildungen verziert. Das setzte sich fort bei den in Schubern veröffentlichten 45-ern, zum Beispiel bei Jacques Offenbachs „Gaité Parisienne“, der ersten Single-Veröffentlichung der RCA in den USA. Und für die Hüllen der EPs und LPs boten sich die Illustrationen dann selbstverständlich auch an.

Bei Capitol setzte man zunächst auf Grafiken, die sich am Thema der Platten orientierten. Das konnten historisierende Darstellungen sein wie bei der „History Of Jazz“-Serie oder Porträts der Musiker wie bei Stan Kenton, Leadbelly oder Kay Starr.

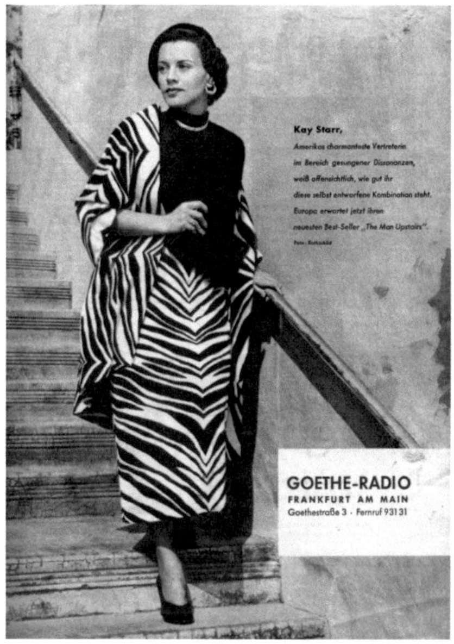

Kay Starr („die Schallplatte“)

Daneben wurden auch rein grafische Umsetzungen gewählt wie beim King Cole Trio oder bei Art Tatum. Das konnte in Folklore-Kitsch abgleiten wie bei Yma Sumacs „Voice Of The Xtabay“. Die Sängerin, die sich ein Image als angebliche Inka-Prinzessin zugelegt hatte, trat 1952 sogar in Hamburg auf. Häufig gab es auch Kombinationen aus Grafik und Foto, zum Beispiel bei Les Pauls „The New Sound!“ oder der EP „Sunny Italy“ von Dean Martin. Die Nähe zu den Filmstudios in Hollywood wirkte sich auf Covers aus, die an Filmplakate erinnern, wie bei dem Album „Penthouse Serenade“ von Nat King Cole. Bei Stan Kentons „City Of Glass“ wurde die progressive Musik ideal mit einer an den Kubismus angelehnten futuristischen Darstellung umgesetzt.

Für „Jackie Gleason Presents Lonesome Echo“ konnte man 1955 Salvador Dali zur Cover-Gestaltung gewinnen. (In Deutschland nicht veröffentlicht.) Die künstlerische Absicht wurde zunächst bei allen Alben zusätzlich dadurch betont, dass die Optiken wie mit einem Bilderrahmen eingefasst waren. Die jeweiligen Motive wurden dann nur noch vor Veröffentlichung in den beigegrünen Rahmen eingeklebt.

Die an ihrer Tradition hängenden Verantwortlichen in der deutschen Musikindustrie wurden von der amerikanischen Vorstellung von Cover-Art wie durch einen Quantensprung überrumpelt. Zwar bezog man die Capitol-Plattentaschen aus den Staaten, aber nun musste man auch bei Eigenproduktionen mit der teureren Gestaltung nachziehen. Das Publikum teilte die Vorbehalte der Plattenbosse verständlicherweise nicht und erwartete jetzt auch bei deutschen Platten mehr als nur mit Schriften bedruckte Hüllen. Noch in den blauen Papierhüllen servierte die TELDEC ihrem Publikum mit „A Symphonic Portrait Of George Gershwin“, „A Symphonic Portrait Of Richard Rodgers“ und „A Symphonic Portrait Of Cole Porter“ von Guy Luypaerts einen Eindruck vom American Songbook. Sein „A Symphonic Portrait Of Irving Berlin“ kam aber schon mit kunstvoll gestaltetem Bild-Cover heraus. Der Franzose Luypaerts war von Capitol mit dem Auftrag kontaktiert worden, die Klassiker des Broadways einzuspielen. Er hatte sich als Produzent von Charles Trenet („La Mer“) und Edith Piaf („La vie en rose“) sowie als Komponist von „Pigalle“ einen Namen gemacht. Cole Porter gratulierte ihm zur gelungenen Umsetzung seiner Stücke. Eine verjazzte Version von Porters „Just One Of Those Things“ und „Liza“ von den Gershwins und Gus Kahn brachte die TELDEC ebenfalls 1952 in blauer Papierhülle. Diese Instrumental-LP „Accordion Powerhouse“ des Akkordeonisten Ernie Felice, der zuvor im Benny Goodman Sextett gespielt hatte – zu hören auf Goodmans „Classics In Jazz“-Album –, war sicherlich für den deutschen Geschmack nicht so leicht konsumierbar wie Luypaerts Aufnahmen.

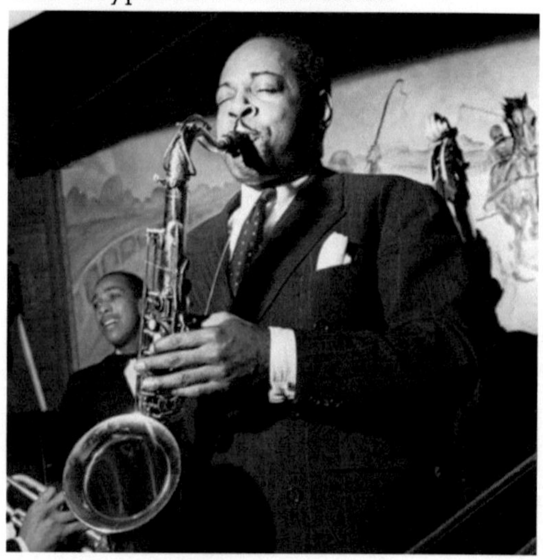

Coleman Hawkins

Mit der grün-weißen laminierten Tasche wurde „Premiered By Ellington“ ausgeliefert. Duke Ellington war laut Dave Dexter eine Enttäuschung: Während seinen zwei Capitol-Jahren schrieb er nur eine neue Komposition – „Satin Doll“, das Dexter produzierte, heute ein Standard. Er wollte nur seine alten Standards aufnehmen. So zum Beispiel „In A Sentimental Mood“ und „Things Ain't What They Used To Be“ für „The Duke Plays Ellington“. Art Tatums 10-inch-Platten („Art Tatum“, „Art Tatum Encores“) wurden nach den blauen und grün-weißen Hüllen noch einmal mit Cover-Art in Bilderrahmenhüllen nachgeliefert. Auch Coleman Hawkins hatte für ein Album („Classics In Jazz“) verpflichtet werden können. Das Cover zeigte ein Coleman-Foto mit Tenorsaxophon. Wie auf der Abbildung gezeigt, hatte er 1945 mit seinem Hut auf dem Kopf im Studio gestanden. Er war nur bereit gewesen, nachts um zwei nach einem Nightclub-Gig ins Studio zu kommen. Um fünf Uhr morgens war „Stuffy“ fertig, das sich 300 000-mal verkaufte. Zu den Standards, die er bei Capitol einspielte, gehörte auch Hoagy Carmichaels „Stardust“ von 1929. Hawkins, der in den 30er Jahren in Europa zwischen England und der Schweiz (nicht in Deutschland) unterwegs war, hatte das Stück 1936 mit Django Reinhardt und Stephan Grapelli aufgenommen. Und Glenn Millers Aufnahme war im selben Jahr schon bei Electrola veröffentlicht worden.

Das Hauptaugenmerk der TELDEC blieb auch jetzt auf Jazz gerichtet: „Nat King Cole At The Piano“, Stan Kentons „City Of Glass“. Selbst Les Paul wurde als Jazzer eingeordnet. Seine beiden ersten LPs „The New Sound!“ und „Les Paul's New Sound“ waren eine Mischung aus Standards („What Is This Thing Called Love“ von Cole Porter, „Lover“ von Rodgers und Hart, „I'm Forever Blowing Bubbles“ von Kenbrovin und Kellette) und Jazz („Caravan“ von Duke Ellington und „Jazz Me Blues“ von Tom Delaney).

Kay Starr (1922 - 2016) – mit drei Alben vertreten („Songs By Kay Starr“, „The Kay Starr Style“, „Hits Of Kay Starr“) – galt auch als Jazz-Sängerin, trotz ihrer Ausflüge in Country-Gefilde. Dave Dexter hatte sie anfänglich als „Blues Shouter“ und Jazz-Vokalistin verpflichtet. Ihr Duett mit Tennessee Ernie Ford, „Nobody's Business“, über einen promiskuitiven Partner, wurde 1950 als skandalös empfunden. Ihr Aufstieg zum Weltstar zählt zu den unwahrscheinlichsten Erfolgsgeschichten des amerikanischen Showbusiness: Sie war als Catherine Laverne Starks in einem Indianerreservat in Oklahoma zur Welt gekommen. Ihr Vater war Irokese, ihre Mutter ein „Halbblut“. Als Kind sang sie auf Vermittlung einer Tante in Dallas, Texas, im Radio. Die Familie zog nach Memphis um, wo sie mit 15 vom Orchester Joe Venuti verpflichtet wurde und im historischen Peabody Hotel sang. Bevor sie bei Capitol anheuerte, war sie mit Bob Crosby und Glen Miller aufgetreten. Ihre jazzige Doppel-EP „Songs By Kay Starr“ und ihre großen Hits „Wheel Of Fortune“, „Side By Side“ und „Changing Partners“ wurden in der Bundesrepublik angeboten.

Neue Fotos aus dem CAPITOL-Album

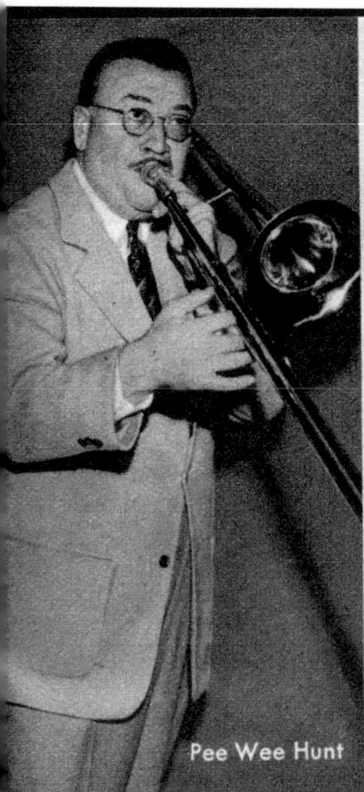
Pee Wee Hunt

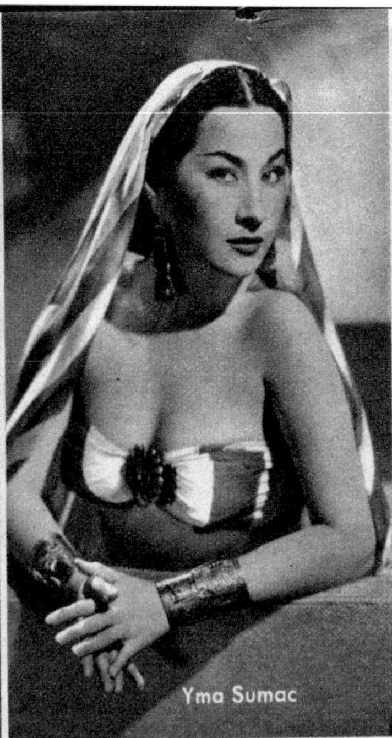
Yma Sumac

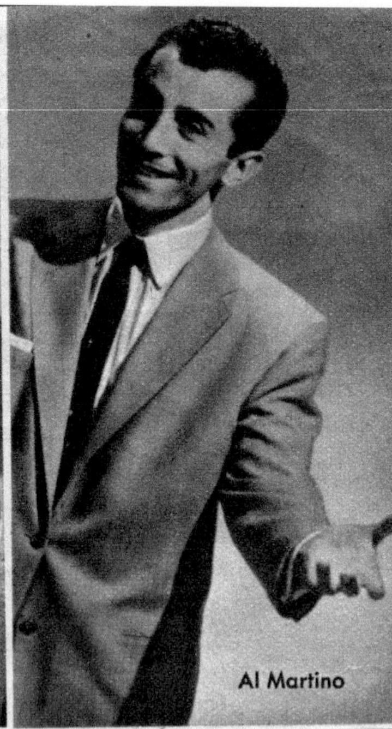
Al Martino

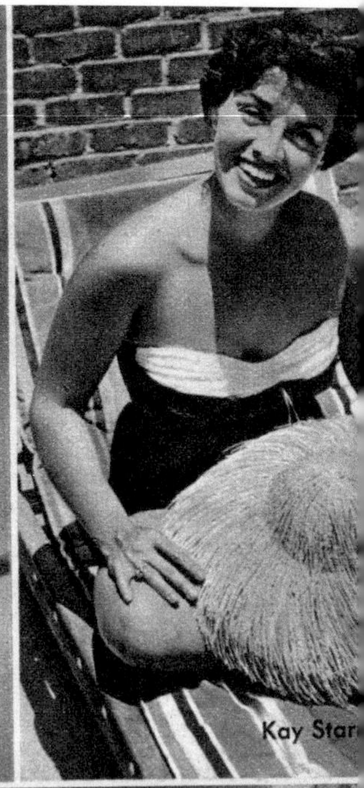
Kay Star

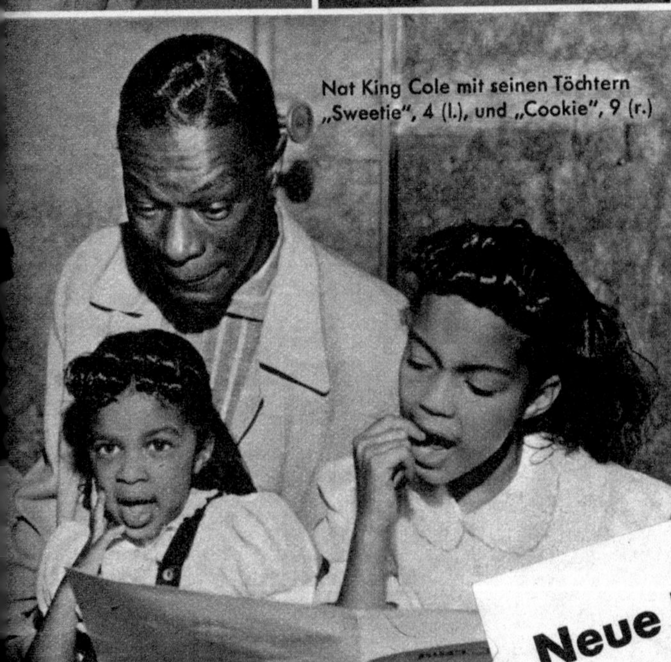
Nat King Cole mit seinen Töchtern „Sweetie", 4 (l.), und „Cookie", 9 (r.)

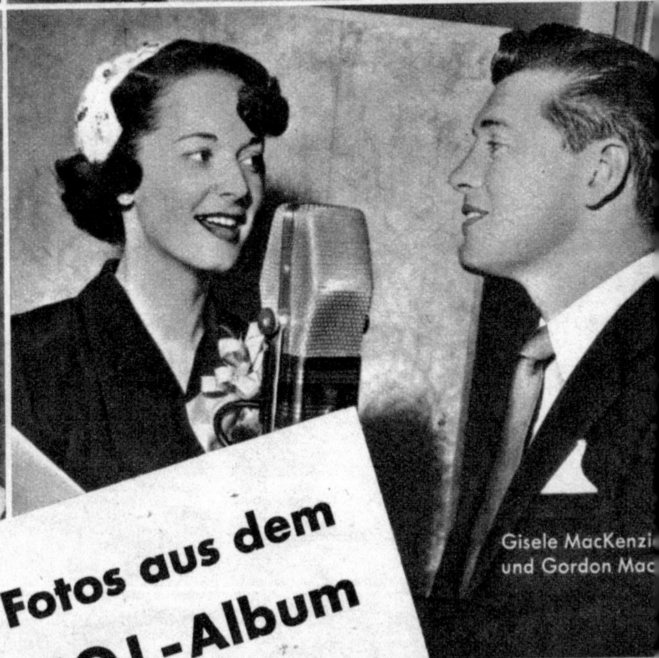
Gisele MacKenzi
und Gordon Mac

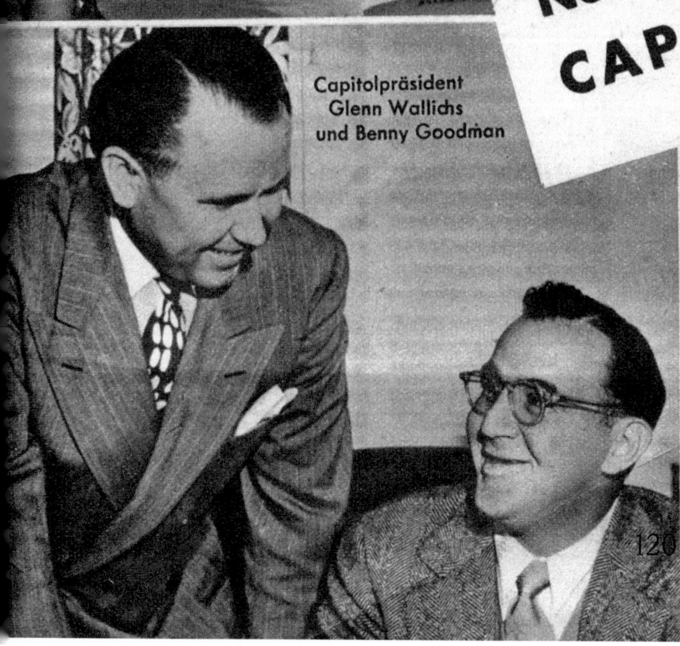
Capitolpräsident Glenn Wallichs und Benny Goodman

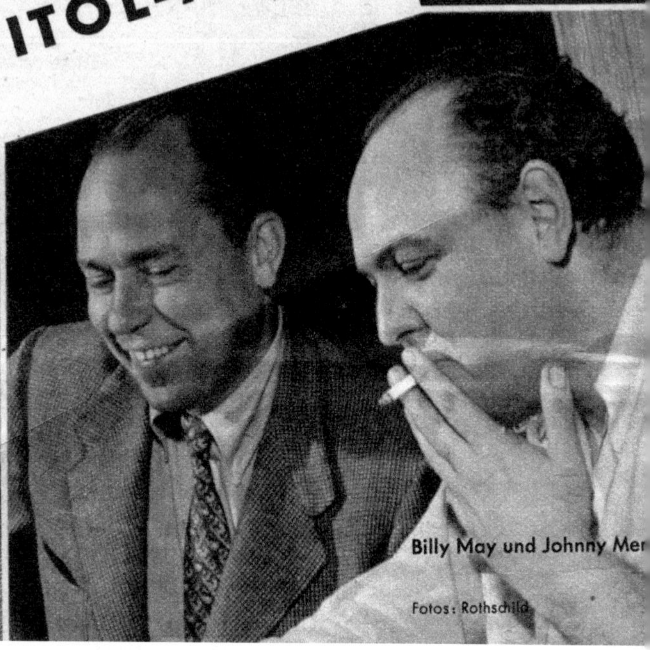
Billy May und Johnny Mer

Fotos: Rothschild

POST EXCHANGE STORES ALS KUNDEN

Um den Vertrieb der Capitol-Platten zu unterstützen, belieferte die TELDEC die Radiofachhandlungen ab 1953 mit grün-weißen Prospekten, die über ihre Neuveröffentlichungen informierten. Besucht wurden die Läden von Vertretern der Telefunken, die in erster Linie Radios und Fernseher, aber auch Schallplatten verkaufen sollten und Werbematerial verteilten. Zwar hatten die verschiedenen Info-Blätter aus den Hohen Bleichen schon zuvor Capitol-Platten aufgelistet – aber immer unter ferner liefen und zwischen den Telefunken- und DECCA-Aufnahmen, so etwa 1950 in einem achtseitigen Heftchen mit einem Peter-Anders-Bild auf dem Titel. Darin wurden auf den ersten Seiten Peter-Anders-Schellacks beworben, dann Opern und Operetten, Musik „zum Karneval", Märsche und auf der letzten Seite Nat King Coles „Mona Lisa", Stan Kentons „Concerto To End All Concertos" und Jimmy Wakelys „Slipping Around". Die grünweiße „Sonder-Liste 1" von 1953 enthält Langspielplatten (z. B. „Today's Top Hits" Volume I und Volume IV und Paul Whitemans Gershwin-Einspielungen „Rhapsody In Blue"/ „Ein Amerikaner In Paris") und 78er (z. B. „Blackberry Boogie" von Tennessee Ernie Ford, das Duett „False Hearted Girl" mit Ella Mae Morse und „Lady Of Spain" von Les Paul). In Liste 2: „Penthouse Serenade" von Nat King Cole, „History Of Jazz" Teil II (mit Paul Whiteman, Jack Teagarden, Julia Lee und anderen), „Boplicity" von Miles Davis, „Side By Side" von Kay Starr und „High Noon" von Billy May. In Liste 3: „Art Tatum Encores", „History Of Jazz" Teil III und IV, „I'm Walking Behind You" von Frank Sinatra, „I'm Sitting On Top Of The World" von Les Paul und Mary Ford, „Pretend" von Nat King Cole. Ab 1954 waren diese grün-weißen Leporellos bebildert und mit einem Titelfoto versehen.

Die Prospekte geben einen Einblick in die Intervalle der Veröffentlichungen: Durchschnittlich brachten die Hamburger monatlich mindestens zehn 78er beziehungsweise 45er heraus und erfüllten damit die Anforderungen aus Hollywood. Aus der bunten Palette an Angeboten gelangen ihnen auch immer mal Treffer, aber mittlerweile waren in Deutschland auch Brunswick- und LONDON-Platten mit amerikanischer Musik zu haben. Das machte den Markt schwieriger. Nach wie vor wirkten sich immerhin die Bestellungen aus den Ländern positiv aus, die über Telefunken die Capitol-Lizenz auswerten konnten. Doch neue Absatzgebiete waren nicht in Sicht. Bobby Weiss entwickelte dann 1954 eine Idee, die einen Boom für

Capitol bewirken sollte: Er entdeckte die GIs in den amerikanischen Stützpunkten als zusätzliche Zielgruppe. In diesen Enklaven zwischen Bayern und Bremerhaven hatten die amerikanischen Soldaten ihre eigenen Läden, Post Exchange Stores (PX-Läden) genannt, in denen sie einkauften. Weiss verhandelte mit dem Verteidigungsministerium und der PX-Verwaltung und bekam die Genehmigung, seine Platten in den Geschäften zu verkaufen. Die Idee dazu war Weiss gekommen, als er beim AFN vorsprach, um die Lieferung von Transcription Discs mit Capitol-Aufnahmen an den Sender zu verabreden. Mit dem Telefunken-Vertrieb war dann schnell ein Weg zur Versorgung der amerikanischen Läden gefunden. Bei der TELDEC setzte man dafür mit Friedrich Thiele einen eigenen Verantwortlichen ein, der Kontakt zu den Amerikanern hielt. Er organisierte auch den Vertrieb von LONDON- und ab 1956 von RCA-Platten an die PX-Stores. Für Capitol bedeutete das Abkommen nicht nur höhere Stückzahlen, sondern auch eine Erweiterung des Repertoires, denn die GIs hatten viel weiter gefächerte Musikpräferenzen als die europäischen Plattenkäufer, die jetzt aber auch an diese Platten kamen.

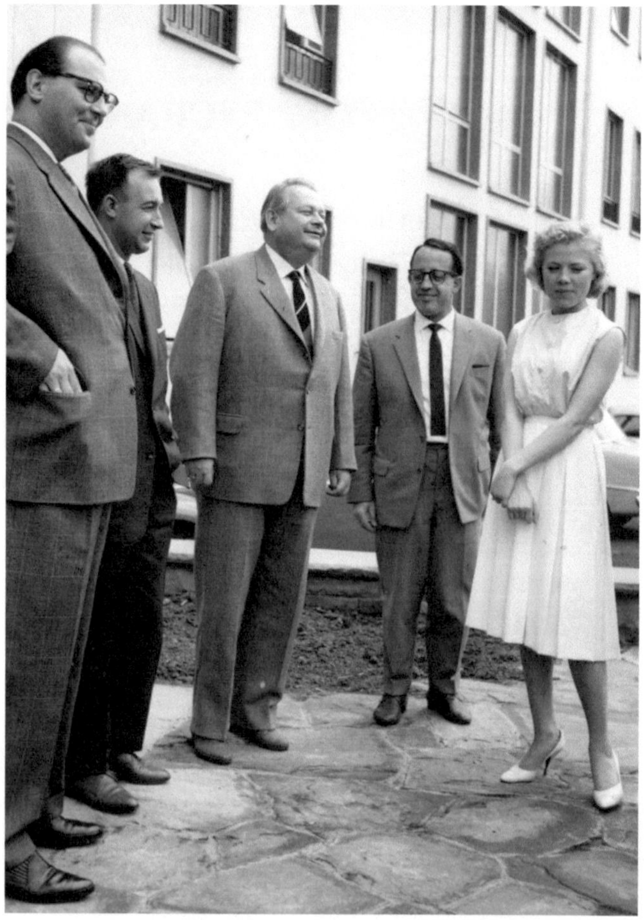

Für die Belieferung der Post Exchange Stores mit Schallplatten war bei der TELDEC Friedrich Thiele zuständig (2. von rechts). Im Foto mit ihm (von links): Firmensprecher Günther Bräunlich, Peter A. Ingwersen, verantwortlich für Capitol, Exportchef Karl-Heinz Richter und Sekretärin Happel

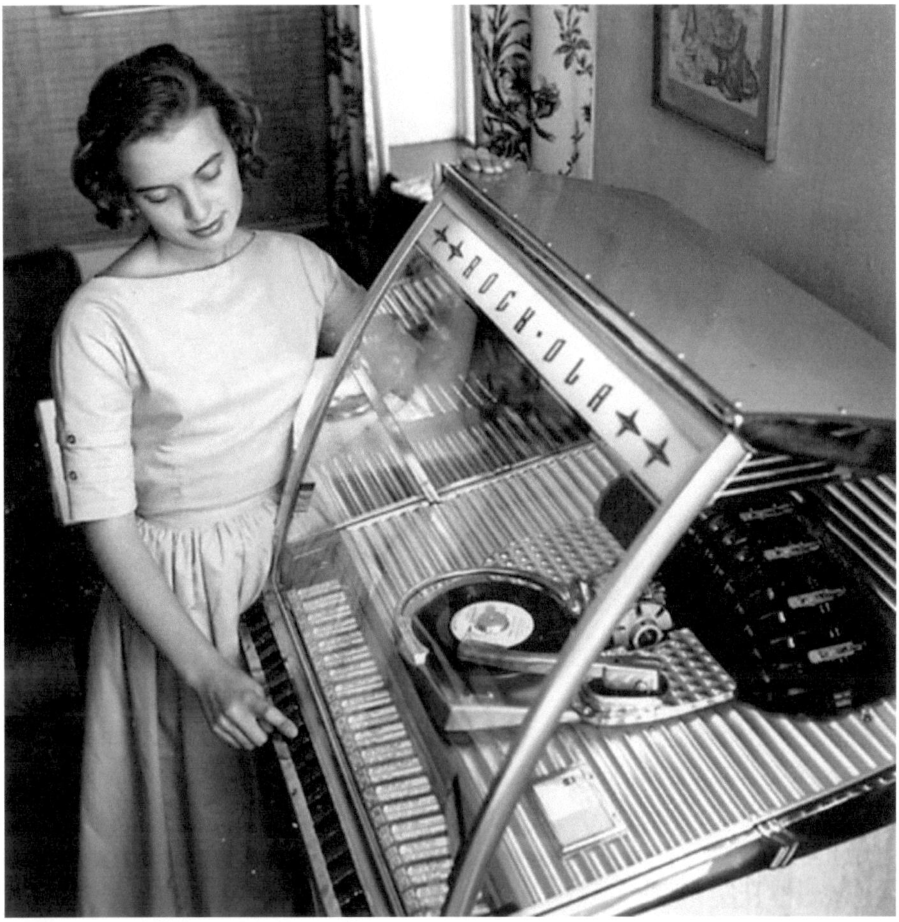

Import aus Amerika: In den 50ern eroberten Jukeboxes die Bundesrepublik

TEIL III

„KLINGENDE POST“: „EINBLICK IN UNSER NEUHEITENLAGER“

Was von der TELDEC für populär gehalten wurde, kann man den Infoplatten „Klingende Post“ entnehmen, die von der Werbeabteilung parallel zu den gleichnamigen Prospekten als „Musterplatte für den Fachhandel“ über die Radiofachhandlungen verteilt wurden. Sie sind ein Tondokument der biederen 50er Jahre. Man bemerkte damals nicht, dass man in einer musikalischen Zeitenwende stand. Zu Beginn 1955 leitete ein Sprecher die 2. Folge der „Klingenden Post“ mit den Worten ein: „Nach dem Motto 'für jeden etwas' haben wir für Sie Ausschnitte aus sechzehn beliebten Schallplatten zusammengestellt. Damit erhalten Sie einen Einblick in un-

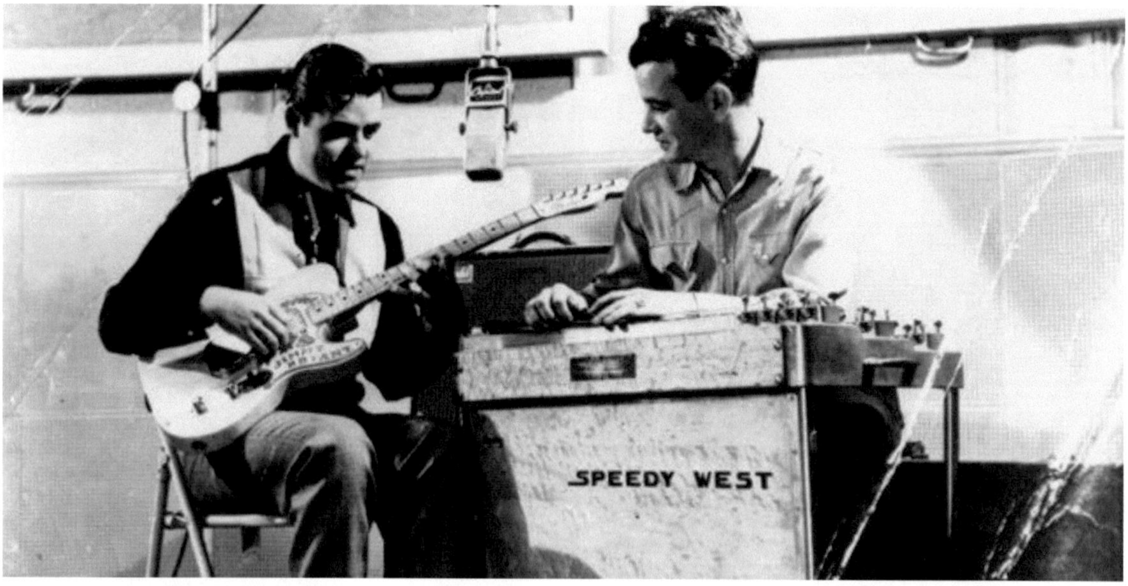

Brilliantes Duo: die Gitarristen Jimmy Bryant (links) und Speedy West

ser Neuheitenlager und können in aller Ruhe Ihre Auswahl treffen." Erster Titel: „Ein Gruß, ein Kuß, ein Blumenstrauß" von Renate Holm. Weitere deutsche Empfehlungen: „Rosel von Tirol", „ein fröhliches Marschlied" – und „der Modetanz in diesem Jahr heißt Mambo". Aber auch ein Capitol-Instrumental wurde für die Single ausgewählt: „West Of Samoa". Kommentar des Sprechers: „Hier ist etwas für Kenner: Speedy West und Jimmy Bryant spielen auf der Gitarre. Diese Platte hat in Amerika bereits Millionen Käufer gefunden." Passend dazu folgte „Du braunes Mädel von Hawaii" – liegt ja irgendwie in der Nähe von Samoa! Stolz meldete „die Schallplatte" im März des Jahres einen Erfolg der Werbeabteilung. Nachdem der AFN zweimal „West Of Samoa" gespielt hatte, war die Platte auch im deutschen Rundfunk angekommen: „Ein neuer Schallplatten-Rekord konnte im Bereich des Bayerischen Rundfunks aufgestellt werden: Bereits nach zweimaliger Sendung einer Platte wurde sie zum Tagesgespräch. Die Telefonanrufe mit Nachfragen nach dieser Platte reißen nicht ab, die Wunschbriefe stapeln sich zu Bergen. Es handelt sich um die neue Capitol-Platte 'West of Samoa' des Gitarren-Duos Speedy West und Jimmy Bryant."

Das brilliante Duo aus Pedal Steel und Fender Stratocaster spielte unter anderem mit Cliffie Stones Orchester, zum Beispiel bei „Oakie Boogie" von Ella Mae Morse, mit Tennessee Ernie Ford beim „Rock City Boogie" sowie bei „Catfish Boogie"/„Kissing Bug Boogie" und nahm zahlreiche Platten auf. Neben „West Of Samoa" erschienen in der Bundesrepublik „Speedin' West" und ihre EPs „2 Guitars Country Style", die auch

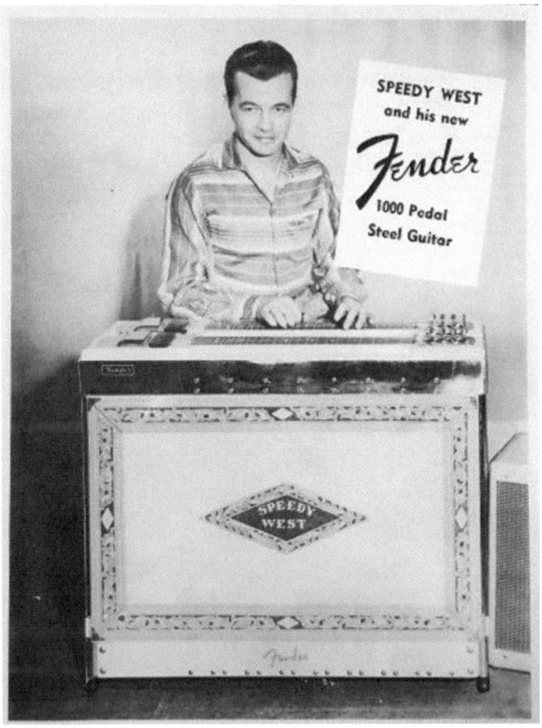

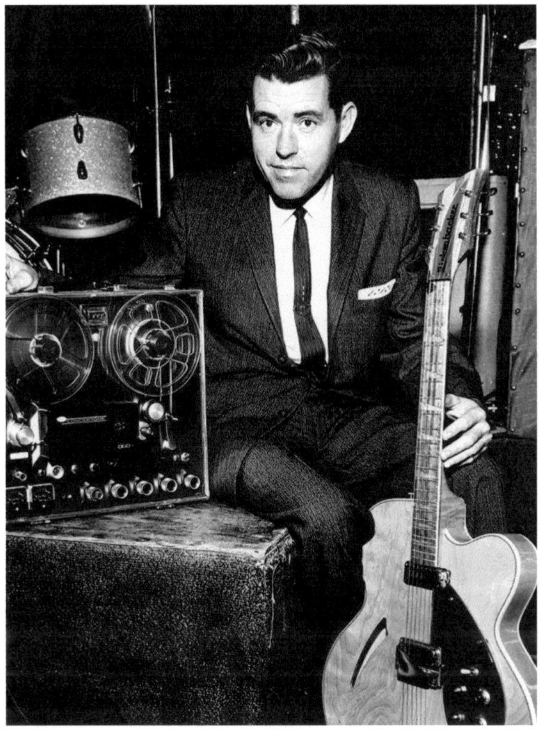

Virtuosen mit Fender-Pedal-Steel und halbakustischer Rickenbacker-Gitarre

NERA in Norwegen und Decca in England herausbrachten. Die beiden Musiker wurden im Nachhinein mit Elogen überschüttet. „Speedy West, the Jimi Hendrix of steel, whose bar crashes and wild swoops created sounds that remain unique decades later“, würdigte Lenny Kaye 1983 den Steelgitarristen in „The History of Rock“. Und das Magazin „Vintage Guitar“ widmete Jimmy Bryant im Mai 2018 einen Artikel mit der Überschrift „Country-Jazz Virtuoso“: „Seine hervorragende Bedeutung wurde bereits eine Dekade, bevor er als 'the fastest guitar in the country' sich unsterblichen Ruhm erwarb, etabliert... Barney Kessel sagte damals: 'He is the fastest and cleanest and has more technique than any other.' Und Chet Atkins teilte diese Ansicht: 'I could never get in his league.'“ Bewunderer Bryants waren auch James Burton und Albert Lee.

Die „Klingende Post“ schenkte ihre Aufmerksamkeit primär deutschsprachigen Musikern. So stellte sie zum Beispiel den Vico-Torriani-Schlager „Mandolino“ vor, eine Les-Paul-Komposition, der ein deutscher Text hinzugefügt worden war: „Bereits ein Millionenerfolg in Amerika dürfte auch bei uns ein großer Schlager werden: Mandolino.“ Dass man Les Pauls Millionenerfolg „Mandolino“ in Nortorf bereits in zwei Single-Versionen gepresst hatte, wurde nicht mal erwähnt. Dafür hatte „die Schallplatte“ im Februar 1955 Paul und Mary Ford

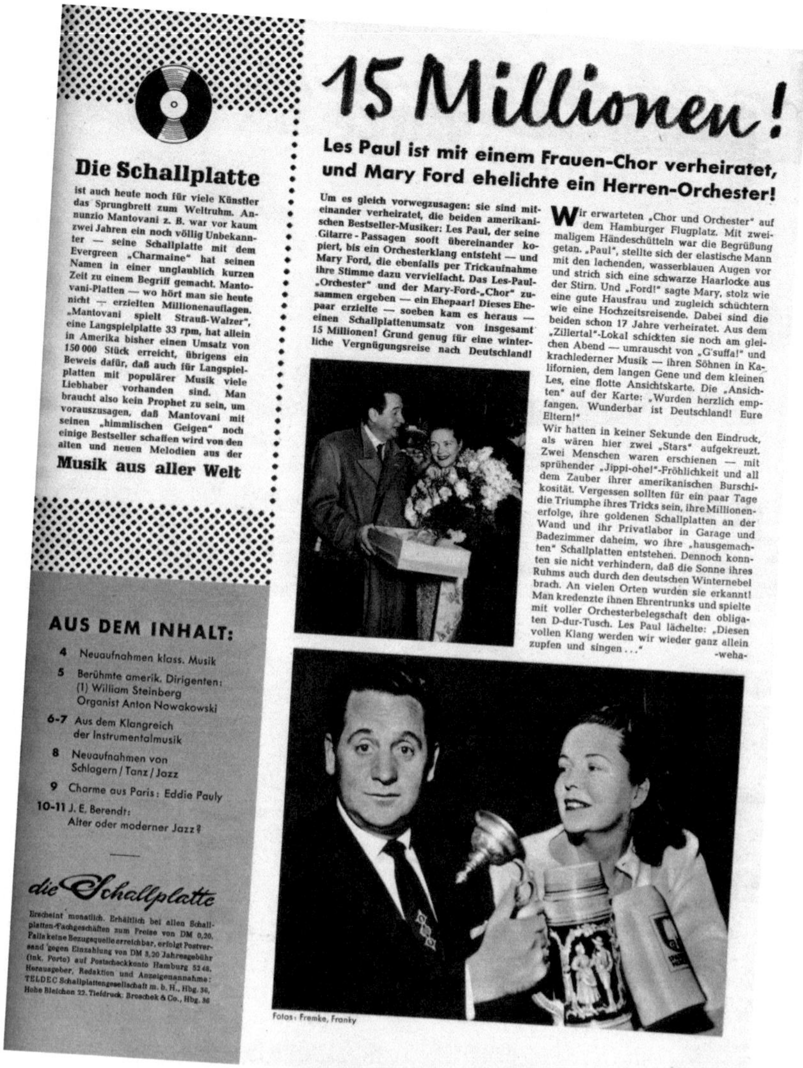

Die Schallplatte

ist auch heute noch für viele Künstler das Sprungbrett zum Weltruhm. Annunzio Mantovani z. B. war vor kaum zwei Jahren ein noch völlig Unbekannter — seine Schallplatte mit dem Evergreen „Charmaine" hat seinen Namen in einer unglaublich kurzen Zeit zu einem Begriff gemacht. Mantovani-Platten — wo hört man sie heute nicht — erzielten Millionenauflagen. „Mantovani spielt Strauß-Walzer", eine Langspielplatte 33 rpm, hat allein in Amerika bisher einen Umsatz von 150 000 Stück erreicht, übrigens ein Beweis dafür, daß auch für Langspielplatten mit populärer Musik viele Liebhaber vorhanden sind. Man braucht also kein Prophet zu sein, um vorauszusagen, daß Mantovani mit seinen „himmlischen Geigen" noch einige Bestseller schaffen wird von den alten und neuen Melodien aus der

Musik aus aller Welt

AUS DEM INHALT:

die Schallplatte

Erscheint monatlich. Erhältlich bei allen Schallplatten-Fachgeschäften zum Preise von DM 0,20. Falls keine Bezugsquelle erreichbar, erfolgt Postversand gegen Einzahlung von DM 3,20 Jahresgebühr (ink. Porto) auf Postscheckkonto Hamburg 5248. Herausgeber, Redaktion und Anzeigenannahme: TELDEC Schallplattengesellschaft m. b. H., Hbg. 36, Hohe Bleichen 22. Tiefdruck: Broschek & Co., Hbg. 36

15 Millionen!

Les Paul ist mit einem Frauen-Chor verheiratet, und Mary Ford ehelichte ein Herren-Orchester!

Um es gleich vorwegzusagen: sie sind miteinander verheiratet, die beiden amerikanischen Bestseller-Musiker: Les Paul, der seine Gitarre-Passagen sooft übereinander kopiert, bis ein Orchesterklang entsteht — und Mary Ford, die ebenfalls per Trickaufnahme ihre Stimme dazu vervielfacht. Das Les-Paul-„Orchester" und der Mary-Ford-„Chor" zusammen ergeben — ein Ehepaar! Dieses Ehepaar erzielte — soeben kam es heraus — einen Schallplattenumsatz von insgesamt 15 Millionen! Grund genug für eine winterliche Vergnügungsreise nach Deutschland!

Wir erwarteten „Chor und Orchester" auf dem Hamburger Flugplatz. Mit zweimaligem Händeschütteln war die Begrüßung getan. „Paul", stellte sich der elastische Mann mit den lachenden, wasserblauen Augen vor und strich sich eine schwarze Haarlocke aus der Stirn. Und „Ford!" sagte Mary, stolz wie eine gute Hausfrau und zugleich schüchtern wie eine Hochzeitsreisende. Dabei sind die beiden schon 17 Jahre verheiratet. Aus dem „Zillertal"-Lokal schickten sie noch am gleichen Abend — umrauscht von „G'suffa!" und krachlederner Musik — ihren Söhnen in Kalifornien, dem langen Gene und dem kleinen Les, eine flotte Ansichtskarte. Die „Ansichten" auf der Karte: „Wurden herzlich empfangen. Wunderbar ist Deutschland! Eure Eltern!"

Wir hatten in keiner Sekunde den Eindruck, als wären hier zwei „Stars" aufgekreuzt. Zwei Menschen waren erschienen — mit sprühender „Jippi-ohe!"-Fröhlichkeit und all dem Zauber ihrer amerikanischen Burschikosität. Vergessen sollten für ein paar Tage die Triumphe ihres Tricks sein, ihre Millionenerfolge, ihre goldenen Schallplatten an der Wand und ihr Privatlabor in Garage und Badezimmer daheim, wo ihre „hausgemachten" Schallplatten entstehen. Dennoch konnten sie nicht verhindern, daß die Sonne ihres Ruhms auch durch den deutschen Winternebel brach. An vielen Orten wurden sie erkannt! Man kredenzte ihnen Ehrentrunks und spielte mit voller Orchesterbelegschaft den obligaten D-dur-Tusch. Les Paul lächelte: „Diesen vollen Klang werden wir wieder ganz allein zupfen und singen ..."

-weha-

Fotos: Fremke, Franky

Besuch auf St. Pauli: Les Paul und Mary Ford stoßen mit Bier-Humpen an

auf einer ganzen Seite gewürdigt. Anlass war „eine winterliche Vergnügungsreise nach Deutschland". Eine Delegation der TELDEC hatte das amerikanische Künstlerehepaar am Flughafen Fuhlsbüttel abgeholt. Dann verschleppte sie die beiden in eine tirolerisch gestaltete Kneipe auf St. Pauli. „die Schallplatte" über den Besuch in der Oktoberfest-Atmosphäre: „Aus dem 'Zillertal'-Lokal schickten sie noch am gleichen Abend – umrauscht von 'G'suffa!' und krachlederner Musik – ihren Söhnen in Kalifornien... eine flotte Ansichtskarte." Ihre aktuelle Single „Mandolino"/ „Whither Thou Goest" hatte laut TELDEC „sehr wohl die Chance, ein ganz großer Schlager zu werden". In Wirklichkeit ging die erfolgreiche Phase für Les Paul und Mary Ford aber nach „Hummingbird", das später im Jahr in den USA Platz 7 in den Charts schaffte, allmählich zu Ende. „Mister Sandman", heute einer ihrer populärsten Titel, wurde weder in den USA noch in England in den Charts notiert. In Nortorf wurden weiterhin LPs, EPs und Singles des Paares gepresst. Von den hauptsächlich aus Skandinavien und von den PX-Läden georderten EPs waren 1955 allein sechs Angebote mit dem Musikerpaar in den deutschen Katalogen gelistet. Mit dem Besuch der Beiden wurde nicht nur deutlich, wie populär die amerikanischen Stars mittlerweile waren („An vielen Orten wurden sie erkannt!“). Es verband sich damit auch eine kuriose Begegnung. „Fast unglaublich“ titelte „die Schallplatte“. Auf einer Taxifahrt in Frankfurt begegnete Les Paul einem entfernten Verwandten. Er wusste,

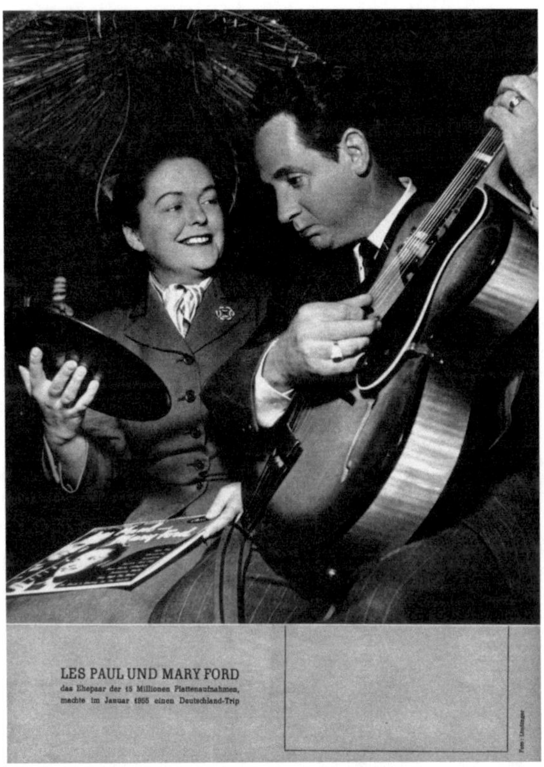

PR-Foto mit LP „The Hitmakers“

dass seine Eltern aus Frankfurt stammten, hatte aber bisher vergeblich Ahnenforschung betrieben. Als Paul die Quittung mit dem Namen des Taxifahrers in den Händen hielt, „erstarrte“ er. Der Chauffeur war ein Vetter.

An guten Nachrichten mangelte es jetzt nicht für Paul. Seine „Gibson Les Paul“-Gitarre, die er 1951 für den US-Gitarrenbauer entwickelt hatte, wurde von vielen Jazz-Musikern gepriesen, und auch Rock ’n’ Roll-Musiker wie Buddy Holly und Franny Beecher von Bill Haleys Comets besorgten sich das begehrte Instrument. In der Rock-Geschichte gehörte die E-Gitarre zur Grundausrüstung: Von Chuck Berry bis Jimmy Page, von John Lee Hooker bis John Fogerty, von Muddy Waters bis Eric Clapon reicht die Liste der Fans der „Gibson Les Paul“. Die TELDEC konnte eine akzeptable Bilanz an Paul-Ford-Plattenverkäufen vorweisen. In der deutschen Musikzeitschrift „vierViertel“ war Les Paul den Lesern als Trickgitarrist vorgestellt worden. Für die Radiofachhandlungen hatte die Hamburger Werbeabteilung ein Poster in Form einer Schallplatte gestaltet, auf dem Les Paul abgebildet war und seine Single „Mandolino“ beworben wurde. Diese Spezialwerbung hatte sie bis dahin nur Bill Haley und Pat Boone zuteil werden lassen. Die US-Zeitschrift „Variety“ meldete außerdem, die erfolgreichsten amerikanischen Platten in deutschen Musikboxen seien „I Love Paris“ von Les Baxter und „Vaya Con Dios“ von Les Paul und Mary Ford. Die Jukeboxes stellten jetzt eine bedeutende Absatzmöglichkeit für die Musikindustrie

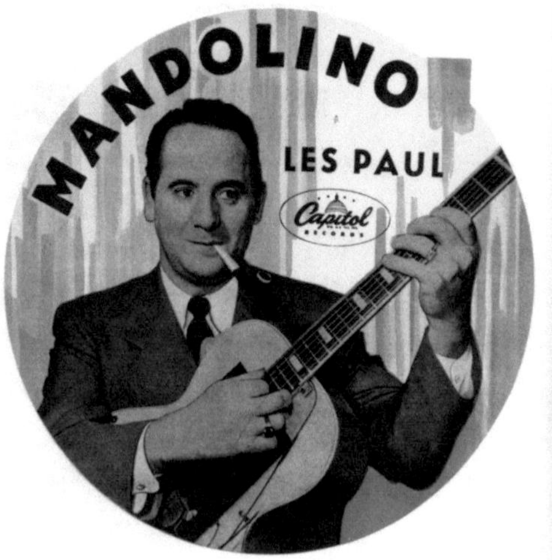

Werbung für die aktuelle Single

dar. Schon 1952 hatte der „Spiegel“ festgestellt: „Die Deutschen waren ganz verrückt nach den Jukeboxen: jenen tönenden Wunderwerken, die optisch zwischen Zapfsäule, Cadillac und Raumschiff changierten.“ Und sogar 2014 rekapitulierte das Nachrichtenmagazin noch: „Standen 1953 noch 348 US-Geräte in deutschen Lokalen, schnellte ihre Zahl 1957 auf 12.000.“ Das Fachblatt für Automaten-Aufsteller, „Automaten-Markt“, hatte 1954 die aktuelle Entwicklung im Blick: „Hätten Sie das gedacht, daß seit Anfang dieses Jahres ein ununterbrochener und ständig anschwellender Strom von dänischen und amerikanischen Geräten hereinfließen würde? Seien Sie ehrlich, sagen Sie ’nein’. Und dann lassen Sie sich sagen, daß in Deutschland j e t z t über 1000 Musikboxen stehen.“ Optimistisch prognostizierte „die Schallplatte“ im Mai desselben Jahres: „Bald sind es schon 2000 Cafés und Gaststätten in Deutschland, die so einen ’Superplattenspieler’ aufgestellt haben.“ Da die Mindestauflagen der TELDEC für Singles damals 300 Stück betrug, lässt sich erahnen, wie wichtig die Jukeboxes für den Erfolg einer Aufnahme sein konnten. Für Capitol bewarb die Firma in einer Anzeige beim „Automaten-Markt“ mehrere Instrumentals – von Clyde McCoy („Der Schluckauf-Trompeter“) den „St. Louis Blues“, den „Sugar Blues Boogie“ und den „Sugar Blues“ sowie von Ray Anthony „O My Papa“ und von Joe Fingers Carr „Istanbul“. Der Musikautomat registrierte „unbestechlich mittels eines ’Popularitätsmessers’, wie oft jedes Stück verlangt wurde“ („die Schallplatte“). So konnte auch die Popularität von Les Paul und Les Baxter ermittelt werden.

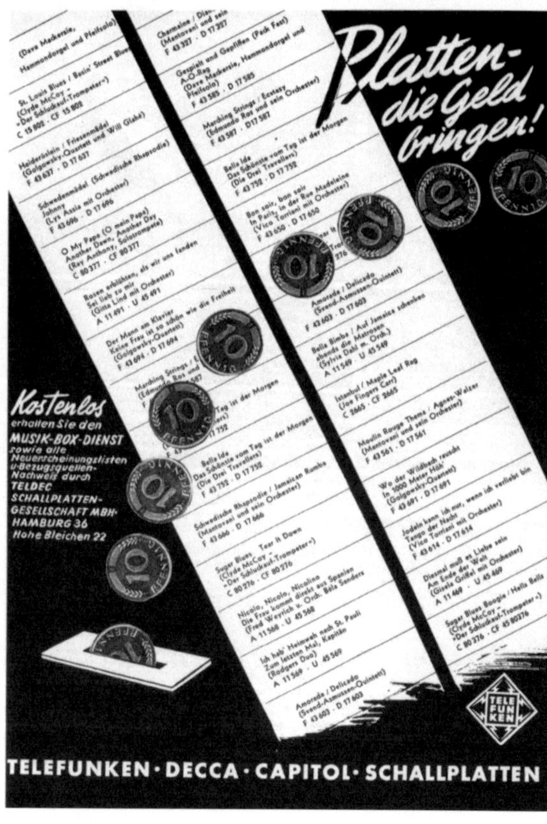

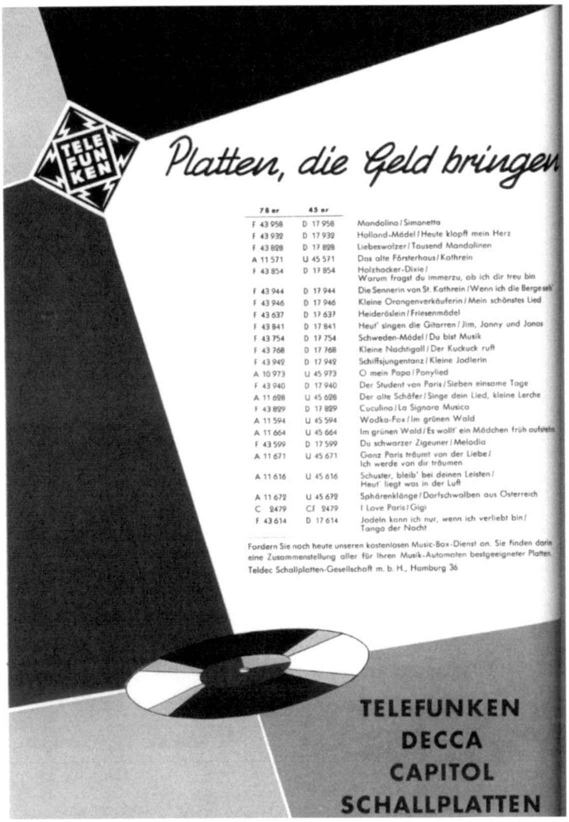

„Automaten-Markt"-Anzeige mit Capitol-Neuerscheinungen

Bei Les Baxter (1922 - 1996) handelt es sich um einen Orchesterleiter, der sich zunächst nach Auftritten als Saxophonist in Freddie Slacks Band als Sänger versucht hatte. Für Capitol begann er als Arrangeur und Dirigent und leitete das Orchester bei Nat King Coles „Mona Lisa" und „Too Young". Seine eigenen Platten wechselten zwischen Exotik und Easy Listening. In der Bundesrepublik erschienen neben der LP „Thinking Of You" (1954) mehrere Singles wie Cole Porters „I Love Paris", „The High And Mighty" und „The Poor People Of Paris". Schon früh spezialisierte er sich auf Filmmelodien („Ruby", „I Love Paris", „The High And Mighty", „Unchained Melody"), die er in den 60er Jahren auch erfolgreich komponierte. Dabei blieb er in der Bundesrepublik ein Unbekannter. Anlässlich der Single „I'll Never Stop Loving You"/„Wake The Town And Tell The People" schrieb „die Schallplatte" (10/55) den nichts sagenden Text: „Hut ab vor Les Baxter! Nun hat er es doch wirklich geschafft, innerhalb ganz kurzer Zeit den zweiten, ganz großen Schlager zu landen. Auf Unchained Melody folgen jetzt diese beiden langsamen und getragenen Melodien, die sich in den Hit-Paraden-Listen in aller Welt bemerkbar machen. Die gepflegte Darbietung entspricht übrigens in jeder Hinsicht unserem deutschen Geschmack."

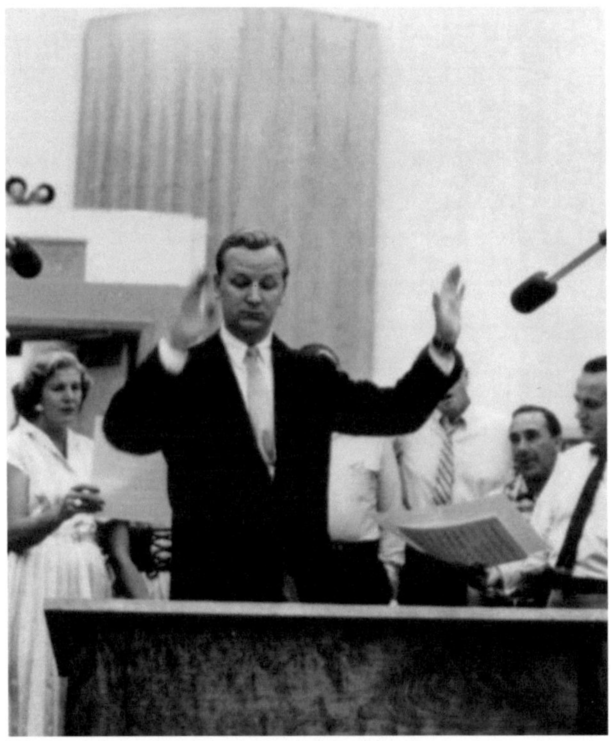

Les Baxter dirigiert

Und nicht nur dem deutschen. Seine Platten wurden europaweit angeboten – von Deutschland bis zur Schweiz, von Holland bis Norwegen. Die norwegische Firma NERA hatte 1954 bislang nur Schellacks von Baxter und anderen gepresst. Die Anfänge mit dem neuen Material aus Vinyl gestalteten sich schwierig für sie. Die Capitol-Zentrale hatte ein Label-Muster für LPs nach Oslo geschickt, auf dem das Gütesiegel FDS gezeigt wurde. FDS stand für „Full Dimensional Sound“ und sollte auf eine besondere Qualität der Aufnahme aufmerksam machen. Aber an Qualität war bei den Pressungen aus Fredrikstad nicht zu denken. Viele Platten hatten Blasen oder Wellen, die Labels waren oft nicht zentriert. Deshalb nahm Eilif Meyer Kontakt mit der TELDEC in Nortorf auf, um sich Rat zu holen. Dort hatte man die Kinderkrankheiten mit dem Vinyl längst überwunden. Meyer kam bei einem Besuch in Nortorf zu der Erkenntnis, dass er personelle Unterstützung brauchte. Das war die Stunde von Helmut Rode. Rode konnte Englisch, das er als Kriegsgefangener der Amerikaner in Süddeutschland gelernt hatte, und das Schallplatten-Pressen beherrschte er aus dem Effeff. Eilif Meyer hatte einen guten Eindruck von ihm gewonnen und lud ihn nach Norwegen ein.

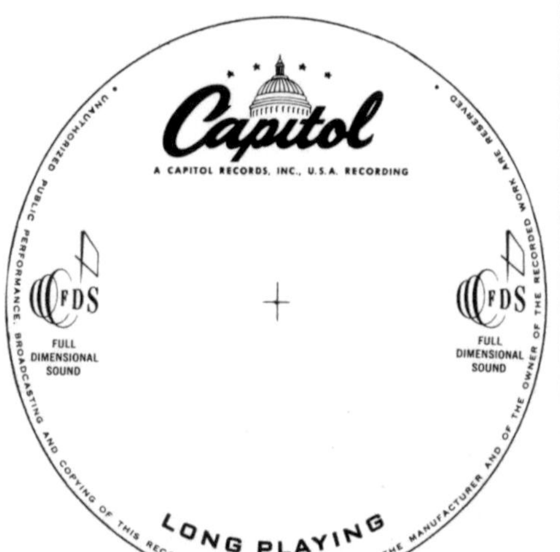

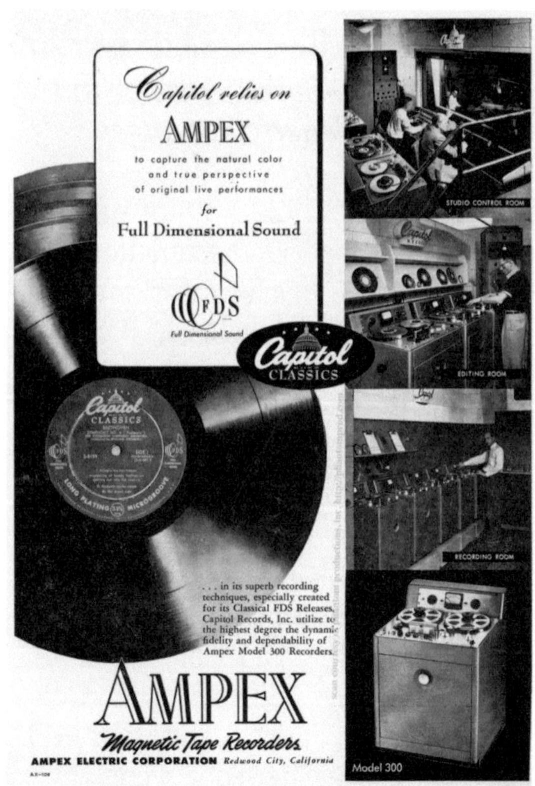

Label-Muster und Werbung für den „Full Dimensional Sound"

PRAKTISCHE HILFE AUS NORTORF

Am 13. März 1955 traf Rode in Fredrikstad ein. In der Fabrik standen fünf bis sechs Pressen, die von zehn Arbeitern bedient wurden. Er erkannte schnell, wo die Probleme lagen: „Die Maschinen waren alt und wurden noch von Hand bedient. Auch wussten die Arbeiter nicht richtig damit umzugehen. Die Qualität der Platten war dementsprechend schlecht – mit Blasen im Vinyl. Die Norweger wussten nicht, dass die Matrizen gereinigt werden mussten, und sie hatten keine Ahnung davon, dass die Masse die korrekte Temperatur haben musste." Seine Mission war heikel, da er den norwegischen Arbeitern, die die deutsche Besatzung noch sehr gut in Erinnerung hatten, als unerwünschter Besserwisser vorkommen musste. Vier Wochen lang gab er in Fredrikstad Unterricht zum kleinen Abc der Schallplattenherstellung. Dabei musste er anfängliches Misstrauen und verständliche Ablehnung gegen den Deutschen überwinden, erledigte den Job aber zur vollen Zufriedenheit Meyers. Der wollte ihn dabehalten und lud ihn sogar zu einem Essen mit dem Handelsminister nach Oslo ein. Aber Rode zog es wieder zurück nach Schleswig-Holstein. Deshalb schlug er auch ein Angebot aus, für Sixten Erikssons Fabrik in Schweden zu arbeiten. Eilif Meyer verkaufte die Pressfabrik zum Ende 1955 an die Norsk Grammofonkompani AS (NGK), wo seine Platten weiterhin gepresst wurden.

In Nortorf gab es mittlerweile Veränderungen in der Single-Produktion. Das alte feste Vinyl-Mittelstück hatte ausgedient. Die Konkurrenz bei der DGG hatte sich schon zuvor davon verabschiedet. Für die TELDEC hatte die AEG in Kassel ein wiedereinsetzbares Mittelstück aus dem Biokunststoff Celluloseacetat (Markenname: Trolit) entwickelt. Dieses Triangle (kurz: Tri) sollte wiedereinsetzbar sein, was in der Praxis nicht immer gelang. Es war silbern wie auch bei den DECCA- und Telefunken-Singles, später 1955 kamen goldfarbene Tris für LONDON-Singles hinzu. Parallel dazu wurden neue Hüllen für die Capitol-Singles eingeführt: grün und weiß mit dem Label-Logo und dem Hinweis „45 U/min". Der Firmenname Telefunken tauchte darauf nicht mehr auf. Für die Schellackplatten hatte es bislang unterschiedliche Hüllen gegeben, die zum Teil illustriert waren, zum Beispiel mit Fotos von Stan Kenton, Jo Stafford oder Miles Davis. Auch die 78er-Hüllen bekamen jetzt das grün-weiße Design verpasst, das der Farbgebung der TELDEC-Capitol-Leporellos entsprach.

AIRPLAY BEIM AFN

Deutschland war nach wie vor das Hauptabsatzgebiet für Capitol. Dazu trugen auch die PX-Läden bei. Aber Bobby Weiss vermisste Airplay für seine Platten. Er wusste aus Amerika, dass Rundfunksendungen für den Erfolg seiner Firma essentiell notwendig waren. Aus den USA kannte er es, dass Nat King Cole und Dean Martin, Jo Stafford und Kay Starr regelmäßig im Radio gespielt wurden. In deutschen Sendern war statt dessen Funkstille, was die jenseits des Atlantik berühmten Künstler anging. Er konnte ja auch nicht, wie Glenn Wallichs es gemacht hatte, einfach mit einem Stapel Platten unter dem Arm bei den Sendern auftauchen. Wo die Egerländer und Vico Torriani, Lys Assia und Renate Holm auf dem Programm standen, hätte man im günstigsten Fall Unverständnis für sein Anliegen gehabt. Bei Chris Howland hätte er zwar Interesse geweckt, aber der Engländer, der seit 1954 beim NWDR in Köln immer mittwochs seine „Spielereien mit Schallplatten" moderierte, besorgte sich die Platten dafür beim BFN. Blieb noch der AFN. Der brachte immerhin auch mal Tennessee Ernie Ford oder Tex Ritter für die Country-Fans unter den GIs. Etwas mehr hätte es für den Geschmack des Capitol-Managers aber schon sein können. Da er mit den PX-Läden erfolgreich gewesen war, sprach Weiss jetzt auch noch einmal beim AFN vor. Bei insgesamt acht Stationen des Soldatensenders auf deutschem Boden war die Idee für ihn verlockend, dort eine Extra-Sendung für Capitol zu erreichen. Das würde auch einen Vorteil gegenüber anderen Labels bedeuten. Man einigte sich auf eine halbe Stunde im AFN mit dem Titel „Music Views from Hollywood" jeden Sonnabend um 22 Uhr. Bobby Weiss versprach, „berühmte Interpreten auf Capitol-Schallplatten" zur Verfügung zu stellen. Und Capitol-Künstler sagten abwechselnd für den AFN die Titel an. Das waren im Juli 1955 Les Paul und Mary Ford, Stan Freberg, Ray Anthony, Billy May und die Four Knights. „Diese Sendungen werden in Hollywood von Capitol-Künstlern auf Band aufgenommen", berichtete „die Schallplatte". „Als Ansager wirken abwechselnd Frank Sinatra, Duke Ellington, Woody Herman." Auch Transcription-LPs von Capitol kamen beim AFN an, zum Beispiel von Les Paul und Mary Ford mit „Mandolino", „How High The Moon" und anderen Titeln des Paars sowie einer Parodie ihres „The World Is Waiting For The Sunrise" von Stan Freberg. Im September 1955 wurde die AFN-Sendung von dem günstigen Wochenendtermin auf 23.30 bis 24 Uhr am Mittwoch verschoben.

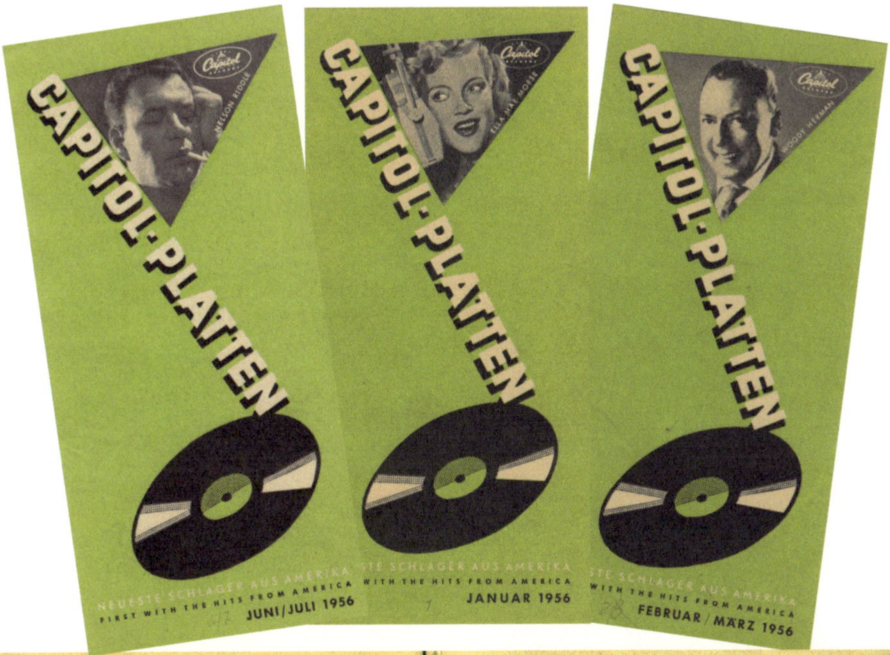

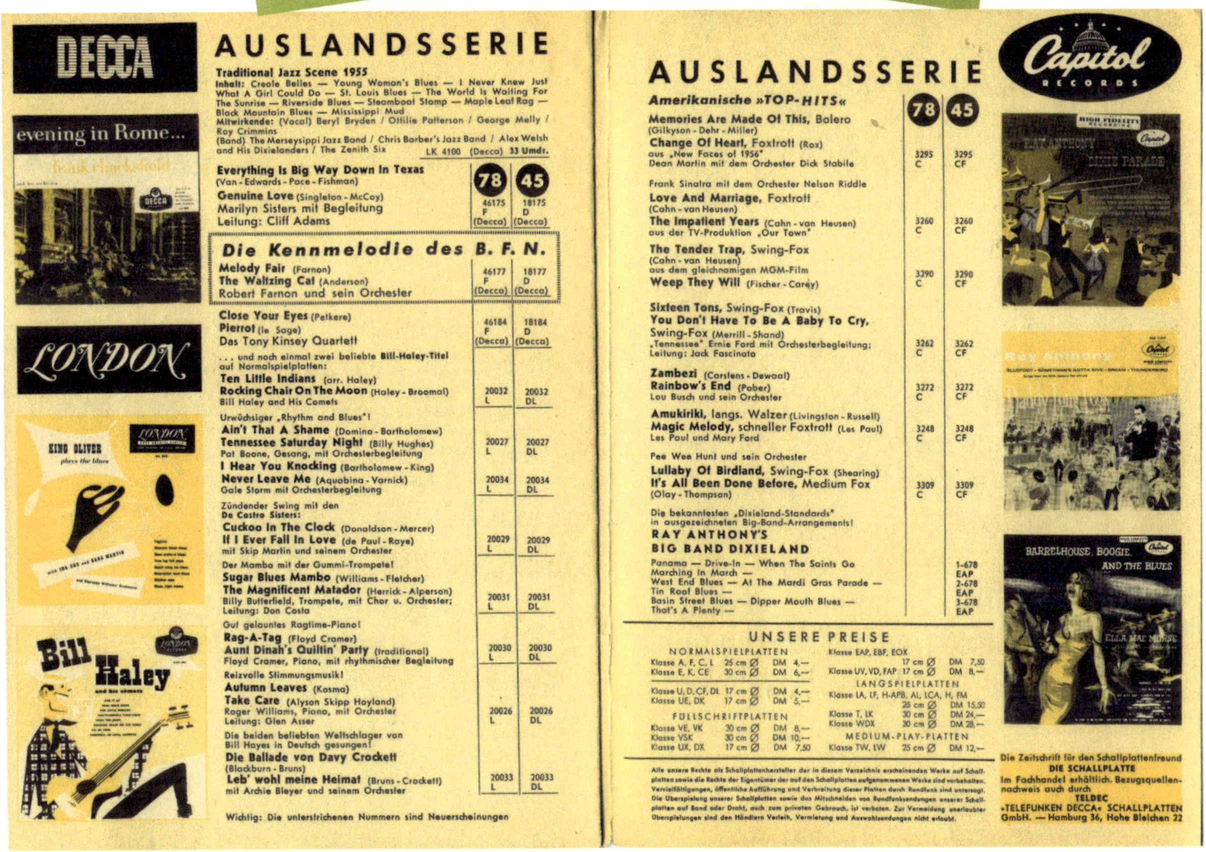

DECCA

LONDON

AUSLANDSSERIE

Traditional Jazz Scene 1955
Inhalt: Creole Belles — Young Woman's Blues — I Never Knew Just What A Girl Could Do — St. Louis Blues — The World Is Waiting For The Sunrise — Riverside Blues — Steamboat Stomp — Maple Leaf Rag — Black Mountain Blues — Mississippi Mud
Mitwirkende: (Vocal) Beryl Bryden / Ottilie Patterson / George Melly / Roy Crimmins
(Band) The Merseysippi Jazz Band / Chris Barber's Jazz Band / Alex Welsh and His Dixielanders / The Zenith Six — LK 4100 (Decca) 33 Umdr.

	78	45
Everything Is Big Way Down In Texas (Van-Edwards-Pace-Fishman) **Genuine Love** (Singleton-McCoy) Marilyn Sisters mit Begleitung Leitung: Cliff Adams	46175 F (Decca)	18175 D (Decca)
Die Kennmelodie des B. F. N. **Melody Fair** (Farnon) **The Waltzing Cat** (Anderson) Robert Farnon und sein Orchester	46177 F (Decca)	18177 D (Decca)
Close Your Eyes (Pelkere) **Pierrot** (le Sage) Das Tony Kinsey Quartett	46184 F (Decca)	18184 D (Decca)
... und noch einmal zwei beliebte **Bill-Haley-Titel** auf Normalspielplatten: **Ten Little Indians** (arr. Haley) **Rocking Chair On The Moon** (Haley-Broomal) Bill Haley and His Comets	20032 L	20032 DL
Urwüchsiger „Rhythm and Blues"! **Ain't That A Shame** (Domino-Bartholomew) **Tennessee Saturday Night** (Billy Hughes) Pat Boone, Gesang, mit Orchesterbegleitung	20027 L	20027 DL
I Hear You Knocking (Bartholomew-King) **Never Leave Me** (Aquabina-Varnick) Gale Storm mit Orchesterbegleitung	20034 L	20034 DL
Zündender Swing mit den **De Castro Sisters:** **Cuckoo In The Clock** (Donaldson-Mercer) **If I Ever Fall In Love** (de Paul-Raye) mit Skip Martin und seinem Orchester	20029 L	20029 DL
Der Mambo mit der Gummi-Trompete! **Sugar Blues Mambo** (Williams-Fletcher) **The Magnificent Matador** (Herrick-Alperson) Billy Butterfield, Trompete, mit Chor u. Orchester; Leitung: Don Costa	20031 L	20031 DL
Gut gelauntes Ragtime-Piano! **Rag-A-Tag** (Floyd Cramer) **Aunt Dinah's Quiltin' Party** (traditional) Floyd Cramer, Piano, mit rhythmischer Begleitung	20030 L	20030 DL
Reizvolle Stimmungsmusik! **Autumn Leaves** (Kosma) **Take Care** (Alyson Skipp Hoyland) Roger Williams, Piano, mit Orchester Leitung: Glen Asser	20026 L	20026 DL
Die beiden beliebten Weltschlager von Bill Hayes in Deutsch gesungen! **Die Ballade von Davy Crockett** (Blackburn-Bruns) **Leb' wohl meine Heimat** (Bruns-Crockett) mit Archie Bleyer und seinem Orchester	20033 L	20033 DL

Wichtig: Die unterstrichenen Nummern sind Neuerscheinungen

Capitol RECORDS

AUSLANDSSERIE

Amerikanische »TOP-HITS«	78	45
Memories Are Made Of This, Bolero (Gilkyson-Dehr-Miller) **Change Of Heart,** Foxtrott (Rox) aus „New Faces of 1956" Dean Martin mit dem Orchester Dick Stabile	3295 C	3295 CF
Frank Sinatra mit dem Orchester Nelson Riddle **Love And Marriage,** Foxtrott (Cahn-van Heusen) **The Impatient Years** (Cahn-van Heusen) aus der TV-Produktion „Our Town"	3260 C	3260 CF
The Tender Trap, Swing-Fox (Cahn-van Heusen) aus dem gleichnamigen MGM-Film **Weep They Will** (Fischer-Carey)	3290 C	3290 CF
Sixteen Tons, Swing-Fox (Travis) **You Don't Have To Be A Baby To Cry,** Swing-Fox (Merrill-Shand) „Tennessee" Ernie Ford mit Orchesterbegleitung; Leitung: Jack Fascinato	3262 C	3262 CF
Zambezi (Carstens-Dewaal) **Rainbow's End** (Pober) Lou Busch und sein Orchester	3272 C	3272 CF
Amukiriki, langs. Walzer (Livingston-Russell) **Magic Melody,** schneller Foxtrott (Les Paul) Les Paul und Mary Ford	3248 C	3248 CF
Pee Wee Hunt und sein Orchester **Lullaby Of Birdland,** Swing-Fox (Shearing) **It's All Been Done Before,** Medium Fox (Olay-Thompson)	3309 C	3309 CF
Die bekanntesten „Dixieland-Standards" in ausgezeichneten Big-Band-Arrangements! **RAY ANTHONY'S BIG BAND DIXIELAND** Panama — Drive-In — When The Saints Go Marching In March — West End Blues — At The Mardi Gras Parade — Tin Roof Blues — Basin Street Blues — Dipper Mouth Blues — That's A Plenty —		1-678 EAP 2-678 EAP 3-678 EAP

UNSERE PREISE

NORMALSPIELPLATTEN

Klasse A, F, C, L	25 cm Ø	DM 4,—
Klasse E, K, CE	30 cm Ø	DM 6,—
Klasse U, D, CF, DL	17 cm Ø	DM 4,—
Klasse UE, DK	17 cm Ø	DM 5,—

FÜLLSCHRIFTPLATTEN

Klasse VE, VK	30 cm Ø	DM 8,—
Klasse VSK	30 cm Ø	DM 10,—
Klasse UX, DX	17 cm Ø	DM 7,50
Klasse EAP, EBF, EOX	17 cm Ø	DM 7,50
Klasse UV, VD, FAP	17 cm Ø	DM 8,—

LANGSPIELPLATTEN

Klasse LA, LF, H-APB, AL, LCA, H, FM	25 cm Ø	DM 15,50
Klasse T, LK	30 cm Ø	DM 24,—
Klasse WDX	30 cm Ø	DM 28,—

MEDIUM-PLAY-PLATTEN

Klasse TW, LW	25 cm Ø	DM 12,—

Alle unsere Rechte als Schallplattenhersteller der in diesem Verzeichnis erscheinenden Werke auf Schallplatten sowie die Rechte der Eigentümer der auf den Schallplatten aufgenommenen Werke sind vorbehalten. Vervielfältigungen, öffentliche Aufführung und Verbreitung dieser Platten durch Rundfunk sind untersagt. Die Überspielung unserer Schallplatten sowie das Mitschneiden von Rundfunksendungen unserer Schallplatten auf Band oder Draht, auch zum privaten Gebrauch, ist verboten. Zur Vermeidung unerlaubter Überspielungen sind den Händlern Verleih, Vermietung und Auswahlsendungen nicht erlaubt.

Die Zeitschrift für den Schallplattenfreund
DIE SCHALLPLATTE
Im Fachhandel erhältlich. Bezugsquellennachweis auch durch
TELDEC
»TELEFUNKEN DECCA« SCHALLPLATTEN GmbH. — Hamburg 36, Hohe Bleichen 22

Neue Capitol-Platten wurden regelmäßig in Prospekten für den Fachhandel vorgestellt (Mitte: „Klingende Post"). Pressungen für die PX-Stores bekamen von den Amerikanern einen Preisstempel (unten)

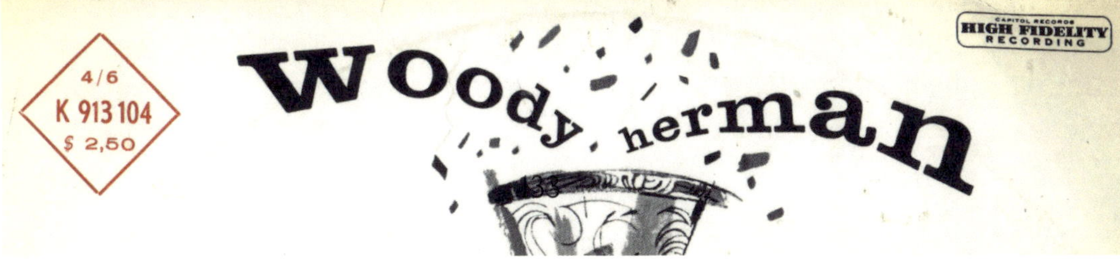

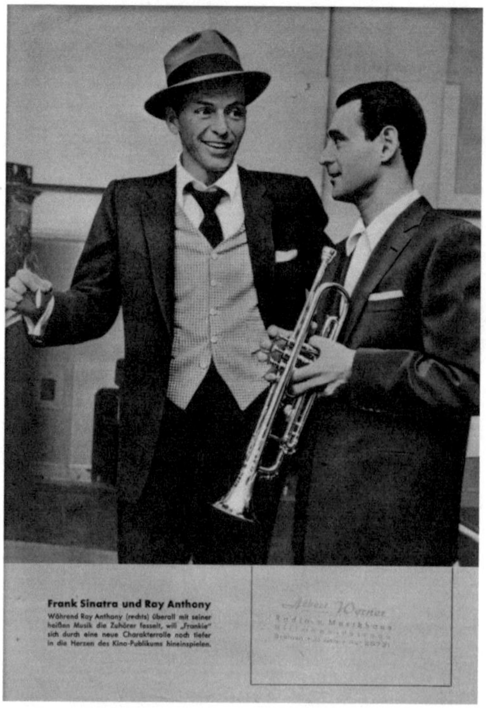

Frank Sinatra und Ray Anthony hatten mit „Melody Of Love“ wenig Glück

In einer kurzen Notiz informierte „die Schallplatte“ ihre Leser von der Programmänderung beim AFN. Für die deutschen Jugendlichen, die den Sender der Besatzer – in vielen Fällen ohnehin nur heimlich gegen den Willen der Eltern – hören konnten, stellte die späte Uhrzeit jetzt eine Hürde dar. Musik, die vom AFN über die Mittelwelle in den Äther geschickt wurde, strahlten gleichzeitig auch die Radios in den USA aus, und sie entsprach den Notierungen in den amerikanischen Charts: „Unchained Melody“ von Les Baxter, „Ballad Of Davy Crockett“ von Tennessee Ernie Ford, „Learning The Blues“ von Frank Sinatra und „A Blossom Fell“ von Nat King Cole. „die Schallplatte“ widmete sich Cole („Mit unverwechselbarer kehliger Stimme und der hohen Vortragskunst gerade in langsamen Stücken singt er 'A Blossom Fell'“) sowie Sinatra („Die eingängige Melodie, ein leichtverständlicher, dabei ausgesprochen künstlerischer Text und vor allem Franks hinreißende, feinnuancierte Interpretation... So müssen Schlager gesungen werden!“) mit ein paar Zeilen. Durch „Learning The Blues“ lernte man in Deutschland, dass Blues nicht nur die Bezeichnung für einen Musikstil war, sondern eine Stimmung beschreiben konnte. Der Song handelt von der Einsamkeit des verlassenen Liebhabers, der als Letzter die Bar verlässt, weil er sich davor fürchtet, allein zu Hause zu sein. Bevor Frank Sinatra mit dem swingenden „Learning The Blues“ zu der bewährten Zusammenarbeit mit Nelson Riddle zurückgekehrt war, hatte er Ausflüge zu „Big Dave“ Cavanaugh („Two Hearts, Two Kisses“) und Ray Anthony („Melody Of Love“) als Produzenten gemacht. Bei „Melody Of Love“ handelte es sich tatsächlich um einen Schlager, den Billy Vaughn in einer Instrumentalversion Ende 1954 aufgenommen hatte und in die Top 10 der „Billboard“-Charts gepusht hatte. Die alte Melodie stammte von dem Deutschen Hans Engelmann (1872 - 1914), der aus Berlin nach Philadelphia emigriert war. Anders als Billy Vaughn hatten Sinatra und Anthony damit keinen großen Erfolg.

„Big Dave“ Cavanaughs kreative Begleitung von Fank Sinatra endete erst einmal, bevor er dann 1958 „Come Dance With Me“ und 1961 „Sinatra's

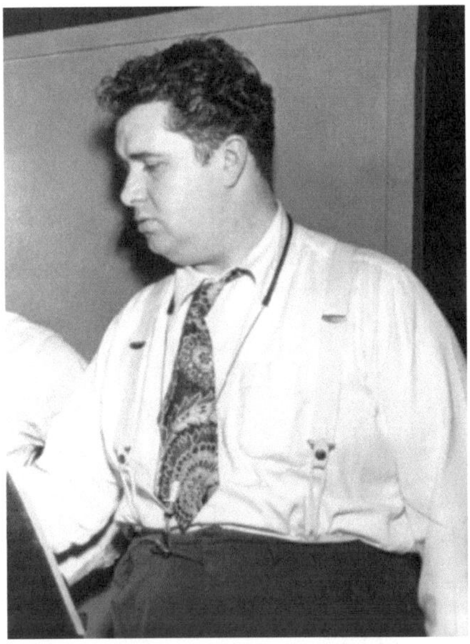

Vielseitiges Talent: „Big Dave“ Cavanaugh

Swingin' Session !!!“ für Capitol produzierte. Für erstere erhielt er 1959 einen Grammy. Als Orchesterleiter hatte Cavanaugh bei dem Label, bei dem er als A&R-Mann arbeitete und dessen Präsident er später wurde, eher im Hintergrund gestanden. Der Tenorsaxophonspieler brachte auch eigene Platten heraus. In der Bundesrepublik war er mit „Loosely With Feeling“/„The Cat from Coos Bay“ vertreten. „die Schallplatte“ war „gepackt von der Vitalität dieser Musik“ und hob ein „rauhes 'pechschwarz' klingendes Tenorsaxophon“ hervor. Musikalisch ordnete das Blatt „die neue amerikanische Band“ bei „Harlem Jump“ und „Rhythm And Blues“ ein. Tatsächlich versuchte Cavanaugh, sich an den aufkommenden Rock 'n' Roll anzuhängen. So spielte Big Daves Orchestra auf „Arthur Murray Rock 'n' Roll“ das aktuelle „Shake Rattle And Roll“ von Big Joe Turner, und bei Big Daves „Rock And Roll Party“ nahm der Bandleader den Discjockey Alan Freed mit in sein Copyright hinein, der sich so für das Auflegen von Platten bezahlen ließ.

1954 engagierte Capitol zwei Produzenten, die später im Rock 'n' Roll vor allem bei Elvis Presley eine große Rolle spielten: Jerry Leiber und Mike Stoller. Ihr für die Cheers selbstgeschriebenes „Bazoom“ wurde ihr erster Pop-Hit einer weißen Gruppe. Unter die Top-10 kam ein Jahr später „Black Denim Trousers And Motorcycle Boots“ mit den Cheers (siehe unten). Damit hatten Leiber und Stoller den ersten Motorrad-Song kreiert, ein Thema, das aus der Rock-Musik nicht mehr wegzudenken ist.

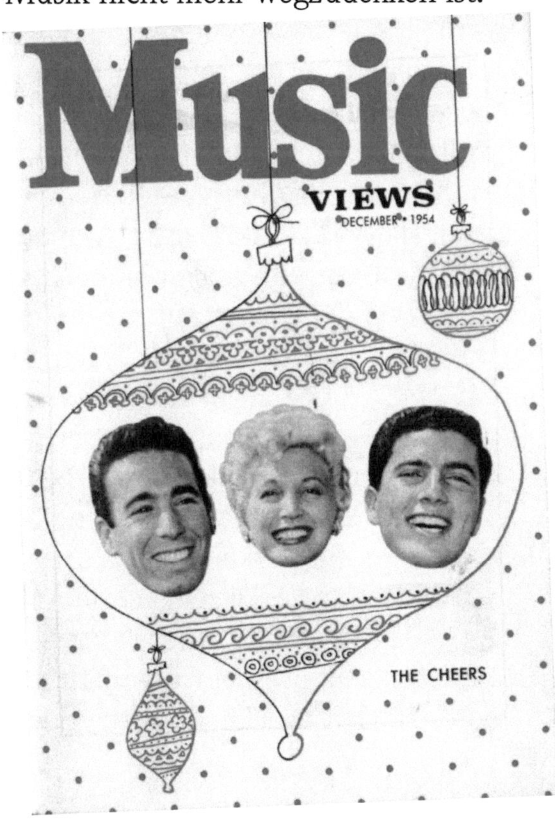

BIG DAVE UND DER ROCK 'N' ROLL

Am 7. Juli 1955 ging Dave Cavanaugh ins Studio, um ein Rock 'n' Roll-Stück aufzunehmen. Die Wahl war auf „Razzle Dazzle“ gefallen, einen Song, den Bill Haley als Nachfolgesingle zu seinem Riesenhit „Rock Around The Clock“ rausbrachte. „Rock Around The Clock“ war zu diesem Zeitpunkt immer noch in den Charts – auch beflügelt von dem Einsatz im für den Rock 'n 'Roll bedeutenden Film „Blackboard Jungle“ („Saat der Gewalt“), der den Aufstand Jugendlicher gegen Autoritäten zum Thema hatte. In einer Szene mit Tumulten drehte sich die 78er „Cow Cow Boogie“ von Ella Mae Morse auf einem Plattenteller. Nicht zuletzt deshalb hatte Cavanaugh Morse für seine nächste Platte gewählt. Sie war für ihn dafür auch prädestiniert, weil er mit ihr „Barrelhouse, Boogie And The Blues“ eingespielt hatte, ein Album, das hauptsächlich aus Rhythm And Blues bestand. Haleys „Razzle Dazzle“ war am 10. Mai 1955 entstanden und hatte am 13. Juli den ersten Auftritt in den „Billboard“-Charts. Dass Big Dave bereits eine Woche zuvor mit Ella Mae Morse ins Studio gegangen war, zeigt, wie genau man bei Capitol das neue Phänomen Rock 'n' Roll beobachtete, dem man nicht wirklich etwas entgegenzusetzen hatte. Die einfachste Antwort darauf war, Cover-Versionen rauszubringen. Deshalb übernahmen Morse und Cavanaugh auch Boyd

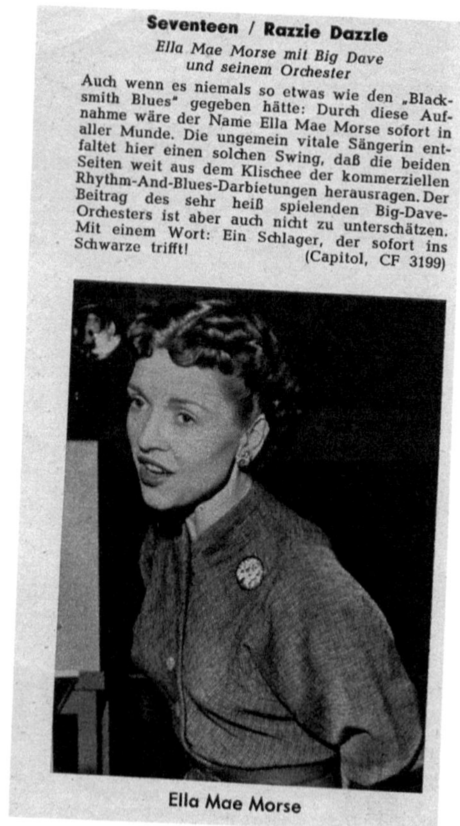

Seventeen / Razzie Dazzle

Ella Mae Morse mit Big Dave und seinem Orchester

Auch wenn es niemals so etwas wie den „Blacksmith Blues" gegeben hätte: Durch diese Aufnahme wäre der Name Ella Mae Morse sofort in aller Munde. Die ungemein vitale Sängerin entfaltet hier einen solchen Swing, daß die beiden Seiten weit aus dem Klischee der kommerziellen Rhythm-And-Blues-Darbietungen herausragen. Der Beitrag des sehr heiß spielenden Big-Dave-Orchesters ist aber auch nicht zu unterschätzen. Mit einem Wort: Ein Schlager, der sofort ins Schwarze trifft!

(Capitol, CF 3199)

Ella Mae Morse

Rock 'n' Roll-Covers von Ella Mae Morse

Bennetts „Seventeen“, das am 9. Juli die US-Charts erreichte. Anders als „Razzle Dazzle“, das einen Modetanz beschreibt, richtete sich „Seventeen“ direkt an die Teenager, die auch Zielgruppe des Rock 'n' Roll waren. „Die ungemein vitale Sängerin entfaltet hier einen solchen Swing, daß die beiden Seiten weit aus dem Klischee der kommerziellen Rhythm-and-Blues-Darbietungen herausragen“, urteilte „die Schallplatte“. In England erschien am 3. Oktober eine Anzeige für „Seventeen“, das dort mit „Piddly

Patter Song" gekoppelt war: „Ella Mae's rockin'-and-rollin' again! SEVENTEEN is an important number. One that'll set your feet tapping. An exciting side." Morse hatte sich früher in den Rhythm-and-Blues-Charts etablieren können. Das gelang mit „Razzle Dazzle" nicht. Aber jetzt sollte mit ihrem Cover von Fats Dominos „Ain't That A Shame" die schwarze Bevölkerung angesprochen werden.

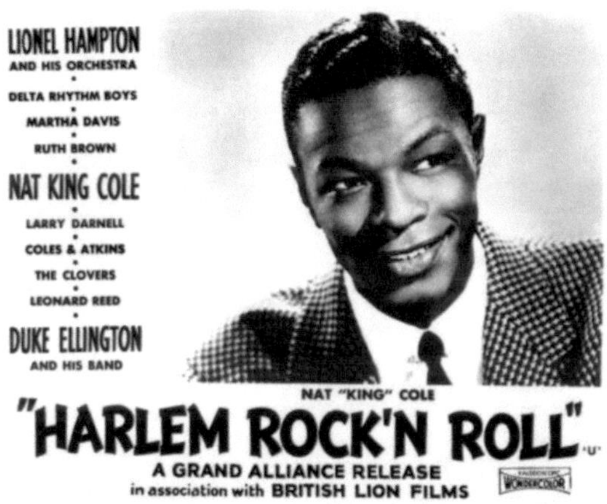

Glatte Fehlbesetzung: Nat King Cole in einem Rock 'n' Roll-Film

Die Wirkung von Ella Mae Morse ging so weit, dass der Boogie-Pianist Merrill Moore ihren „Cow Cow Boogie" und ihr „House Of Blue Lights" übernahm. Er war 1952 von Ken Nelson zu Capitol geholt worden. Sein von Moon Mullican und Freddie Slack beeinflusster Country-Boogie beeindruckte früh Jerry Lee Lewis, weshalb Moore als Vorläufer des Rock 'n' Roll gilt. Neben 78ern und 45ern („Nola", „Yes Indeed", „Bartender's Blues") brachte die TELDEC eine EP von ihm heraus. Als der Film „Harlem Rock 'n' Roll" (anderer Titel „Rock 'n' Roll Revue") produziert wurde, hätten Morse und Moore mit ihrer Musik gut hineingepasst, aber da allein schwarze Musiker auf der Interpretenliste standen, dachte man bei Capitol dafür nur an den nicht Rock-verdächtigen Nat King Cole. Rock 'n' Roll gab es allerdings auch bereits 1955 mit „Rock It Davy Crockett" der Rhythm-And-Blues-Band von Paul Williams mit dem Sänger Jimmy Brown im Angebot. Die Capitol-Aufnahme war deutlich von Bill Haley beeinflusst. 1956 machte das Label noch einen Rock 'n' Roll-Versuch mit einem Cover von „Blue Suede Shoes", das Carl Perkins Ende 1955 im Sun Studio in Memphis aufgenommen hatte. Der Capitol-Künstler hieß Bob Roubian. Mit Cliffie Stone hatte er den „Popcorn Song (Too Pooped to Pop)" verfasst und gesungen. Bei „Blue Suede Shoes" war wieder Cliffie Stone dabei, und dessen Begleitung – namentlich Speedy West und Jimmy Bryant – rettete das Stück vor dem Untergang. In Deutschland erschien es gleichzeitig mit der Original-Version von Carl Perkins, ohne die geringste Chance zu haben. Ein weiteres Capitol-Cover basierte ebenfalls auf einem Rock 'n' Roll-Stück: Bei Stan Frebergs „Heartbreak Hotel" handelte es sich um eine Presley-Parodie, die parallel zum Original bei der TELDEC herauskam. Der erste echte Rock 'n' Roll-Erfolg für Capitol bahnte sich da aber gerade mit Gene Vincent an.

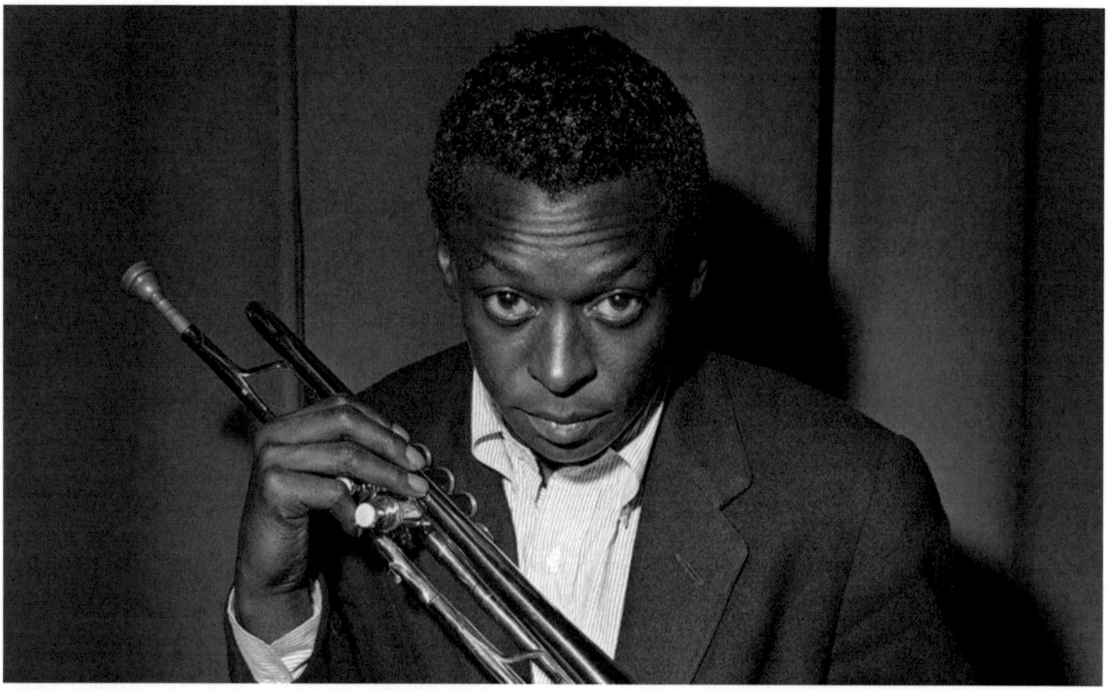

Miles Davis wurde durch seine Capitol-Aufnahmen zum Inbegriff des Coolen

TEIL IV

COOL JAZZ

Auch bei der TELDEC war man auf den Rock 'n' Roll nicht vorbereitet. Bisher hatte man sich noch mit der hereinströmenden Jazz-Flut arrangieren können. Das hatten auch die beiden freien Mitarbeiter Joachim Ernst Berendt und Werner Burkhardt erreicht, die alles taten, um die von ihnen verehrte Musik zu fördern. Berendt leitete hauptberuflich die Jazz-Redaktion des Südwestfunks, und beide sorgten dafür, dass „die Schallplatte" regelmäßig Jazz-Platten vorstellte. Zentrale Figur des Capitol-Jazz blieb Stan Kenton. Das demonstriert auch eine Serie, mit der er sich als Förderer jüngerer Musiker bewies. Im September 1955 stellte Werner Burkhardt diese Reihe „Kenton presents Jazz" vor: „Vor gut einem Jahr begann Kenton damit, Kleinformationen des modernen Jazz zusammenzustellen, künstlerisch zu beraten und zu präsentieren. Aus diesem Experiment sind nun einige der faszinierendsten und auch erfolgreichsten Platten

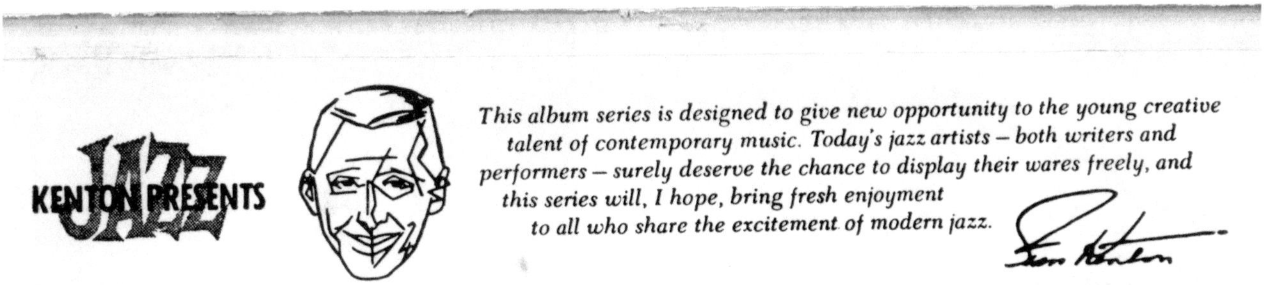

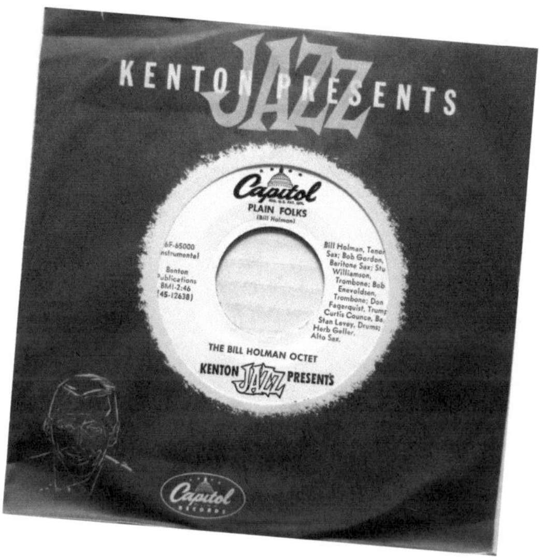

des modernen Jazz hervorgegangen.“ Das Projekt ließ auch eine gewisse Eitelkeit des Mentors Kenton erkennen: Für die Platten veranlasste er, ein Logo „Kenton presents Jazz“ zu entwerfen, das auf den Plattenhüllen – sogar mit Kenton-Porträt – und zum Teil auch auf den Labels abgebildet wurde. Ausgewählt wurden Aufnahmen von Solisten, die in Kentons Orchester gespielt hatten oder noch spielten und die er jetzt produzierte. Einige Namen der Reihe: Bill Holman, Boots Mussuli, Claude Williamson

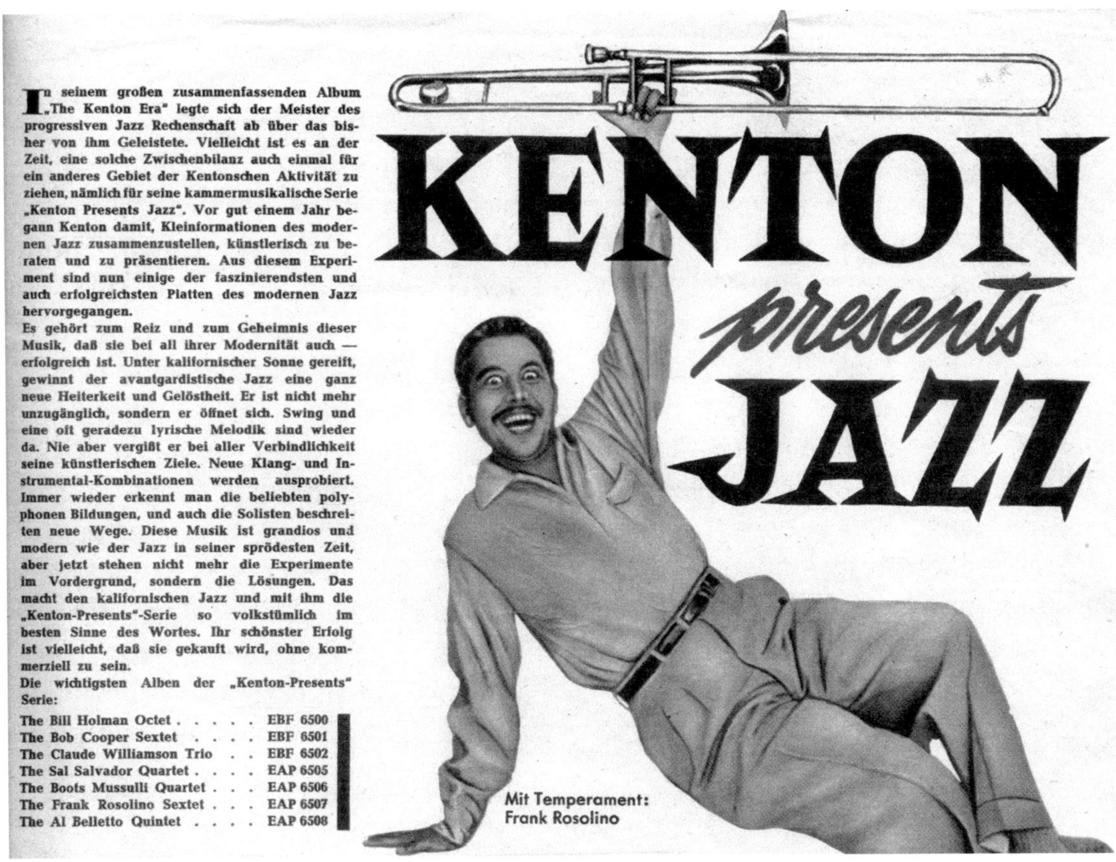
In seinem großen zusammenfassenden Album „The Kenton Era" legte sich der Meister des progressiven Jazz Rechenschaft ab über das bisher von ihm Geleistete. Vielleicht ist es an der Zeit, eine solche Zwischenbilanz auch einmal für ein anderes Gebiet der Kentonschen Aktivität zu ziehen, nämlich für seine kammermusikalische Serie „Kenton Presents Jazz". Vor gut einem Jahr begann Kenton damit, Kleinformationen des modernen Jazz zusammenzustellen, künstlerisch zu beraten und zu präsentieren. Aus diesem Experiment sind nun einige der faszinierendsten und auch erfolgreichsten Platten des modernen Jazz hervorgegangen.

Es gehört zum Reiz und zum Geheimnis dieser Musik, daß sie bei all ihrer Modernität auch — erfolgreich ist. Unter kalifornischer Sonne gereift, gewinnt der avantgardistische Jazz eine ganz neue Heiterkeit und Gelöstheit. Er ist nicht mehr unzugänglich, sondern er öffnet sich. Swing und eine oft geradezu lyrische Melodik sind wieder da. Nie aber vergißt er bei aller Verbindlichkeit seine künstlerischen Ziele. Neue Klang- und Instrumental-Kombinationen werden ausprobiert. Immer wieder erkennt man die beliebten polyphonen Bildungen, und auch die Solisten beschreiten neue Wege. Diese Musik ist grandios und modern wie der Jazz in seiner sprödesten Zeit, aber jetzt stehen nicht mehr die Experimente im Vordergrund, sondern die Lösungen. Das macht den kalifornischen Jazz und mit ihm die „Kenton-Presents"-Serie so volkstümlich im besten Sinne des Wortes. Ihr schönster Erfolg ist vielleicht, daß sie gekauft wird, ohne kommerziell zu sein.

Die wichtigsten Alben der „Kenton-Presents" Serie:

The Bill Holman Octet . . . . . EBF 6500
The Bob Cooper Sextet . . . . EBF 6501
The Claude Williamson Trio . . . EBF 6502
The Sal Salvador Quartet . . . . EAP 6505
The Boots Mussulli Quartet . . . EAP 6506
The Frank Rosolino Sextet . . . EAP 6507
The Al Belletto Quintet . . . . EAP 6508

Mit Temperament: Frank Rosolino

und Bob Cooper. Tenorsaxophonist Cooper, bei dem Jimmy Giuffre und Claude Williamson mitspielten, war mit drei EPs vertreten. Schon 1945 hatte Cooper sich Kenton angeschlossen und in dessen Orchester June Christy kennengelernt, die er später heiratete.

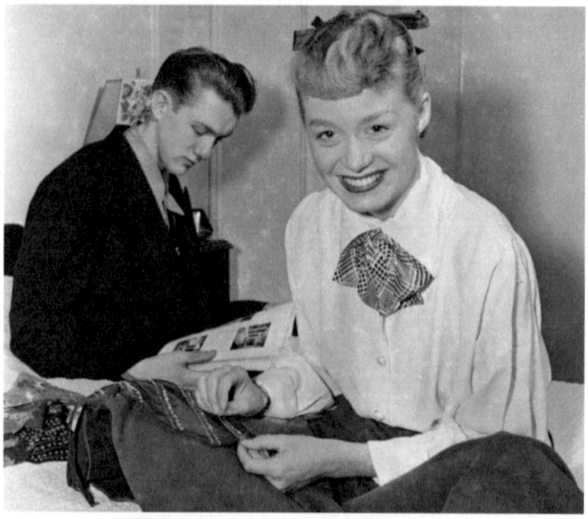

Ehepaar Bob Cooper und June Christy

Christy war bei dem Label Jazz-Sängerin der ersten Stunde, allerdings ohne als Solistin erfolgreich zu sein. Das gelang ihr erst, als sie mit dem Orchester Pete Rugolo ins Studio ging, um ein Album aufzunehmen. Die von Lee Gillette produzierte Platte bekam den Titel „Something Cool". „Something Cool" war mit 4 Minuten und 20 Sekunden zugleich das längste Stück dieser Platte. Auf dem Cover war die Sängerin mit einem eiskalten Drink abgebildet. Christy, die hier von ihrem Mann Bob Cooper (Flöte, Tenorsaxophon) begleitet wurde, hatte schon zuvor den Ruf, cool zu singen. Mit „Something Cool" begründete sie laut Musikkritikern eine ganze Bewegung des coolen Jazz-

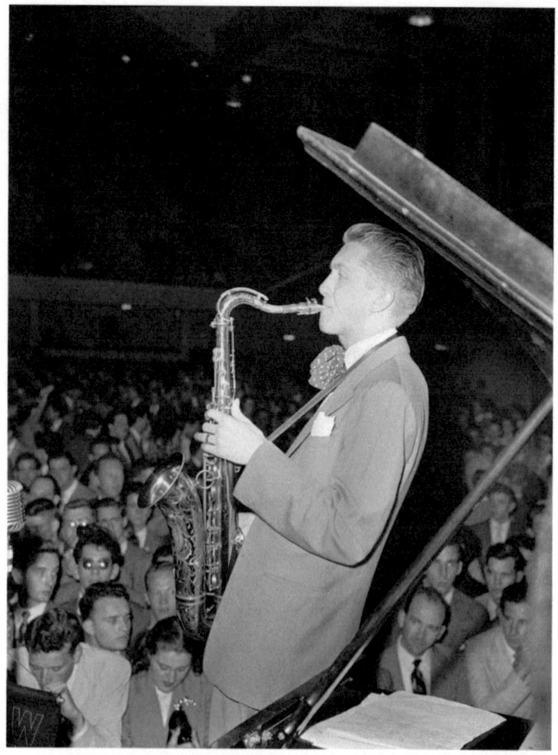

Tenorsaxophonist Bob Cooper

Gesangs. Namhafte Musiker bei der Session: Maynard Ferguson und Shorty Rogers (Trompete), Jimmy Giuffre (Tenorsaxophon), Joe Castro und Russ Freeman (Piano) und Barney Kessel (Gitarre). Zu den Autoren ihrer sieben Songs, die in Deutschland als Doppel-EP angeboten wurden, gehörten Mel Tormé, Axel Stordahl, Paul Weston und Sammy Cahn, Kurt Weill, Lionel Hampton und Johnny Mercer sowie Oscar Hammerstein. Nach dem Charts-Erfolg des Albums („Billboard": „Something Cool was a smash") wurde eine um vier zusätzliche Stücke erweiterte LP unter demselben Titel veröffentlicht und schließlich eine neu aufgenommene Stereo-Version. Der Text des Titel-Songs „Something Cool" gibt eine Unterhaltung einer Barbesucherin wieder, die sich dort von einem Fremden aushalten lassen will. Ohne dass man die Antworten des Gesprächspartners erfährt, entsteht das Bild einer Loserin, die sich an ihre vermeintlich vornehme Vergangenheit klammert, an ihre Pelze, ihre Zeit, als sie in Paris lebte.

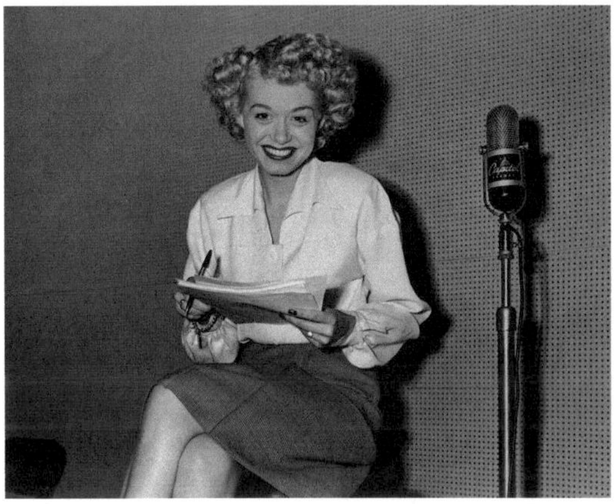

„Something Cool“: June Christy

Jetzt trägt sie ein altes Kleid, bittet um einen coolen Drink und lässt sich eine Zigarette reichen. In dieser Rolle musste Christy sich mit ihrem Höhere-Tochter-Image um Glaubhaftigkeit bemühen. Das Dilemma kannte auch Doris Day, die zur selben Zeit als Jazz-Sängerin begann, bevor sie als „Sauberfrau“ im Film reüssierte. Bei einer „Billboard“-Abstimmung 1949 in amerikanischen Colleges hatten Christy, Peggy Lee und Doris Day als „Female Band Vocalists“ die Liste angeführt. In den USA nannte man sie damals „Thrushes“: Singdrosseln. Dazu zählte auch Kay Starr, die 1948 in einer „Billboard“-Umfrage unter Disc-Jockeys vor Doris Day als „Most Promising Female Vocalist“ gelistet wurde. Ihre aktuellen Hits wie „Allez-Vous-En“, „Changing Partners“, „Man Upstairs“ und „If You Love Me (Really Love Me“) wurden sämtlich in der Bundesrepublik angeboten.

Die Entdeckung der Coolness in Miles Davis' Musik kam spät. Davis (1926 - 1991) aus East St. Louis, Illinois, hatte seine musikalische Laufbahn in Charlie Parkers Quintett begonnen, das er nach drei Jahren 1948 verließ. Im Januar 1949 machte er in New York erste Aufnahmen für Capitol mit – unter anderen – Kai Winding, Lee Konitz, Gerry Mulligan und Max Roach. Weitere Sessions fanden im April 1949 (mit Mulligan, Konitz, J. J. Johnson, John Lewis und Kenny Clarke) und im März 1950 statt. Die 78er-Platten, die Capitol davon auch in Deutschland veröffentlichte, erfüllten die Erwartungen nicht. Pete Rugolo, der schon lange für June Christy Pop („Bei mir bist du schön“) und Jazz arrangiert hatte, produzierte auch Miles Davis. „Was ist das denn für Musik?“, wurde er gefragt, als er die Aufnahmen der Geschäftsführung in Hollywood präsentierte. Sein Resümee: „Es wurde davon nicht viel verkauft, aber Musiker liebten sie.“ Und nicht nur sie. Auch Kritiker waren von der innovativen Musik überzeugt. Joachim Ernst Berendt im „Jazz-Buch“: „Mit diesen Stücken wurde ein Klangbild durchgesetzt, das schulebildend auf die ganze Entwicklung des kühlen Jazz gewirkt hat... Nach Fats Navarros Tod ist Miles Davis der Musiker geworden, der der Jazztrompete den Weg zu weisen scheint: Lange, weit geschwungene melodische Bögen, noch weniger Vibrato, ein glatter, lyrischer Ton und raffinierte Harmonien. Durch diesen dunkelhäutigen Jazztrompeter kam die Spontaneität in die Cool-Jazz-Musik, die so vielen weißen Vertretern dieser neuen Richtung fehlt."

Man liegt sicherlich nicht falsch in der Annahme, dass es Berendts Einfluss war, der die TELDEC 1955 zwei Davis-EPs „Classics in Jazz" veröffentlichen ließ. Die Stücke darauf: „Jeru", „Moon Dreams", „Venus De Milo", „Deception", „Godchild", „Rocker", „Israel" und „Rouge". Neben Davis selbst hatten auch seine Begleitmusiker John Lewis und Gerry Mulligan Kompositionen beigetragen. Die Covers der beiden EPs zeigten eine Grafik von Miles Davis mit Trompete, die nur eine entfernte Ähnlichkeit mit dem Musiker hatte. Auf den Papierhüllen seiner deutschen Schellackplatten hatte es noch ein Foto von ihm gegeben. Die Liner Notes der amerikanischen EP-Hüllen schilderten, wie Davis, Mulligan und Gil Evans in einem Keller in Manhattan die Ideen für den Cool Jazz entwickelten, nachdem Davis zuvor eine Zeit von Charlie Parker protegiert worden war. Allgemeine Anerkennung bekam er für die Aufnahmen erst, als Capitol sie 1957 auf einer LP mit dem Titel „Birth Of The Cool" mit anderen Aufnahmen zusammenfügte. Werner Burkhardt beschrieb 1992 im Nachhinein in der „Süddeutschen Zeitung", welcher Stellenwert dieser musikalischen Revolution beigemessen wird: „... wenig läßt sich daran deuteln, daß der Jazz auf Capitol seinen Höhepunkt erreicht hatte, als Miles Davis 1949 mit seinem Nonett ins Studio ging und Klassiker wie 'Move' und 'Godchild' aufnahm." Der ehemalige französische Kultusminister Jack Lang nannte Davis den „Picasso des Jazz", was der „Melody Maker" in einem Nachruf 1991 aufgriff, indem er „The Birth Of The Cool" mit Picassos Kubismus verglich. Über die musikalische Bedeutung hinaus wird Davis auch als Begründer eines coolen Zeitgeistes gesehen. Jazz war der Ursprung des Coolen, wie Andrian Kreye 2016 in der „Süddeutschen Zeitung" analysierte: „Schließlich war cool ursprünglich kein modisches Stilbewusstsein, sondern die Geisteshaltung einer Gegenkultur des Jazz."

„Rocker" hatte Gerry Mulligan (1927 - 1996) geschrieben und nach seiner Zusammenarbeit mit Miles Davis auch selbst mit seinem „Ten-Tette" aufgenommen. Nach einer kurzen Phase in Gene Krupas Orchester hatte er sich als Arrangeur und Komponist einen Namen gemacht. 1953 gründete er sein Quartett und das „Ten-Tette". Für die Platte „Gerry Mulligan and his Ten-Tette" schrieb der renommierte Jazz-Promoter Gene Norman die Liner Notes. Und Joachim Ernst Berendt, der in „die Schallplatte" befürchtet hatte, dass der Swing „mit dem immer kühler werdenden 'cool jazz' verschwinden würde", bemerkte, Mulligan habe den Swing zurückgeholt.

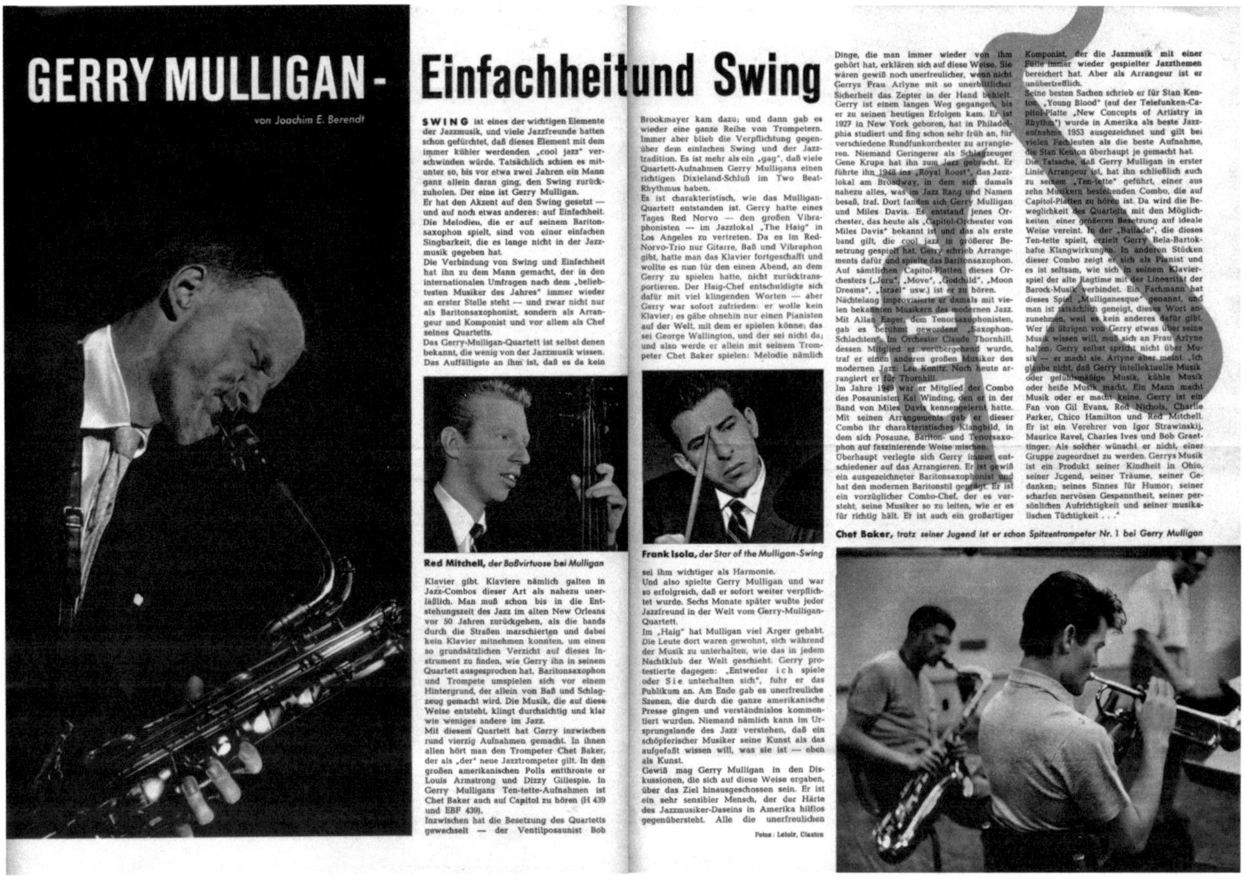

GERRY MULLIGAN – Einfachheit und Swing

von Joachim E. Berendt

SWING ist eines der wichtigen Elemente der Jazzmusik, und viele Jazzfreunde hatten schon gefürchtet, daß dieses Element mit dem immer kühler werdenden „cool jazz" verschwinden würde. Tatsächlich schien es mitunter so, bis vor etwa zwei Jahren ein Mann ganz allein daran ging, den Swing zurückzuholen. Der eine ist Gerry Mulligan.
Er hat den Akzent auf den Swing gesetzt — und auf noch etwas anderes: auf Einfachheit. Die Melodien, die er auf seinem Baritonsaxophon spielt, sind von einer einfachen Singbarkeit, die es lange nicht in der Jazzmusik gegeben hat.
Die Verbindung von Swing und Einfachheit hat ihn zu dem Mann gemacht, der in den internationalen Umfragen nach dem „beliebtesten Musiker des Jahres" immer wieder an erster Stelle steht — und zwar nicht nur als Baritonsaxophonist, sondern als Arrangeur und Komponist und vor allem als Chef seines Quartetts.
Das Gerry-Mulligan-Quartett ist selbst denen bekannt, die wenig von der Jazzmusik wissen. Das Auffälligste an ihm ist, daß es da kein Klavier gibt. Klaviere nämlich galten in Jazz-Combos dieser Art als nahezu unerläßlich. Man muß schon bis in die Entstehungszeit des Jazz im alten New Orleans vor 50 Jahren zurückgehen, als die bands durch die Straßen marschierten und dabei kein Klavier mitnehmen konnten, um einen so grundsätzlichen Verzicht auf dieses Instrument zu finden, wie Gerry ihn in seinem Quartett ausgesprochen hat. Baritonsaxophon und Trompete umspielen sich vor einem Hintergrund, der allein von Baß und Schlagzeug gemacht wird. Die Musik, die auf diese Weise entsteht, klingt durchsichtig und klar wie weniges andere im Jazz.
Mit diesem Quartett hat Gerry inzwischen rund vierzig Aufnahmen gemacht. In ihnen allen hört man den Trompeter Chet Baker, der als „der" neue Jazztrompeter gilt. In den großen amerikanischen Polls entthronte er Louis Armstrong und Dizzy Gillespie. In Gerry Mulligans Ten-tette-Aufnahmen ist Chet Baker auch auf Capitol zu hören (H 439 und EBF 439).
Inzwischen hat die Besetzung des Quartetts gewechselt — der Ventilposaunist Bob Brookmayer kam dazu; und dann gab es wieder eine ganze Reihe von Trompetern. Immer aber blieb die Verpflichtung gegenüber dem einfachen Swing und der Jazztradition. Es ist mehr als ein „gag", daß viele Quartett-Aufnahmen Gerry Mulligans einen richtigen Dixieland-Schluß im Two Beat-Rhythmus haben.
Es ist charakteristisch, wie das Mulligan-Quartett entstanden ist. Gerry hatte eines Tages Red Norvo — den großen Vibraphonisten — im Jazzlokal „The Haig" in Los Angeles zu vertreten. Da es im Red-Norvo-Trio nur Gitarre, Baß und Vibraphon gibt, hatte man das Klavier fortgeschafft und wollte es nun für den einen Abend, an dem Gerry zu spielen hatte, nicht zurücktransportieren. Der Haig-Chef entschuldigte sich dafür mit viel klingenden Worten — aber Gerry war sofort zufrieden: er wolle kein Klavier; es gäbe ohnehin nur einen Pianisten auf der Welt, mit dem er spielen könne; das sei George Wallington, und der sei nicht da; und also werde er allein mit seinem Trompeter Chet Baker spielen: Melodie nämlich sei ihm wichtiger als Harmonie.
Und also spielte Gerry Mulligan und war so erfolgreich, daß er sofort weiter verpflichtet wurde. Sechs Monate später wußte jeder Jazzfreund in der Welt vom Gerry-Mulligan-Quartett.
Im „Haig" hat Mulligan viel Ärger gehabt. Die Leute dort waren gewohnt, sich während der Musik zu unterhalten, wie das in jedem Nachtklub der Welt geschieht. Gerry protestierte dagegen: „Entweder ich spiele oder Sie unterhalten sich", fuhr er das Publikum an. Am Ende gab es unerfreuliche Szenen, die durch die ganze amerikanische Presse gingen und verständnislos kommentiert wurden. Niemand nämlich kann im Ursprungslande des Jazz verstehen, daß ein schöpferischer Musiker seine Kunst als das aufgefaßt wissen will, was sie ist — eben als Kunst.
Gewiß mag Gerry Mulligan in den Diskussionen, die sich auf diese Weise ergaben, über das Ziel hinausgeschossen sein. Er ist ein sehr sensibler Mensch, der der Härte des Jazzmusiker-Daseins in Amerika hilflos gegenübersteht. Alle die unerfreulichen Dinge, die man immer wieder von ihm gehört hat, erklären sich auf diese Weise. Sie wären gewiß noch unerfreulicher, wenn nicht Gerrys Frau Arlyne mit so unerbittlicher Sicherheit das Zepter in der Hand behielt.
Gerry ist einen langen Weg gegangen, bis er zu seinen heutigen Erfolgen kam. Er ist 1927 in New York geboren, hat in Philadelphia studiert und fing schon sehr früh an, für verschiedene Rundfunkorchester zu arrangieren. Niemand Geringerer als Schlagzeuger Gene Krupa hat ihn zum Jazz gebracht. Er führte ihn 1948 ins „Royal Roost", das Jazzlokal am Broadway, in dem sich damals nahezu alles, was im Jazz Rang und Namen besaß, traf. Dort fanden sich Gerry Mulligan und Miles Davis. Es entstand jenes Orchester, das heute als „Capitol-Orchester von Miles Davis" bekannt ist und das als erste band gilt, die cool jazz in größerer Besetzung gespielt hat. Gerry schrieb Arrangements dafür und spielte das Baritonsaxophon. Auf sämtlichen Capitol-Platten dieses Orchesters („Jeru", „Move", „Godchild", „Moon Dreams", „Israel" usw.) ist er zu hören.
Nächtelang improvisierte er damals mit vielen bekannten Musikern des modernen Jazz. Mit Allan Eager, dem Tenorsaxophonisten, gab es berühmt gewordene „Saxophon-Schlachten". Im Orchester Claude Thornhill, dessen Mitglied er vorübergehend wurde, traf er einen anderen großen Musiker des modernen Jazz: Lee Konitz. Noch heute arrangiert er für Thornhill.
Im Jahre 1949 war er Mitglied der Combo des Posaunisten Kai Winding, den er in der Band von Miles Davis kennengelernt hatte. Mit seinen Arrangements gab er dieser Combo ihr charakteristisches Klangbild, in dem sich Posaune, Bariton- und Tenorsaxophon auf faszinierende Weise mischen.
Überhaupt verlegte sich Gerry immer entschiedener auf das Arrangieren. Er ist gewiß ein ausgezeichneter Baritonsaxophonist und hat den modernen Baritonstil geprägt. Er ist ein vorzüglicher Combo-Chef, der es versteht, seine Musiker so zu leiten, wie er es für richtig hält. Er ist auch ein großartiger Komponist, der die Jazzmusik mit einer Fülle immer wieder gespielter Jazzthemen bereichert hat. Aber als Arrangeur ist er unübertrefflich.
Seine besten Sachen schrieb er für Stan Kenton. „Young Blood" (auf der Telefunken-Capitol-Platte „New Concepts of Artistry in Rhythm") wurde in Amerika als beste Jazzaufnahme 1953 ausgezeichnet und gilt bei vielen Fachleuten als die beste Aufnahme, die Stan Kenton überhaupt je gemacht hat.
Die Tatsache, daß Gerry Mulligan in erster Linie Arrangeur ist, hat ihn schließlich auch zu seinem „Ten-tette" geführt, einer aus zehn Musikern bestehenden Combo, die auf Capitol-Platten zu hören ist. Da wird die Beweglichkeit des Quartetts mit den Möglichkeiten einer größeren Besetzung auf ideale Weise vereint. In der „Ballade", die dieses Ten-tette spielt, erzielt Gerry Bela-Bartok-hafte Klangwirkungen. In anderen Stücken dieser Combo zeigt er sich als Pianist und es ist seltsam, wie sich in seinem Klavierspiel der alte Ragtime mit der Linearität der Barock-Musik verbindet. Ein Fachmann hat dieses Spiel „Mulliganesque" genannt, und man ist tatsächlich geneigt, dieses Wort anzunehmen, weil es kein anderes dafür gibt.
Wer im übrigen von Gerry etwas über seine Musik wissen will, muß sich an Frau Arlyne halten; Gerry selbst spricht nicht über Musik — er macht sie. Arlyne aber meint: „Ich glaube nicht, daß Gerry intellektuelle Musik oder gefühlsmäßige Musik, kühle Musik oder heiße Musik macht. Ein Mann macht Musik oder er macht keine. Gerry ist ein Fan von Gil Evans, Red Nichols, Charlie Parker, Chico Hamilton und Red Mitchell. Er ist ein Verehrer von Igor Strawinskij, Maurice Ravel, Charles Ives und Bob Graettinger. Als solcher wünscht er nicht, einer Gruppe zugeordnet zu werden. Gerrys Musik ist ein Produkt seiner Kindheit in Ohio, seiner Jugend, seiner Träume, seiner Gedanken; seines Sinnes für Humor; seiner scharfen nervösen Gespanntheit, seiner persönlichen Aufrichtigkeit und seiner musikalischen Tüchtigkeit . . ."

Red Mitchell, *der Baßvirtuose bei Mulligan*

Frank Isola, *der Star of the Mulligan-Swing*

Chet Baker, *trotz seiner Jugend ist er schon Spitzentrompeter Nr. 1 bei Gerry Mulligan*

Fotos: Leloir, Claxton

Joachim Ernst Berendt widmete der Vita von Gerry Mulligan eine Doppelseite in „die Schallplatte"

Auf dem Album war er mit Baritonsaxophon und Klavier zu hören. Bud Shank spielte Altsaxophon, an den Drums Chico Hamilton und an der Trompete Chet Baker, um nur die bekannteren Musiker des „Ten-Tette" zu nennen. Chet Baker wurde durch sein Spiel in beiden Formationen mit Mulligan berühmt. Als 18jähriger Soldat hatte er noch als Hornist der 298th Army-Band häufig auf dem Berliner Flughafen Tempelhof bei der Ankunft von Prominenz zur Begrüßung Trompete gespielt – bei Hitze, Kälte oder Regen, bevor es zurückging in die Kaserne in Lichterfeld. Das war auch noch bis 1948 so, als die Capitol-Botschafter in Berlin landeten, um mit Telefunken zu verhandeln.

Joachim Ernst Berendt war es ein Bedürfnis, die Neuerscheinung von Mulligan, die als LP und als Doppel-EP angeboten wurde, in „die Schallplatte" den deutschen Interessenten als ebenbürtig mit europäischer E-Musik darzustellen: „Die Tatsache, daß Gerry Mulligan in erster Linie Arrangeur ist, hat ihn schließlich auch zu seinem 'Ten-Tette' geführt, einer aus zehn Musikern bestehenden Combo, die auf Capitol-Platten zu hören ist. Da wird die Beweglichkeit des Quartetts mit den Möglichkeiten einer größeren Besetzung auf ideale Weise vereint. In der 'Ballade', die dieses 'Ten-Tette' spielt, erzielt Gerry Bela-Bartok-hafte Klangwirkungen. In anderen Stücken dieser Combo zeigt er sich als Pianist und es ist seltsam, wie sich in seinem Klavierspiel der alte Ragtime mit der Linearität der Barock-Musik verbindet." Bei Art Tatum (1909 - 1956), den Berendt im Oktober 1955 als „Grand Old Man des Jazzpianos" vorstellte, überwog im Text das „Namedropping", mit dem der hohe Anspruch verdeutlicht werden sollte: Rachmaninoff, Gieseking, Rubinstein, Horowitz. Offenbar musste zehn Jahre nach Kriegsende ein schwarzer amerikanischer Pianist in eine Reihe mit weißen Musikern gestellt werden, damit seine Klasse anerkannt wurde. In den USA genoss der erblindete Klavierspieler aus Toledo, Ohio, größten Respekt, nachdem er sich jahrelang in Clubs durchgeschlagen hatte. Schon 1938 kam er für eine Tournee nach England. Ein breites amerikanisches Publikum lernte ihn 1947 durch einen Auftritt im Film „The Dorsey Brothers" kennen.

Tatums Capitol-Aufnahmen erschienen, nachdem er 1950 einen Vertrag mit dem Label bekommen hatte. Berendt über seine Virtuosität: „Und die linke Hand, die bei den Pianisten des modernen Jazz so außer Gebrauch gekommen ist, hat bei Art Tatum jene Brillianz und Stärke, die die großen romantischen Klaviervirtuosen besessen haben. Man höre es etwa auf seiner Capitol-Langspielplatte LCA 216 oder in dem kleinen, aus zwei 17-cm-Platten bestehenden Album EBF 1/2 - 408 – erstere ihm allein gehörend, letzteres von ihm und seinem Trio bestritten. Es gibt keinen anderen Musiker im Jazz, der so ausschließlich Solist wäre wie er – der sich weder in stilistische oder historisierende Gruppierungen noch gar in Bands oder Jam-Sessions einordnen ließe." Begeistert kündigte Berendt den Besuch Tatums in Deutschland an, „ein unvergleichliches Erlebnis... für die Kenner unter den Jazzfreunden" und „für die Kenner großer pianistischer Kunst". Zu den Kennern, die Tatum zum Vorbild wählten, gehörte in der Bundesrepublik der Pianist Paul Kuhn. Aus dem Besuch des Amerikaners wurde aber nichts. Dr. Mark Lehmstedt, der eine Tatum-Biografie verfasst hat: „Tatum sollte im Herbst 1955 in Stuttgart spielen, ist aber nicht gekommen, weil seine gesamte Europa-Tournee auf das Frühjahr 1956 verschoben wurde. Aufgrund zunehmender gesundheitlicher Probleme ist er auch dann nicht gekommen. Im Herbst 1956 ist er bekanntlich gestorben." Er war jahrelang Alkoholiker. Schließlich versagten seine Nieren.

Art Tatum mit den romantischen Musikern zu vergleichen sollte über eine große Diskrepanz hinwegtäuschen. Denn der Rhythmus des Jazz war der europäischen Musikkultur ja fremd, wie Berndt Ostendorf, Professor für Nordamerikanische Kulturge-

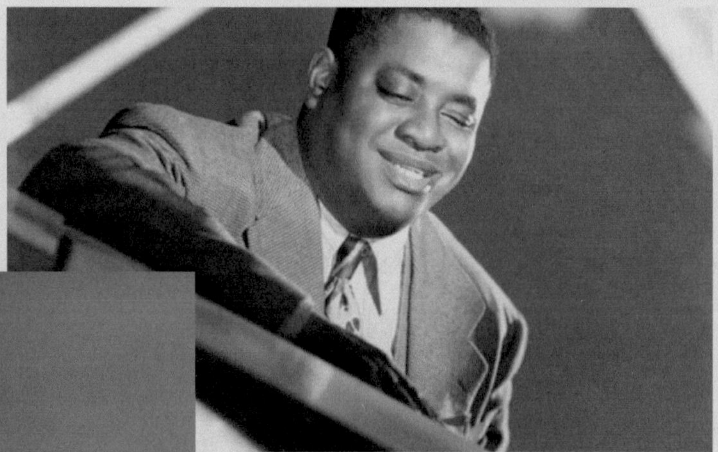

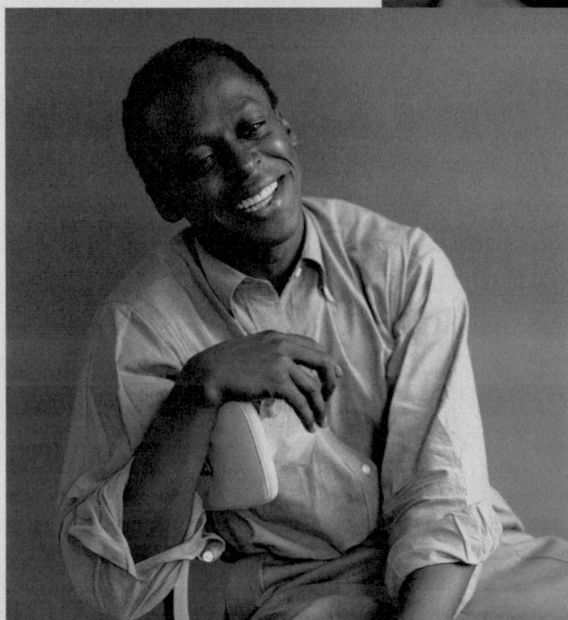

Art Tatum (oben) und Miles Davis (links) mussten dem deutschen Publikum erst bekannt gemacht werden. Verständnis für die modernen Jazzer war zunächst nur bei deutschen Musikern vorhanden. Albert Mangelsdorff (unten), Paul Kuhn, Ladi Geisler und James Last spielten für GIs und englische Soldaten

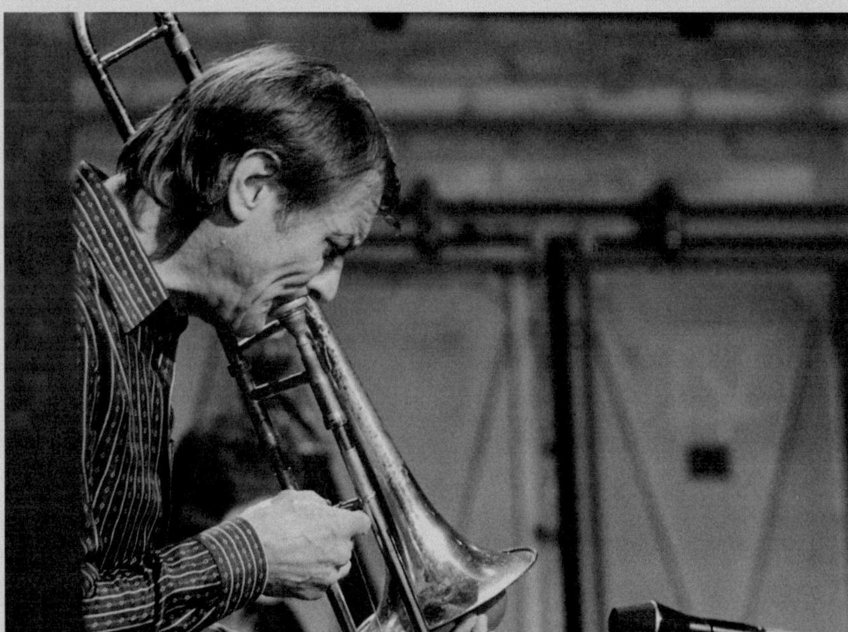

schichte, betont. Mit seinen neuen Elementen Improvisation und Rhythmus sprengte er die Ketten der strikten bürgerlichen Ordnung. Und nicht nur das: Laut Ostendorf brachte die Einführung der vom Jazz abgeleiteten Musik einen radikalen Bruch der Regeln von Aufführung und Rezeption des westlichen Musizierens mit sich. Gravierender noch für die beharrenden Kräfte der Nachkriegszeit: Das Label Jazz wurde zum sowohl positiven als auch negativen intensiv stereotypisierten Wendepunkt einer größeren Gefahr – der Amerikanisierung (Ostendorf). „Amerikanisierung" war ein Kampfbegriff der Generation, die zuvor die „Germanisierung" der Welt versucht hatte. Jetzt wurde ihre Abwehrschlacht gegen die „Verflachung" in den Familien und in den Medien gekämpft. Noch 1960 beschrieb der Musikkritiker Walter Haas in der Zeitschrift „Star-Revue", was in den Köpfen der Verfechter der deutschen „Hochkultur" vorging: „Es war, als erlebten wir eine zweite Invasion: diesmal eine musikalische Invasion, eine Besatzung mit Pauken und Trompeten." Sie stemmten sich der historischen Tatsache entgegen, dass Eroberer schon immer ihre Kultur durchsetzten. Und sie fürchteten die Überlegenheit der Popkultur, die ihnen fremd war.

Anders empfanden das die Deutschen, die sich von den Besatzern befreit fühlten. Durch die Musik ergab sich eine Gemeinsamkeit zwischen ihnen, den Tommys und den GIs, die mit ihren Jeeps durchs Land kurvten. Sichtbar wurde die Amerikanisierung auf dem Gebiet der Musik, als Deutsche begannen, in Clubs gemeinsam mit den Amerikanern zu spielen. Paul Kuhn trat bei den GIs auf und spielte beim AFN Klavier. Auch Albert Mangelsdorff, Jahrgang 1928 wie Kuhn, hatte mit seiner Rhythmusgitarre Gigs bei den US-Soldaten. In Bremen wurde Hans „James" Last von den Amerikanern eingeladen, in ihren Clubs Musik zu machen. Last: „Die Zeit von AFN und BFN swingte! Damals habe ich Bass gespielt und alles ausprobiert. Der Stil von Woody Herman und den Big Bands hat uns sehr beeinflusst." Der Jazz-Musiker und Blues-Fan Günther Boas gestaltete von 1949 bis 1959 beim AFN die wöchentliche Sendung „Blues For Monday". Posaunist Günter Fuhlisch spielte in britischen Jazz-Clubs in Hamburg und wurde für das BFN-Orchester verpflichtet, dessen Konzerte täglich aus der Musikhalle übertragen wurden. Und der Hamburger Gitarrist Ladi Geisler, der mit Horst Wende und Hans Walter 1947 beim BFN auftreten durfte, erzählte: „Die Soldaten waren ein ungeheuer dankbares Publikum. Es waren unsere Lehrjahre ... ein Vorbild war das Nat King Cole Trio." Geislers Inspiration kam von Coles Gitarrist Oscar Moore. Allmählich entwickelte sich eine ungewöhnliche Allianz zwischen der begeisterten jungen Generation und den älteren Chefs der Plattenfirmen, die die Verbreitung der US-Musik aus kommerziellen Gründen betrieben.

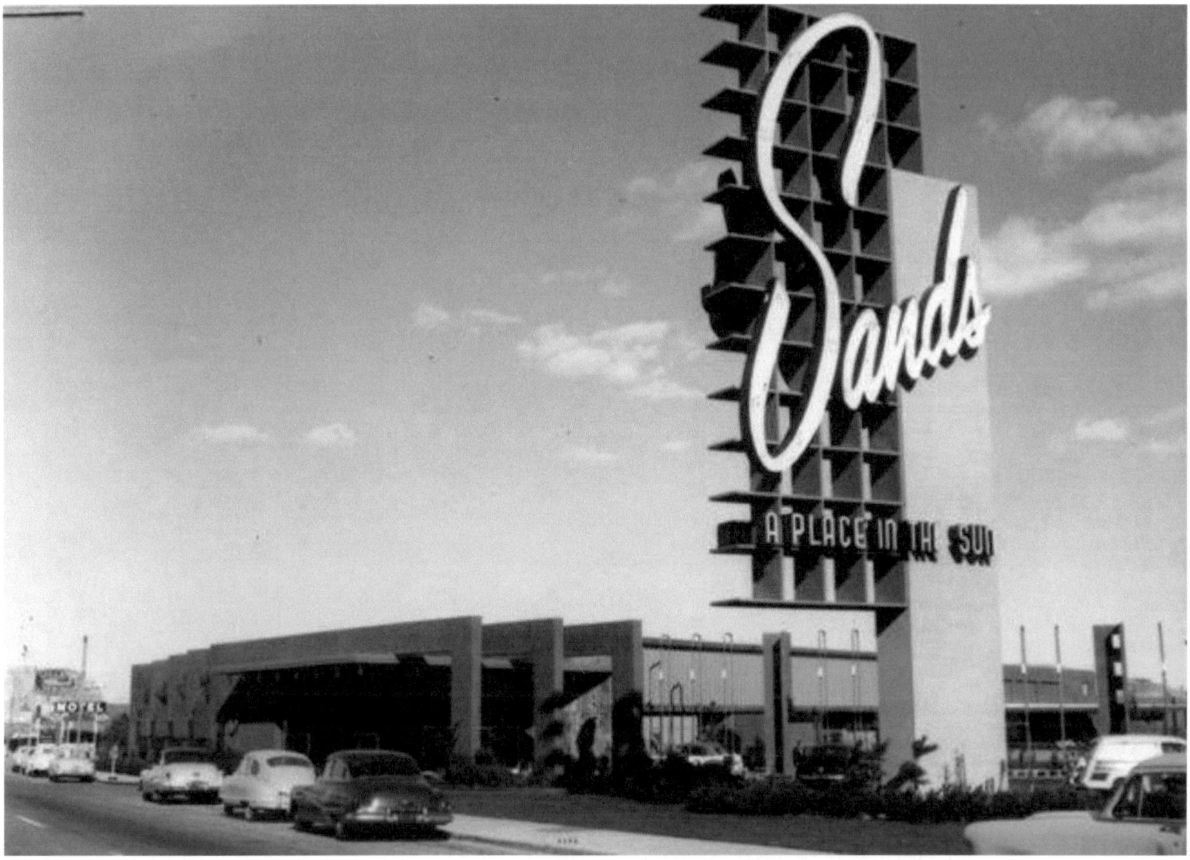

Dorado für Glücksspieler und Show-Stars: das Sands in Las Vegas

TEIL V

SHOW UND BUSINESS IN LAS VEGAS

Jazz war gut fürs Renommee, aber wirklich gut fürs Geschäft waren die Pop-Sänger, die Capitol unter Vertrag hatte: Nat King Cole, Dean Martin und Frank Sinatra. Nat King Cole hatte mittlerweile Star-Status erreicht, so dass eine Best-Of-Platte von ihm zusammengestellt wurde: „Unforgettable“ – benannt nach seinem Hit von 1951, einer Liebeserklärung, die seine Tochter Natalie vierzig Jahre später noch einmal als Remix mit ihm aufnahm. Die Nat-King-Cole-LP war ein Rückblick auf die Jahre 1946 bis 1951 mit „For Sentimental Reasons“, „Too Young“, „Unforgettable“, „Mona Lisa“ und „Red Sails In The Sunset“ – mehr Hits, als jeder andere Capitol-

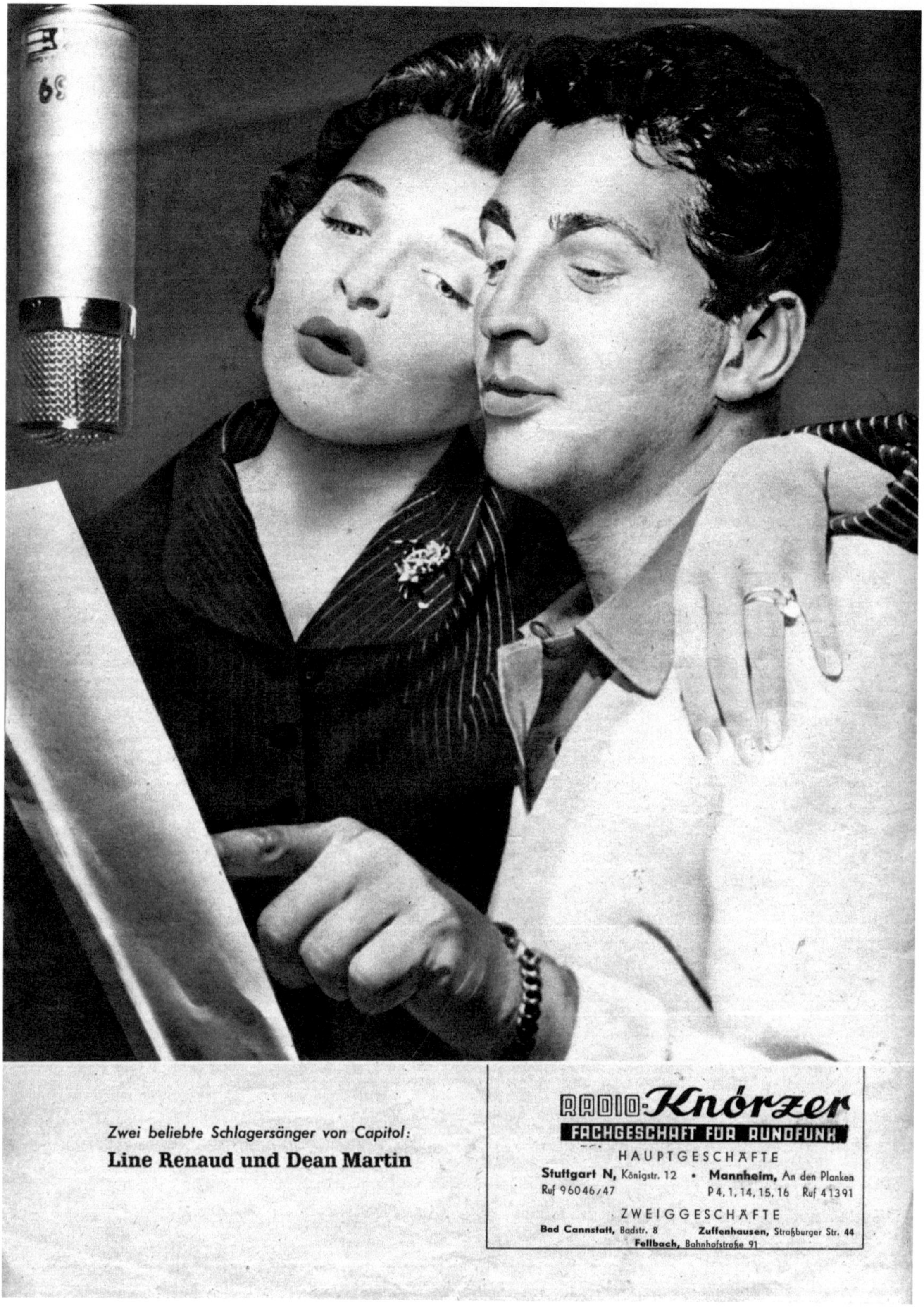

Für Capitol vereint im Studio: die Französin Line Renaud und Dean Martin

Interpret bis dahin aufweisen konnte. In den Liner Notes heißt es: „... there must be magic... in the voice of Nat 'King' Cole. For his soft, intimate phrasing moves the hearts of millions." Dennoch wurde er 1951 in Las Vegas, wo er im El Rancho auftrat, als Schwarzer gehindert, den Swimmingpool zu nutzen und musste sich zur Übernachtung eine Absteige suchen.

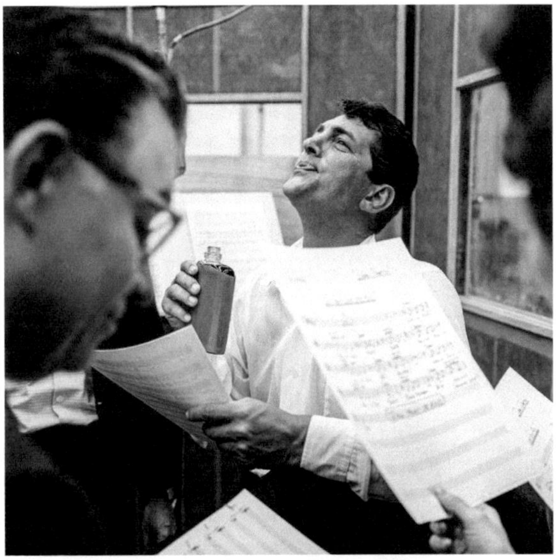

Gelegenheit für einen Drink: Dean Martin in einer Aufnahmepause

Solche Probleme kannte Dean Martin in der Glücksspielstadt nicht, wo er schon 1949 mit seinem späteren Filmpartner Jerry Lewis für eine Show im Flamingo Hotel gebucht war. Las Vegas hatte sich bereits in den 50er Jahren zum Dorado für Künstler der Unterhaltungsbranche entwickelt, auch für Ausländer. Die Französin Line Renaud war 1954 Hauptattraktion im Pariser Moulin Rouge. Dort sah eines Abends Bob Hope ihre Revue. Er ermöglichte ihr den nächsten Karriereschritt. Neben Gastauftritten in seiner US-Fernseh-Show bekam sie Angebote vom New Yorker Waldorf Astoria und dem Cocoanut Grove in Los Angeles. Amerika hatte damals ein Faible für französische Revuen. Und Las Vegas konnte immer Nachschub gebrauchen. Dean Martin erkannte die Chance, seine Fan-Gemeinde in Frankreich zu vergrößern und nahm mit ihr den Song „Relax-Ay-Voo" auf (in korrektem Französisch „Relaxez-vous", zu Deutsch „Entspannen Sie sich"; eine deutsche Cover-Version von Linda Gloria und Tino Marcel hatte dann wieder den französischen Titel „Rendezvous"). Beim Capitol-Label versuchte Renaud außerdem im Gegenzug, mit englischen Fassungen von Kompositionen ihres Ehemannes Louis Gasté Amerika zu erobern. „die Schallplatte" schrieb über ihre Titel „If I Love"/„Pam-Pou-Dé", sie singe „mit einem ganz süßen französischen Akzent" und ernte „in den Staaten große Erfolge". Noch im Jahr 2019 würdigte der Gouverneur von Nevada sie für ihre Auftritte in Las Vegas.

Außer italienischen Stücken hatte Capitol-Produzent Lee Gillette trotz „You Belong To Me" und „Sway" keine rechte Richtung für Dean Martin gefunden. Aufgrund des Millionenerfolgs „That's Amore" war die Typisierung „Dinos" als Italiener nachvollziehbar. Aber schon das von einem Amerikaner geschriebene „Mambo Italiano" zog nicht mehr. Im Januar 1955 hatte der Italiener Claudio Villa mit „Buongiorno Tristezza" beim Sanremo Festival den ersten Platz gemacht. Das wurde auch in Hollywood beachtet, und Dean Martin bekam damit wieder ein italienisches Lied vorgesetzt – mit dem amerikanischen Titel: „Chee Chee Oo Chee (Sang The Little Bird)“. Das belanglose Stück ging wirkungslos unter. Interessant war dagegen die B-Seite der Single: „Ridin’ Into Love“. Als einer der Autoren ist Crocetti – Martins Taufname – angegeben. Der Song („die Schallplatte“: „die Liebesqualen eines einsamen Cowboys“) nahm sein „My Rifle, My Pony And Me“ vorweg. Beide hatten das Cowboy-Leben zum Thema, waren im Arrangement und Orchestrierung aber keine Country-Songs.

Die erste 30-cm-Langspielplatte, die er für Capitol aufnahm, brachte dann eine totale Richtungsänderung für ihn. „Swingin’ Down Yonder“ war zugleich das erste echte Konzeptalbum, das die Firma veröffentlichte. Das Personal war allerdings dasselbe geblieben wie bei seinen bisherigen Aufnahmen: Lee Gillette mit Voyle Gilmore als Produzenten, Dave Cavanaugh als Arrangeur, Dick Stabile als Orchesterleiter – jetzt als „Dick Stabile’s Dixie-Cats“ bezeichnet. Das Thema des Albums: Dixie – die Südstaaten. Das bedeutete jedoch nicht etwa Dixieland-, sondern interessanterweise Bigband-Begleitung. Die Songauswahl bestand zum Teil aus Klassikern

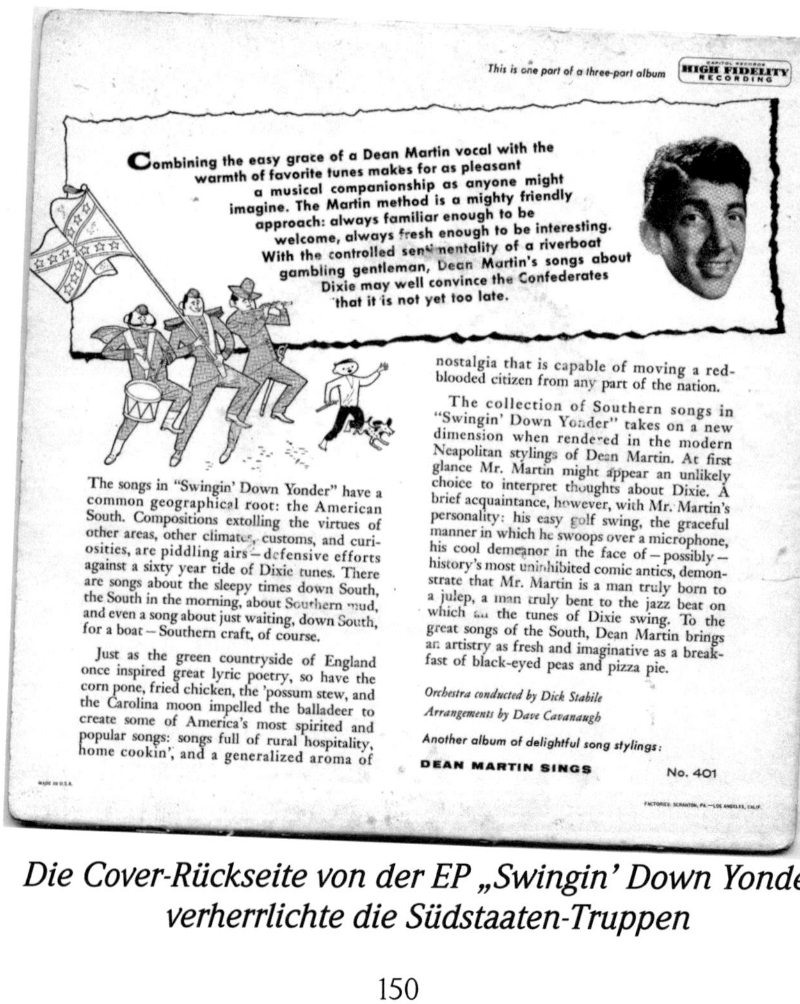

This is one part of a three-part album

HIGH FIDELITY RECORDING

Combining the easy grace of a Dean Martin vocal with the warmth of favorite tunes makes for as pleasant a musical companionship as anyone might imagine. The Martin method is a mighty friendly approach: always familiar enough to be welcome, always fresh enough to be interesting. With the controlled sentimentality of a riverboat gambling gentleman, Dean Martin's songs about Dixie may well convince the Confederates that it is not yet too late.

The songs in “Swingin’ Down Yonder” have a common geographical root: the American South. Compositions extolling the virtues of other areas, other climates, customs, and curiosities, are piddling airs – defensive efforts against a sixty year tide of Dixie tunes. There are songs about the sleepy times down South, the South in the morning, about Southern mud, and even a song about just waiting, down South, for a boat – Southern craft, of course.

Just as the green countryside of England once inspired great lyric poetry, so have the corn pone, fried chicken, the ’possum stew, and the Carolina moon impelled the balladeer to create some of America’s most spirited and popular songs: songs full of rural hospitality, home cookin’, and a generalized aroma of nostalgia that is capable of moving a red-blooded citizen from any part of the nation.

The collection of Southern songs in “Swingin’ Down Yonder” takes on a new dimension when rendered in the modern Neapolitan stylings of Dean Martin. At first glance Mr. Martin might appear an unlikely choice to interpret thoughts about Dixie. A brief acquaintance, however, with Mr. Martin’s personality: his easy golf swing, the graceful manner in which he swoops over a microphone, his cool demeanor in the face of – possibly – history’s most uninhibited comic antics, demonstrate that Mr. Martin is a man truly born to a julep, a man truly bent to the jazz beat on which all the tunes of Dixie swing. To the great songs of the South, Dean Martin brings an artistry as fresh and imaginative as a breakfast of black-eyed peas and pizza pie.

Orchestra conducted by Dick Stabile
Arrangements by Dave Cavanaugh

Another album of delightful song stylings:

DEAN MARTIN SINGS No. 401

Die Cover-Rückseite von der EP „Swingin’ Down Yonder“ verherrlichte die Südstaaten-Truppen

wie „Carolina Moon“, „Alabamy Bound“, „Carolina In The Morning“, „Way Down Yonder In New Orleans“, „Georgia On My Mind“, Autoren waren namhafte Komponisten und Texter wie Capitol-Gründer Buddy DeSylva, Walter Donaldson und Gus Kahn, Hoagy Carmichael und Spencer Williams. Die Liner Notes lobten Martins „easy grace“ und verglichen ihn mit einem „riverboat gambling gentleman“, was der Künstler, der das Cover gestaltete, bildhaft mit einem Schaufelraddampfer umsetzte. Man bemühte sich, eine nostalgische Stimmung heraufzubeschwören, die in der reaktionären Aussage gipfelte, es sei für die Konföderierten, die 1865 den Bürgerkrieg verloren hatten, noch nicht zu spät. Entsprechend zeigte die Rückseite der Hülle ein Bild von mit einer Konföderierten-Flagge marschierenden Soldaten. Was manch einem Kritiker durch den Kopf gehen würde, nämlich ob der Italo-Amerikaner Dean Martin der richtige Interpret für das Südstaaten-Opus sei, sprach Capitol selbst an: Er könne für Songs über Dixie „eine unwahrscheinliche Wahl“ sein, habe aber den „jazz beat“. Künstlerisch war das Album tatsächlich ein großer Wurf, doch kommerziell zahlte sich Dinos Ausflug in die Südstaaten nicht aus.

Die Idee des Konzeptalbums ging in Deutschland verloren, wo die LP in drei EPs zerlegt wurde. „In The Wee Small Hours“, das Themenalbum seines Las-Vegas-Buddys Frank Sinatra, wurde in der Bundesrepublik zunächst in vier EPs portioniert, ehe die LP erhältlich war. Dabei war das Aufkommen der 30-cm-Platte für die musikalische Karriere Sinatras entscheidend – trotz der Single-Erfolge wie „Young At Heart“ und „Three Coins In The Fountain“, die aus den gleichnamigen Filmen resultierten. Nach seinem Oscar für die Rolle in „Verdammt in alle Ewigkeit“ war er in Hollywood nicht nur als Sänger, sondern auch als Schauspieler gefragt: 1955 spielte er in „Not As A Stranger“ („... und nicht als ein Fremder“), „The Man With The Golden Arm“ („Der Mann mit dem goldenen Arm“), „The Tender Trap“ („Die zarte Falle“) und „Guys And Dolls“ („Schwere Jungen – leichte Mädchen“). In den beiden letzten Streifen sang er auch den Titelsong. Durch die Verbindung seiner Musik mit Filmproduktionen ging die Vermarktungsstrategie, die Capitol von Anfang an betrieben hatte, in der Person von Frank Sinatra voll auf. Als Entertainer hatte er in den USA jetzt die Spitzenposition erreicht. Da bereitete sich Elvis Presley gerade erst darauf vor, diese Rolle zu übernehmen. Neben den Filmen stellte Las Vegas einen wesentlichen Faktor für Sinatras Bedeutung in den USA dar. Seit 1952 war er im Sands aufgetreten, an dem er zeitweise sogar Anteile hielt. Das hatte nicht unbedingt mit seiner Nähe zur Mafia zu tun. Auch andere Künstler wie Dean Martin, die in der Glücksspielstadt auftraten, sicherten sich an den Casinos Minderheitsbeteiligungen.

„MEISTERWERKE“ VON FRANK SINATRA UND NELSON RIDDLE

In seinem Buch „Sessions With Sinatra“ erzählt Charles L. Granata, wie es zu dem Titelsong des nächsten Albums kam. Die beiden Autoren Dave Mann und Bob Hilliard waren in New York unterwegs zu ihrem Verleger, als sie Frank Sinatra und Nelson Riddle begegneten. Geistesgegenwärtig zeigten sie den beiden ihren neuen Song „In The Wee Small Hours Of The Morning“. „Ist der schon veröffentlicht?“, fragte Sinatra und: „Wir nehmen ihn für das neue Album, das wir gerade einspielen.“ Das Lied der beiden gab der Platte das Thema vor und inspirierte auch die Cover-Illustration vom einsamen Sinatra unter einer Straßenlaterne, das an die Abbildung von „Songs For Young Lovers“ erinnert. Der amerikanische Musikkritiker Will Friedwald urteilte, es handele sich „bei allen Sinatra/ Riddle-Alben um Meisterwerke, und vom ersten gemeinsamen Takt an war ihre Zusammenarbeit vom Erfolg gekrönt“. Er sah in ihnen sogar „die besten Werke der populären Musik überhaupt“. Bei „In The Wee Small Hours Of The Morning“ folgte der kommerzielle Erfolg sogar auf die Anerkennung der Kritiker. Das Album blieb wochenlang in den Charts und erreichte Platz 2. Für Charles L. Granata war Sinatra mit diesem Album stimmlich auf dem Zenit.

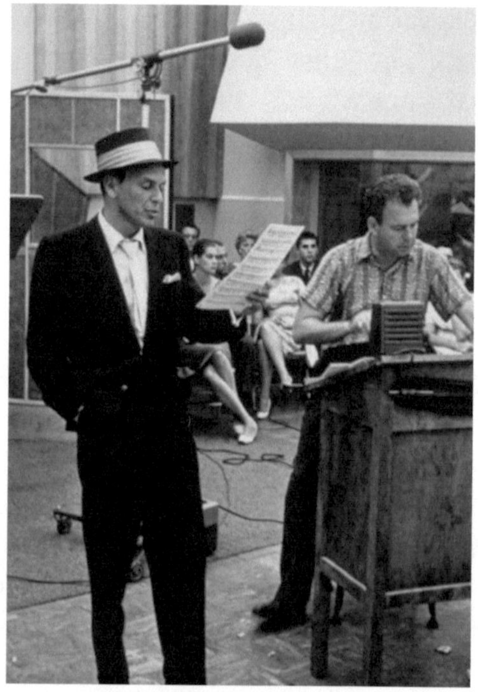

Ideale Ergänzung: Sinatra und Riddle

Auch „die Schallplatte“ war voll des Lobes: „Man muß zu schwärmen beginnen, hemmungslos und hingerissen von der Kunst, mit der hier Wort und Musik dargeboten werden.“ Dazu zitierte sie „Down Beat“: „Und wenn – Wunder über Wunder! – Text und Melodie zur Einheit verschmelzen, dann wird ganz plötzlich Schlagermusik zur großen Kunst.“ Im „New Musical Express“ schrieb Richard Cook 1984, hier habe sich zum ersten Mal das Medium mit dem Format des Albums als Vorteil für den Künstler erwiesen. „'In The Wee Small Hours Of The Morning' wagte den mutigen Schritt, 16 langsame Balladen Seite an Seite laufen zu lassen, und das Ergebnis war eins der profundesten und engagiertesten Werke." Für Kit Aiken („Uncut", 1999) war das der „legendären fruchtbaren Partnerschaft" mit Nelson Riddle zuzuschreiben. Es fällt nicht schwer, sich Frank Sinatra im Studio vorzustellen, wie er lässig mit den Händen in den Taschen vor dem Mikrofon stand. „Wer Frank Sinatra auch einmal sehen möchte, wird dazu wahrscheinlich im Dezember Gelegenheit haben", kündigte „die Schallplatte" im November 1955 an. Angeblich werde er auf einer Welttournee mit Marilyn Monroe und Bing Crosby in der Hamburger Ernst-Merck-Halle auftreten. Er kam tatsächlich, aber viel später: im Juni 1993 in den Derbypark in Hamburg. Erst im Mai 1998 nahm

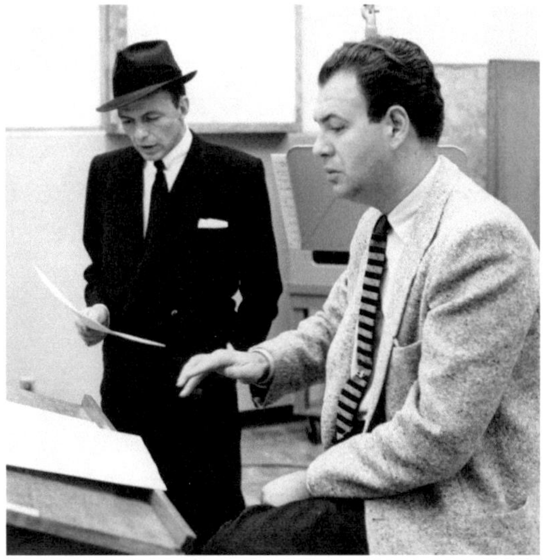

„In The Wee Small Hours": „große Kunst" von Sinatra und Riddle

„Der Spiegel" die Platte in seinem Nachruf zur Kenntnis: Sinatra „nahm das Album 'In The Wee Small Hours Of The Morning' auf, und danach wußte die Welt, warum die Langspielplatte erfunden worden war".

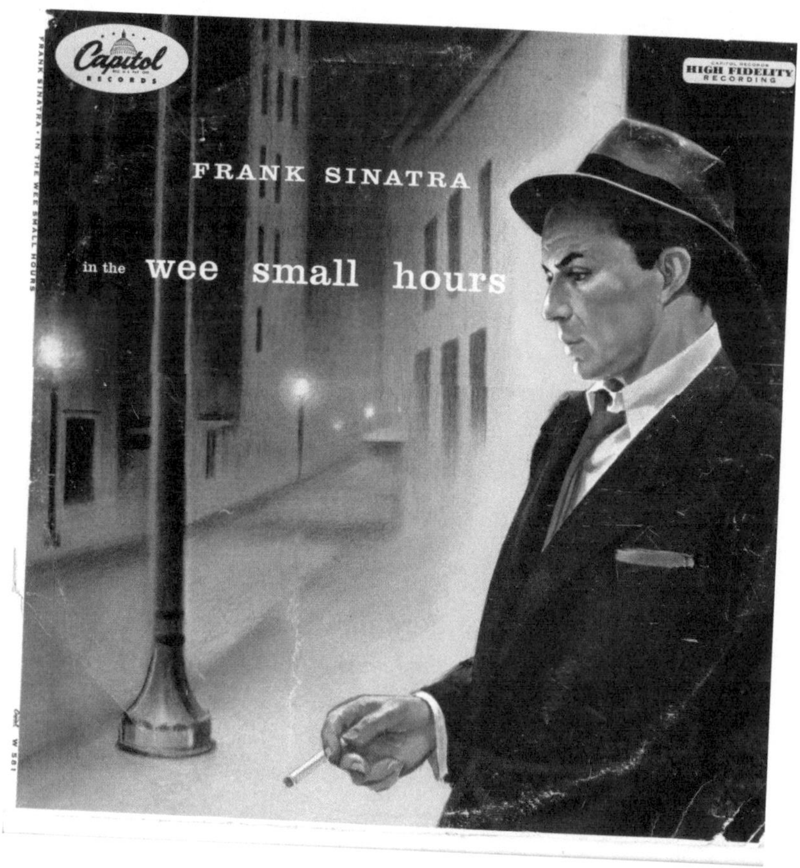

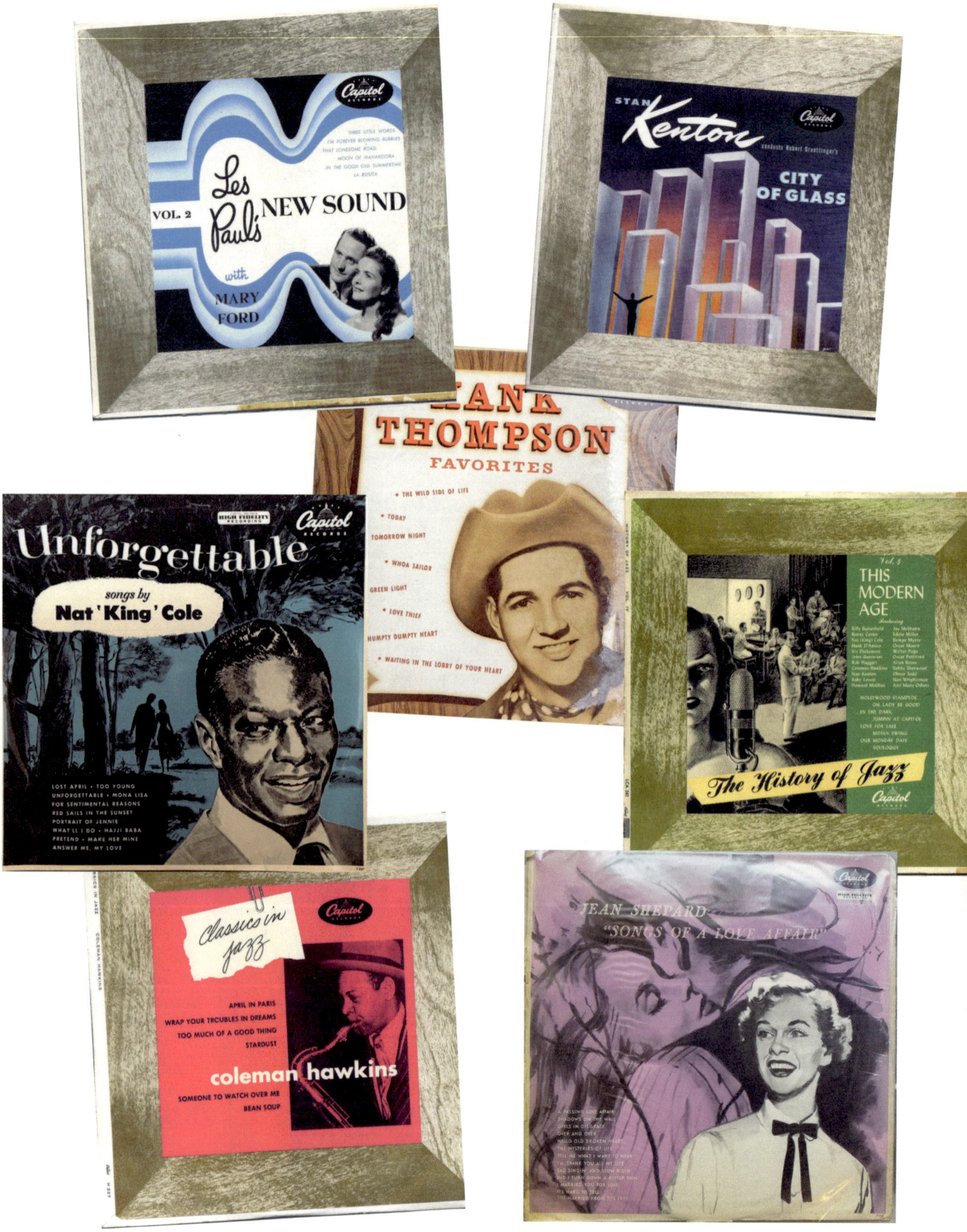

In Deutschland veröffentlichte Capitol-Langspielplatten

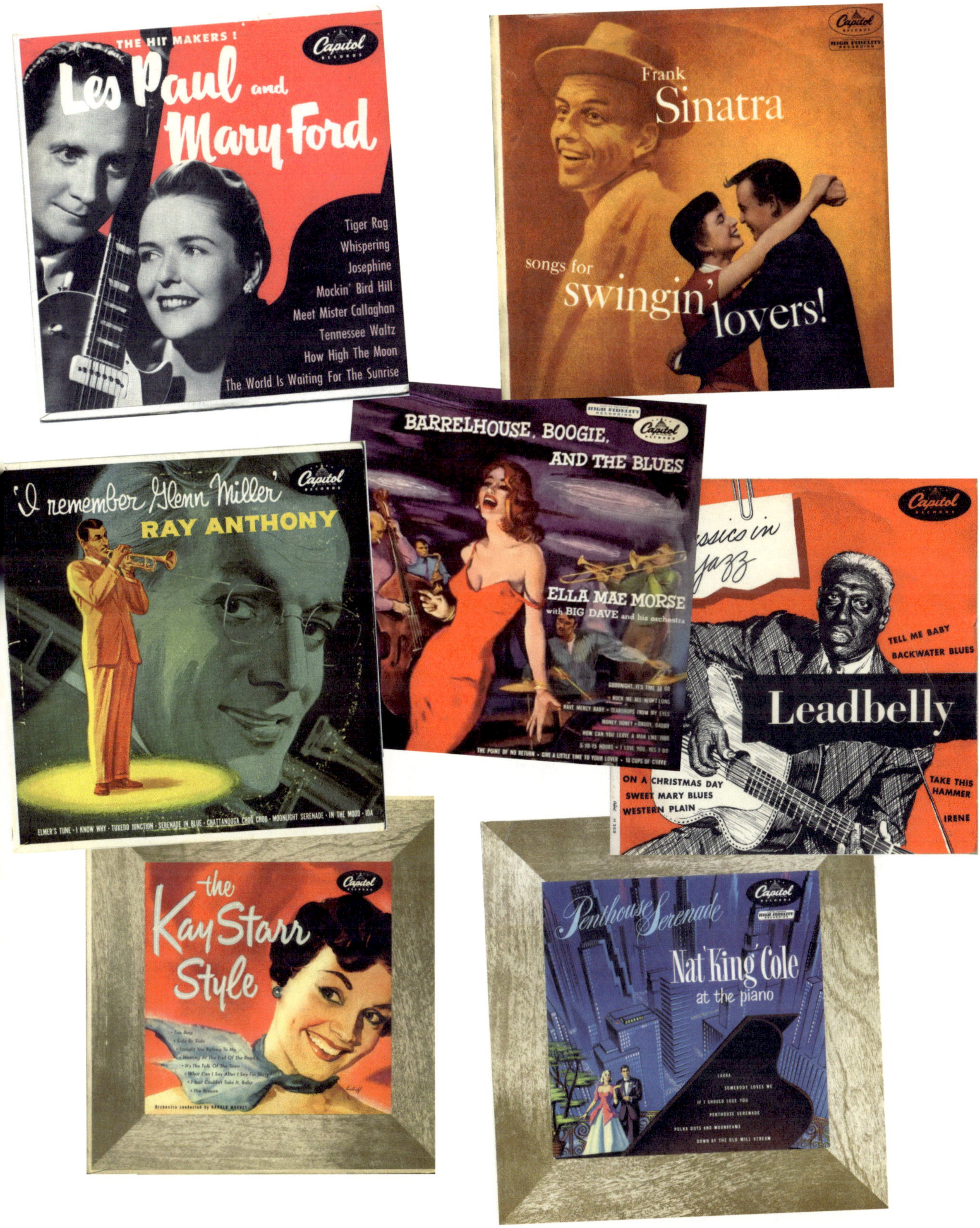

Jazz, Blues, Pop und Country auf Langspielplatten: bunte Capitol-Angebote der TELDEC

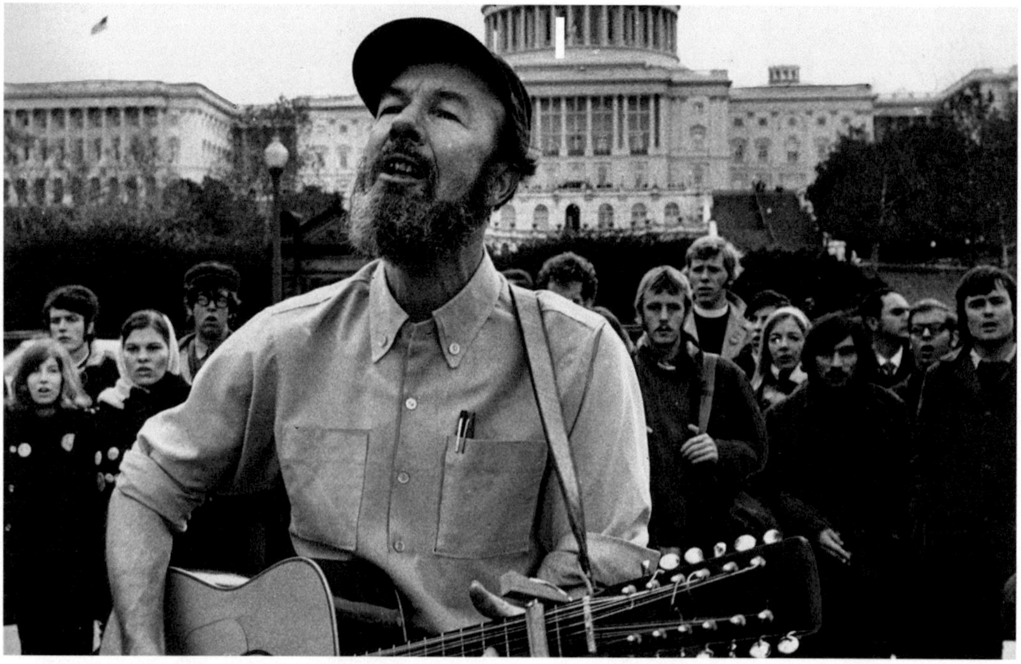

Leitfigur der amerikanischen Folk-Musik: Pete Seeger

TEIL VI

FOLKLORE AUS AFRIKA

„In The Wee Small Hours Of The Morning“ demonstrierte die Vielseitigkeit der amerikanischen Unterhaltungsindustrie. Autoren der Sinatra-Songs waren unter anderen Bob Hillard, Duke Ellington, Richard Rodgers, Lorenz Hart, Hoagie Carmichael, Jimmy Van Heusen, Cole Porter, Harold Arlen und Gus Kahn. Allen US-Interpreten stand ein unerschöpflicher Reichtum an Liedern zur Verfügung. Deshalb verwundert es nicht, dass in Amerika Cover-Versionen ausländischer Titel in dieser Zeit nur selten vorkamen. Einige wenige Beispiele: Dean Martin sang Italienisches wie „Oh Marie“, Ray Anthony spielte „O Mein Papa“, Nat King Cole machte aus „Mütterlein“ den Hit „Answer Me“, Les Baxter hatte Erfolg mit „La goualante du pauvre Jean“ („The Poor People Of Paris“), Nelson Riddle mit „Lisboa Antiga“ („Lisbon Antigua“). Der europäische Markt wurde schon damals von den amerikanischen Labels beobachtet, dass aber Aufnahmen aus dem fernen Südafrika zur Kenntnis genommen wurden, ist nur Zufällen zu verdanken. Den Anfang machte „Mbube“, das der Zulu-Sänger Solomon Linda verfasst hatte und das der amerikanische Musikologe Alan Lomax entdeckte. Er machte seinen Freund Pete Seeger darauf aufmerksam, der es 1952 mit seiner Band The Weavers, als „Wimoweh“ umgetauft, aufnahm. Yma Sumac folgte seinem Beispiel und nahm den Titel bei Capitol auf. So kam „Wimoweh“ erstmals auch nach Deutschland. Berühmt wurde die Version der Tokens von 1961 mit dem neuen Titel „The Lion Sleeps Tonight“.

Die Weavers aus New York standen im Zentrum einer Folk-Bewegung, die sich Anfang der 50er in den USA entwickelte. Ihr „Wimoweh“ machte Amerikas Plattenkäufer erstmals nach dem Zweiten Weltkrieg mit afrikanischer Musik bekannt. Über Südafrika erreichte auch die Komposition „Skokiaan“ des Simbabwers August Musarurwa 1954 New York. Das Instrumental war beim südafrikanischen Plattenlabel Gallotone von Musarurwa and the Bulawayo Sweet Rhythm Band herausgebracht worden und schlug sofort ein. Ein amerikanischer Pilot einer Fluglinie, die Afrika mit den USA verband, brachte ein Exemplar seinem Freund Bill Randle mit, der in Cleveland, Ohio, bei einem lokalen Sender DJ war. Er wurde in seiner Sendung mit Nachfragen nach dem Stück überschüttet. Zur selben Zeit wurde der englische DECCA-Chef Edward Lewis, der eine Dependance DECCA Records South Africa gegründet hatte, auf „Skokiaan“ aufmerksam. Er sicherte sich die Rechte bei Gallotone und veröffentlichte es 1954 in den USA auf seinem LONDON-Label. Die LONDON-Platte erreichte Platz 17 in den „Billboard“-Charts.

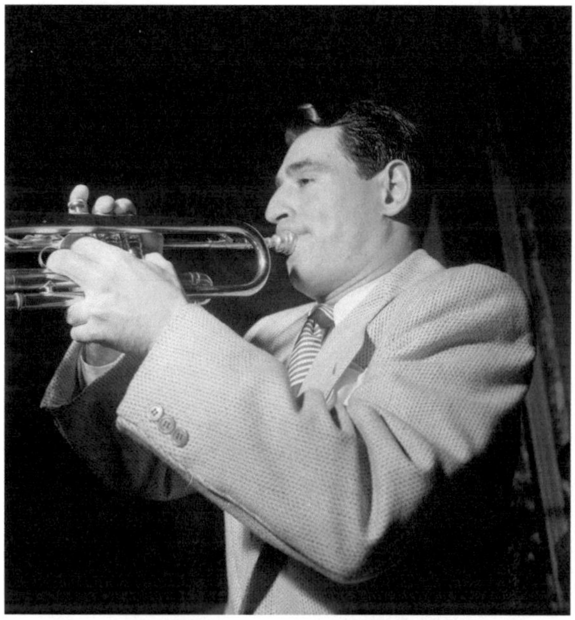

Trompeter Ray Anthony

Ray Anthony sah eine Chance für sein Orchester, nahm „Skokiaan“ bei Capitol auf und landete einen Monat später auf Platz 24. Dass er nicht so gut ankam wie Musarurwas Band, lag an seinem geglätteten Arrangement, bei dem der Drive des Originals verloren gegangen war. Seine Zielgruppe war der Mainstream, den er auch mit „Dragnet“ (aus der gleichnamigen Fernsehserie) und „Daddy Long Legs“ (aus dem gleichnamigen Film) erreichte. Sein größter Erfolg war ein alberner Tanzsong „Bunny Hop“, bei dem er mit den Tänzern wie ein Hase herumhopste. Louis Armstrong, der als Entertainer auch zu Späßen bereit war, spielte sogar zwei Versionen von „Skokiaan“ ein, eine mit Gesang.

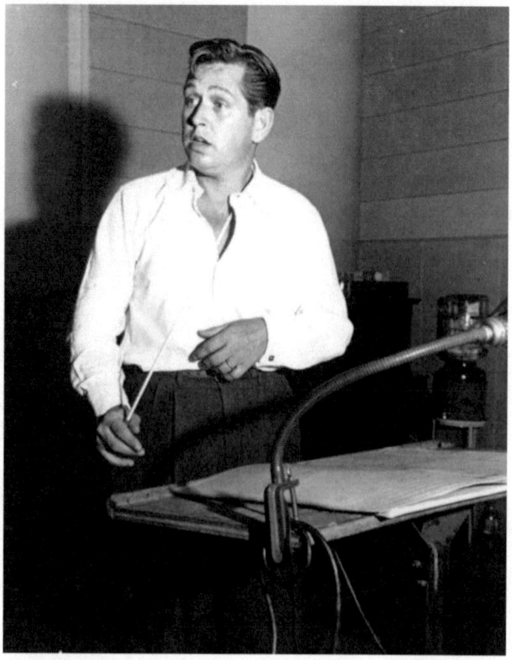

Lou Busch (Joe „Fingers“ Carr)

Diese animierte die deutsche Telefunken-Schlagersängerin Sylvia Dahl dazu, den Text „He-Ho, kommst du mit nach Afrika... da singt der Bimbo seine Lieder“ von Heinz Woezel zu singen. Als dann Lou Busch (alias Joe „Fingers“ Carr, der mit Margaret Whiting verheiratet war) das südafrikanische „Zambezi“ von Nico Carstens coverte, stellte die TELDEC das seltsamerweise so vor: „... ein neuer Modetanz, er nennt sich Cha-Cha und wird in unserer Auswahl durch den amerikanischen Erfolgsschlager Zambezi vertreten.“ Und „die Schallplatte“ fühlte sich an „Skokiaan“ erinnert: „Rasant und rassig wie der große Schlager 'Skokiaan' gibt sich dieser Tanz im leicht exotischen Stil. Genauso stürmisch hat er überall eingeschlagen; denn die afrikanischen Rhythmen, das Temperament und der Elan des Ganzen reißen nun einmal jeden Hörer mit.“ In Amerika war man nicht so hingerissen, dafür aber in England, wo Busch 1956 auf Platz 1 der Charts landete.

Die Weavers hatten nur einen kurzen Ausflug in Südafrikas Musik gemacht. Ihr eigentliches Thema war amerikanische Folklore. Der Einfluss von Alan Lomax ließ sie auch Leadbelly für ihr Repertoire entdecken, dessen „Goodnight Irene“ sie aufnahmen und zu einem Top-Hit machten. Huddie William Ledbetter (1888-1949), genannt Leadbelly, hatte sich eine Reihe traditioneller Folk-Songs und Blues-Stücke angeeignet, die er zur Twelve-String-Gitarre vortrug. Alan Lomax und sein Vater John waren auf ihn gestoßen, als sie für die Library of Congress Balladen und Prison Songs der weißen und schwarzen Bevölkerung sammelten. Leadbelly, der auf einer Plantage in Mooringsport, Louisiana, geboren worden war, hatte verschiedene Gefängnisaufenthalte – unter anderem für Totschlag – hinter sich, als er bei John Lomax als Fahrer anheuerte. Erste bedeutende Plattenaufnahmen machte Alan Lomax mit ihm 1940 für RCA. Berühmte Leadbelly-Songs jener Zeit: „The Midnight Special“ und „Pick A Bale Of Cotton“.

1944 bekam er einen Vertrag mit Capitol. Während der Aufnahmen in Hollywood wohnte er im Laurel Canyon, der in den 70er Jahren als Wohnort zahlreicher Popmusiker berühmt wurde. Von diesen Sessions erreichten „(Goodnight) Irene"/„Backwater Blues" und „Grasshoppers In My Pillow"/„Sweet Mary Blues" Deutschland als Schellackplatten.

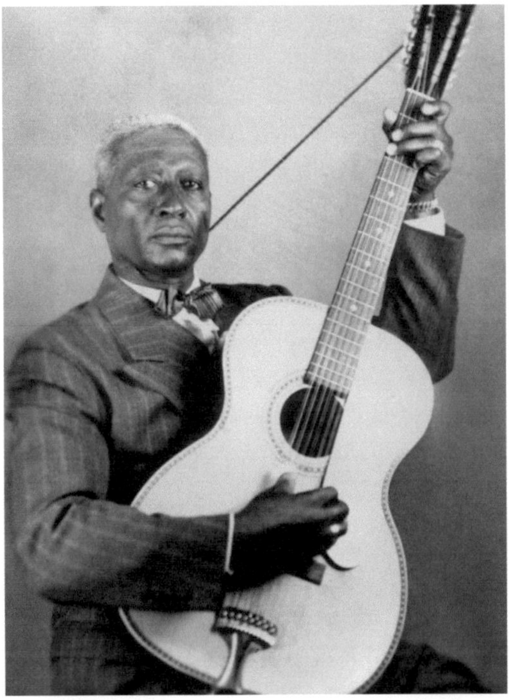

Leadbelly (Huddie Ledbetter)

In der Reihe „Classics In Jazz" hatten dann, zehn Jahre nach den Capitol-Sessions, zusätzlich zu „Irene", „Backwater Blues" und „Sweet Mary Blues" unter anderem bekannte Titel wie „Take This Hammer" auf einer 10-inch-Leadbelly-LP ihr Debüt. Der Einfluss Leadbellys reichte weit über Amerika hinaus. „Von den vielen Songs, die direkt mit ihm assoziiert werden, einige der berühmtesten sind 'Goodnight Irene' (eine Minstrel-Nummer aus dem 19. Jahrhundert); 'Midnight Special', 'Rock Island Line' und 'Cotton Fields', die mit viel mehr Titeln aus seinem Repertoire das Material für die britische Skiffle-Bewegung wurden, ... wurden alle mehrfach aufgenommen...", betonten Phil Hardy und Dave Lang im „Faber Companion to 20th-Century Popular Music" (2001). Und: „In Großbritannien wurden seine Songs von Lonnie Donegan bekannt gemacht, der 1956 einen Top-Ten-Hit, seinen ersten, mit 'Rock Island Line' hatte und weitere Titel aus dem Leadbelly-Songbook aufnahm." In Belfast hörte der junge Van Morrison „eine Leadbelly-Platte und ... dachte: Das würde ich gern spielen und diese Songs singen". Rock 'n' Roll- und Country-Sänger von Jerry Lee Lewis („Goodnight Irene"), Johnny Cash („Rock Island Line"), Wilma Lee und Stoney Cooper („Big Midnight Special") bis John Fogerty mit Creedence Clearwater Revival („Midnight Special, „Cotton Fields") coverten Leadbellys Standards. „Goodnight Irene" wurde in den 50-ern so populär, dass Frank Sinatra eine Version aufnahm und Bing Crosby, Judy Garland und Bob Hope eine Parodie darauf sangen. In der Bundesrepublik dichtete Kurt Feltz 1951 darauf „Wenn du kein Mädel weißt" und ließ es Lale Andersen singen. Textauszug: „Am Abend da träumen die Pärchen von Liebe, von Glück und von Treu'; und ist es auch alt, das Märchen, es bleibt doch ewig neu."

MEHR COUNTRY VON CAPITOL

Nicht zuletzt durch „Goodnight Irene“-Aufnahmen von Moon Mullican sowie Ernest Tubb und Red Foley kam Leadbellys Lied bei den Country-Musik-Hörern gut an. Leadbelly wurde sogar 1980 posthum in Nashvilles „Songwriters Hall Of Fame“ aufgenommen. Es gab dann für die Country-Fans auch noch einen Antwortsong „Wake Up Irene“ von Hank Thompson (1925 - 2007), der in Deutschland auf einer Thompson-EP herauskam. Answer

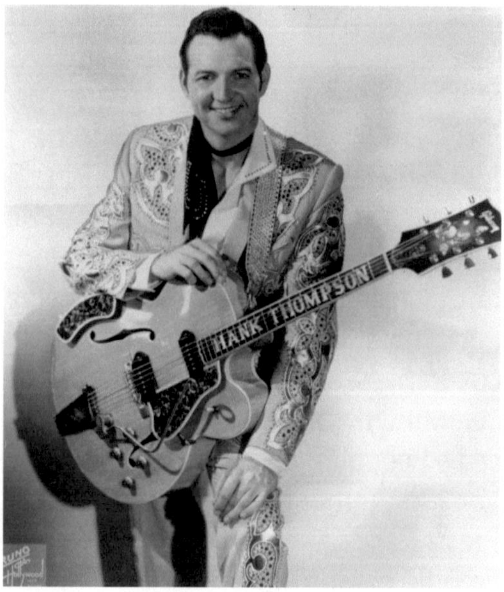

Hank Thompson

Songs haben eine Tradition in den USA, und schon 1952 hatte Kitty Wells mit „It Wasn’t God Who Made Honky Tonk Angels“ auf Thompsons ersten Millionseller „The Wild Side Of Life“ geantwortet. Jetzt setzte Thompson seinerseits auf diese Masche: „For months and months and months around the country everybody sang Irene Goodnight.“ Seine Antwort: „Wake up Irene, you’ve slept too long.“ In einem Vers nahm er sogar Bezug auf Bing Crosbys „Irene“-Version. Er schaffte damit 1953 einen Top-Hit in den Country-Charts. Der Texaner Thompson aus Waco hatte nach seiner Militärzeit im Zweiten Weltkrieg die Band Brazos Valley Boys gegründet, mit der er Honky Tonk und Western Swing spielte. 1947 entdeckte ihn Tex Ritter und vermittelte ihn an Capitol. 1948 wurde er von Lee Gillette und Ken Nelson verpflichtet. Eine der ersten Aufnahmen mit ihm war „Humpty Dumpty Heart“, eine Anspielung auf den englischen Kinderreim „Humpty Dumpty“. Er blieb bis 1966 bei dem Label.

In einem Rückblick auf die ersten zehn Jahre des Labels stellte Capitol die 27 erfolgreichsten Künstler unter der Überschrift „The Hits and the Artists Who Made Them“ vor, darunter fünf Country-Musiker: Tennessee Ernie, Tex Ritter, Merle Travis, Tex Williams und Jimmy Wakely. Die meisten von ihnen kamen von der Westküste und machten ihre Aufnahmen fern von Nashville, Tennessee, der Country-Metropole. Das änderte

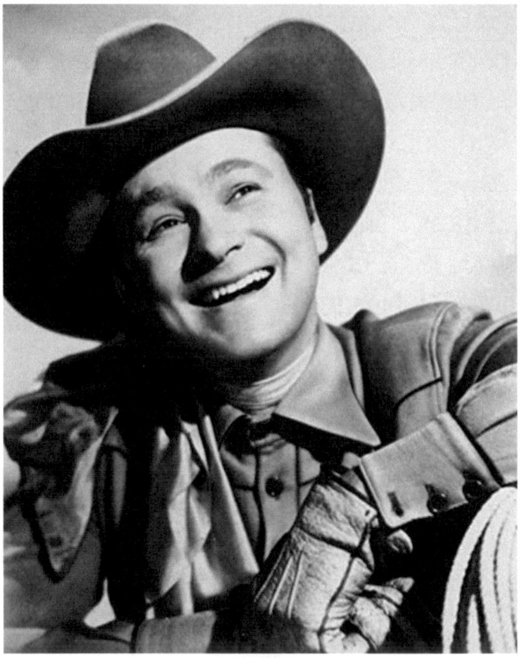

Tex Ritter

sich, als Ken Nelson 1951 die Position des Chefs der Country-Abteilung von Lee Gillette übernahm, der jetzt Pop-A&R-Chef wurde. Er baute das Country-Repertoire rasch aus. Nelson war sechs bis acht Monate im Jahr unterwegs, um die Capitol-Präsenz auf dem Gebiet der Country-Musik zu verbessern. Das zahlte sich aus. Ab 1952 hatte das Label dann logischerweise ein eigenes Büro in Nashville, wo bedeutende Studios und große Verlage wie Acuff-Rose ihren Sitz hatten. Da war es hilfreich für die weitere Entwicklung, dass Capitol Aufnahmen mit dem einflussreichen Verlagsbesitzer Roy Acuff („Whoa Mule"/„Rushing Around") machte. Auch die in Nashville ansässigen Jordanaires, die ein Jahr später durch Elvis Presley weltberühmt wurden, gingen mit Gospels für Capitol ins Studio. Wie Acuff waren sie mit Schellacks und Singles in Deutschland erhältlich, sogar auf einer EP mit den Titeln „Bugle Call From Heaven", „In My Saviour's Loving Arms", „This Ole House" und „Tattlers Wagon". Ein ehemaliger DJ, „Texas" Bill Strange, coverte Johnny Cashs „Cry, Cry, Cry" (Rückseite „Yellow Rose Of Texas"), das auf diese Weise erstmals in der Bundesrepublik zu hören war – abgesehen von AFN-Sendungen, in denen das Original auflegt wurde. Aus Hollywood kamen Rockabilly-Aufnahmen mit Billy Strange („Let Me In There, Baby"/„I'll Never Change My Mind About You"), einem Gitarristen, der in den 60er Jahren Karriere bei der „Wrecking Crew" machte. Er schrieb Titel für Elvis Presley und hatte sogar eine Filmrolle in „Coal Miner's Daughter" („Nashville Lady"), in dem er den Gitarristen Speedy West verkörperte.

Ken Nelson (1911 - 2008) aus Minnesota, war nicht prädestiniert, einer der renommiertesten Country-Produzenten zu werden. Teile seiner Kindheit verbrachte er in einem Waisenhaus in Chicago, wohin ihn seine Mutter abgeschoben hatte. Kontakt zur Musikszene bekam er in Chicago, wo er Jazzern wie Louis Armstrong und King Oliver für einen Musikalienhandel Sheet-Musik anbot. Bei einem Radiosender wurde er dann Ansager für Konzerte des Chicago Symphony Orchestra. Durch seine Bekanntschaft mit Lee Gillette kam er zu Capitol. Neben Hank Thompson produzierte er Merle Travis und verpflichtete Tommy Collins (1930 - 2000) und Ferlin Husky (1925 - 2011). Um sich das Country-Feeling anzueignen, fuhr er in Bussen quer durchs Land: „Eine Jukebox in einem Busbahnhof ist der großartigste Platz, um den Geschmack der Leute kennenzulernen. Indem ich mich in die Nähe einer Jukebox in einem Busbahnhof setzte, habe ich den Puls der Leute gespürt." Das blieb nicht ohne Folgen. Unter anderem wird er als Geburtshelfer des „Bakersfield Sounds" gewürdigt. Mit einem der Begründer dieser Richtung, Tommy Collins, ging er ab 1953 ins Melrose Studio in Los Angeles und nahm dessen humorvolle Stücke „You Gotta Have A License" und „You Better Not Do That" auf, zwei Titel, die Collins berühmt machten. Als Gitarristen begleiteten Collins zwei Musiker, die später selber als Solisten den Durchbruch schafften: Ferlin Husky und Buck Owens. Die TELDEC übernahm aus dem Angebot zwei eher unbekannte Collins-Singles: „Untied"/„Boob-I-Lak" (1954) und „I Wish I Had Died In My Cradle"/„I'll Never, Never Let You Go" (1956). Nelson erinnerte sich, dass keine dieser Aufnahmen verging, ohne dass der Gitarrist Buck Owens ihn nervte: „Ich kann auch singen! Wann lässt du mich singen?" Als Nelson ihm endlich eine Chance gab, begann eine der größten Karrieren der Country-Musik. Jahre später, 1963, widmeten Buck Owens und Ken Nelson in Erinnerung an Owens' Anfänge Tommy Collins ein Album: „Buck Owens Sings Tommy Collins". Auch Merle Haggard erinnerte 1980 in seinem Tribute-Song „Leonard" an die Geschicke seines Freundes Collins. Als der zu Beginn der 50er Jahre aus Oklahoma ins kalifornische Bakersfield gekommen war, hieß er noch Leonard Raymond Sipes. Er lernte dort Ferlin Husky kennen, der ihn wiederum mit Cliffie Stone bekannt machte. Es folgten ein

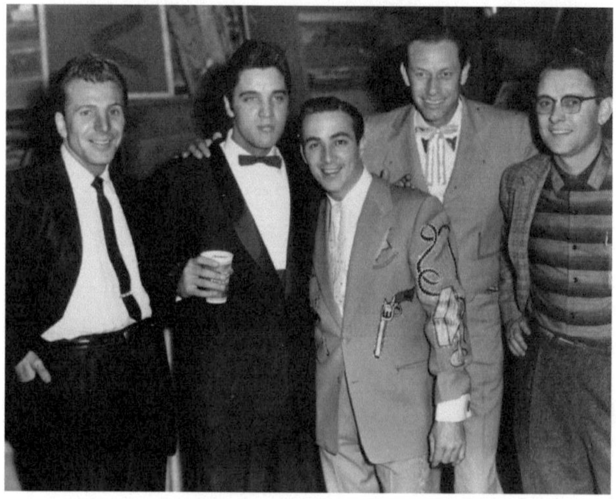

Ferlin Husky (von links), Elvis Presley, Faron Young, Hawkshaw Hawkins und Tom Perryman

Vertrag als Songwriter und die Verpflichtung als Sänger, die mit seiner Namensänderung einherging. Seine besten Jahre hatte er 1955 und 1956. Bedeutend war vor allem sein Einfluss als Autor. Ferlin Husky, ein ehemaliger DJ in Bakersfield, nahm auch 1952 als erster Sänger mit „Are You Afraid" ein von Collins geschriebenes Lied auf. Bekannt wurde Husky aber zunächst durch das Duett „A Dear John Letter" mit Jean Shepard, bei dem er nicht sang, sondern sprach. Seine Solo-Aufnahmen „I Feel Better

All Over“, „Slow Down Brother“ und „My Gallina“ (unter dem Pseudonym Simon Crum) erschienen der TELDEC als verkaufsträchtig – zumindest in den PX-Stores. Ferlin Husky blieb Capitol bis weit in die 60er Jahre als erfolgreicher Country-Sänger erhalten.

In der bundesdeutschen Plattenlandschaft waren – ausgenommen die Capitol-Künstler – Country-Musiker noch selten wie weiße Raben. Nur vereinzelt gab es Ausnahmen: Brunswick hatte Red Foley im Angebot, Electrola Hank Williams. Zwar vertrieb Electrola auch RCA-Platten, aber in der kurzen Phase von 1953 bis 1956, in der die Kölner die RCA-Lizenz hatten, brachten sie neben Glenn Miller, Eartha Kitt und Mario Lanza kaum etwas auf den Markt, vor allem keine Country-Musik. So hatte Capitol auch hier die Nase vorn, bis die TELDEC 1956 RCA übernahm, die in Nashville Platzhirsch war. Anschluss an die moderne Country-Szene in Nashville war Ken Nelson gelungen, als er 1951 auf einem seiner Field Trips nach Shreveport, Louisiana, beim Verlassen der Stadt einen Lokalsender in seinem Autoradio anstellte. Was er hörte, war eine neue Stimme. Sie gehörte Faron Young. Nelson wendete, kehrte nach Shreveport zurück und verpflichtete Young.

Faron Young (1932 - 1996) kam in Shreveport, Louisiana, zur Welt, wo seine Eltern eine Farm besaßen. Sie mussten den Vertrag mit Capitol unterschreiben, weil Faron erst 19 Jahre alt war. Im Umfeld von Shreveport mit der berühmten Radiosendung „Louisiana Hayride“ gehörte Country-Musik zum Alltag. Aber Faron stand mehr auf Nat King Cole und Doris Day. Für Country interessierte er sich erst, als er die Chance bekommen hatte, mit Webb Pierce aufzutreten. Pierce gehörte damals zu den Schwergewichten der Szene. Er verpflichtete Young sogar für einen ersten Plattenvertrag mit seinem eigenen Label. Es fiel Young leicht, diesen Vertrag zu kündigen, als er im Januar 1952 das Angebot des Major Labels Capitol erhielt. Im selben Jahr bewarb Capitol ihn im „Billboard“ als „The Grand Ole Opry’s newest star“. Um seine Entdeckung in die Charts zu pushen, engagierte Ken Nelson die erste Riege der Sidemen aus Nashville – Chet Atkins, Hank Garland, Grady Martin, Floyd Cramer, um nur einige zu nennen. Das zeigte schon bald Wirkung mit „Goin’ Steady“, einem Song, den Faron Young selbst verfasst hatte. Im Januar 1955 entstand in Nashville der Titel, der seither unverbrüchlich mit Young verbunden ist: „Live Fast, Love Hard, Die Young“. Zwischen beiden Hits lag seine Militärzeit, die er anders als Elvis Presley mit Auftritten absolvieren konnte. Mit Presley traf er im Februar 1955 zusammen – bei einem Konzert im Ellis Auditorium von Memphis. Auf dem Plakat für die Show stand Young an erster Stelle, dann folgten Musiker wie Ferlin Husk(e)y und die Wilburn Brothers. Und weiter unten stand dann erst „plus ... Memphis’ own Elvis Presley“.

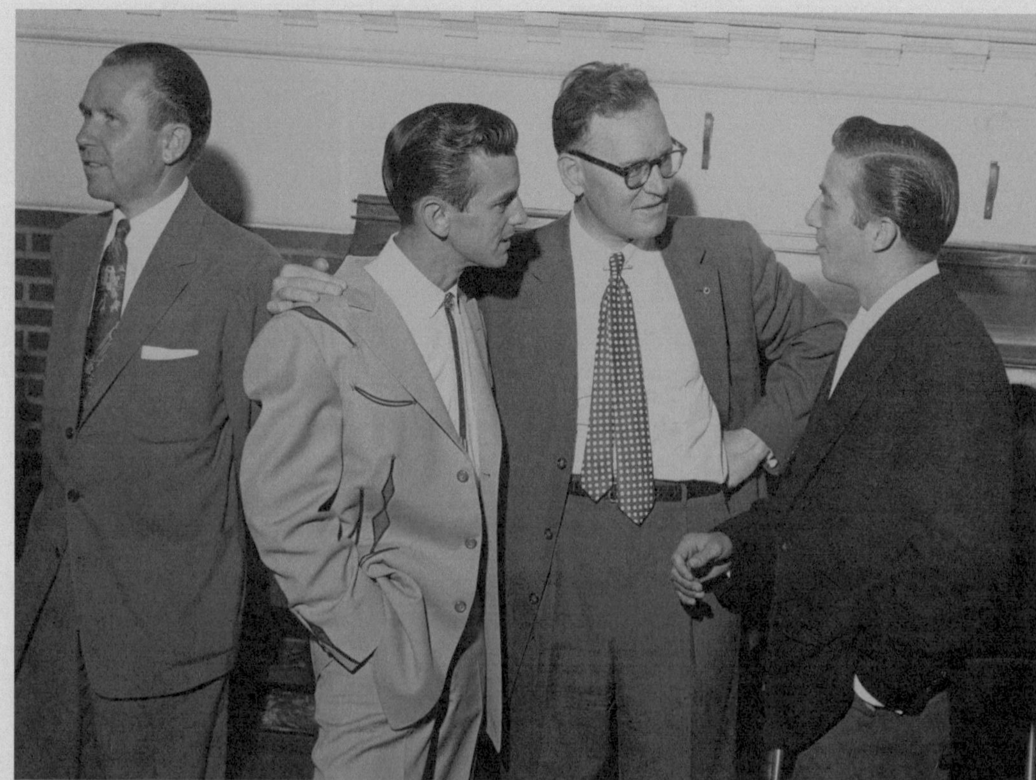

Capitol-Gipfeltreffen: Präsident Glenn Wallichs (links), Produzent Ken Nelson (mit Brille), Tommy Collins (2. von links) und Faron Young. Nelson leitete die Country-Abteilung und produzierte Collins und Young

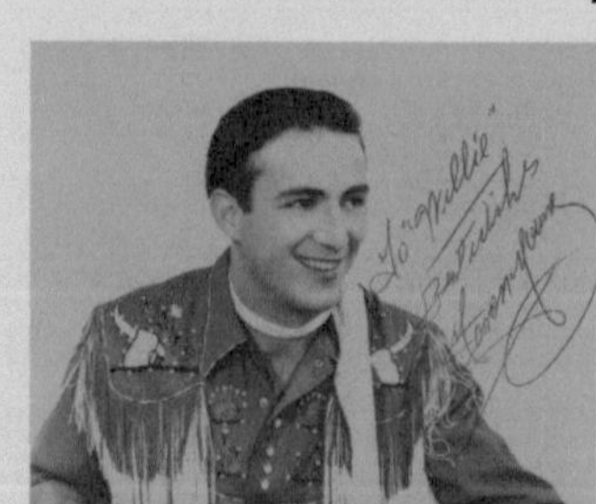

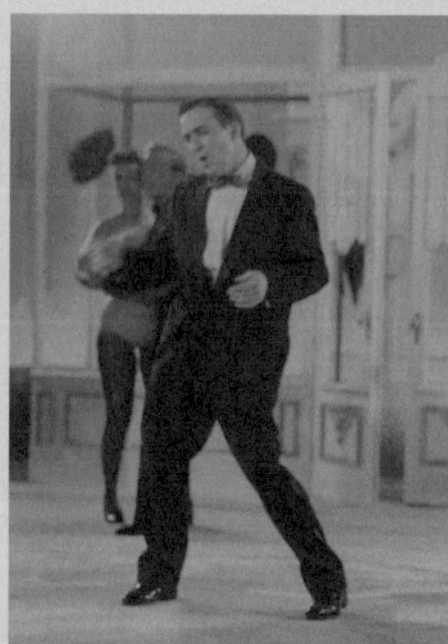

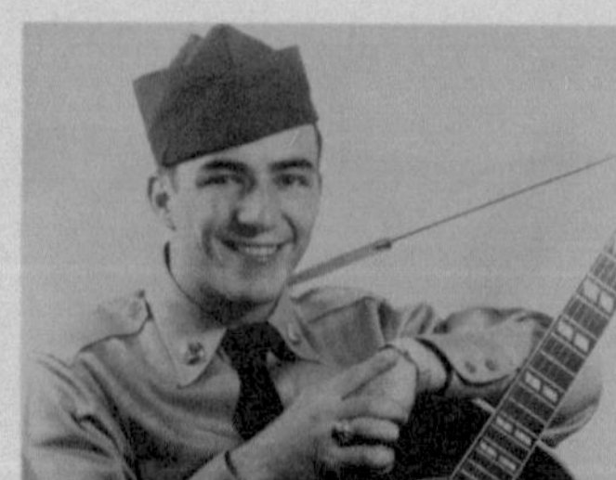

Singender Soldat, Fernseh-Sheriff und Showman: Faron Young war vielseitig – auch in der Musik. Sein Repertoire reichte von Rockabilly, über Country bis Pop

Faron Young wurde auch in Deutschland beachtet. Im August 1955 stellte die Zeitschrift „Automaten-Markt" seine Single als Neuerscheinung vor, lenkte aber die Aufmerksamkeit auf die B-Seite: „'Forgive Me, Dear' lautet der Titel dieses Schlagers von George Jones und Faron Young. Die Bitte richtet sich wohl nicht an den Jazz-Freund, der von der ganz modernen Komposition begeistert sein wird. Faron Young zelebriert sie selbst: so also, wie der Komponist sie haben will. – Joe Allison hat den Schlager auf der Rückseite dieser Platte komponiert, und Faron Young spielt und singt sie mit Meisterschaft. 'Live Fast, Love Hard, Die Young'. Ein guter Rat, dem Joe Allison hier modernen, modernsten Ausdruck gibt." Autor Allison, der später „He'll Have To Go" für Jim Reeves schrieb, galt in den USA als „eine der einflussreichsten Gestalten in der Entwicklung zur modernen Country-Musik". Die Idee zu dem Song war ihm gekommen, als er einen Gangster-Film mit dem Schauspieler John Derek sah, der immer wieder sagte: „I want to die young and leave a good-looking corpse." Für Ken Nelson, dem er das Lied präsentierte, war klar: „Den mache ich mit Faron Young." Der zeigte sich aber nicht begeistert. Young: „Das war ein Song, den ich gehasst habe. Dann wurde er ein großer Hit, und ich mochte ihn. Nelson hatte mir gesagt: 'Nimm das auf oder du wirst jung sterben!'"

Der Text passte eher zum aufkommenden Rock 'n' Roll mit Aussagen wie: „Now you may not approve of the things I do, but it really don't bother me. But don't ever think you can tie me down, I'm gonna stay footloose fancy free." Rock 'n' Roller Eddie Cochran, der eine Version von „Live Fast, Love Hard, Die Young" aufnahm, starb jung mit 21. Mit dem frühen Tod des erst 24jährigen James Dean bei einem Unfall mit seinem Porsche im September 1955 bekam der Song eine traurige Aktualität, besonders durch die Zeile „I got a hot-rod car". Deans identitätsstiftende Filme, zum Beispiel „Rebel Without a Cause" („...denn sie wissen nicht, was sie tun"), der 1956 auch in der Bundesrepublik in die Kinos kam, stießen eine Jugendbewegung an, die ohne die Begleitung durch die Rock 'n' Roll-Musik wohl nicht diese Auswirkung gehabt hätte. „Live Fast, Love Hard, Die Young And Leave A Beautiful Memory" wurde bis in die 70er Jahre zum Synonym für die Rock 'n' Roll-Generation, die diesen Slogan wörtlich auf sich bezog. Für Faron Young bedeutete der Top-Hit zusammen mit zweitklassigen Cowboy-Filmen („Hidden Guns") und einer Fernsehserie („The Young Sheriff"), in denen er mitspielte, einen immensen Popularitätsschub. Die Sheriff-Rollen, die er verkörperte trugen ihm den Beinamen „The Young Sheriff" ein. Der tauchte auch auf der Single „Sweet Dreams" auf (mit dem Zusatz „and His Country Deputies"), der ersten Hit-Version des Don-Gibson-Songs, die 1956 von der TELDEC veröffentlicht wurde.

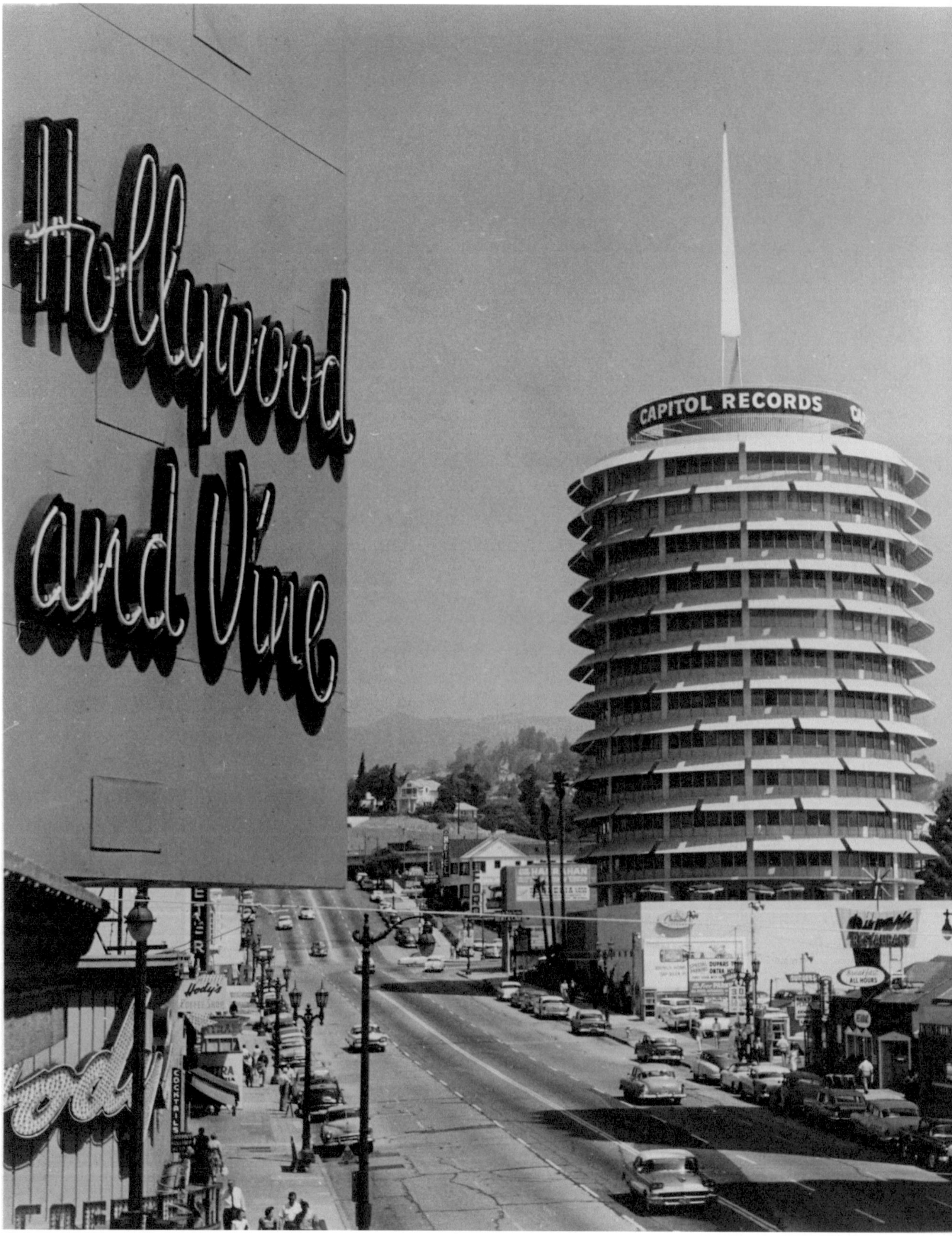
Hollywood and Vine
CAPITOL RECORDS
Breakfast ALL HOURS

TEIL VII

DER CAPITOL-TOWER ENTSTEHT

Bereits 1954 hatte Glenn Wallichs geplant, mit seiner mittlerweile groß gewordenen Firma aus seinem Büro in der Vine Street in ein repräsentativeres Gebäude umzuziehen. Dafür engagierte er das renommierte Architektenbüro Welton Beckett & Associates, das ihm Entwürfe für einen Neubau entwickeln sollte. Der Auftraggeber hatte ein konventionelles solides Hochhaus im Sinn. Anders der Architekt Louis Naidorf, für den für ein modernes Unternehmen der Unterhaltungsbranche nur ein avantgardistischer Bau in Frage kam. Seine Idee: statt eines eckigen Hauses ein rundes Gebäude, das ein Blickfang in Hollywood werden würde. Als er die Zeichnungen Wallichs präsentierte, weckte der Rundturm bei diesem die Assoziation eines Schallplattenstapels, und das kam ihm zu direkt vor. Sein Argument: Das wirke ähnlich plump wie ein Hot-Dog-Stand in der Würstchenform eines Hot Dogs, und solch ein Gimmick sei seiner seriösen Firma nicht würdig. Aber Welton Beckett & Associates gaben nicht auf: Schließlich überzeugten sie Wallichs mit einem merkantilen Argument. Ihr

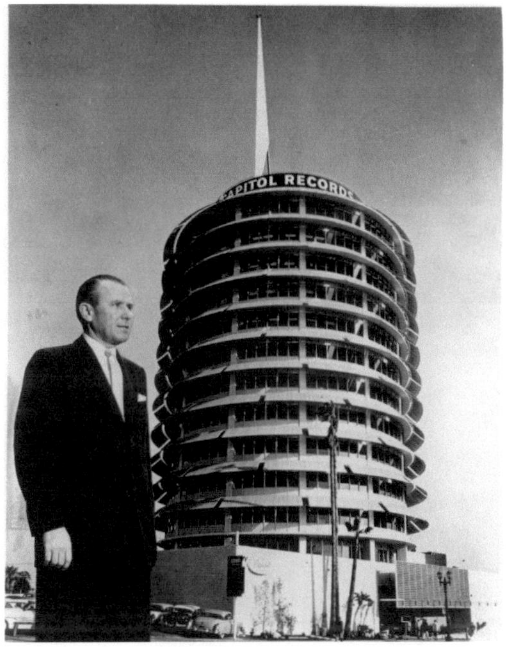

Fotomontage: Wallichs vorm Tower

Entwurf sei viel effektiver und sparsamer als ein Quadratbau sein könnte, da sich alle Versorgungsleitungen in der Mitte der Stockwerke konzentrieren ließen. Wenn man auf insgesamt 13 Etagen ausbauen würde, könne man auch andere Unternehmen als Mieter aufnehmen. Weniger Geld zu benötigen kam auch bei den Finanziers gut an. So entstand schließlich an der Vine Street gegenüber dem Hollywood-Boulevard der Capitol-

Tower, der mit seinem Funkturm auf dem Dach tatsächlich einem Plattenspieler mit Stapelachse ähnelt. Allerdings steht der Funkturm nicht in der Mitte des Dachs.

Guiness Who's Who Fifties Music"). Das gelang ihm 1955 auch bei dem gefühlvollen „Darling, Je Vous Aime Beaucoup", das vor ihm schon Bing Crosby gesungen hatte. Der Text der

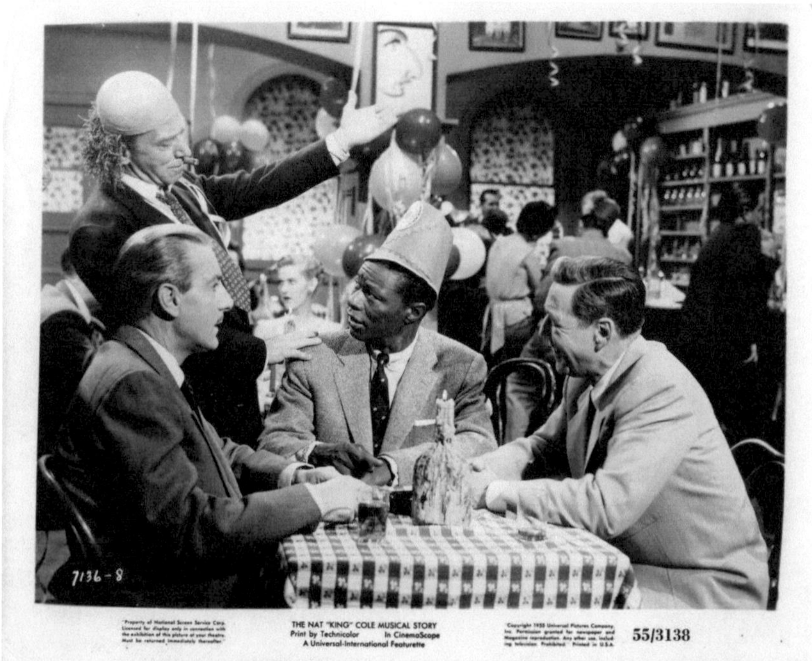

Filmbiographie: Nat King Coles Anfänge

Schon bald bekam der Capitol-Tower den Beinamen „The house that Nat built". In Anlehnung an den englischen Nursery-Rhyme „This is the house that Jack built" war das eine Erinnerung daran, wer Capitol Records reich gemacht hatte: Nat King Cole. Allein eine Etage hätte mit den Gewinnen aus „Mona Lisa" finanziert werden können. Ertragreich stellte sich nicht sein Spiel als Jazz-Pianist heraus, sondern seine „Stimme, die wirkte, als könne er kein Wässerchen trüben... Egal wie süßlich die Arrangements, es gelang ihm immer, zu singen als sei es bedeutend." („The

amerikanischen Autorin Anna Sosenko versucht sich teils im Französischen und mischt beide Sprachen: „Je ne sais pas, what to do" und „My love for you is très, très fort". Da er damit – begleitet vom Orchester Nelson Riddle – in die Top-10 der „Billboard"-Charts gelangte, wurde die Platte auch in England und Deutschland angeboten. Bei Capitol wusste man, was man an ihm hatte. Nach einer LP zum zehnten Capitol-Jubiläum produzierte man 1955 den Farbfilm „The Nat King Cole Musical Story" – ein „Musical Featurette", das seine Karriere vom Bandleader zum Solo-Star schilderte.

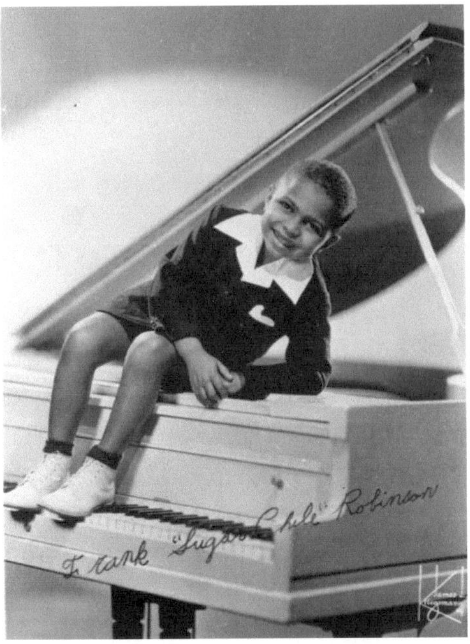

Sugar Chile Robinson

Auch dieser Rückblick demonstrierte, dass die Musikangebote jetzt nicht mit der Modernität des Capitol-Towers mithalten konnten. Einen Rückblick auf den eher bescheidenen Output von Sugar Chile Robinson brachte 1955 das Album „Boogie Woogie". „Durch die Frische seines Spiels, durch die vollendete Technik und nicht zuletzt durch die echte Musikalität und das Stilgefühl für den guten, echten Boogie Woogie gewann er sich viele Freunde", feierte „die Schallplatte" die Best-Of-Platte und fand „da kommt diese Langspielplatte mit lauter populären Titeln gerade recht." Es fiel zu dieser Zeit auf, dass Capitol mit dem Repertoire auf der Stelle trat. Unbeabsichtigt deutete Joachim Ernst Berendt Anfang 1956 in seiner Besprechung des „Großen deutschen Schallplattenpreises 1954/55" das an: „... die Jazzschallplatten in Deutschland werden immer zahlreicher." Capitol belieferte die Welt hauptsächlich mit Jazz der verschiedensten Stilrichtungen. Das war eine sichere Bank für das Label in Hollywood. In seinem Artikel in „die Schallplatte" hob Berendt die preisgekrönte Platte eines alten Bekannten hervor: „Stan Kenton Plays The Music of Bill Russo". Diese Doppel-EP bezeichnete er als „die vielleicht modernste Platte". Das konnte nicht darüber hinwegtäuschen, dass die Fokussierung auf Jazz nicht der gesellschaftlichen Entwicklung entsprach und einem Stillstand gleichkam. Daran änderten auch Woody Hermans Versionen der Soundtracks zu „House Of Bamboo" und „Love Is A Many-Splendored Thing" nichts, zwei aktuellen Filmen, die im Herbst 1955 als „Tokio-Story" beziehungsweise „Alle Herrlichkeit auf Erden" in deutschen Kinos anliefen. Film-Songs zu covern gehörte ja schon immer zu den kommerziellen Strategien der Plattenfirmen. Wie auch das Recycling alter Melodien. Nicht von ungefähr druckte die TELDEC im November 1955 in einem Capitol-Prospekt über die Plattenvorstellungen den Titel „Immer wieder gern gehört". Darauf setzte Capitol auch mit Al Martinos Cover des Filmsongs „The Man From Laramie" („Der Mann aus Laramie", September 1955), der wiederum in der Bundesrepublik von Gerhard Wendland als „Bei uns in Laramie" gecovert wurde. Martino konnte damit allerdings nicht seinen Erfolg von „Here In My Heart" aus dem Jahr 1952 wiederholen.

DER VERKAUF AN EMI

In England wurde weit mehr von Pop-Künstlern wie Al Martino und Frank Sinatra veröffentlicht als in der Bundesrepublik, wo das Jazz-Angebot größer war. Beide Länder waren aber die größten Abnehmer für das Label aus Hollywood. Laut „American Music and Its Business“ machte amerikanische Musik 1954 in Europa ein Drittel des Musikgeschäftes aus. Außerdem entsprachen die 75 Millionen von Engländern und Deutschen gekauften Platten einem Drittel des amerikanischen Marktes. Das führte in der Chefetage der englischen Plattenfirma EMI zu Planspielen, weil sie auf Anordnung der amerikanischen Kartellbehörde ihre Zusammenarbeit mit dem US-Label Columbia aufgeben musste. Dadurch ergab sich ein Domino-Effekt, der letztlich auch in Europa Folgen hatte. Zunächst trafen die Engländer, die weiter auf Expansion aus waren, eine Lizenz-Vereinbarung mit der amerikanischen MGM, dann nahmen sie Capitol ins Visier. Doch erste Gespräche mit Glenn Wallichs verliefen nicht ermutigend. Er sah keinen Grund für Veränderungen: Er hatte Verträge mit der englischen Decca und mit der TELDEC und hatte mit ihnen den europäischen Markt erfolgreich erobert. Er hatte keinen Anlass, die Pferde zu wechseln. Aber EMI wollte gar nicht an die Stelle von Decca und TELDEC treten, sondern beabsichtigte, Capitol zu kaufen. Davon war Wallichs verständlicherweise auch nicht begeistert. Schließlich war die Plattenfirma sein Lebenswerk. Mit der Zeit bröckelte sein Widerstand. Der Neubau in Hollywood stellte ein nicht kalkulierbares finanzielles Risiko dar, und Johnny Mercer fand Gefallen an der Idee, seine Anteile an der Firma zu verkaufen, deren Programm sich für seine Begriffe viel zu kommerziell entwickelt hatte. Ein weiteres Argument: Buddy DeSylvas Witwe hatte kein Interesse am Musikgeschäft. Ausschlaggebend war schließlich das günstige Angebot der EMI, das 4,50 Dollar über dem aktuellen Wert pro Anteil lag. 1954 hatten die Amerikaner 20 Millionen Dollar Umsatz erwirtschaftet. Am 17. Januar 1955 wurde Capitol Records dann eine englische Firma. Letzte Anteile wechselten am 14. März ihre Besitzer. Insgesamt zahlte die EMI 8,5 Millionen Dollar. Für Johnny Mercer bedeuteten das 1,75 Millionen Dollar, Glenn Wallichs behielt ein paar Anteile, um als Geschäftsführer in der Firma zu bleiben.

Wo sich Gewinner freuen, gibt es aber auch immer Verlierer. Allerdings konnte die englische Decca den Ab-

Markenzeichen der Electrola

gang von Capitol relativ leicht verschmerzen, weil sie als Ersatz die amerikanische RCA an Land ziehen konnte. RCA war es jetzt zuviel geworden, dass die EMI, mit der sie einen Lizenzvertrag hatte, nun außer MGM auch noch Capitol im Portfolio hatte. Als Konsequenz suchte RCA neue Partner in Europa. Die Verhandlungen mit der RCA hatten Edward Lewis für die Decca und Maurice Rosengarten für die TELDEC geführt. Durch diesen Neuzugang kamen auch die Hamburger schon bald über den Capitol-Verlust hinweg. Schließlich gewannen sie dadurch die Vertriebsrechte an Elvis Presley. Der Abschied von Dean Martin ließ sich für sie mit Perry Como kompensieren. Von Frank Sinatra konnten sie alte RCA-Aufnahmen vermarkten. Damit hatten sie einen kleinen Trost dafür bekommen, dass ihnen das boomende Geschäft mit Ole Blue Eyes entging. Allerdings gab es keinen Ersatz für Nat King Cole: RCA-Künstler Billy Eckstine, der allenfalls in Frage gekommen wäre, blieb in Europa ein Unbekannter.

In der Bundesrepublik besaß die EMI die Firma Electrola, deren 50 Jahre zuvor gegründete Schwester Carl Lindström GmbH nun das Label Capitol übernahm, in Österreich wurde die EMI-Tochter Columbia Graphophone zuständig. Das Label der Carl Lindström nannte sich Parlophon (in England und Frankreich Parlophone). Sein Logo zeigte ein geschwungenes L, das für die Firma Lindström stand. Sie wurde 1927 von der britischen Columbia Graphophone übernommen, die wiederum vier Jahre später in die EMI einging. In der Schweiz behielt Maurice Rosengartens Musikvertrieb die Rechte. Für Frankreich veränderte sich nichts, da der Capitol-Vertrieb dort längst bei Pathé angesiedelt war. Anders stellte sich die Situation in Skandinavien dar.

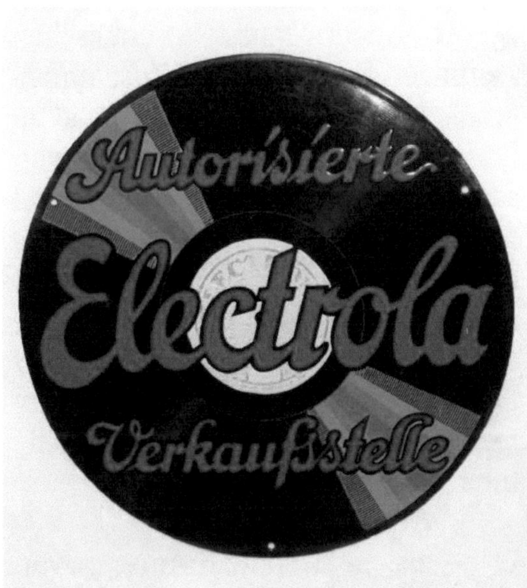

Seit 1925 in Deutschland

Für Sixten Eriksson war die Nachricht des Verkaufs ein harter Schlag. Er hatte 1948 den Kontakt zwischen Capitol und Telefunken hergestellt und damit den Amerikanern den Zugang zum europäischen Markt ermöglicht. Jetzt hatte er nichts von seinem Vertragspartner in den USA

TRADE MARK

Parlophone

Der geschwungene Versal L steht für Lindström

gehört, sondern musste in englischen Zeitungen lesen, dass die Zusammenarbeit mit der Firma in Hollywood zu Ende ging. Er reagierte wie ein verschmähter Liebhaber. In einem Brief vom 16. Januar 1955 beklagte er sich bei Glenn Wallichs:
„I refuse to believe that this can be the truth, and I'm very anxious to know the real position... and I hope very much that you shall be able to deny the news."

Er bekam postwendend Antwort von Bobby Weiss: „I wanted to write and tell you how much I have enjoyed working with you and your fine organisation during the past few years. It has been an extreme pleasure to cooperate with you in the building of the Capitol trademark in Sweden. My compliments, too, on the manner in which you established Capitol's EP position as being number one for all trademarks in your country." Das war zwar nett, und Weiss beteuerte seine Freundschaft und sprach die Hoffnung aus, Eriksson einmal wiederzusehen. Aber Eriksson fühlte sich hintergangen, was er in einem Brief vom 26. Januar 1955 an Weiss noch einmal hervorhob: „It will be very hard for me to be put aside all of a sudden, after I in a very short time have succeded to bring up CAPITOL as the top label in Sweden – somebody else will pick the fruits which I planted!" Seine Konsequenz war, sich umgehend an dem RCA-Deal von Edward Lewis und Maurice Rosengarten zu beteiligen.

Für Eilif Meyer gab es noch eine hässliche Auseinandersetzung ums Geld mit Sandor Porges, der von sich wies, dass Capitol die Norweger nicht mit ausreichend Matrizen versorgt habe. Um die Nachfrage zu befriedigen hatte NERA Matrizen von der TELDEC beziehen und extra bezahlen

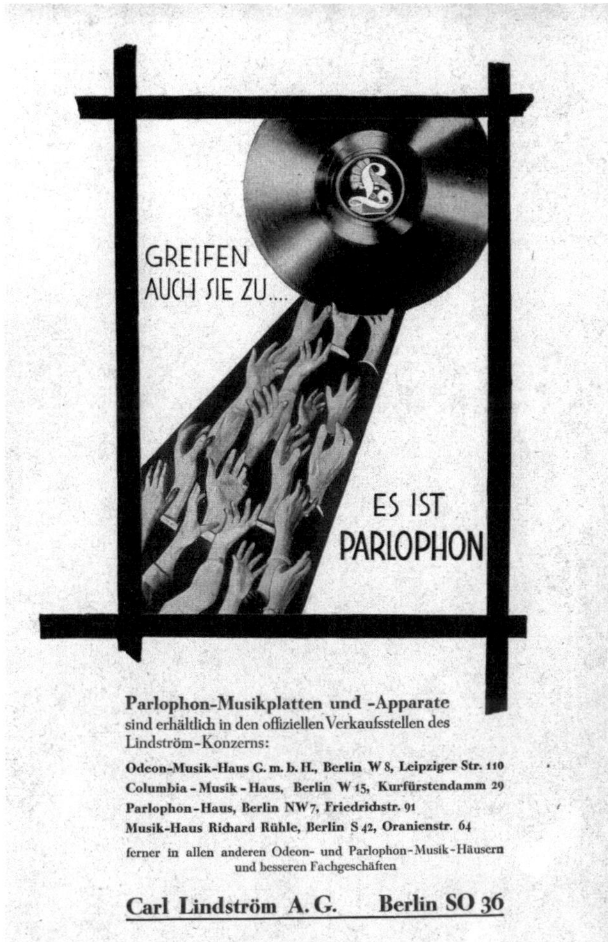

Die Carl Lindström AG begann mit dem Parlophon(e)-Label

müssen, schrieb Meyer. Porges verlangte, dass zurückgehaltene Zahlungen unverzüglich zu leisten seien. Eilif Meyer gab nach und willigte ein, aus den Lagerbeständen Platten an die norwegische EMI zu verkaufen: bis zu 12 000 Schellacks, bis zu 1 000 Singles und bis zu 10 000 EPs. Dann war NERA verpflichtet, alle Matrizen und alles Capitol gehörende Material an EMI auszuliefern. Matrizen durften nur mit Zustimmung von Capitol vernichtet werden. NERA musste eine Aufstellung aller bisher selbst gepressten Platten nach New York beziehungsweise Hollywood schicken. Von Januar 1956 an durfte NERA für 30 Tage noch seinen Bestand an Capitol-Platten verkaufen. Im Mai 1956 bestätigten Wallichs und Meyer schließlich, dass das Geschäft abgewickelt worden sei. Am 31. März des Jahres hatte auch NERA schon einen Vertriebsvertrag mit RCA geschlossen. Wie Erikssons TEFAB, die alles Material an die schwedische EMI übergeben musste, war NERA im Frühjahr aus dem Capitol-Vertrieb ausgestiegen. Anders sah es bei der TELDEC aus: Dort wertete man den Capitol-Katalog noch bis Ende 1956 aus.

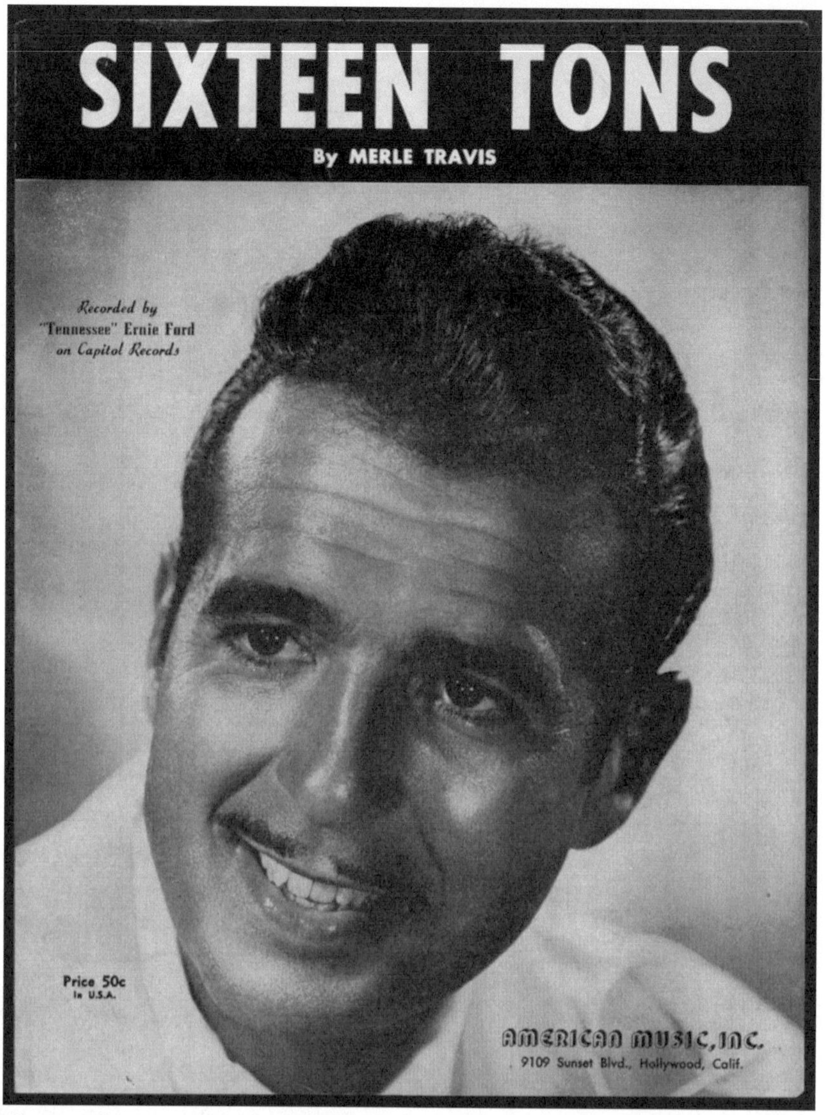

Millionenfach gekauft: Tennessee Ernie Fords „Sixteen Tons"

TEIL VIII

DAS LETZTE TELEFUNKEN-JAHR

Im Dezember 1955 herrschte Hochstimmung in der Vine Street. Kurz nacheinander stürmten zwei Capitol-Platten an die Spitze der „Billboard"-Charts: Tennessee Ernie Fords „Sixteen Tons" und Dean Martins „Memories Are Made Of This". Und bereits in den ersten Monaten des Jahres 1956 hatte die Firma mit diesen beiden Singles und Les Baxters „The Poor People Of Paris" 5,75 Millionen Exemplare verkauft. Fords Platte brachte es im Lauf der Zeit auf 8 Millionen, Martins Platte auf 6 Millionen Verkäufe. Die lange Vertragsdauer mit Baxter, Ford und Martin zahlte sich für Capitol jetzt in großer Münze aus. In der Liste der meistverkauften Platten des Jahres 1955 in den USA steht „Sixteen Tons“ an vierter Stelle – hinter „Cherry Pink And Apple Blossom White“ (Perez Prado), „Sincerely“ (McGuire Sisters) und „Rock Around The Clock“ (Bill Haley). Im Jahr 1956, als Elvis Presley mit „Hound Dog“ alle Rekorde brach, nahmen „The Poor People Of Paris“ und „Memories Are Made Of This“ den sechsten und siebten Platz in der Verkaufsliste ein. Die beiden Hits von Tennessee Ernie Ford und Dean Martin, die Lee Gillette produziert hatte, erreichten auch in England 1956 den Top-Spot in der Hitparade. In Hollywood beschloss man anlässlich der phänomenalen Verkäufe, für drei Wochen keine anderen Platten mehr rauszugeben, damit in erster Linie „Sixteen Tons“ gepresst werden konnte. Laut „Billboard“ war zuvor keine andere Platte so schnell an die Spitze gestürmt. Das Fachblatt zeichnete die Ford-Platte und „Memories Are Made Of This“ mit seinem „Three Crowns Award“ aus, weil sie sich gleichzeitig bei den Verkäufen, in den Jukeboxes und bei den Discjockeys als Nummer 1 etabliert hatten. Capitol hatte zuvor eine Anzeige in „Billboard“ geschaltet: „Profits are made of these.“

Ernest Jennings Ford (1919 - 1991) wurde in Bristol, Tennessee, geboren. Seinen ersten Job bekam er vor Ort als Discjockey bei einem Radiosender. Nach dem Krieg, den er als Mitglied

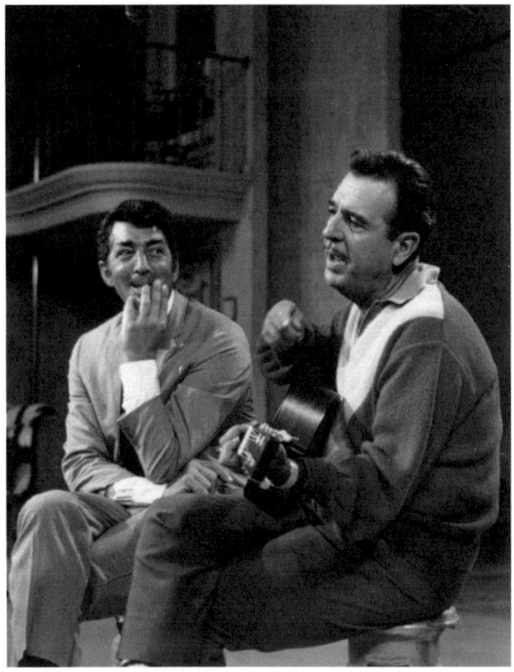

Zwei Bestseller: Martin und Ford

einer Bomberbesatzung erlebte, ging er nach Kalifornien, wo er wieder als Discjockey arbeitete. In dieser Zeit erfand er für sich die Figur des „Tennessee Ernie“, der humoristische Ansagen machte. Dort entdeckte ihn Cliffie Stone und brachte ihn 1949 zu Capitol Records. Neben seinen Anfängen in der Musikindustrie hatte er auch noch eine eigene Fernsehshow, die zu seiner Popularität beitrug. Seine Bekanntheit war auch vor „Sixteen Tons“ nicht auf die USA begrenzt geblieben. „Seine Boogie-Woogie-Nummern wie ‚Catfish Boogie‘, ‚Blackberry Boogie‘ und ‚Rock City Boogie’ waren auch in England enorm populär, wo Ford als einer der großen Rock ’n‘ Roll-Vorläufer betrachtet wurde und wird“, befand Tom Graves im „Rock & Roll Disc“-Magazin. Und über die Instrumentalbegleitung schrieb

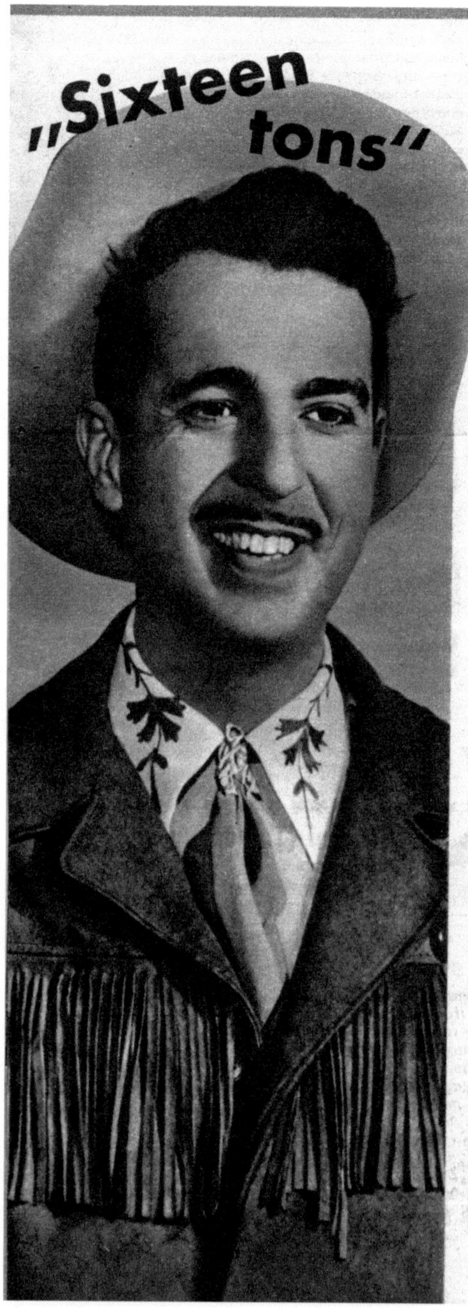

„Sixteen tons"

„Sechzehn Tonnen Kohlen ladet man!
Und was hat man davon?
Wieder ist ein Tag um,
und man sitzt tiefer in Schulden.
Heiliger Petrus! Ruf mich nicht zu dir;
ich kann nicht kommen,
denn meine Seele gehört dem Kompanie-Geschäft."

So etwa lautet der bittere Refrain eines neuen amerikanischen Songs. Das klingt so aufrichtig und so ohne jede Illusionen, daß man diesem Lied nur einen ganz kleinen Publikumskreis vorauszusagen gewagt hätte. Aber das Unerwartete ist geschehen: Innerhalb von zwei Wochen sind in den Staaten über drei Millionen Platten davon verkauft worden. Und auch in Deutschland hat jeder die Melodie schon im Ohr.
Doch nicht nur die Melodie hat sich so durchgesetzt. Was wäre sie ohne einen Sänger, der mit seiner sonoren Stimme und seiner nuancierten Vortragskunst, mit seinem Swing und seiner Persönlichkeit alle Feinheiten des Stückes herausholt? Mit einem Wort: was wäre sie ohne „Tennessee" Ernie Ford?
Ernie sollte zuerst die Farm seines Vaters übernehmen. Doch während seines Hochschulaufenthaltes zog er es vor, College-Parties mit seinen Liedern zu unterhalten, statt zu büffeln und sich auf das Examen vorzubereiten. Eines Tages wurde die lokale Rundfunkstation von Atlanta — WATL — auf ihn aufmerksam und stellte ihn kurzerhand vors Mikrophon. Merle Travis und Cliffie Stone hörten ihn und schleppten ihn mit zu Capitol, wo er sofort einen Exklusivvertrag bekam.
Sein erster großer Plattenerfolg war „Mule-Train". Die Tage bei den mehr oder weniger wichtigen Provinzsendern waren vorbei. Nun bestritt „Tennessee" Ernie Ford jahrelang eine eigene tägliche Sendung über das ABC-Network, dem einige hundert Sender angeschlossen sind. Diese Sendungen machten ihn so populär, daß er als erster Cowboy-Star von exklusiven Nachtlokalen wie dem „Copacabana" in New York engagiert wurde. Hier landete er seinen zweiten ganz großen Schlager „Shot Gun Boogie" — für viele Leute auch heute noch die Hill-Billy-Platte überhaupt. Danach reihte er, auch bei uns in Deutschland, Erfolg an Erfolg. Man riß sich um ihn; man gab ihm die besten Titel zu singen, wie „Davy Crockett". Alles wurde bei ihm zum Hit. Sein letzter und bisher größter: „Sixteen Tons". (Capitol CF 3262 / C 3262)

Rolero

„die Schallplatte" übersetzte den Text ins Deutsche

Graves: „Capitol beschäftigte einige der kühnsten Session-Musiker des Business, wie Jimmy Bryant und Speedy West." Das von Merle Travis geschriebene „Sixteen Tons" sang Ford zuerst in seiner Fernsehshow, und als die Telefonzentrale des Senders mit über 1000 Anrufen überhäuft wurde, holte Capitol ihn sofort ins Aufnahmestudio. „die Schallplatte" widmete Tennessee Ernie Ford einen längeren Text, in dem sie urteilte, „Sixteen Tons" klinge so „ohne Illusionen, daß man diesem Lied nur einen ganz kleinen Publikumskreis vorauszusagen gewagt hätte". Und doch: „Auch in Deutschland hat jeder die Melodie schon im Ohr.“ Was die TELDEC-Redaktion skeptisch gemacht hatte, war der bittere Text über die Ausbeutung der Miner in Amerika: Der Bergmann schaufelt 16 Tonnen Kohle und ist trotzdem immer weiter verschuldet. Wenn Petrus ihn abrufen sollte, heißt es im Text, könne er nicht in den Himmel kommen, weil er seine Seele dem Laden vermacht habe, in dem er anschreiben ließ. In Zeiten von McCarthy in den USA gab es nicht wenige, die das Lied für kommunistisch hielten. Auch in der Bundesrepublik existierte eine Kommunismusfurcht, aber nicht so extrem, dass man Songtexte auf Subversives überprüft hätte. Und an sich wäre ein Lied über die Situation der Kumpel in den Gruben hier nicht abwegig gewesen. Aber das erschien doch unpassend für die „leichte Muse“. Schlagertexter Peter Moesser ging auf Nummer sicher und verfasste zu „Sixteen Tons“ lieber unproblematischen Seemannskitsch: „Sie hieß Mary Ann“. Ein Auszug: „Da liebte er ein Mädchen mit strohblondem Haar. Er gab ihr sein Herz, doch sie war ihm nicht treu. So fuhr er bald wieder zur See, Ahoi! Sie hieß Mary Ann und war sein Schiff...“ Der es sang, hieß Ralf Bendix. Aber eigentlich war es wie geschaffen für Freddy Quinn, der allerdings mit „Sie hieß Mary Ann“ auf Platz 6 der Hitparade im Juni 1956 nicht an Bendix’ zweiten Platz herankam. Für Ford blieb das der größte Erfolg. Er wandte sich dann Ende der 50er Jahre der Gospel-Musik zu.

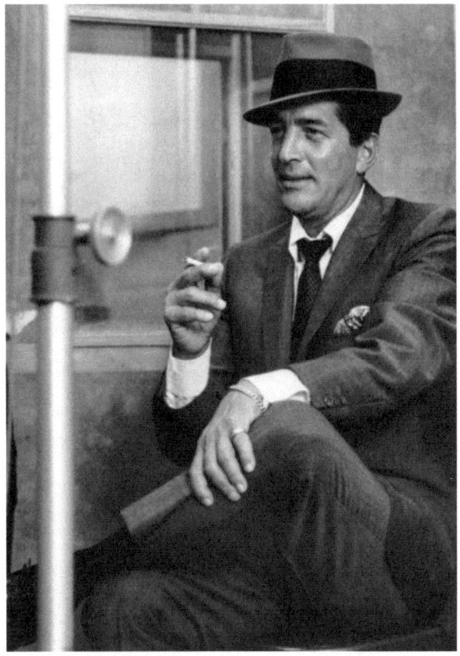

Plattenmillionär Dean Martin

Für Dean Martin gab es in seiner Capitol-Zeit keinen Karriereknick, und in den 60er Jahren bei Reprise konnte er seine internationale Popularität sogar steigern. Pop-Autor Nick Tosches verstieg sich 1978 in „Waxpaper“ sogar zu einem Gottesvergleich: „God created Dean Martin in his own image, then stood back.“ Was realistischer ist: Dino wurde von Elvis Presley als Idol verehrt und beeinflusste Jerry Lee Lewis’ Balladen. Sein „Memories Are Made Of This“ bekam eine besondere Note durch den Chor, der ihn das Lied hindurch rhythmisch begleitet: „The sweet, sweet, memories you've given me. You can't beat the memories you've given me...“ Die Sänger waren Terry Gylkison, Richard Dehr und Frank Miller von der Folkgruppe „The Easy Riders“. Sie hatten das Liebeslied auch geschrieben, dessen Text in Form eines Kochrezeptes gereimt ist. Diese originelle Idee ging in der deutschen Adaption „Heimweh“ verloren. Die Zeilen von Dieter Rasch und Ernst Bader setzen voll auf die Heimweh-Welle in Deutschland, mit der die vielen Flüchtlinge aus dem Osten angesprochen werden sollten. Vom Arrangement ist kaum etwas übrig geblieben. „So schön, schön war die Zeit“, singt der Chor – eine Reminiszenz an die „sweet sweet memories“. Aus Dean Martins Hit war jetzt ein Schlager geworden, und Freddy Quinn hatte damit seine erste Goldene Schallplatte ersungen. Die TELDEC schickte auf ihrer „Klingende Schallplatte“-Single 6/56 den heute längst vergessenen Rolf Simson als „Heimweh“-Interpreten ins Rennen. Ihr Capitol-Star Dean Martin wurde den Plattenkäufern nicht ans Herz gelegt.

In seinem Essay „Am Ende einer Legende?“ vertritt Kaspar Maase die Ansicht, dass die Verbreitung amerikanischer Musik hauptsächlich durch Eindeutschung der Titel geschah – sowohl was die Texte, als auch was die Arrangements betraf. Wieweit das noch amerikanische Musik war, muss von Fall zu Fall entschieden werden. Richtig ist, dass die Eindeutschung mehr Menschen erreichte, als es durch die Originale möglich gewesen wäre. Maase zitiert eine Statistik, wonach 41 der beliebtesten 100 Titel des Jahres 1956 in der Bundesrepublik auf amerikanischen Copyrights für die Komposition basierten; bereits 1952 waren es 27 Prozent gewesen. In Frankreich 1952 dagegen: 21 Prozent; 1956: 29 Prozent. In England stieg die Zahl im selben Zeitraum von 52 auf 72 der Top 100. Dem Kulturimport aus den USA standen in Großbritannien keine Sprachbarrieren im Weg. In Deutschland hatten nur Schüler und Studenten keine Probleme, Englisches zu verstehen – eine verhältnismäßig kleine Bevölkerungsgruppe. Das erklärt, wieso bei den Direktimporten bis Ende der 50er Instrumentalstücke häufiger übernommen wurden als Gesangstitel. Das spiegeln auch die „Klingende Schallplatte“-Singles wider, die aus dem Capitol-Angebot in erster Linie Instrumentals vorstellten. Zum letzten Mal präsentierte die TELDEC auf der Ausgabe 6/56 eine Capitol-Platte: „The Poor People Of Paris“ von Les Baxter. Nach Lys Assia und ihrem eingespielten Titel „Wenn der Pierre tanzt mit der Madeleine“ heißt es da: „Die englische und amerikanische Welt tanzt immer wieder gern im Zeichen des Zauberworts Paris.“ Dann folgt Baxters Instrumental. Der Millionseller basierte auf einem französischen Schlager mit dem Titel „La goualante du pauvre Jean“. Dass aus dem armen Jean bei Baxter arme Leute wurden, lag an einer Verwechslung der Amerikaner: Im Französischen wird „gens“ (Leute) genauso ausgesprochen wie Jean. Durch das „People“ im Titel wurde die Alliteration immerhin noch verstärkt. Das Stück war streng genommen kein Instrumental, da zwischendurch gepfiffen und la, la, la gesungen wird.

CAPITOL IM RADIO

Der Capitol-Lobbyist Bobby Weiss arbeitete unterdessen weiter an der Verbreitung seiner Marke in Europa. Sein nächster Coup gelang, als er das englischsprachige Radio Luxembourg dazu brachte, dreimal in der Woche um 22 Uhr je eine halbe Stunde mit Capitol-Platten auszustrahlen. Titel der Sendung: „The Capitol Show – Mel Thompson presenting Capitol Record's new releases". Darauf entschied man sich beim AFN, die eigene Capitol-Sendung wieder auf einen günstigeren Zeitpunkt zu verlegen. Ab 16. Februar hieß es dort jetzt jeden Sonnabend um 22 Uhr: „Music Views From Hollywood". Für die von deutschen Radiostationen frustrierten Jugendlichen bedeuteten beide Sender einen Lichtblick. Besonders der AFN zog mehr und mehr deutsche Hörer an. Wie einflussreich die Soldatensender und die von ihnen transportierte Popkultur bei der Nachkriegsgeneration geworden waren, ist mittlerweile Forschungsgegenstand. Der Musik- und Medienwissenschaftler Wolfgang Rumpf beschreibt die Situation: „Daß sich bei den Live-Sendungen (Gruß- und Wunschsendungen) Tausende deutscher Hörer beteiligten, war auch für AFN-Macher eine riesige Überraschung. Es war aber kein Wunder, denn im Gegensatz zu den konventionell-altmodischen Sendungen der ARD, in denen Hörerkontakte quasi tabu waren, sorgten die lässige Art der Moderation und die ständigen Einla-

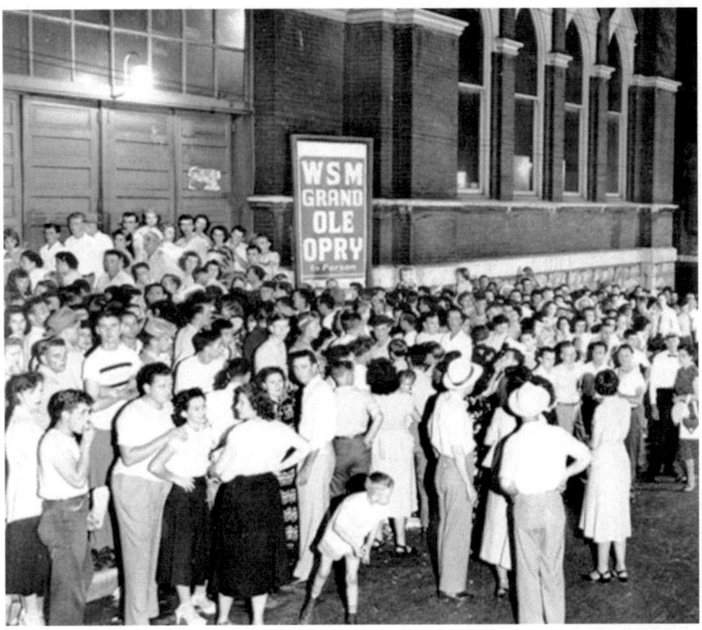

Die WSM „Grand Ole Opry"- Show wurde im AFN übertragen

dungen zum Mitmachen (‚Call us‘) für lebhafte Interaktion... Mark White (Ex-Programmdirektor von AFN/Berlin): ‚Wir hatten ein ungeheuer großes Publikum, und immer wenn wir den Sendebetrieb für eine Weile unterbrachen, war die Telefonzentrale praktisch ein Lichtermeer, weil besorgte deutsche Hörer anriefen und sich danach erkundigten, ob AFN den Sendebetrieb eingestellt hätte und wir womöglich vorhätten, aus Berlin wegzugehen?‘“

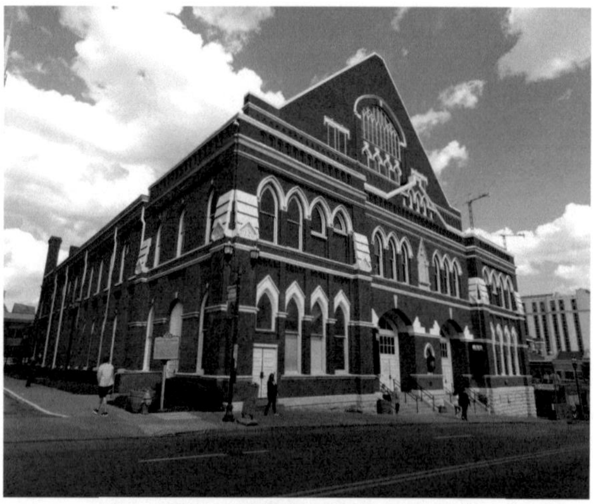

Das Ryman Auditorium der „Grand Ole Opry“

Es konnte nicht ausbleiben, dass Radiohören eine Bewusstseinserweiterung mit sich brachte. Wer AFN einschaltete, fühlte sich einer Avantgarde zugehörig, schaute auf die Schlagerfans der deutschen Sender herab. Der Musikkonsum wirkte sich auf Geschmack und Kulturbegiff aus. Wolfgang Rumpf zitiert Terry R. Snell, Geschäftsführer der amerikanischen Botschaft in Berlin: „AFN spielte die Musik, die junge Leute hören wollten. Es steht außer Frage, daß AFN den Musikgeschmack seiner lokalen deutschen Hörerschaft entscheidend mitgeprägt hat, denn AFN brachte Jazz, Blues, Rock'n'Roll, Country und Western nach Europa.“ Unter den von Snell genannten Musikstilen hatten Country, Western und Rock 'n' Roll auch bei den GIs die größte Anhängerschaft. Die Soldaten aus den Südstaaten wollten hören, was sie aus den Musikboxen in ihren Kneipen in den USA gewöhnt waren. Country war in den Vereinigten Staaten weit verbreitet, wurde – anders als der Rock 'n' Roll – in bürgerlichen Kreisen eher akzeptiert. Hunderte von Radiostationen widmeten sich dort ausschließlich dieser Musik. Daher war es nicht verwunderlich, dass der AFN auch die „Grand Ole Opry“ aus Nashville übertrug. Unter den deutschen Hörern hatte die AFN-Sendung „Hillbilly Gasthaus“ besonders viele Anhänger. Sie wurde von 1946 an wochentags gebracht. Der Titel, der ein Zugeständnis an die Sprache des besetzten Landes war, wurde 1958 in „Hillbilly Reveille“ geändert. Diese Musik bedeutete nicht nur eine völlig neue Erfahrung für deutsche Hörer, sondern wurde auch von Sängern interpretiert, deren Namen hier noch unbekannt waren. Der AFN-Hörer und Country-Fan Raimund Schumann schrieb damals an Capitol in Hollywood mit der Bitte, etwas über die Capitol-Gruppe The Farmer Boys zu erfahren, mit deren Musik selbst in den USA nur wenige vertraut waren. Er bekam tatsächlich Antwort – von Ken Nelson persönlich.

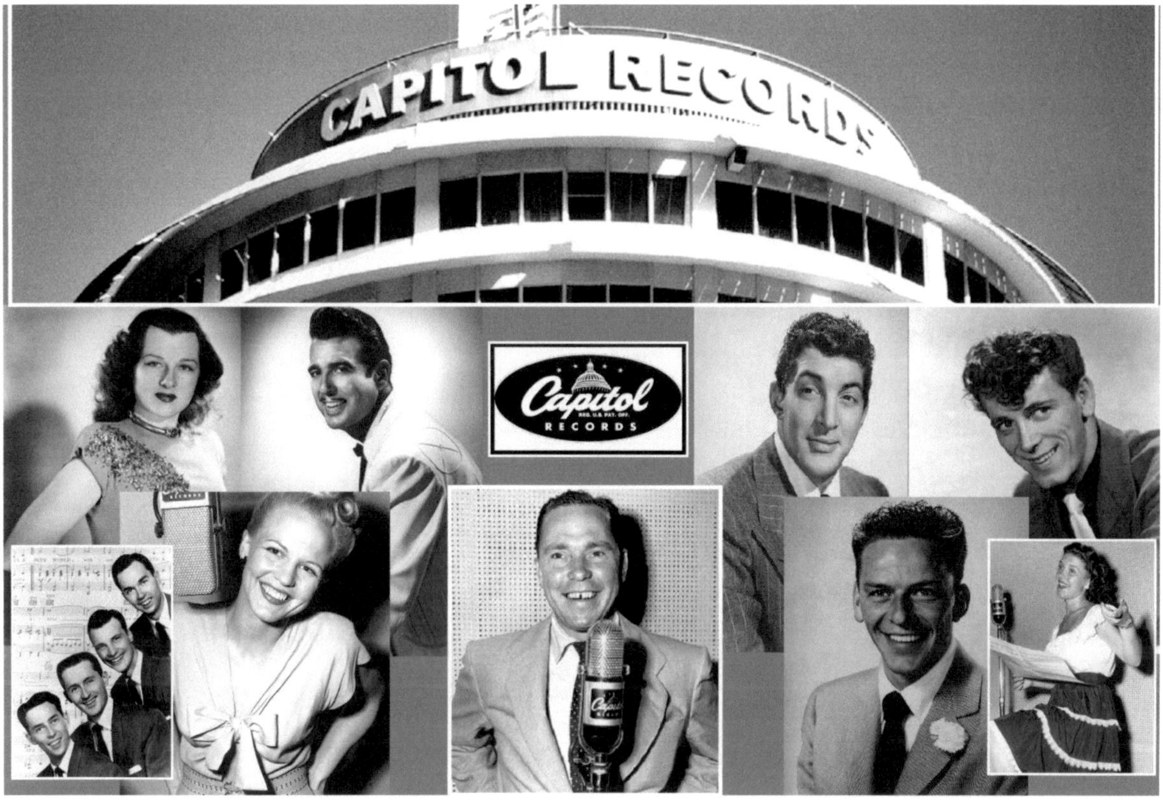

Bildergalerie berühmter Capitol-Records-Interpreten

TEIL IX

COUNTRY COUNTDOWN

In den Katalogen der TELDEC wurde Country 1955 unter „Cowboylieder und Hillbillies“ geführt. 1956 kam noch „Western“ hinzu. Damit übernahm man in der Bundesrepublik das Narrativ, das in den USA durch die singenden Cowboys in den Wild-West-Filmen geprägt wurde. Bis heute hat sich hier die Vorstellung festgesetzt, dass Country-Sänger eigentlich Cowboys sind und mit einem Stetson auf dem Kopf vor dem Mikrofon stehen. Als Folge entstand das Image der Redneck-Musiker. Schon Tennessee Ernie Ford, der bedeutendste Capitol-Künstler dieses Genres, dessen Musik nach 1945 bei uns verbreitet wurde, passt nicht in dieses Klischee. Seine Aufnahmen reichten von Boogie über Rockabilly bis zu Hillbilly. Mit „Eins, zwei, drei“ versuchte er sich an einer Polka. Sein größter Erfolg, „Sixteen Tons“, war ein Blues mit Pop-Qualität. Faron Young spielte in Filmen zwar einen

Sheriff, was ihm den Beinamen „Young Sheriff" eintrug, setzte aber bei seinen Auftritten nicht auf das Cowboy-Image. Der Texaner Tex Ritter dagegen begann als Star von Western-Filmen und wurde durch den „High Noon"-Song unverbrüchlich mit dieser Szene assoziiert. Diese Aufnahme kam erst jetzt verspätet auf einer EP mit dem Titel „Tex Ritter Sings" in deutsche Läden – auf dem Cover war sein Porträt mit Cowboy-Hut zu sehen. Auch Hank Thompson, ebenfalls Texaner, wurde auf den Plattenhüllen mit Stetson abgebildet. Von ihm brachte die TELDEC zusätzlich zu den Singles „A Fooler And A Faker" und „The Blackboard Of My Heart" 1956 sogar zwei Langspielplatten heraus: „Songs Of The Brazos Valley" und „Hank Thompson Favorites", letztere mit seinen Hits „The Wild Side Of Life", „Whoa Sailor" und „Humpty Dumpty Heart".

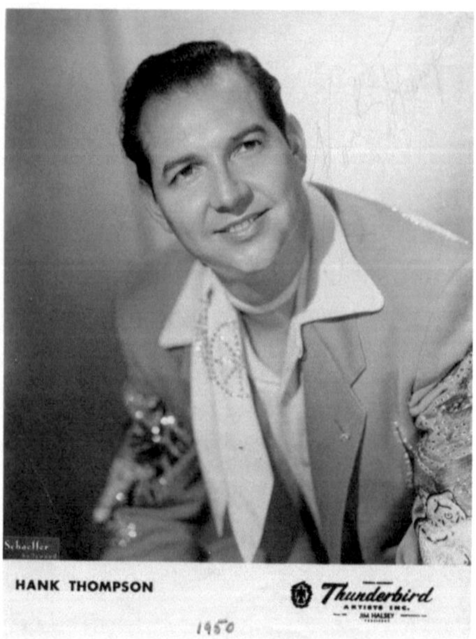

Hank Thompson

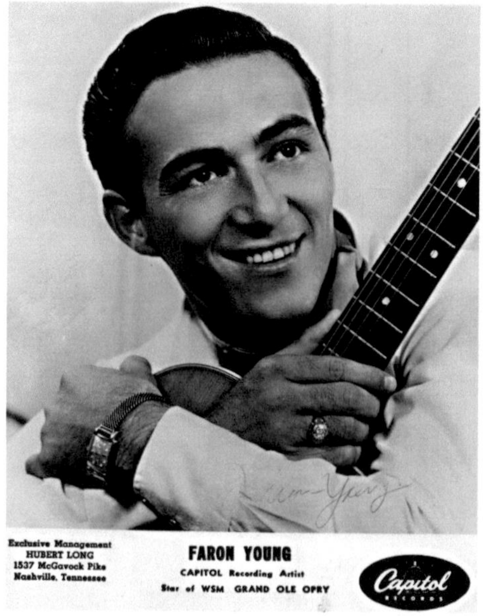

Faron Young

Was Country war, ergibt sich statt solcher Äußerlichkeiten eher daraus, von wem die Aufnahmen wo – und so banal es klingen mag – mit welchen Musikern und Instrumenten produziert wurden. In Kalifornien (Bakersfield) und Tennessee (Nashville) konzentrierte sich diese Szene. Und für Capitol brachte Ken Nelson das richtige Country-Feeling beider Richtungen mit ins Studio. Unter seiner Regie wurden Faron Youngs Platten zu Verkaufsschlagern, bekam Tommy Collins eine Chance, schaffte es Ferlin Husky in die Charts. Er entdeckte auch weniger bekannte Sänger und Sängerinnen. Hank Thompson machte ihn auf Jean Shepard (1933 - 2016) aufmerksam, eine Farmerstochter aus Oklahoma, die von der Musik von Bob Wills und Jimmie Rodgers geprägt war. Entsprechend produzierte Nelson mit Shepard eher konventionelle Stücke wie „A Dear John Letter" –

eine Ballade über den Abschiedsbrief an einen Soldaten, die zur Zeit des Korea-Kriegs besonders ankam. Ihre Aufnahme von „A Satisfied Mind" erreichte die Top 10 der Country-Charts und wurde nur von Porter Wagoners Version übertroffen. Die TELDEC veröffentlichte das Stück auf der EP „Country Ballads by Jean Shepard" und brachte obendrein ihr Album „Songs Of A Love Affair" heraus. Mit Tex Ritter, Hank Thompson, Tennessee Ernie Fords „Backwoods Boogies And Blues" und EPs von Faron Young und Tommy Collins hatten die deutschen Country-Fans zu guter Letzt noch eine Auswahl ihrer Musik bekommen, bevor die Electrola Capitol Records übernahm. Ihnen wurde ein Sound vermittelt, wie Produzent Ken Nelson ihn in Wartesälen amerikanischer Busbahnhöfe aus Jukeboxes gehört hatte. Als Ersatz für die nicht überall erhältlichen Platten, die jetzt vorwiegend in PX-Läden verkauft wurden, konnten AFN-Hörer allenfalls mit den gerade populär werdenden Tonbandgeräten Sendungen – samt atmosphärischem Rauschen – mit einem Mikrofon mitschneiden.

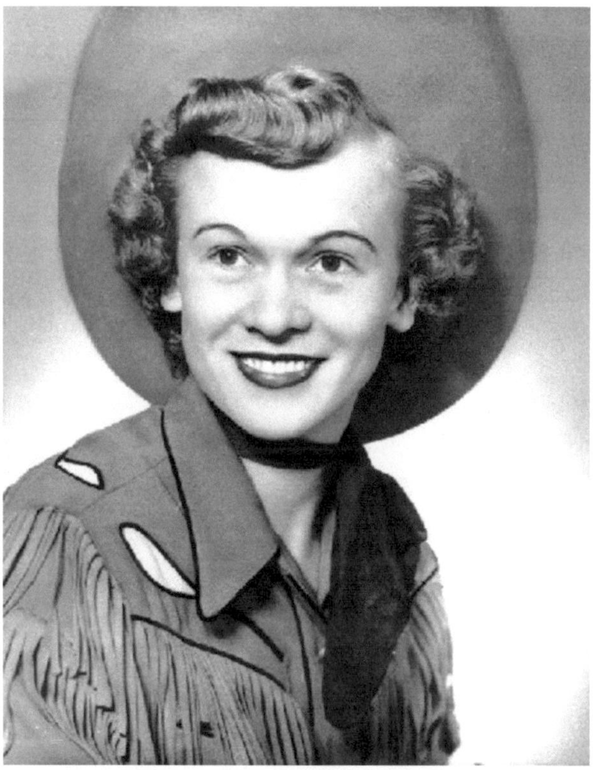

Jean Shepard wurde 1955 in die „Grand Ole Opry" aufgenommen. Bis 1977 war sie bei Capitol unter Vertrag

„die Schallplatte" beachtete Country-Musik jetzt nicht mehr, sondern nahm immer mehr Jazz in den Fokus. Im Februar 1956 begeisterte die Nachricht die Redaktion, dass Stan Kenton nach Europa und damit auch in die Bundesrepublik zurückkehren würde. Angeblich hatten die Veranstalter arrangiert, dass gleichzeitig Ted Heath in den USA auftreten würde, um die britischen Gewerkschaften zu besänftigen. Die Serie „Kenton Presents Jazz" wurde jetzt mit Bob Cooper und Serge Chaloff fortgesetzt. Tenorsaxophonist Cooper gehörte zum festen All-Stars-Ensemble des „Lighthouse Cafe", einem Jazz-Club in Hermosa Beach bei Los Angeles. Für die Solisten aus ehemaligen Big Bands, die hier auftraten, wurde der Begriff West Coast Jazz geprägt, der sich von den Plattenfirmen gut vermarkten ließ. Die Protagonisten dieser Richtung waren wie ihr Publikum in erster Linie Weiße. Cooper kam aus Stan Kentons Band und versammelte bei seinen für das „Lighthouse" typischen Aufnahmen von „Shifting Winds" Solisten wie die Saxophonisten Jimmy Giuffre und Bud Shank und Pianist Claude Williamson um sich. „die Schallplatte" lobte „die neuen Klangfarben" der Platte, die hier auf EPs verbreitet wurde: „Flöte, Oboe und Englisch Horn werden zur Bereicherung der Palette oft verwertet. Das Lyrische und Verspielte der Flöte, der näselnde Klang der Oboe und die Melancholie des Englisch Horns werden hier von Bob Cooper und Bud Shank sehr faszinierend eingesetzt."

Im „Lighthouse Cafe" gab eine Reihe von Musikern Gastspiele, deren Namen wie ein Who's Who des Jazz wirken – von Chet Baker bis Gerry Mulligan. Mulligan galt als d e r Bariton-Saxophonist. Von ihm und seinem Tentette erschien auch noch die LP „Modern Sounds", die er sich mit Shorty Rogers auf der zweiten Plattenseite teilte. Sie wurde hauptsächlich für PX-Läden gepresst. Bei der TELDEC standen jetzt auch für das deutsche Publikum Jazz-Alben und EPs im Vordergrund, zum Beispiel von Woody Herman. Zu seinen LPs „Road Band!" und „Woody Herman" (mit der Second Herd) kamen noch die EPs „Woody Herman Specials" und „Hi-Fi Drums. Featuring Buddy Rich" heraus. Bei Herman profilierte sich Serge Chaloff, ein Bariton-Saxophonist, der im Schatten von Gerry Mulligan gestanden hatte. Sein Sound auf „Lemon Drop" und „Early Autumn" (LP „Woody Herman") ließ auch deutsche Jazz-Fans aufhorchen. Joachim Ernst Berendt: „Seine Kollegen liebten den jungen Musiker aus Boston so, daß sie den ursprünglich für vier Tenorsaxophonisten gedachten 'Four Brothers Klang' – den neuen Klang des Saxophonsatzes, der mit dem Orchester

Woody Herman verbunden ist – für drei Tenoristen und einen Baritonisten umschrieben, weil sie auf Serge Chaloff nicht verzichten wollten; so entstand der dunkle Saxophonklang, der zum ersten Male durch Woody Hermans 'Early Autumn' bekannt wurde."

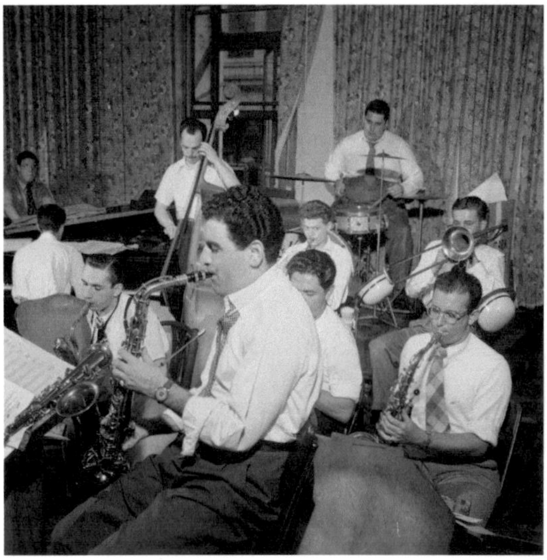

Serge Chaloff

Der in Boston geborene Serge Chaloff (1923 - 1957) kam vom Be-Bop. In New York lernte er Charlie Parker kennen, der sein größter Einfluss wurde – auch im Heroinkonsum. In Hermans Band fiel er immer wieder als Alkoholiker und Junkie auf. Nach Zwischenspielen in anderen Bands checkte er 1954 freiwillig in eine Entziehungsklinik ein, aus der er Anfang 1955 wieder auftauchte. Zwei Jahre vor Chaloffs Tod überzeugte sein Manager, der DJ Bob Martin, Capitol, es noch einmal mit dem Saxophonisten zu versuchen. Es bot sich die Reihe „Kenton presents" an. Im April entstanden in New York die Aufnahmen zu „Boston Blow-Up!". Das Neue daran sah „die Schallplatte" in den „langsamen Stücken dieses Albums. Da gibt es Aufnahmen ('Body and Soul' oder 'What's New'), die gleichermaßen expressiv und 'cool' sind: also etwas, was es im Bereich des Cool Jazz bisher kaum gegeben hat".

Für Joachim Ernst Berendt und die Redaktion der TELDEC-Zeitschrift galt Kenton weiterhin als die Hauptperson des aktuellen amerikanischen Jazz. „Nach Deutschland wird Stan Kenton kommen", schrieb er 1956 im April-Heft, „in das Land, in dem er vor zwei Jahren die größten Erfolge seiner damaligen Europa-Tournee hatte." Die Stationen in der Bundesrepublik vom 22. bis zum 27. April: München, Mannheim, Stuttgart, Berlin, Hamburg und Frankfurt. Einen Zwischenstop machte er im fränkischen Selb. Dorthin hatte ihn Philip Rosenthal, der Chef der Porzellanfabrik, für ein Konzert vor der Belegschaft eingeladen. Berendts Beschäftigung mit dem Jazz hatte einen „bildungsbürgerlichen Touch" (Rumpf). In seinen Artikeln bemühte er sich stets um eine Intellektualisierung des Jazz. Vom „Lavieren der so genannten 'Jazz-Päpste'", spricht Gerhard Klußmeyer, Herausgeber des „Swinging Hamburg Magazins", „deren unterwürfiges Bestreben es war..., den Jazz als eine absolut mit der klassischen Musik gleichzusetzende Kunst abseits jeglichen Entertainments darzustellen... damit schoben sie den lebendig-originären Jazz auf ein immer elitäreres Gleis... so ganz besonders J.-E.

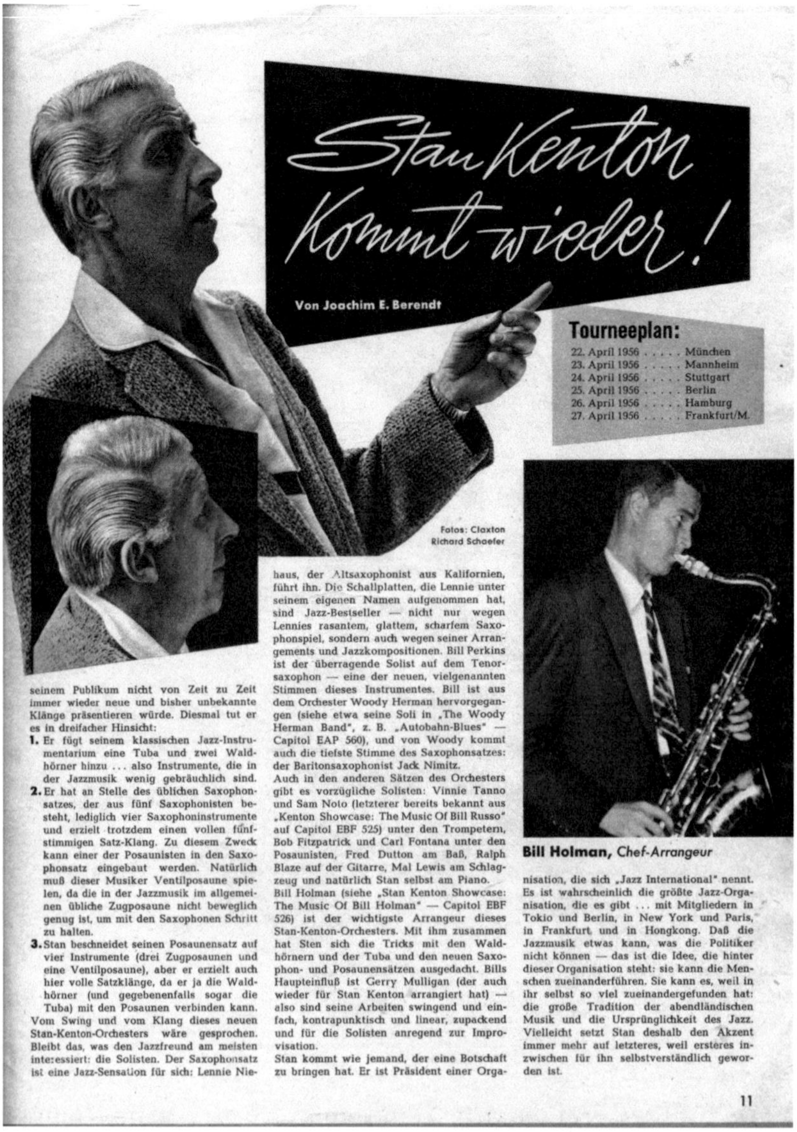

Stan Kenton kommt wieder!

Von Joachim E. Berendt

Tourneeplan:

22. April 1956 ..... München
23. April 1956 ..... Mannheim
24. April 1956 ..... Stuttgart
25. April 1956 ..... Berlin
26. April 1956 ..... Hamburg
27. April 1956 ..... Frankfurt/M.

Fotos: Claxton Richard Schaefer

seinem Publikum nicht von Zeit zu Zeit immer wieder neue und bisher unbekannte Klänge präsentieren würde. Diesmal tut er es in dreifacher Hinsicht:

1. Er fügt seinem klassischen Jazz-Instrumentarium eine Tuba und zwei Waldhörner hinzu ... also Instrumente, die in der Jazzmusik wenig gebräuchlich sind.
2. Er hat an Stelle des üblichen Saxophonsatzes, der aus fünf Saxophonisten besteht, lediglich vier Saxophoninstrumente und erzielt trotzdem einen vollen fünfstimmigen Satz-Klang. Zu diesem Zweck kann einer der Posaunisten in den Saxophonsatz eingebaut werden. Natürlich muß dieser Musiker Ventilposaune spielen, da die in der Jazzmusik im allgemeinen übliche Zugposaune nicht beweglich genug ist, um mit den Saxophonen Schritt zu halten.
3. Stan beschneidet seinen Posaunensatz auf vier Instrumente (drei Zugposaunen und eine Ventilposaune), aber er erzielt auch hier volle Satzklänge, da er ja die Waldhörner (und gegebenenfalls sogar die Tuba) mit den Posaunen verbinden kann.

Vom Swing und vom Klang dieses neuen Stan-Kenton-Orchesters wäre gesprochen. Bleibt das, was den Jazzfreund am meisten interessiert: die Solisten. Der Saxophonsatz ist eine Jazz-Sensation für sich: Lennie Niehaus, der Altsaxophonist aus Kalifornien, führt ihn. Die Schallplatten, die Lennie unter seinem eigenen Namen aufgenommen hat, sind Jazz-Bestseller — nicht nur wegen Lennies rasantem, glattem, scharfem Saxophonspiel, sondern auch wegen seiner Arrangements und Jazzkompositionen. Bill Perkins ist der überragende Solist auf dem Tenorsaxophon — eine der neuen, vielgenannten Stimmen dieses Instrumentes. Bill ist aus dem Orchester Woody Herman hervorgegangen (siehe etwa seine Soli in „The Woody Herman Band", z. B. „Autobahn-Blues" — Capitol EAP 560), und von Woody kommt auch die tiefste Stimme des Saxophonsatzes: der Baritonsaxophonist Jack Nimitz.

Auch in den anderen Sätzen des Orchesters gibt es vorzügliche Solisten: Vinnie Tanno und Sam Noto (letzterer bereits bekannt aus „Kenton Showcase: The Music Of Bill Russo" auf Capitol EBF 525) unter den Trompetern, Bob Fitzpatrick und Carl Fontana unter den Posaunisten, Fred Dutton am Baß, Ralph Blaze auf der Gitarre, Mal Lewis am Schlagzeug und natürlich Stan selbst am Piano.

Bill Holman (siehe „Stan Kenton Showcase: The Music Of Bill Holman" — Capitol EBF 526) ist der wichtigste Arrangeur dieses Stan-Kenton-Orchesters. Mit ihm zusammen hat Sten sich die Tricks mit den Waldhörnern und der Tuba und den neuen Saxophon- und Posaunensätzen ausgedacht. Bills Haupteinfluß ist Gerry Mulligan (der auch wieder für Stan Kenton arrangiert hat) — also sind seine Arbeiten swingend und einfach, kontrapunktisch und linear, zupackend und für die Solisten anregend zur Improvisation.

Stan kommt wie jemand, der eine Botschaft zu bringen hat. Er ist Präsident einer Organisation, die sich „Jazz International" nennt. Es ist wahrscheinlich die größte Jazz-Organisation, die es gibt ... mit Mitgliedern in Tokio und Berlin, in New York und Paris, in Frankfurt und in Hongkong. Daß die Jazzmusik etwas kann, was die Politiker nicht können — das ist die Idee, die hinter dieser Organisation steht: sie kann die Menschen zueinanderführen. Sie kann es, weil in ihr selbst so viel zueinandergefunden hat: die große Tradition der abendländischen Musik und die Ursprünglichkeit des Jazz. Vielleicht setzt Stan deshalb den Akzent immer mehr auf letzteres, weil ersteres inzwischen für ihn selbstverständlich geworden ist.

Bill Holman, *Chef-Arrangeur*

11

Zurück „im Land seiner größten Erfolge": Stan Kenton

Berendt in seinen Sendungen und in zahllosen Büchern." Gleichzeitig war Berendt aber auch an der Förderung und kommerziellen Verbreitung der Musik interessiert. Dazu gehörte die Zusammenarbeit mit Plattenfirmen, die Veranstaltung von Festivals und die Verleihung von Plattenpreisen, welche den Verkauf ankurbelten. Den „Jazzplattenpreis 1956" kommentierte sein Kollege Werner Burkhardt in „die Schallplatte". Er würdigte verständlicherweise die ausgezeichneten Veröffentlichungen der TELDEC. Bei Capitol waren das Jimmy Giuffre und T-Bone Walker. Giuffres „Tangents In Jazz" wurde als die „beste experimentelle Aufnahme des Jahres" ausgezeichnet. Das Experimentelle wurde auch im Platten-Titel und dem abstrakt gestalteten Cover betont. „Unser Ohr müssen wir auf die durchsichtigen Melodielinien dieses Quartetts umstellen“, schrieb Burkhardt. „Das ist anspruchsvoll und kammermusikalisch. Und doch wird erfreulicherweise nie der Swing und die Melodie vernachlässigt. Ein Experiment zur Vergeistigung des Jazz, das einmal gelungen ist.“ In den Liner Notes der Platte erklärte Jimmy Giuffre (1921 - 2008), was damit gemeint ist: „Jazz, with a non-pulsating beat...I've come to feel that the pounding rhythm makes it impossible to hear the horn's true sound, or concentrate on solo lines.“ Was so ungewöhnlich und abgehoben klingt, fand dennoch Anklang – zumindest beim BFN. Pianist und DJ Bill Crozier wählte Giuffres Titel „The Leprechaun“ als Erkennungsmelodie für seine Sendung „Cool Corner“.

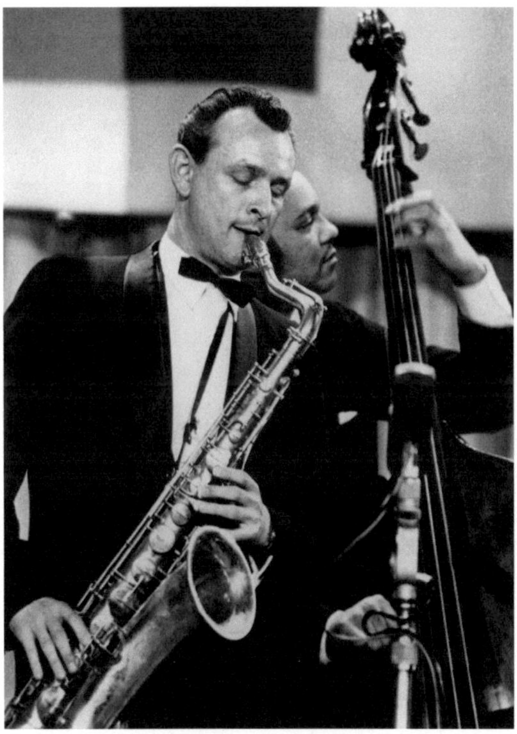

Jimmy Giuffre

Fünf Jahre später besuchte das neue Jimmy Giuffre Trio die Bundesrepublik. Werner Burkhardt berichtete darüber in der „Welt“ und blickte zurück: „Dieser Klarinettist, Tenor- und Baritonsaxophonist, Arrangeur und Komponist begann seine Laufbahn mit einer Revolution, die nun schon Jazzgeschichte geworden ist. Er schuf den Klang des modernen Saxophonsatzes für die Woody Herman Big Band. 'Four Brothers' hieß das Stück, das er für drei Tenor- und ein Baritoninstrument setzte. Dann wandte er sich kleineren, leiseren, aber nicht weniger alarmierenden Besetzungen zu. 'Tangents in Jazz' hieß nun das Album, in dem er mit der Tradition des durchlaufenden Rhythmus zum ersten Male brach. Zwar spielen Schlagzeug und Baß noch mit, aber sie werden wie Melodie-Instrumente behandelt und setzen genau kalkulierte Akzente.“

Im Jahr 1962 kam es für Burkhardt dann auch noch zur zweiten Begegnung mit einem der Capitol-Künstler, die 1956 mit dem Jazzplattenpreis ausgezeichnet worden waren. Für das „Original American Folk Blues Festival '62“ hatte man ausschließlich Blues-Musiker für eine Tournee durch die Bundesrepublik engagiert. Neben Willie Dixon, John Lee Hooker, Sonny Terry und Brownie McGhee war auch T-Bone Walker angereist. Am 18. Oktober 1962 wurden die amerikanischen Gäste nach einem Konzert im Auditorium Maximum der Hamburger Universität nach Rahlstedt in das Polydor-Studio der Deutschen Grammophon gefahren. Unter den geladenen Gästen: Werner Burkhardt, der anschließend für die Liner Notes der Brunswick-Platte die Stimmung notierte. „Man saß natürlich nicht nur so da. Man lief im Studio umher, sprang bei Breaks in die Höhe und ließ sich erschauernd in den Sessel zurückfallen, wenn der Rhythmus wieder durchlief... Und irgendwo twistete immer jemand, der gerade spielfrei hatte, mit seinem oder einem anderen Mädchen in der Ecke. Bald wurde auch der dritte Kasten Bier leer, denn der Mensch lebt nicht vom Whisky allein." T-Bone Walker sang und spielte Gitarre und begleitete Memphis Slim und Willie Dixon. Die Aufnahmen gingen bis morgens um fünf. 1956 hatte Burkhardt über Walker geschwärmt: „Wie gute und vor allem jazzmäßige Musik man innerhalb der Welt des Rhythm And Blues machen kann, das beweist uns T-Bone Walker. Er ist nicht nur ein hervorragender und ausdrucksvoller Bluessänger mit einem eigentümlichen heiseren, quasi 'knochenlosen' Timbre, sondern auch ein vorzüglicher Gitarrist."

Die preisgekrönten Platten von Jimmy Giuffre („Tangents In Jazz") und T-Bone Walker („Classics In Jazz. T-Bone Walker") wurden von der TELDEC vorsichtshalber nur als EPs angeboten und nicht als LPs. Dieses Wagnis ging man jetzt mit „Barrelhouse, Boogie And The Blues" von Ella Mae Morse ein, allerdings mit Blick auf die PX-Läden. Das Album wurde aber auch für das deutsche Publikum in einem „Klingende Post"-Prospekt vorgestellt. Im Unterschied zu der amerikanischen Originalausgabe von 1954 handelte es sich dabei um ein 12-inch- statt des ursprünglichen 10-inch-Formats. Das bedeutete auch, dass Platz für zusätzliche Stücke geschaffen wurde. Capitol hatte sich zu dieser Zeit entschlossen, von erfolgreichen Künstlern erweiterte Album-Ausgaben auf den Markt zu bringen. Und statt des bisherigen H- hatten die Platten jetzt ein T-Präfix vor der Bestellnummer. Durch den größeren Durchmesser gab es die Möglichkeit, der Originalplatte Bonusaufnahmen hinzuzufügen. So kamen Plattenkäufer in Deutschland mit zwei Jahren Verspätung in den Genuss der Cover-Version, die Ella Mae Morse 1954 vom McGuire-Sisters-Hit „Goodnight, It's Time To Go" aufgenommen hatte.

Im Gegenzug bekamen die Amerikaner aus Deutschland 1956 zwei Cover-Versionen von Cole-Porter-Songs präsentiert. In einer ganzseitigen Anzeige in „Billboard" bewarb Capitol „The Nation's Top Hits" – darunter natürlich die aktuellen Aufnahmen von Tennessee Ernie Ford, Dean Martin, Les Baxter und Frank Sinatra. Und dann eine Überraschung: Bei den Neuerscheinungen des Frühjahrs wurde mit „I Love Paris"/„C'est Magnifique" von Angèle Durand „A hit from Germany" unter den Capitol-Interpreten aufgeführt. Die in Belgien geborene Sängerin Durand hatte zuvor Auftritte als Jazz-Sängerin beim AFN Stuttgart absolviert und war sogar mit Duke Ellington in Europa auf Tournee gegangen. Jetzt sang sie auf Deutsch zwei Stücke aus dem Musical „Can-Can“ für den amerikanischen Markt, begleitet von den Orchestern Adalbert Luczkowski und Herbert Beckh. Dass hier Eulen nach Athen getragen wurden, hing mit der komplizierten Vertragssituation von Capitol in der Bundesrepublik zusammen: TELDEC durfte das Label bis Ende des Jahres vertreiben, während Electrola pro Forma schon die Rechte übernommen hatte, aber die Platten noch nicht veröffentlichen konnte.

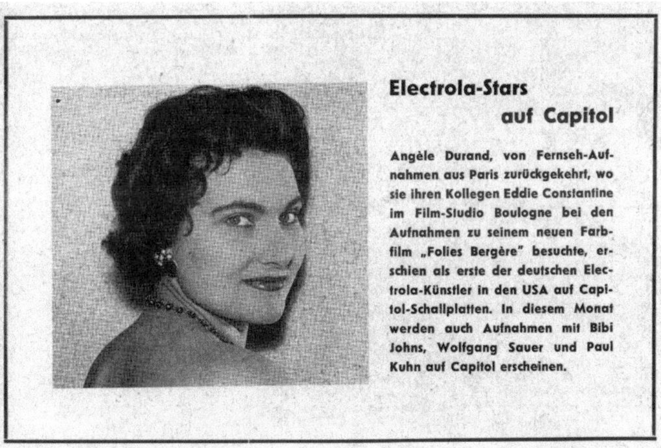

Electrola-Stars auf Capitol

Angèle Durand, von Fernseh-Aufnahmen aus Paris zurückgekehrt, wo sie ihren Kollegen Eddie Constantine im Film-Studio Boulogne bei den Aufnahmen zu seinem neuen Farbfilm „Folies Bergère" besuchte, erschien als erste der deutschen Electrola-Künstler in den USA auf Capitol-Schallplatten. In diesem Monat werden auch Aufnahmen mit Bibi Johns, Wolfgang Sauer und Paul Kuhn auf Capitol erscheinen.

Electrola verkündet stolz: Angèle Durand in den USA bei Capitol

Angèle Durand war bei Electrola erfolgreich unter Vertrag, wurde dort von ihrem Lebenspartner Nils Nobach produziert und spielte 1956 im Film „Bonsoir Paris“ mit. Und so entwickelte man die verwegene Idee, man könne mit ihr doch schon mal in den USA auf Capitol reüssieren. „I Love Paris“ hatte Deutschland in einer Aufnahme von Les Baxter schon 1953 erreicht, dem Jahr, als das Musical in New York uraufgeführt worden war. Und „Ganz Paris träumt von der Liebe“, die erste deutsche Cover-Version des Cole-Porter-Titels, hatte 1954 Caterina Valente einen überraschenden Erfolg gebracht. Angèle Durands „I Love Paris“ wurde immerhin von der „Billboard“-Redaktion zur Kenntnis genommen: „Capitol has come up with some competition for Caterina Valente in Miss Durand. Recorded in Germany, this beautiful arrangement of the tune from ’Can-Can’ is hard to resist.“ Und über „C’est Magnifique“ urteilte die Fachzeitschrift: „Another ’Can-Can’ song, rendered with a maximum of sexy personality by Miss Durand. Both sides are sung in German, but their message is unmistakeable, language barrier or no.“ Auch Electrola meldete das besondere Ereignis als „Musik-Depesche“. In der Firmenzeitschrift „Der gute Ton“, die an die Plattenläden abgegeben wurde, war unter der Überschrift „Electrola-Stars auf Capitol“ zu lesen: „Angèle Durand... erschien als erste der deutschen Electrola-Künstler in den USA auf Capitol-Schallplatten“. Weiter wurde verkündet, dass auch Aufnahmen von Bibi Johns, Wolfgang Sauer und Paul Kuhn bei Capitol geplant seien. Aber für Durand und die anderen Electrola-Künstler wurde es nichts mit der internationalen Karriere. Die Musik Cole Porters, des bedeutenden amerikanischen Musical-Autors, sorgte jedoch in der Bundesrepublik weiterhin für Hits. Ein Soundtrack-Album zum „Can-Can“-Film erschien 1960 auch bei uns auf Capitol.

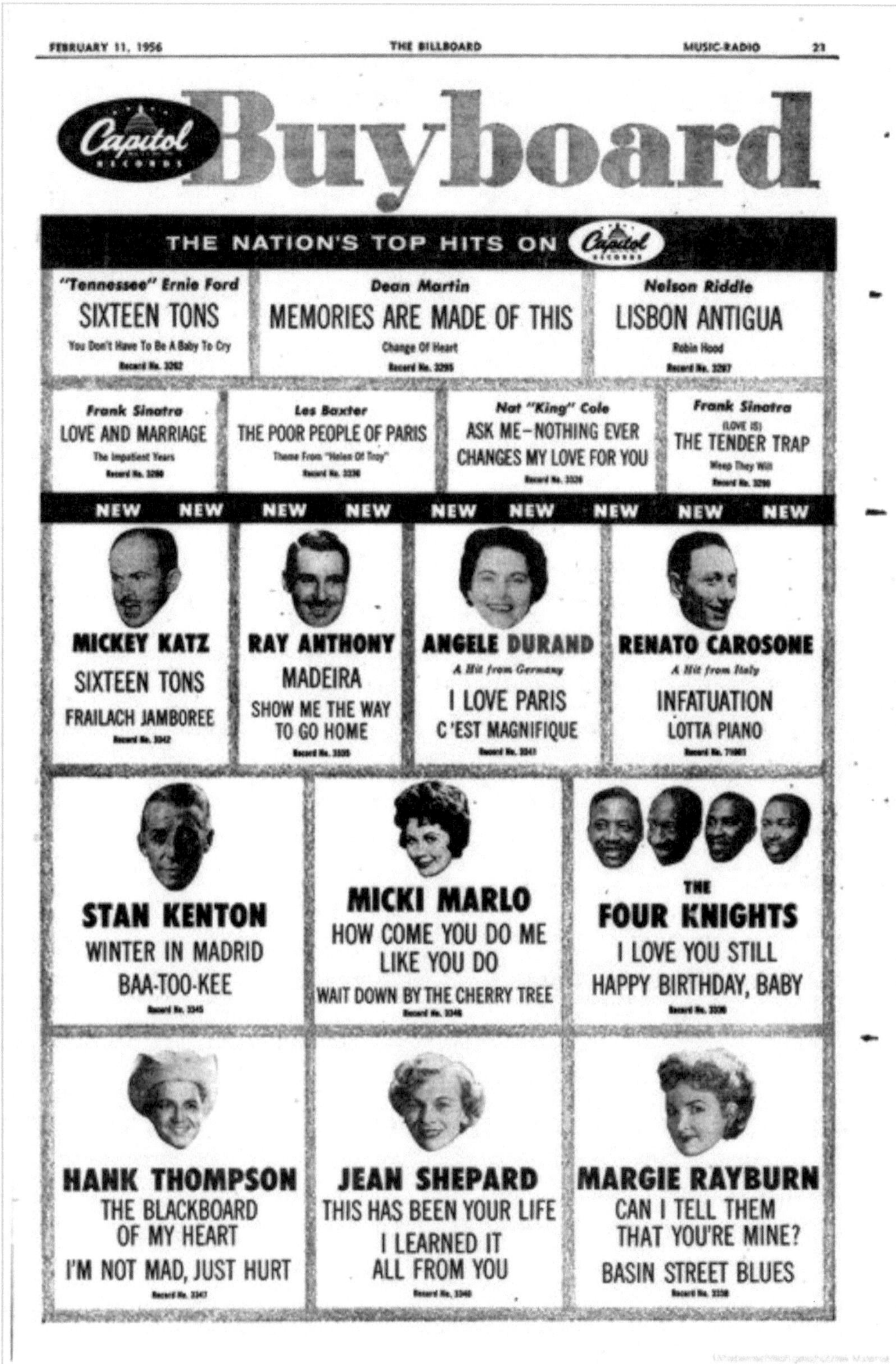
FEBRUARY 11, 1956 THE BILLBOARD MUSIC-RADIO 21

Capitol Records Buyboard

THE NATION'S TOP HITS ON Capitol

"Tennessee" Ernie Ford
SIXTEEN TONS
You Don't Have To Be A Baby To Cry

Dean Martin
MEMORIES ARE MADE OF THIS
Change Of Heart

Nelson Riddle
LISBON ANTIGUA
Robin Hood

Frank Sinatra
LOVE AND MARRIAGE
The Impatient Years

Les Baxter
THE POOR PEOPLE OF PARIS
Theme From "Helen Of Troy"

Nat "King" Cole
ASK ME—NOTHING EVER CHANGES MY LOVE FOR YOU

Frank Sinatra
(LOVE IS) THE TENDER TRAP
Weep They Will

NEW NEW NEW NEW NEW NEW NEW NEW NEW

MICKEY KATZ
SIXTEEN TONS
FRAILACH JAMBOREE

RAY ANTHONY
MADEIRA
SHOW ME THE WAY TO GO HOME

ANGELE DURAND
A Hit from Germany
I LOVE PARIS
C'EST MAGNIFIQUE

RENATO CAROSONE
A Hit from Italy
INFATUATION
LOTTA PIANO

STAN KENTON
WINTER IN MADRID
BAA-TOO-KEE

MICKI MARLO
HOW COME YOU DO ME LIKE YOU DO
WAIT DOWN BY THE CHERRY TREE

THE FOUR KNIGHTS
I LOVE YOU STILL
HAPPY BIRTHDAY, BABY

HANK THOMPSON
THE BLACKBOARD OF MY HEART
I'M NOT MAD, JUST HURT

JEAN SHEPARD
THIS HAS BEEN YOUR LIFE
I LEARNED IT ALL FROM YOU

MARGIE RAYBURN
CAN I TELL THEM THAT YOU'RE MINE?
BASIN STREET BLUES

Im Februar 1956 bewarb Capitol im „Billboard“ aktuelle Platten, darunter Aufnahmen von Angèle Durand

HIGHLIGHTS: FRANK SINATRA UND DON ROBERTSON

Von zwei der in der „Billboard"-Anzeige „The Nation's Top Hits" beworbenen Capitol-Künstler gab es jetzt auch noch einmal EPs: Frank Sinatras „Young At Heart" und Dean Martins „Memories Are Made Of This". Bei der Martin-Platte verabschiedete sich die TELDEC von den bisherigen amerikanischen Papphüllen. Mittlerweile hatte die Hamburger Firma für EPs und LPs ihres LONDON-Labels eigene Hüllen entwickelt, die laminiert waren, die Öffnung oben hatten und innen mit einer Plastikhülle (Trolen-Beutel) ausgestattet waren. Gleichzeitig senkte sie die mit 32 DM bzw. 28 DM sehr hohen Capitol-LP-Preise auf 24 DM. Die Ausstattung mit Trolen-Beuteln übernahm sie zum Ende des Capitol-Vertrags jetzt ebenfalls für die Platten aus Hollywood. Das galt für 10-inch-Platten wie das Reissue von Stan Kentons „New Concepts Of Artistry in Rhythm" ebenso wie für 12-inch-Platten. So kam auch Frank Sinatras aktuelle LP „Songs For Swinging Lovers" in solch einer Verpackung aus der Fabrik in Nortorf. Im Studio produziert wurden die 15 Sinatra-Songs, wie schon die vorherigen Alben, wieder von Nelson Riddle. Noch Jahrzehnte später waren sich die Musikkritiker einig, dass es sich hier um ein Meisterwerk von Sinatra und Riddle handelt. Einen nicht unwesentlichen Anteil hatten daran die Songwriter, deren Schöpfungen schon vor diesem Album Standards waren, Klassiker wurden und bis ins 21. Jahrhundert Bedeutung behalten haben: Cole Porters „Anything Goes" und „I've Got You Under My Skin", George und Ira Gershwins „Love Is Here To Stay", Walter Donaldsons und Gus Kahns „Makin' Whoopee", „Too Marvelous For Words" von Richard Whiting und Johnny Mercer sowie „I Thought About You" von Jimmy Van Heusen und Johnny Mercer, „Pennies From Heaven" von Arthur Johnston und Johnny Burke. Wie der Album-Titel versprach handelte es sich hauptsächlich um Liebeslieder, die Nelson Riddle swingend arrangierte.

Die fruchtbare Symbiose zwischen Sinatra und Riddle beschrieb Kit Aiken 1999 in „Uncut": „Sinatra hooked up with the relatively unknown Nelson Riddle in a legendarily fertile partnership. In marrying light, impressionistic flute and clarinet textures with strings, groovy jazz harmony and heartbeat swing tempos, Riddle fashioned the distinctive charts that epitomised the New Sinatra sound." Im „New Yorker" urteilte Adam Gopnik 2021, dass ihre gemeinsamen Alben „zur besten im Studio entstan-

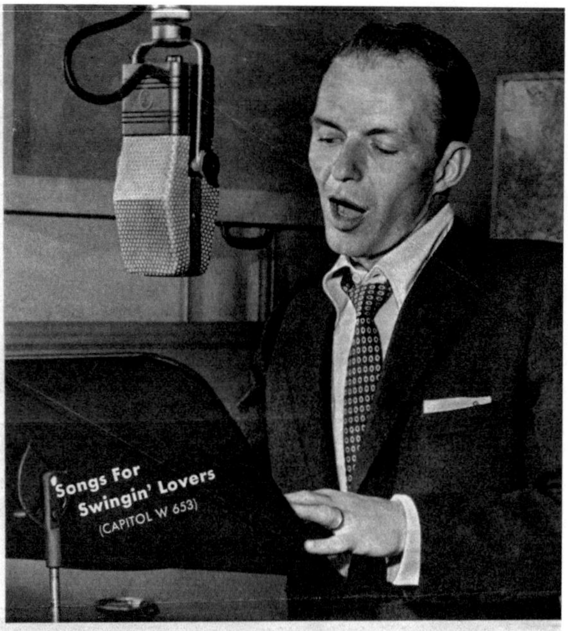

Ein neuer Frank Sinatra

Einen Menschen, der das Gesicht des Mannes mit dem goldenen Arm geprägt hat, darf man ernst nehmen. Er hat kennengelernt, was es heißt, vergessen zu sein, und er ist wiedergekommen als ein anderer, Gereifter. Sein faszinierender Durchbruch in die erste Reihe der Charakterdarsteller hat so viel Aufsehen erregt, daß man darüber fast vergessen hat, wie sehr sich auch sein Gesangsstil verändert hat.

Das wäre aber ungerecht. Sicher: Schon damals, in seiner früheren Zeit, als die Backfische beim Hören seiner Stimme in Ohnmacht fielen, verstand er es, durch kleine, fast unmerkliche Nuancierungen der Worte und durch gewitztes Umbiegen der Melodie aus einem Song all das herauszuholen, ja herauszupressen, was darin an Gehalt und Bedeutung verborgen sein könnte.

All das hat sich erhalten: Elan und Schwung, die Musikalität und die Vortragskultur; aber etwas ist hinzugekommen, was man — denn wir wollen diesen Künstler ja ernst nehmen! — das „Wissen um die Vergänglichkeit" nennen darf. Damit ist natürlich nicht gesagt, Sinatras Lieder klängen jetzt „grau in grau". Im Gegenteil; dies Bewußtsein der Vergänglichkeit lädt ein zum Genuß des Augenblicks, und so hören wir in seinem neuesten Album, den „Songs For Swingin' Lovers", zum größten Teil Stücke von ausgelassener und heiterer Grundstimmung. Aber ein Oberton von Resignation ist spürbar, ein Gefühl der Einsamkeit schwingt fast immer mit. Die Amerikaner nennen das so treffend „Bittersweet" (bittersüß). Ein Wissender singt, für den die Liebe sehr oft die Macht des Verhängnisses hat, ein Getriebener, der dem Schicksal gerade wieder einmal entronnen ist und dessen Humor der Verzweiflung abgerungen erscheint.

Das mag pathetisch klingen. Aber hören Sie, lieber Sinatra-Freund, sich einmal „I've Got You Under My Skin" an! Das ist natürlich eine Swingnummer, stilecht, im Rhythmischen souverän gesteigert und von Nelson Riddles Orchester mit einem Background versehen, der zu dem Faszinierendsten gehört, was es in der modernen Unterhaltungsmusik an Begleit-Arrangements gibt. Aber immer erhält dieser Swing seine eigentliche Färbung durch die Nähe zum Chanson. Alle guten Geister des europäischen Kabaretts scheinen sich in Sinatras Gesang noch einmal zu treffen. Die Verdeutlichung des Wortsinns steht gleichberechtigt neben der Melodie, und deshalb kann man sich nicht genug freuen an jenen berühmten Stellen, wenn Frankie die Melodie, nach dem Orchesterzwischenspiel, zum zweitenmal singt. Diese Abwandlungen ins Zärtliche, Burschikose, Strahlende oder auch („Makin' Whoopee") Ernüchternde sind ein Genuß für sich. Da haben wir es nicht mehr mit Perfektion zu tun, da dürfen wir das schönere deutsche Wort wählen: Vollendung!

Werner Burkhardt

„Bittersweet": Sinatras „Songs For Swinging Lovers"

denen Musik Amerikas" gehören. „Der Spiegel" stellte 1986 fest: „Der Sinatra der Capitol-Zeit..., begleitet von so hinreißend mit Brass und String swingenden Orchestern wie Billy May, Neal Hefty und, vor allem, Nelson Riddle, ist der Sinatra ungezählter romantischer Evergreens; sie haben die Bar-Sentimentalität in den Stunden nach Mitternacht, wo hartgesottene Männer, von Frauen verlassen, sich vor dem Bartender ein bißchen gehenlassen. Ihre Sprache ist ein Slang, der zum Swing paßt wie keine Sprache zuvor... Das schönste Album jener Jahre, 'Songs For Swingin' Lovers' von 1956 im Medium-Tempo, swingt cool und leichtfüßig..." Für Richard Cook vom „New Musical Express" war 1984 das Konzept der Platte schon 1956 „old-fashioned", weil der Rock 'n' Roll seine ersten Laute von sich gab, aber: „The execution sounded so effortless, relaxed, intimate... and it blended perfectly the knowing fidelity of 'Our Love Is Here To Stay' and the Broadway exuberance of 'Old Devil Moon'. As Sinatra turned 40, his voice and his confidence were at their most assured." Er war, befand „Der Spiegel", jetzt „auf der Höhe der Zeit, frech, witzig, traurig drückte er die Gefühlswelt des *swingin' America* wie kein anderer aus".

Das erkannte man in der Bundesrepublik bereits, als „Songs For Swinging Lovers" herauskam. In „die Schallplatte" begeisterte sich Werner Burkhardt für den „neuen Sinatra". Er sah einen Zusammenhang zwischen seinen aktuellen Filmrollen und seiner musikalischen Reife: „Sein faszinierender Durchbruch in die erste Reihe der Charakterdarsteller hat so viel Aufsehen erregt, daß man darüber fast vergessen hat, wie sehr sich auch sein Gesangsstil verändert hat... etwas ist hinzugekommen, was man – denn wir wollen diesen Künstler ja ernst nehmen! – das Wissen um die Vergänglichkeit nennen darf. Damit ist natürlich nicht gesagt, Sinatras Lieder klängen jetzt 'grau in grau'. Im Gegenteil; dies Bewußtsein der Vergänglichkeit lädt ein zum Genuß des Augenblicks, und so hören wir in seinem neuesten Album, den 'Songs For Swingin' Lovers', zum größten Teil Stücke von ausgelassener und heiterer Grundstimmung. Aber ein Oberton von Resignation ist spürbar, ein Gefühl der Einsamkeit swingt fast immer mit. Die Amerikaner nennen das so treffend 'Bittersweet' (bittersüß). Ein Wissender singt, für den die Liebe sehr oft die Macht des Verhängnisses hat, ein Getriebener, der dem Schicksal gerade wieder einmal entronnen ist und dessen Humor der Verzweiflung abgerungen erscheint. Das mag pathetisch klingen. Aber hören Sie, lieber Sinatra-Freund, sich einmal 'I've Got You Under My Skin' an! Das ist natürlich eine Swingnummer, stilecht, im Rhythmischen souverän gesteigert und von Nelson Riddles Orchester mit einem Background versehen, der zu dem Faszinierendsen gehört, was es in der modernen Unterhaltungsmusik an Begleit-Arrangements gibt... Die Verdeutlichung des Wortsinns steht gleichberechtigt neben der Melodie, und deshalb kann man sich nicht genug freuen, an jenen berühmten Stellen, wenn Frankie die Melodie, nach dem Orchesterzwischenspiel, zum zweitenmal singt. Diese Abwandlungen ins Zärtliche, Burschikose, oder auch ('Makin' Whoopee') Ernüchternde sind ein Genuß für sich. Da haben wir es nicht mehr mit Perfektion zu tun, da dürfen wir das schönere deutsche Wort wählen: Vollendung!"

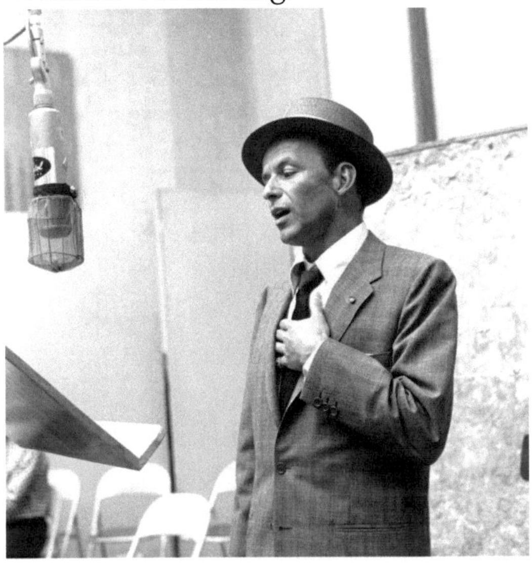

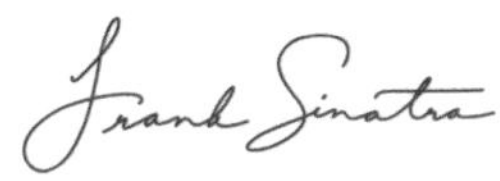

Ein neuer Sinatra

Für den Ruhm des „größten männlichen Interpreten von Amerikas besten Songs" („Penguin Encyclopedia Of Popular Music") gab es keine Grenzen. Wie stark Sinatras Einfluss in Deutschland schon früh war, demonstrierte Harald Juhnke, der sich in seiner Entertainer-Zeit in Smoking und Lackschuhen bemühte, in die viel zu großen Fußspuren von Frankie Boy zu treten. Der „BZ" erzählte er 2005 über sein Verhältnis zu seinem großen Vorbild: „Da Sinatra für mein Leben prägend war, hatte ich das erste Erlebnis mit ihm schon früh. Mir ist er schon in den vierziger Jahren aufgefallen. Nach dem Krieg gab es auch bei uns die Sinatra-Platten, heißbegehrte Sammlerplatten meiner Generation. Denn zumindest meine Generation kann ohne ihn einfach nicht leben." Es war nicht allein der Gesang, der diese Wirkung hatte. Was Fans wie Juhnke beeindruckte, fasste Tim Page 1998 in der „Washington Post" zusammen: „In his prime, standing close to the microphone with a snap-brim hat and a sports jacket slung over one shoulder, Sinatra achieved a complete, symbiotic identification with whatever he was singing."

Das Album „Songs For Swinging Lovers" erreichte in den USA und in Großbritannien die Top 10. In den „Billboard"-Single-Charts tauchte dagegen kein Titel des Albums auf. Anders in England: Da notierte die EP „Songs For Swinging Lovers" im Sommer 1956 auf Platz 12. Besser – nämlich in beiden Ländern auf Platz 6 – wurde im Frühjahr eine Single von Don Robertson gelistet: „The Happy Whistler". Donald Irwin Robertson (1922 - 2015) schaute da bereits auf eine lange Laufbahn im Musikbusiness zurück. Er wurde als Sohn amerikanischer Eltern in Chinas Hauptstadt Peking geboren. Seine Mutter war Pianistin, sein Vater, ein Arzt, lehrte an einem chinesischen College. Aufgewachsen ist Don dann in Chicago. Als Jugendlicher lernte er, Blechblasinstrumente und Klavier zu spielen und bekam als Student einen Job bei einem Radiosender. Entscheidend war der nächste Schritt, als er Arrangeur und Pianist bei dem Chicagoer Gesangstrio The Dinning Sisters wurde. Zu jener Zeit waren solche Gruppen wie die Andrews Sisters, McGuire-Sisters und Fontane Sisters en vogue. Mit den Zwillingen Ginger und Jean Dinning und ihrer älteren Schwester Lou reiste Don Robertson zu Auftritten quer durchs Land und absolvierte Engagements in den Disney Studios und bei Capitol Records. Der größte Erfolg der Dinning Sisters wurde 1949 der Filmsong und Top-10-Hit „Buttons And Bows", bei dem auch Ken Nelson im Aufnahmestudio mitsang. Die Rückseite der Capitol-Platte war die Komposition „San Antonio Rose" des Western-Swing-Musikers Bob Wills. „Sie haben mich mit einem Repertoire an Country-Songs vertraut gemacht, die ich nie zuvor gehört hatte", beschrieb Don Robertson den Einfluss der Dinnings, „ich verliebte mich total in das, was wir heute traditionelle Country-Musik nennen."

Nach ein paar Jahren, in denen er mit Lou Dinning – inzwischen seine Ehefrau – Demoaufnahmen für Songwriter und Musikverlage machte, bekam er eine Festanstellung bei Capitol. Seine Aufgabe: mit Stars wie Nat King Cole und Frank Sinatra Songs einzustudieren, bevor sie ins Aufnahmestudio gingen. Wichtiger aber war seine eigene Kreativität. 1951 unterschrieben Lou und er einen Capitol-Plattenvertrag. Zusammen nahmen sie als Lou Ella Robertson with Don Robertson's Wanderers „Chickasaw Mountain"/„In The Pines" auf. Er

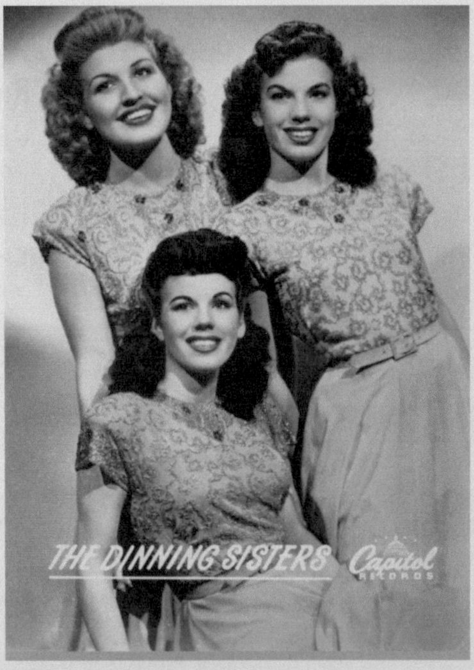

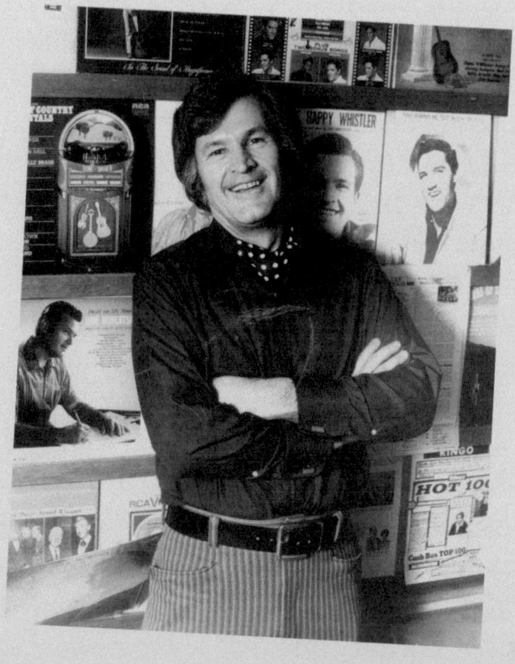

Von den Anfängen mit den Dinning Sisters (links oben Lou) zu Elvis Presleys Songschreiber: Don Robertson war auch als Musiker erfolgreich

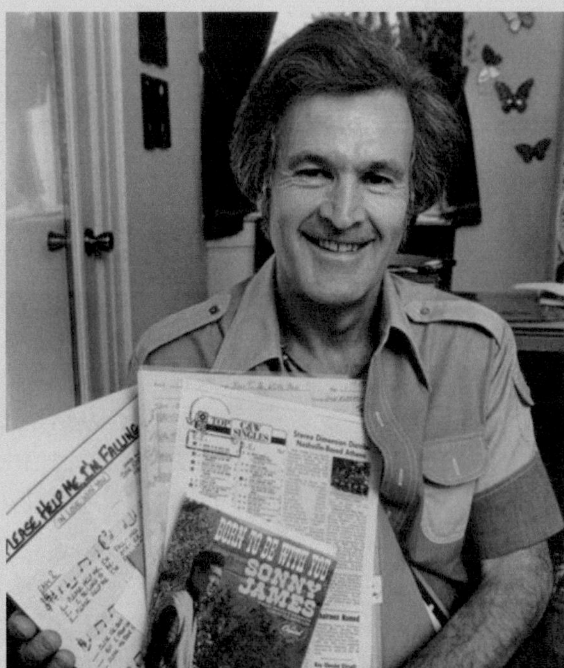

begann, Country-Songs zu schreiben, die von bekannten Interpreten zu Hits gemacht wurden und die Branche aufhorchen ließen: „I Really Don't Want To Know" (Eddy Arnold, Les Paul und Mary Ford), „I Don't Hurt Anymore" (Hank Snow), „Hummingbird" (Les Paul und Mary Ford, Frankie Laine). Zwei selbstaufgenommene Stücke machten seinen Namen dann über den Kreis der Insider hinaus bekannt, auch in Deutschland: „The Happy Whistler" und „You're Free To Go". Der TELDEC passte das gepfiffene Instrumental ins Konzept. „die Schallplatte" stellte Robertson in einem Doppelporträt mit Pat Boone vor: „Zwei 'Musikstudenten' – über Nacht Favoriten". Abgesehen davon, dass der mittlerweile 34jährige Robertson als Student bezeichnet wurde, war auch der Rest der Geschichte nicht korrekt, wonach Lou Dinning die Entstehung der Platte angeregt hatte: „Als sie Don bei den Aufnahmen pfeifen hörte, fragte sie ihn, ob er schon eine Pfeifplatte gemacht habe. Überrascht gab Don zu, daß er überhaupt noch nie daran gedacht habe, auf Schallplatten selbst zu erscheinen." Tatsächlich hatte Robertson eine Demo-Aufnahme des Stückes mit Red Callender am Bass und Chico Hamilton an den Drums gemacht. Er spielte sie einem Capitol-Produzenten vor: „Voyle Gilmore mochte das Stück und überzeugte das Label, alle Resourcen dafür einzusetzen." Es zahlte sich aus. Der pfeifende Don war in den Top-Charts, als Capitol in den gerade fertig gewordenen Tower in Hollywood umzog. Das „Billboard"-Magazin attestierte dem „einfachen, total fröhlichen Liedchen" einen „bleibenden Eindruck" und einen „ansteckenden Charme". Beeindruckt war auch der österreichische Orchesterleiter Claudius Alzner, der 1956 „Der fröhliche Pfeifer" daraus machte.

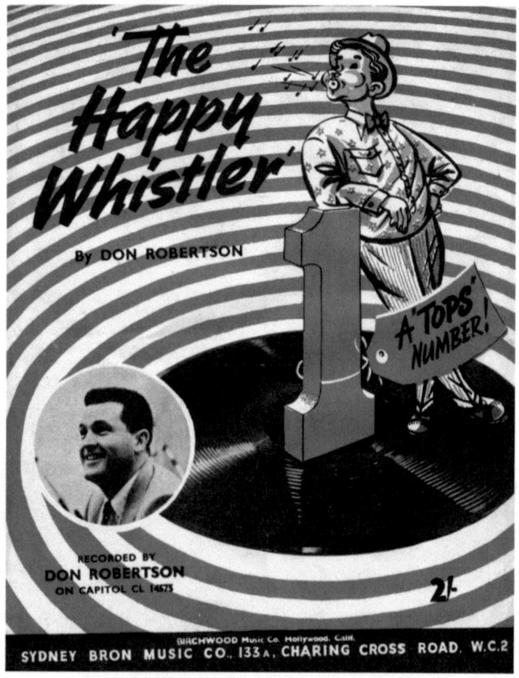

Hit in England und USA: „The Happy Whistler"

Auch „You're Free To Go" hatte Robertson als Demo aufgenommen. Er spielte Klavier und Lou Dinning sang dazu, weil er sich in dieser Zeit noch nicht traute, als Solosänger aufzutreten. Der Song wurde von zahlreichen Künstlern gecovert – von Les Paul und Mary Ford bis zu Rick Nelson. Dinnings Aufnahme von Johnnie Rays „The Little White Cloud That Cried" mit „Don Robertson's Music" gelangte sogar bis nach Norwegen. Ihre Stimme war auch auf der Demo-Platte von Robertsons Lied „I'm Counting On You" zu hören. Das führte zu seiner jahrelangen Kooperation mit Elvis Presley, der „I'm Counting On You" am 11. Januar 1956 für RCA sang – einen Tag, nachdem er schon „Heartbreak Hotel" in Nashville aufgenommen hatte. Insgesamt übernahm Presley 14 Robertson-Songs – darunter so berühmte Titel wie „Anything That's Part Of You" und „They Remind Me Too Much Of You". Don Robertson gehörte zu einer Gruppe jüngerer Autoren, die jetzt mehr und mehr die Musikszene bestimmten. Spektakuläre Erfolge für ihn wurden Hank Locklins „Please Help Me I'm Falling" und Lorne Greenes „Ringo". Seine bedeutendste musikalische Kreation schuf er aber am Klavier: Auf der Demo-Aufnahme von „Please Help Me I'm Falling" hatte er seinen Stil „Slip-Note-Piano" zum ersten Mal auf Platte veröffentlicht. Das übernahm der Nashviller Musiker Floyd Cramer für die Locklin-Platte und machte seinen eigenen Sound daraus. Cramer wurde mit seinem „Nashville Piano" weltberühmt, und Robertson, der auch bei RCA eigene Platten mit diesem Klavier-Stil aufnahm, hatte das Nachsehen. Heute ist das „Slip-Note-Piano" auf Country-Platten eine Selbstverständlichkeit. 1964 wurde Don Robertson von Nat King Cole für seine Platte „I Don't Want To Be Hurt Anymore" als Pianist ins Capitol-Studio geholt, um das perfekte Country-Feeling im Sound zu haben.

Zwei „Musikstudenten" - über Nacht Favoriten

Zwei amerikanische Studenten verstanden es, sich innerhalb kurzer Zeit mit nur wenigen Liedern einen Namen in aller Welt zu machen: **Don Robertson** und **Pat Boone.** „The Happy Whistler", „Tutti Frutti" und „I'll Be Home" standen monatelang in den internationalen Schlagerparaden in der Spitzengruppe und sind für lange Zeit in den Wunschkonzerten, Request Hours, Family Favorites, und wie alle die Lieblingssendungen der Hörer heißen mögen, nicht mehr wegzudenken.

Im fernen Osten kam Don auf die Welt und bald darauf mit der Familie nach Amerika. Der überaus musikalische Don wurde sobald wie möglich auf das Chicago Musicale College geschickt. Schnell hatte Don eine Band gegründet, die er vom Klavier aus leitete und die bei allen möglichen Anlässen — und Studenten finden immer Anlässe zu Bällen und Tanzabenden — spielte. Aber ans Pfeifen dachte er nicht. Das kam erst, als ihn Freunde zu einer kleinen Rundfunkstation in Chicago mitschleppten, wo er sich schließlich Taschengeld als Arrangeur verdiente. Diese Tätigkeit sollte sich doppelt bewähren: Beim Arrangieren kam er darauf, daß er manchmal bessere Ideen hatte als die Komponisten, die er zu „verbessern" hatte. Nach und nach hat er 75 Lieder geschrieben, die aber kaum über Chicago hinauskamen: Es fehlte eben der entsprechende Interpret, der anderen Komponisten zur Verfügung stand. Bis eines Tages die Dinning Sisters auftauchten und nach neuen Liedern Ausschau hielten. Besonders die eine Dinning Sister, Lou, fand Interesse an Dons Liedern — und schließlich auch an Don selbst. Sie machte sein Lied „You're Free To Go" in den Staaten bekannt. Als sie Don bei den Aufnahmen pfeifen hörte, fragte sie ihn, ob er schon eine Pfeifplatte gemacht habe. Überrascht gab Don zu, daß er überhaupt noch nie daran gedacht habe, auf Schallplatten selbst zu erscheinen. Don und Lou heirateten — und bald war der „Happy Whistler" entstanden. Don Robertson spielt Klavier, Posaune, Trompete, ist Arrangeur und pfeift. Der fröhliche Pfeifer machte die Familie so happy, daß Don — zunächst — auf alle hoch gesteckten College-Ziele „pfeifen" konnte. Jetzt warten zunächst einmal Hollywood, Kabarett, Television und Rundfunk auf ihn.

Seitdem vor 20 Monaten die erste Platte mit **Pat Boone** erschien, stand der 21jährige Student aus dem North Texas State College 38 von 52 Wochen in den Bestseller-Listen der amerikanischen Fachzeitschriften. Das ist ein absoluter Rekord, den bisher noch niemand erreichen konnte.

Ungewöhnlich ist auch bei Pat, daß nach seinen ersten Aufnahmen — „I'll Be Home" und „Tutti Frutti" — auch die nachfolgenden Aufnahmen Bestseller wurden. Ungewöhnlich war es überhaupt, daß beide Seiten der ersten Platte — jede für sich — zu Favoriten wurden. Auch Pat Boone, der im College in erster Linie sportlich im Baseball, Basketball und Tennis hervortrat, hat seine College-Laufbahn vorläufig aufgesteckt. Er hat einen glänzenden Vertrag mit Arthur Godfreys großer Fernsehschau, die wöchentlich von rund 30 Millionen Amerikanern gesehen wird — und neue Platten unterwegs.

Zwei Studenten, die ihren Weg machen werden, so oder so!

Bisher erschienen von den beiden Musikstudenten folgende Aufnahmen:

Pat Boone

1. „Ain't That A Shame"
   „Tennessee Saturday Night" DL 20 027
2. „I'll Be Home"
   „Tutti Frutti" DL 20 036
3. „Long Tall Sally"
   „Just As Long As I'm With You" DL 20 045

Don Robertson

„The Happy Whistler"
„You're Free To Go" CF 3391

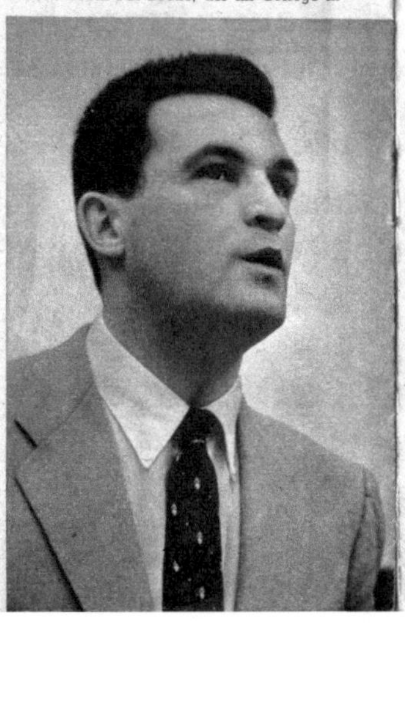

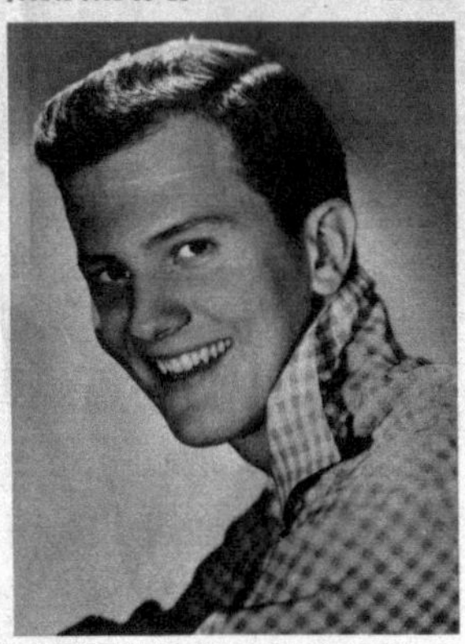

◀ Don Robertson ▲ Pat Boone

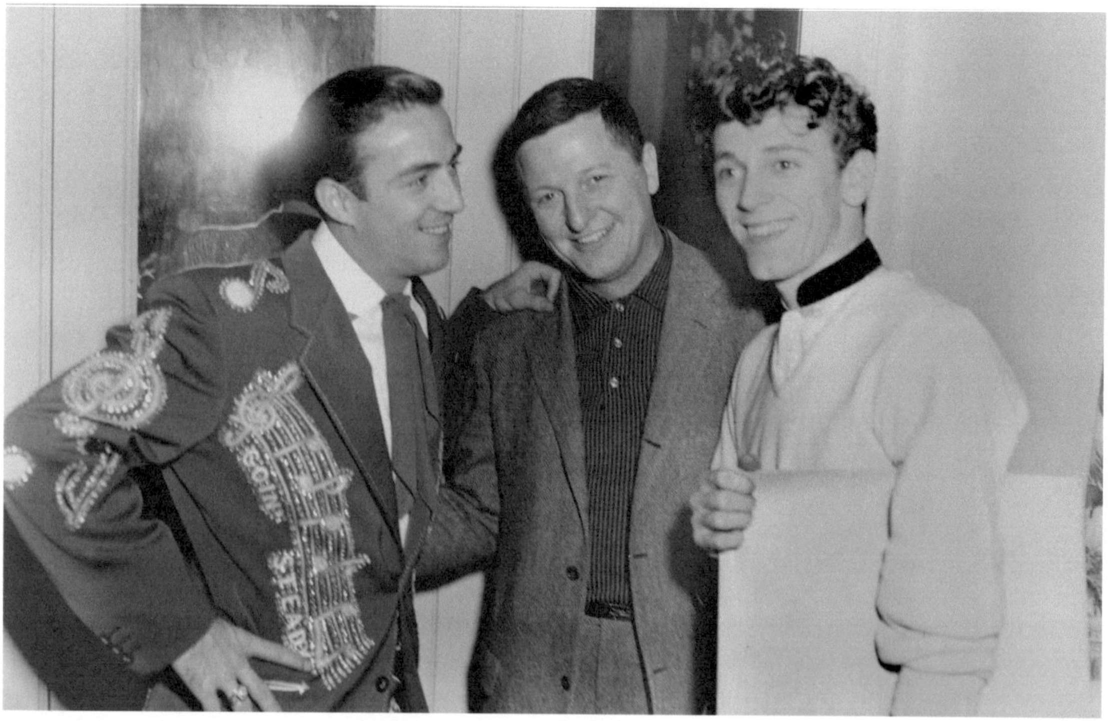

Gene Vincent mit Capitol-Kollege Faron Young (links) und Manager „Sheriff“ Tex Davis, der ihn zu Capitol Records brachte

TEIL X

BE-BOP-A-LULA

Eine Aufnahme aus Nashville katapultierte Capitol in eine neue Dimension. Die Vorgeschichte dazu hatte auch mit der Country-Metropole zu tun – mit einer der alljährlichen DJ-Conventions. Was zuvor geschah: Gene Vincent (1935 - 1971), um den es geht, kam als Vincent Eugene Craddock in Norfolk, Virginia, auf die Welt. Sein Vater war in dem Militärhafen als Coast Guard stationiert. Während des Koreakrieges verließ Vincent mit 17 vorzeitig die Schule, log über sein Alter, um bei der Kriegsmarine anheuern zu können. Ohne in Kämpfe verwickelt worden zu sein, kehrte er in die USA zurück. Dass er in Korea verletzt wurde, ist eine Legende, die er selbst in die Welt gesetzt hatte. In Wirklichkeit hatte er sich bei einem Motorradunfall in Norfolk eine schwere Beinverletzung zugezogen. Er konnte verhindern, dass sein Bein amputiert wurde, musste aber zeitlebens Metallschienen tragen und litt unter starken Schmerzen.

Schon als Teen hatte Vincent eine Gitarre, und an Bord seines Schiffs unterhielt er die anderen Matrosen mit Country-Musik. Sein musikalisches Interesse teilte er mit Donald Graves, einem anderen Patienten im Krankenhaus. Gemeinsam schrieben sie einen Song, der von einem in Tageszeitungen gedruckten Comic

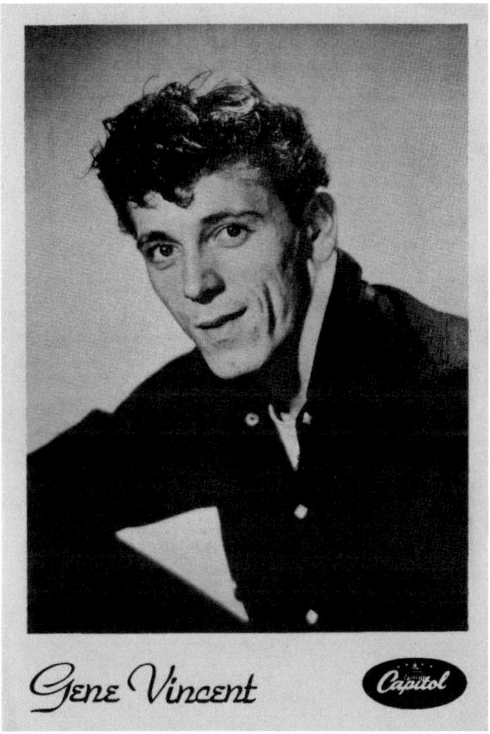

Strip inspiriert war: „Little Lulu“. Lulu war ein kleines, lockiges Mädchen, dessen Streiche bei den Lesern so beliebt waren, dass sie auch als Buch veröffentlicht wurden. „Me and Donald Graves were looking at this bloody comic book“, erzählte Gene Vincent. „It was called Little Lulu and I said 'Hell man, it's bebopaLulu'. And he said 'Yeah, man, swinging'. And we wrote the song. Just like that. And some man came in to hear it and he bought the song for 25 dollars. Right: Twenty-five dollars. And I recorded it and told all my friends I was going to get a Cadillac, because all rock 'n 'roll singers had Cadillacs.“ Der Song war „Be-Bop-A Lula“, und der die Rechte daran kaufte, war „Sheriff“ Tex Davis, ein DJ aus Norfolk, der Graves' Namen im Copyright durch seinen eigenen ersetzte.

Davis überraschte Vincent auch mit einem Management-Vertrag, den der sofort bereitwillig unterschrieb. Dann besorgte er seinem Künstler Gigs in Norfolk und Umgebung. Als Davis zuvor zu einer DJ-Convention nach Nashville gereist war, hatte er Gelegenheit bekommen, sich mit Ken Nelson zu unterhalten und hörte von ihm, dass Capitol neue Talente suche. Inzwischen hatte sich Vincent mit Cliff Gallup, Leadgitarre, Willie Williams, Rhythmusgitarre, Jack Neal, Kontrabass, und Dickie Harrell, Drums, eine Band zusammengestellt, so dass Davis mit ihm Demos aufnehmen konnte. Die schickte er zu Ken Nelson nach Nashville. Und hörte drei Wochen lang nichts von ihm. Dann aber kam die Nachricht, er solle den Sänger und die Band zu einer Session in Owen Bradleys Studio in Nashville bringen, wo schon Buddy Holly im selben Jahr Aufnahmen gemacht hatte. Den wollte seine Plattenfirma Decca damals zum zweiten Elvis Presley aufbauen – so wie Capitol es jetzt auch mit Gene Vincent vorhatte. Am 4. Mai 1956 war es so weit: Die Vincent-Band Blue Caps spielte Nelson und Owen „Be-Bop-A Lula“ vor. Nelson hatte eigentlich geplant, die Begleitung bei der Session den Top-Cracks Grady Martin, Hank Garland,

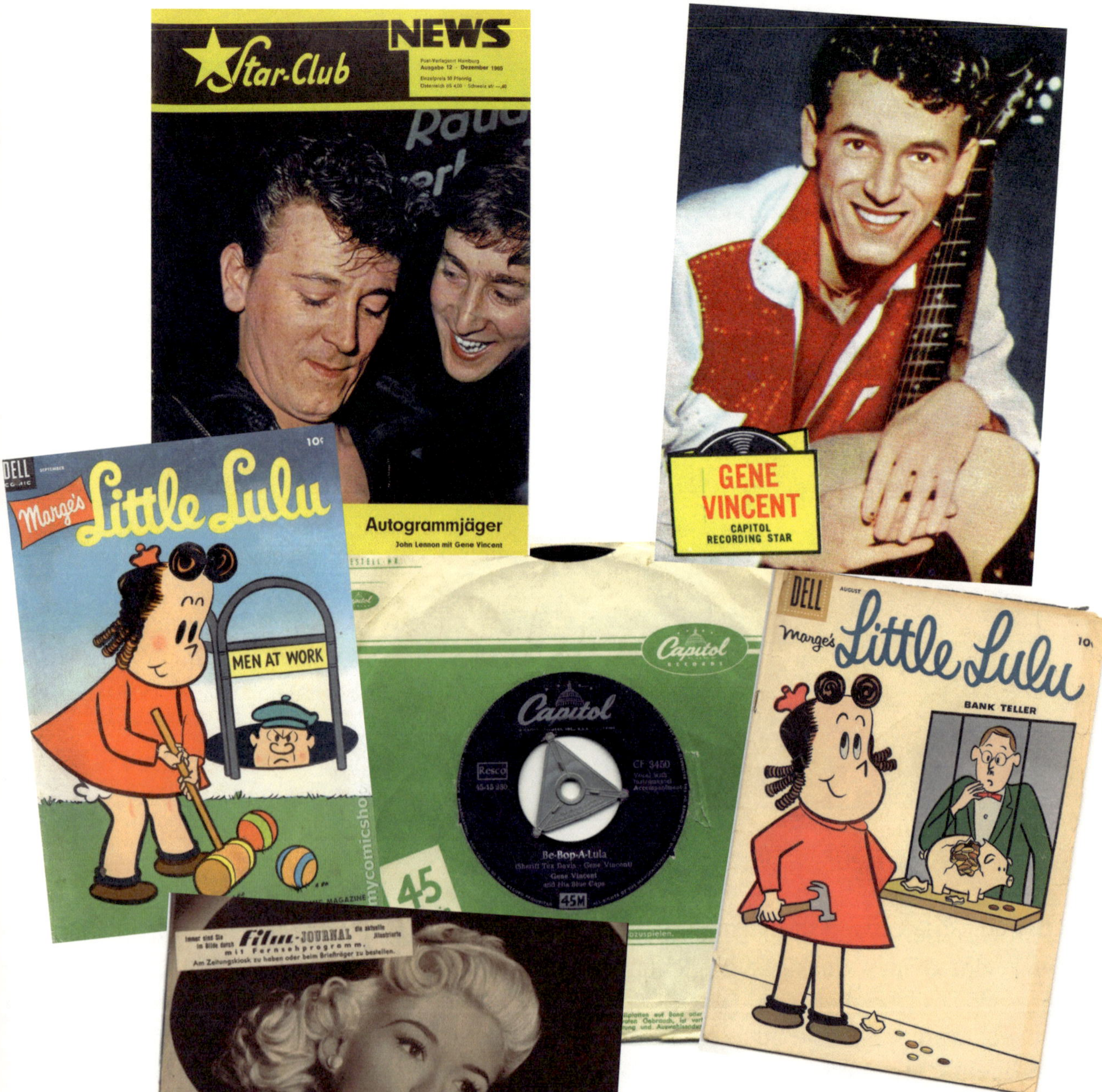

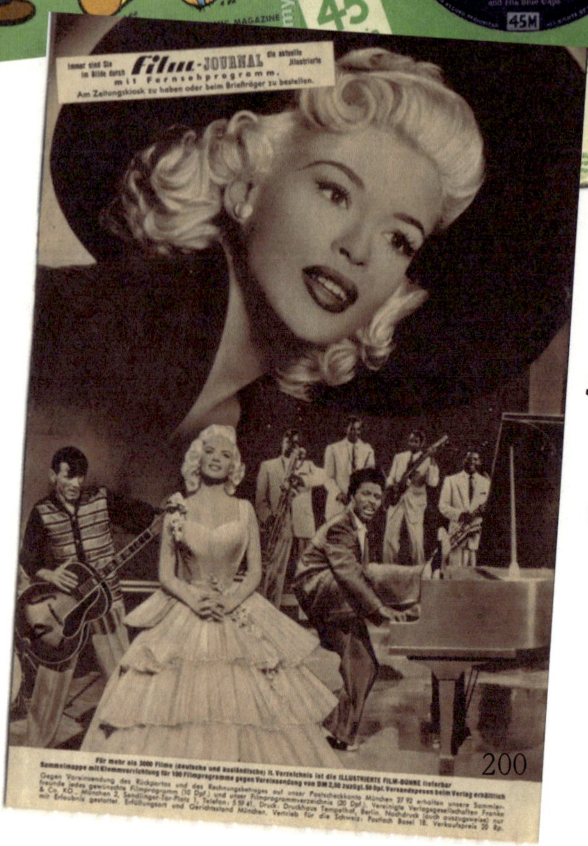

Gene Vincent im Hamburger Star-Club mit John Lennon (oben). Die „Little Lulu“-Comics waren Inspiration für „Be-Bop-A-Lula“ (Mitte). Im Film „Schlagerpiraten“ (mit Jayne Mansfield) trat Vincent neben Little Richard auf

Buddy Harman und Bob Moore zu überlassen. In Nashville zogen Produzenten es stets vor, mit Studio-geübten Musikern zu arbeiten, statt Live-Musikern die Mikrofone zu überlassen. Doch die Profis konnten ihre Instrumente wieder einpacken. Nachdem Nelson und Owen Cliff Gallups Gretsch-Gitarre bei der Probe von „Race With The Devil" (Autoren: Vincent und Davis) gehört hatten, entschieden sie sich, die Blue Caps mit Gene Vincent – jetzt sein Künstlername – aufzunehmen. „Ken Nelson war auch ein cooler Typ", erinnerte sich Gallup, „er beeindruckte mich mehr als irgendjemand sonst. Kein Zweifel, Ken Nelson half mir wirklich sehr. Er brachte mir bei, wie ich meine Gitarre im Studio am besten einsetzen kann." Am 2. Juni kam die Single „Woman Love"/„Be-Bop-A Lula" in Amerika heraus. In der Bundesrepublik wurde sie von der TELDEC gleichzeitig mit Elvis Presleys „Heartbreak Hotel" in einem Prospekt beworben. Die Seite trug in großen Lettern den Titel „Rock 'n' Roll". Man fremdelte in Hamburg jetzt nicht mehr so sehr mit dieser Musik. Durch die Popularität der Single-Schallplatte und der Jukeboxes bekam der Rock 'n' Roll zusätzlich einen großen Schub.

„Woman Love", geschrieben von Dick Reynolds und Jack Rhodes, sollte in der Vorstellung von Capitol die A-Seite der Platte sein, aber die meisten Radiostationen weigerten sich, den Song zu spielen. Der Text, in dem die Formulierung Woman Love ein Synonym für Sex war, ging den um ihre biederen Hörer besorgten DJs zu weit. Das „Billboard"-Magazin fand nichts Anstößiges an dem Stück, attestierte ihm „Hochspannungs-Stil" und sah in der Platte „Capitols Teilnahme an dem Rennen, einen zweiten Presley zu finden". Wegen Obszönität wurde Vincent aber in Virginia sogar zu 10 000 Dollar Strafe verurteilt. Das konnte ihn nicht aufhalten. Statt „Woman Love" wurde „Be-Bop-A Lula" im Radio gespielt, und die Platte erreichte Position sieben in den „Billboard"-Charts. Ein simpler Text, eine simple Melodie, die an „Money Honey" orientiert war, – ausschlaggebend war die Umsetzung. „Vincents 'Be-Bop-A Lula' was typical rockabilly", urteilte Dave Marsh, der ihm einen Platz in seinen „1001 Greatest Singles Ever Made" einräumte. Entsprechend wurde er in den USA mit Carl Perkins für Gigs gebucht. Für deutsche Ohren war „Be-Bop-A Lula" ein neuer Sound – und der Text („She's the girl with the red blue jeans") eine Bestätigung für alle Teenager, die ihre Bluejeans für das bewusste Statement eines Lebensgefühls der Unangepasstheit hielten. Aus heutiger Sicht ist es schwer vorstellbar, welche Auseinandersetzungen es in den Familien über „Nietenhosen" gab. Jeans galten anfangs als am deutlichsten sichtbares Symbol einer Amerikanisierung der jungen Generation. Das hatte zur Folge, dass die „Halbstarken" sie als Rebellion gegen die Bevormundung anzogen. Das Thema „Blue Jeans" hatte Ray Anthony mit seinem untrüglichen Gespür für Trends schon 1954 mit einem Instrumental aufgegriffen. Und Ella Mae Morse hatte „old blue jeans“ 1955 in „Seventeen“ besungen. Jeans kamen auch auf der nächsten Vincent-Aufnahme „Bluejean Bop“/„Who Slapped John“ vor, die TELDEC als zweite Single hinterherschob. Auf dem Label stand: „From album T-764 'Bluejean Bop'“. Das Album veröffentlichte sie allerdings nicht. Die Angabe stammte von der US-Ausgabe, wo die von Ken Nelson produzierte LP mit zwölf Titeln schnell auf den Markt gebracht wurde. Wie bei vielen anderen Capitol-Alben auch wurde die Langspielplatte in Deutschland in drei EPs aufgeteilt, wovon zwei noch Ende 1956 von der TELDEC gepresst wurden. Was Vincent machte, wurde auch von der deutschen Schlagerbranche beachtet. Hans Bradtke belieferte Peter Kraus und die „Rockies“ umgehend mit „Susi-Rock“, einer im Untertitel als Rock and Roll bezeichneten Eindeutschung von „Bluejean Bop“.

Durch den Film „The Girl Can't Help It“ („Schlagerpiraten“) bekamen die deutschen Rock 'n' Roll-Fans die Chance, Gene Vincent und die Blue Caps neben Fats Domino, Eddie Cochran, Little Richard und anderen im Kino zu erleben. Vincents „Be-Bop-A Lula“ war einer der musikalischen Höhepunkte der Komödie. Während sein Stern in den USA zu sinken begann, blieb die Begeisterung für ihn in Europa ungebrochen, besonders in England, wo der 16jährige John Lennon von ihm fasziniert war. 1975 veröffentlichte Lennon auch eine eigene Version von „Be-Bop-A Lula“. Schließlich ging Vincent 1959 nach England, absolvierte Termine in US-Armee-Clubs in der Bundesrepublik und tourte durch Frankreich, wo er gefeiert wurde. Zurück in London nahm er 1960 bei EMI „Pistol Packin' Mama“ für Capitol auf und ging mit Eddie Cochran auf Tournee. Auf der

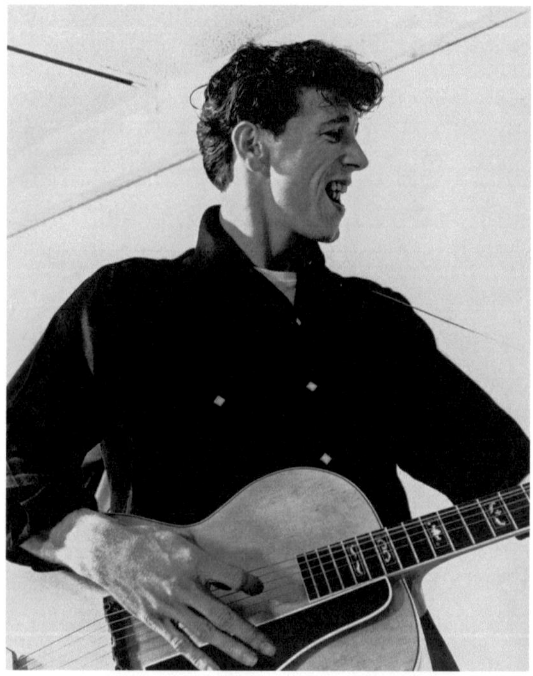

Rockabilly-Star Gene Vincent

Rückfahrt von einem Auftritt in Bristol prallte das Taxi, das sie abholte, gegen einen Laternenmast. Cochran überlebte den Unfall nicht. Er hatte sich schützend über seine Freundin Sharon Sheely geworfen und wurde aus dem Auto geschleudert. Sheely und Vincent wurden schwer verletzt. Die Folgen zeigten sich bei späteren Auftritten des Rockers. Für den britischen Pop-Autor Nik Cohn war es „unmöglich, seinen melodramatischen Anblick zu vergessen, ganz in schwarzem Leder, die Handschuhe, mit denen er das Mikrofon umklammert, der sich krümmende Körper". Simon Frith, der 1970 kurz vor Vincents Tod über ihn im „Rolling Stone" schrieb, erlebte ihn auf der Bühne: „Gene Vincent was the most tortured of the Fifties rock stars. I only saw him in concert once and that was weird. He was in pain throughout and sang kneeling, his bad leg stretched out straight behind him... I've never seen another rockstar so worshipped and held in such awe by an audience." Und er bedauerte, dass die breite Öffentlichkeit ihn nur als den „Be-Bop-A Lula"-Sänger sah: „Everyone remembered Gene Vincent, but the only song of his they remembered was 'Be-Bop-A-Lula'. We forgot that the reason he was a great rock star was because he made great records." Capitol hatte laut Dave Marsh mit Gene Vincents Platten bewiesen, dass Sun-Records-Eigner Sam Philips nicht der Einzige war, der großartigen Rock 'n' Roll produzieren konnte, dass ein Major Label es ebenso effektiv konnte wie die Independents.

Zwei Vincent-Singles und zwei -EPs hatte auch die TELDEC publik gemacht. In der Bundesrepublik war ihm eine große Fan-Gemeinde treu geblieben, als Gene Vincent im Mai 1962 als erster internationaler Star im Star-Club auftrat. Der Laden war brechend voll. In der Menge: John Lennon aus Liverpool und Manfred Tessnow aus Lüneburg. Der 26jährige Tessnow war mit dem Zug nach Hamburg gefahren, wo er eine Eintrittskarte ergattert hatte. „Da standen schon Massen. Das war ein riesiges Gedränge. Es kostete nur ein paar Mark. Ich war völlig fertig, als ich Gene Vincent da sah. Ein kleiner Kerl, in Leder gekleidet, tausend Falten im Gesicht. Und dann sang er auch noch 'Be-Bop-A Lula', mein Lieblingslied! Ich wollte ihn unbedingt sprechen. Ich habe einen Kellner gefragt, wo er langkommt, wenn er von der Bühne geht. Und ich habe Gene Vincent aufgelauert. Der hat tatsächlich mit mir gesprochen und mir ein Autogramm gegeben." Auch John Lennon bekam eins. Es hätte der Begeisterung sicherlich keinen Abbruch getan, hätte Manfred erfahren, dass sein Idol in seinem Hotel am Neuen Pferdemarkt den Nachttisch angezündet hatte. Im Gegenteil: Gene Vincent hatte das Image als Outlaw, unangepasst und wild. Mick Farren formulierte das bildhaft in einem Nachruf 1971 in der „International Times": „Where Elvis was the teenage hood who got lots of girlfriends, Vincent was symbolic of the punk who leant against walls at the High School dance and cleaned his nails with a switch blade." Entsprechend stellte der belgische Illustrator Guy Peellaert ihn 1972 in „Rock Dreams" als Rocker mit schwarzer Lederjacke dar, der einen Polizeidetektiv in einer Bar mit einem Stilett abwehrt.

„NOW YOU HAS JAZZ“

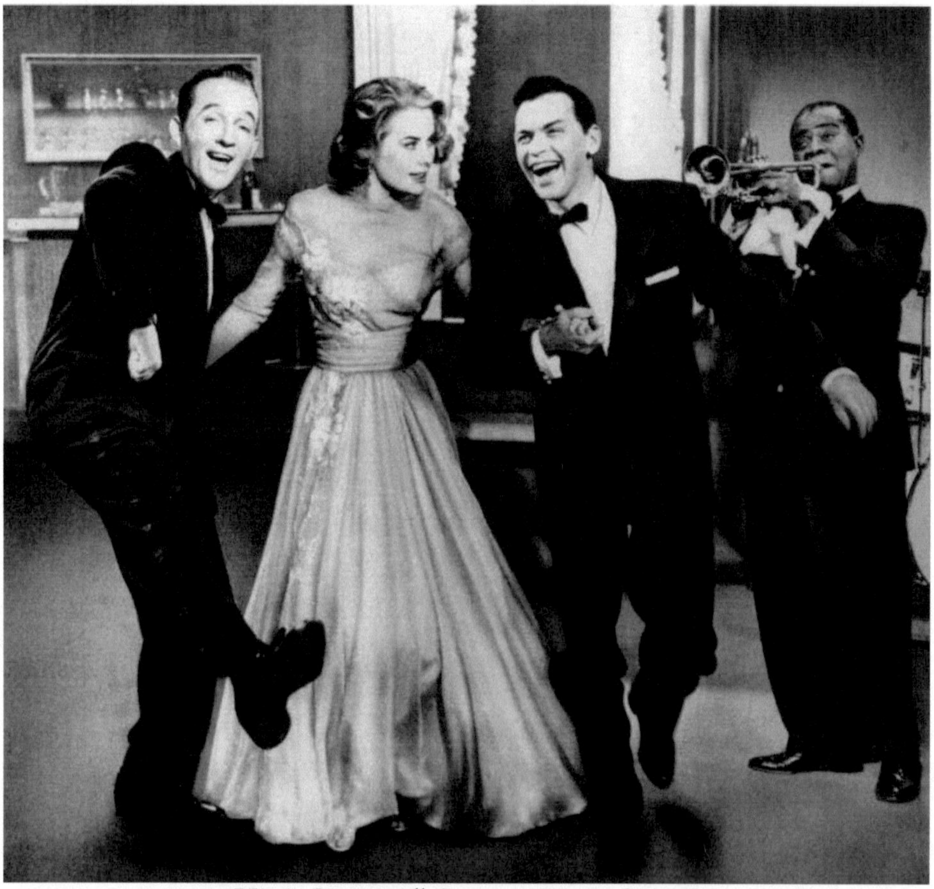

„High Society“-Szene: Bing Crosby, Grace Kelly, Frank Sinatra und Louis Armstrong

Für die Ohren der älteren Generation klang „Be-Bop-A Lula, she's my baby“ nicht gerade nach einem Liebeslied. Nach ihrem Geschmack war eher Cole Porters „True Love“, das Bing Crosby und Grace Kelly 1956 in der Hollywood-Produktion „High Society“ („Die oberen Zehntausend“) sangen. Der Film war ein dürftiges Musical-Remake des George-Cukor-Films „The Philadelphia Story“ von 1940 mit Katharine Hepburn, Cary Grant und James Stewart, der 1950 als „Die Nacht vor der Hochzeit“ in Deutschland anlief. Als „High Society“ gedreht wurde, war Porter (1891 - 1964) bereits über 40 Jahre im Musikbusiness und 44 Jahre älter als Gene Vincent. Seine musikalischen Wurzeln hatte er im Goldenen Zeitalter der 20er Jahre. Seine Lieder, bei denen er sowohl die Melodien als auch die Texte schrieb, prägten die amerikanische Musikwelt in der ersten Hälfte des Jahrhunderts. Cole Porter, aus reicher Familie, der ein Leben im Luxus führte, zählt zu den wesentlichen Autoren des „Great American Songbook", dessen Schöpfungen bis Ende des Jahrhunderts von Jazz- und Pop-Künstlern gecovert wurden.

Die Rollen von Hepburn, Grant und Stewart spielten in „High Society" Grace Kelly, Bing Crosby und Frank Sinatra. Die beiden Sänger konnten da schon auf eine große Anzahl an Porter-Interpretationen zurückblicken. Crosbys Anfänge lagen in den 20er Jahren, Sinatras in den 30ern. Beide hatten seit den 40er Jahren zahlreiche Platten mit Porter-Songs herausgebracht. Insofern war die Besetzung ideal. Es wirkte dagegen etwas deplaziert, Kelly mit dem 26 Jahre älteren Crosby ein Liebespaar mimen zu lassen. Ihr Gesangsbeitrag bei „True Love" war auch nur minimalistisch. Nach den Dreharbeiten verabschiedete sie sich in die High Society und heiratete den Monaco-Millionär Rainier. „Der Spiegel" bescheinigte ihr „beachtenswerte schauspielerische Qualitäten". Und: „Noch einmal, bevor sie Gracia Patricia wurde, spielte die Bauunternehmerstochter Grace Kelly eine 'Hoheit': die kühle Kapitalistin Daisy Cord, die im Trunk ein Ding tut, das man in der Society 'shocking' findet. Zwei außerplanmäßige Herren (Bing Crosby, Frank Sinatra) gehen an ihrem Polterabend durch ihre Alabasterfinger, was dem munteren Lustspiel, das mit weltschlagerfähigen Songs von Cole Porter angereichert wurde, Gelegenheit zu einiger nicht weiter beängstigender Gesellschaftskritik gibt." Auf der Rückseite der „True Love"-Single war das schon 1939 geschriebene „Well, Did You Evah?" untergebracht, in dem Bing Crosby und Frank Sinatra – angeblich angetrunken – Sticheleien austauschen. Es war das erste Mal, dass die Beiden zusammen auftraten.

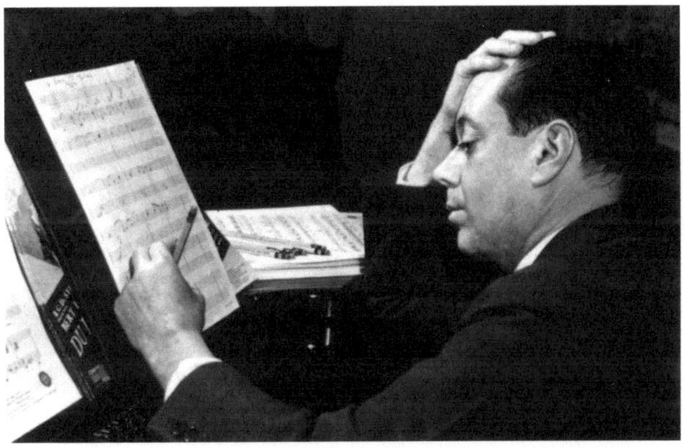

Komponist und Texter: Cole Porter

Auch aus „High Society" stammte die Single „High Society Calypso" und „Now You Has Jazz". Man hatte den Drehort in die Nähe des „Newport Jazz Festivals" verlegt und Crosby einen Jazz-Komponisten darstellen lassen, der angeblich mit Louis Armstrong befreundet war. So konnte auch Satchmo mit seiner All-Star-Band in den Plot integriert werden. Er begleitete die Hochzeitsfeierlichkeiten mit seiner Band und durfte Auftakt und Schluss des Films musikalisch inszenieren. Da das ursprünglich nicht vorgesehen war, musste Cole Porter improvisieren und Jazz-Songs schreiben. Dabei kamen „High Society Calypso“ und „Now You Has Jazz“ heraus. „die Schallplatte“ schwärmte im November 1956: „Louis Armstrong und seine All Stars sind auch mit von der Partie. Zu den reizvollsten, zündendsten Stücken aus diesem Film gehört 'Now You Has Jazz'. Da stellt Bing Crosby mit Elan und guter Laune die Mitglieder der All-Star-Band vor: Edmond Hall an der Klarinette, Trummy Young an der Posaune, den Schlagzeuger Berret Deems, den Bassisten Arwell (sic) Shaw, den Pianisten Billy Kyle und natürlich Satchmo selbst. Wir erleben das Entstehen einer Jazz-Nummer. Beim Rhythmus des Schlagzeugers fängt es an und steigert sich dann zum Finale der ganzen Band. Wie Louis und Bing hier zusammen singen, wie jeder Musiker sein Bestes gibt, das ist ein Erlebnis.“ Und dann beendete sie die Besprechung euphorisch: „Anhören, nichts als anhören!!!“

Den Calypso bestritt Armstrong als alleiniger Sänger. Bei „Now You Has Jazz“ stimmte er bei Crosby mit ein. Als Vorbereitung für beide Stücke hatte Porter sich Unterstützung von Fred Astaire zur Inspiration erbeten, der mit ihm ein „Jazz At The Philharmonic“-Konzert besuchte. Zusätzlich kam Veranstalter Norman Granz noch zur Hilfe. Am Telefon erläuterte er die wesentlichen Jazz-Begriffe, die sich im Text von „Now You Has Jazz“ wiederfinden. Das als Binnenreim verwendete grammatikalisch falsche „has“ muss man als bewusste Verballhornung hinnehmen, mit der die Diktion schwarzer Amerikaner imitiert werden sollte. „Gentlefolk of Newport“, beginnt der Song und besingt die Beliebtheit des Jazz in der ganzen Welt – auch in Frankreich, wo Porter jahrelang gelebt hatte. Kenntnisreich die Textzeile: „As for France, believe it or not, Frenchmen all prefer what

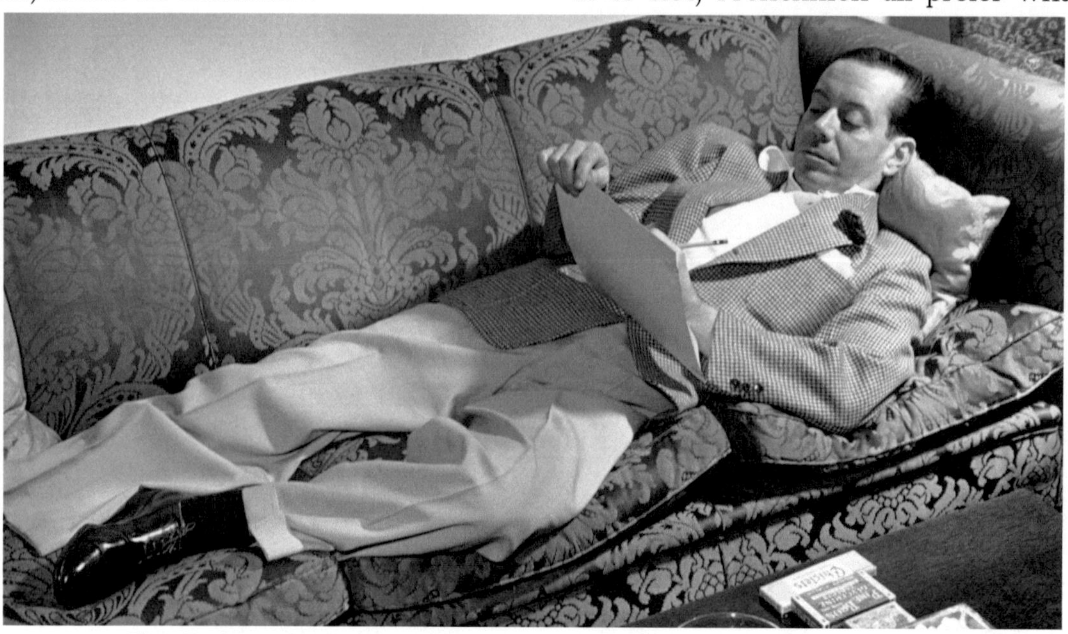

Ein Leben im Luxus: Cole Porter gehörte zur High Society

they call 'Le Jazz Hot'." Und er erkannte die Zeichen der Zeit, zitierte „'round the clock" und dichtete „Through the air you hear everywhere Rock and Roll". Der Musical-Film „High Society" zelebrierte noch einmal die Musik, mit der Capitol Records an den Start gegangen war. Er war ein Abgesang auf die Zeit, die Capitol zu einem der Major-Labels gemacht hatte, auf High-Society-Partys, wie Porter sie in „Well, Did You Evah?" beschreibt, auf silberne Tabletts, mit denen der „Upper-Class" Champagner-Gläser gereicht wurden, auf Havanna-Zigarren, Klatsch und feinsinnige Wortspiele.

Und noch einmal gelang der Hat-Trick, dass Capitol drei Titel in die „Billboard"-Charts brachte: „True Love" (Platz 3), „Well, Did You Evah?" (Platz 92) und „Now You Has Jazz" (Platz 88). In England wurde „True Love" auf Platz 4 notiert, und in der Bundesrepublik gelangte das Lied sogar auf Platz 3. Amerikanische Musik war jetzt in der Mitte der Gesellschaft angekommen und war nicht mehr aus Deutschland wegzudenken. Der Alles-Texter Heinz Woezel, der von seinem Musikverlag angefordert wurde, wenn es galt, internationale Erfolge rasch einzudeutschen, machte aus „True Love" sinnvollerweise „Deine Liebe". 1957 punktete Lys Assia damit. Ihr folgten Rudi Schuricke und das Hansen Quartett, in den 60er Jahren auch noch Peter Alexander. Überraschenderweise konnte bei uns auch Louis Armstrong mit „High Society Calypso" die Hitparade erreichen (Platz 16). Beide Stücke wurden jetzt auch in deutschen Radiosendern gespielt – und das nicht nur bei Chris Howland. Die Popularität von „True Love", das im Film wirkungsvoll auf einer Segelyacht in Szene gesetzt wurde, ergab sich zusätzlich aus der nicht enden wollenden Berichterstattung in deutschen Illustrierten über die wunderbare Wandlung von Grace Kelly zu Gracia Patricia. Die Briefmarken, die Monaco 1956 mit ihrem Porträt herausgab, wurden von Hobby-Philatelisten in ganz Europa gesammelt. Natürlich färbte die fürstliche PR auch als Werbung auf den Verkauf der Capitol-Platte ab.

JAZZ: SYMBOL DER BEFREIUNG

Am 25. Oktober 1956 wurde Hitler vom Amtsgericht Berchtesgaden für tot erklärt. Schon vorher machten sich manche einen Scherz daraus, zur Melodie des Pausensignals der deutschen Radiosender den Text „Adolf Hitler ist tot“ zu singen. Obwohl der Massenmörder im Bewusstsein der Bevölkerung weiterlebte, verschwiegen die Medien die Vergangenheit. Die Printmedien setzten auf leichte Kost, priesen die Vorzüge des Wirtschaftswunders. Zwei Neugründungen bedachten mit ihren Themen dann ab 1956 eine jüngere Leserschaft: „Bravo“ und „Star-Revue“. In den Redaktionen wusste man, dass man dieser Zielgruppe amerikanische Pop-Kultur, die in der übrigen Presse nicht vorkam, nicht vorenthalten konnte. Die „Bravo“ führte nach US-Vorbild eine Hitparade ein, in der sich im selben Jahr Doris Day und Johnnie Ray etablieren konnten. „Star-Revue“ engagierte mit Eva Windmöller sogar eine eigene Musikredakteurin, die dann 1958 in der wartenden Menge stand, als Elvis Presley in Bremerhaven an Land ging. In einer ständigen Kolumne im Heft stellte sie als „Platten-Eva“ internationale Veröffentlichungen der deutschen Labels vor. Im Interview erinnerte sie sich: „Als das Rock 'n' Roll-Fieber in Deutschland aufkam, war ich eigentlich wenig gefährdet, davon angesteckt zu werden. Mein Herz schlug für Miles Davis, Lester Young, John Coltrane, Oscar Peterson. Den Velvet-Sound von Stan Kenton fand ich unglaublich sexy. Ich war Anfang 30, kam vom 'Spiegel', ... fand mich nun als Musikredakteurin der 'Star-Revue' von 1956 bis 1960 in ein journalistisches Bedeutungstief versetzt.“

Die 1924 geborene Journalistin gehörte zu der Generation, die nach 1945 als erste vom Jazz-Fieber angesteckt wurde. Das galt auch für den vier Jahre jüngeren Werner Burkhardt, den „der Jazz-Bazillus biß“, wie er schrieb. „Wir, die gerade Zwanzigjährigen, mußten ja erst einmal aufarbeiten, was der Jazz überhaupt bedeutet.“ Dabei halfen natürlich die jetzt erhältlichen Platten und auch die Soldatensender AFN und BFN. Wobei das Radiohören nicht allein ein Konsumieren der Musik war. Laut Wolfgang Rumpf wurde es „zu einer radikal neuen Kulturerfahrung, das Gegenteil zum deutschen Rundfunk, der für viele noch mit den Erinnerungen an Nazi-Propaganda (Stichwort: 'Goebbels-Schnauze') verbunden war.“ Wieder Jazz hören zu können wurde zum Symbol der Befreiung, einer Befreiung, die mit dem Sieg der Alliierten über den Faschismus einherging. Werner Burkhardt empfand: „Die Sieger traten als Geburtshelfer in Erscheinung. Sie wollten aus uns Demokraten machen und fanden eine Jugend, die einem solchen Umerziehungsprozeß geradezu entgegenfieberte.“ Dafür, wie sich das bei den „Jugendlichen der bildungsorientierten Mittelschichten und der Oberschicht“ auswirkte, schildert Kaspar Maase: „Wenn sie sich einem musikalischen Kollektivstil anschlossen, dann wählten sie aus dem amerikanischen Angebot den Jazz. Er stand für ein ganzes Bündel von Werten: Freiheit von Konventionen, Toleranz und Weltoffenheit, Lässigkeit, Zivilität, Gegnerschaft zu allem, was spießig, muffig, uniformierend erschien.“ Sie schufen sich mit dem Jazz einen Freiraum in der bürgerlichen Enge.

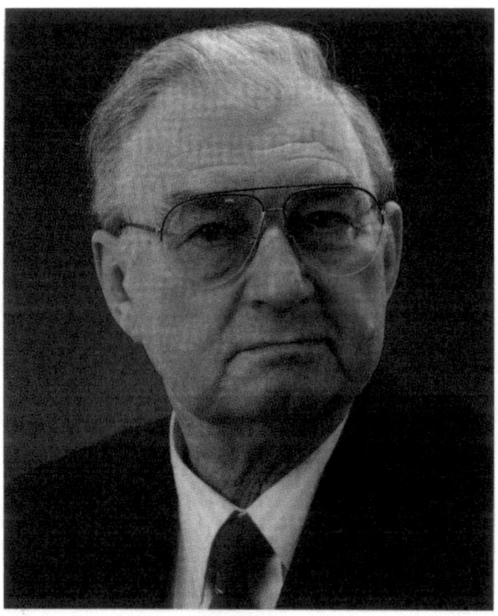

Dr. Jazz
Dr. Dietrich Schulz-Köhn
Westdeutscher Rundfunk Köln

Pianist Thelonius Monk brachte es auf den Punkt: „The best thing about jazz is that it makes a person appreciate freedom. Jazz and freedom go hand in hand.“ Das Gefühl der Freiheit empfand eine Jugend, die sich von den vorgeblichen Moralvorstellungen der Älteren abwandte und die der coolen Attitüde der amerikanischen Musiker nacheiferte. So entwickelte sich der Jazz in den 50er Jahren in Deutschland zur Begleitmusik eines neuen Lebensstils. Es deutete sich ein Aufbruch an, der schon bald konkrete Formen annehmen sollte. Das blieb nicht ohne Gegenreaktion, wie Werner Burkhardt es erlebte: „Eine Zeitlang schien es, als habe der Jazz im Nachkriegsdeutschland sich friedlich eingerichtet; von den einen mit offenen Armen begrüßt, von den anderen als das Unvermeidliche halb akzeptiert, halb gerade noch geduldet. Aber der Frieden war, was er auch sonst nur zu oft ist: trügerisch. Bald meldeten sich die Jazzgegner wieder zu Wort.“ Die konservative Presse suchte nach Sündenböcken, denen sie den „Kulturverfall“ anlasten konnte. Dafür boten sich die Jazz-Apologeten Joachim E. Berendt und Dietrich Schulz-Köhn (Foto links) an, die im Radio für ihre Musik warben. Berendt war schon 1946 nach seiner ersten Sendung von Hörerbriefschreibern bedroht worden: „Ich sollte vorsichtig sein, wenn ich nachts nach Hause ginge, sonst würden mir ein paar gute deutsche Männerfäuste den rechten Rhythmus, wohlgemerkt, den rechten, beibringen.“ Schulz-Köhn, Mitbegründer der „Deutschen Jazz Föderation“, hatte beim Brunswick-Label als Label-Manager Louis Armstrongs Platten herausgebracht und beim NWDR gearbeitet. Als angeblicher Rädelsführer war er eine einfache

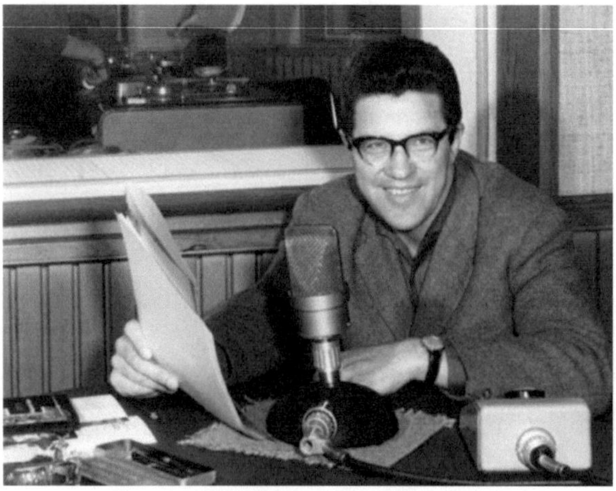

Jazz-Fan Joachim Ernst Berendt

Zielscheibe. Man attackierte die Botschafter, meinte aber die Botschaft. Der „Rheinische Merkur“ giftete gegen Schulz-Köhns Sendung „Jazz-Informationen“: „Seit Jahr und Tag werden hier mit der Ideologie eines totalen Jazz-Weltbildes pseudo-musikalische Rowdiesekten herangebildet.“ Als mitschuldig wurde das Funkhaus Köln angeklagt, weil beide „sich mit einem gigantischen Aufwand von zum Teil öffentlichen Mitteln darum abmühen, täglich den moralisch-ästhetischen Geschmacksspiegel weiter zu senken, um schließlich ungestört über ein Helotenvolk reizvergifteter und süchtiger Idioten gebieten zu können.“ Aus einer Generation, die sich mit Goebbels für den „totalen Krieg“ begeistert hatte, kam jetzt die Warnung vor einem „totalen Jazz-Weltbild“. Die wahre Befürchtung der Kritiker war, wie Bernd Ostendorf schreibt, dass im Schlepptau der „Niggermusik“ die „Bedrohung der Amerikanisierung“ ins Land kam.

Für die „süchtigen Idioten“, die sich selbst als Wissende sahen, wurde tatsächlich über den Atlantik ein Gegenentwurf zum deutschen Alltag der 50er Jahre geschickt. Das erleichterte es, dem Weltbild ihrer Eltern den Rücken zu kehren. Der Klang von Jazz und Pop wirkte durch die Projektion der eigenen Wünsche auf die Musik als Anstoß für erhoffte Veränderungen in der Gesellschaft. Der Anteil, den Capitol daran hatte, ist nicht zu unterschätzen. Das Label breitete ein Panorama amerikanischer Musikgeschichte aus: Cool-Jazz und Country, Pop-, Film- und Musical-Musik. Für die vom deutschen Schlager der Assias und Schurickes Frustrierten brachten Songs wie „Mona Lisa“, „Vaya Con Dios“, „All Of Me“, „Memories Are Made Of This“, „Live Fast, Love Hard, Die Young“, „Sixteen Tons“ oder „Be-Bop-A-Lula“ eine Offenbarung mit sich: Musik konnte swingen, Amerikaner hatten eine andere, lässige Art zu singen. Die Texte hatten, selbst wenn sie banal waren, eine sprachliche Originalität, die man in deutschen Schnulzen vergeblich suchte. Namen wie Nat King Cole, Les Paul and Mary Ford, June Christy, Ella Mae Morse, Kay Starr, Frank Sinatra, Dean Martin, Faron Young, Tennessee Ernie Ford, Gene Vincent, Duke Ellington, Benny Goodman, Coleman Hawkins, Miles Davis, Stan Kenton, Woody Herman, Gerry Mulligan, Stan Getz nisteten sich im Bewusstsein der Hörer ein. Und sie haben ihren Stellenwert behalten. So bekam einer der letzten Songs, die Capitol bei Telefunken veröffentlichte, symbolische Bedeutung: „Now You Has Jazz“.

NACHTRAG

LINDSTRÖM ÜBERNIMMT CAPITOL

Es war die Zeit eines großen Umbruchs. Zwischen den USA und der Sowjetunion begann das Wettrennen im Weltraum, das Moskau zunächst mit dem Sputnik, dem ersten Satelliten im All, für sich entschied. Die Amerikaner betonten ihren Hegemonie-Anspruch auf der Erde, indem sie drei Boeing-Langstreckenbomber ohne Zwischenlandung in Rekordzeit um den Globus flogen. Das Jahr 1957 bedeutete auch für die deutsche Musikindustrie eine Zäsur. Der Rock 'n' Roll war nicht mehr zu verdrängen, und wer Rock-Platten anbieten konnte, machte das große Geschäft. Für die TELDEC hatte sich der Tausch Capitol gegen RCA auch in dieser Hinsicht gelohnt: Mit Elvis Presley hatte sie den Wortführer des Rock 'n' Roll im Programm. Außerdem konnte sie mit ihrem LONDON-Label Rocker wie Fats Domino, Chuck Berry, Little Richard und Bill Haley vermarkten. Wie sich die aktuelle Situation dagegen für Capitol darstellte, schrieb Dave Dexter, A&R-Manager bei Capitol, 1957 an L. G. Wood, Managing Director von EMI Records: „We are in a most discouraging revolution in the pop singles field. A great majority of singles are bought not by college students but by mere children, youngsters as young as 11, 12 and 13 years old. They buy strictly for 'the beat' and as you can tell by the Elvis Presley und Guy Mitchell hits over there, the lyrics are juvenile and maddeningly repetitious." Dexter, ehemaliger Mitarbeiter von „Down Beat" und „Billboard", der die Blüte der Musikszenen von Kansas City, Chicago, New York und Hollywood erlebt hatte, fehlte dafür das Verständnis. Eine neue Generation wollte neue Musik hören mit ihren eigenen Künstlern. Das bekam die Electrola ebenfalls zu spüren, deren Marke Carl Lindström GmbH das Capitol-Repertoire übernommen hatte. Zeigte schon der Amerikaner Dave Dexter wenig Sympathie für die neue Entwicklung, fehlte den deutschen Verantwortlichen bei Electrola völlig das Verständnis. Ihnen hatte RCA anders als der EMI in England auch gar nicht erst das Angebot der Presley-Platten überlassen. Zu wenig hatten die Kölner in der Vergangenheit für RCA erreicht. Über ihre Einstellung noch zu Anfang der 60er Jahre urteilte Günther Wehrke, Repertoire-Manager bei der Electrola: „Das waren alles etwas betagte Herren, betagt von der Einstellung her, denn die waren kaum älter als 40. Sie hatten einen anderen Geschmack, mehr schnulzenmäßig, auf Melodiöses ausgerichtet, so Lale Andersen und das Hellberg Duo.“ In der Bundesrepublik war trotz der rasanten Veränderungen in der Welt alles beim Alten geblieben: Der alte Bundeskanzler Konrad Adenauer wurde mit 81 Jahren erneut zum Bundeskanzler gewählt.

Die Übergabe der Telefunken-Matrizen an Lindström verlief, anders als in Skandinavien, reibungslos. Man hatte ja ein Jahr Vorbereitungszeit gehabt. Die Gestaltung der blauen Labels blieb erhalten, allein der Firmenname Telefunken wurde durch Carl Lindström ersetzt und der TELDEC-typische Copyright-Vermerk Resco tauchte nicht mehr auf. Während sich die TELDEC über die Jahre auf das Angebot der Amerikaner eingestellt hatte, blieb der Electrola nichts anderes übrig, als erst einmal einiges zu übernehmen, was die Hamburger aktuell im Katalog gehabt hatten. Im ersten Plattenprospekt „Capitol Records Melodie der Welt“ vom Januar 1957 wurden daher Steckbriefe zu Künstlern veröffentlicht, die längst etabliert waren. Der Stil hatte sich dabei vom Ton in „die Schallplatte“ nicht weit entfernt. Zitate:
„Frank Sinatra hat gut lachen und stößt mit uns gern zum neuen Jahr sein Gläschen an. Er hat nämlich als erster den neu gestifteten Al-Jolson-Preis in New York zugesprochen bekommen...“

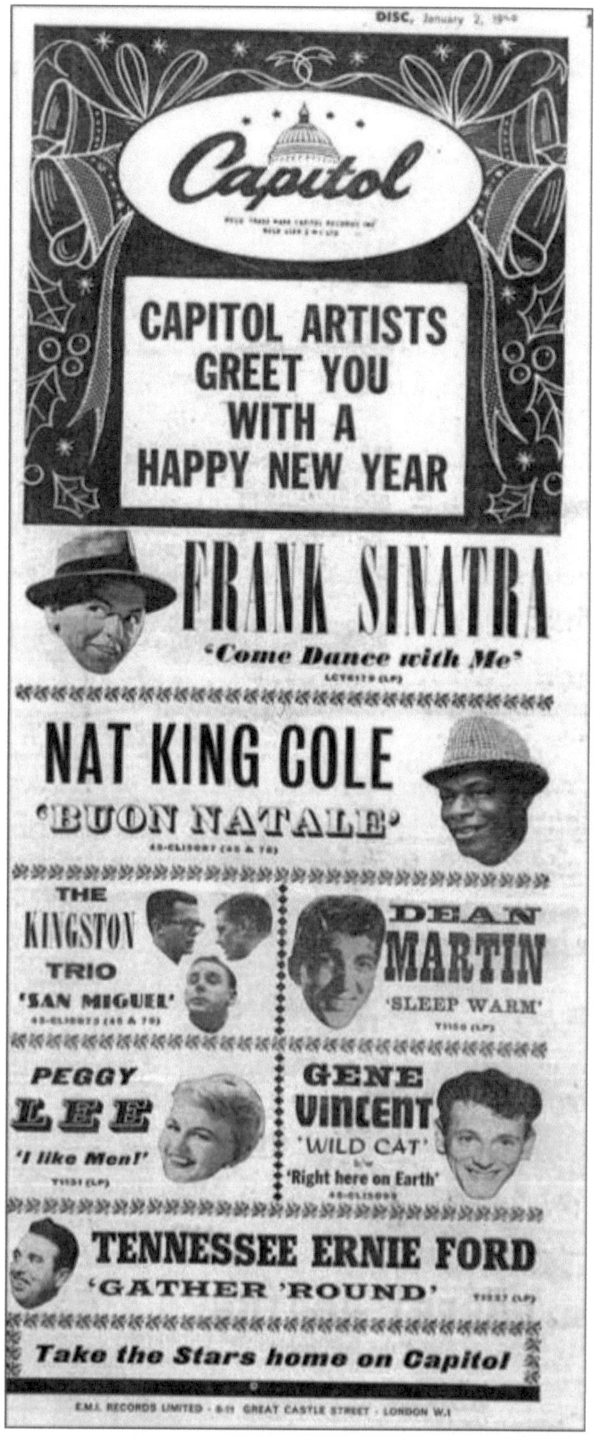

Neuer Besitzer, aber die Stars blieben dieselben: englische Capitol-Anzeige für die bewährten amerikanischen Interpreten

„Erst im Jahre 1948 begann 'King' Cole auch Sweetmelodien in seinem Repertoire aufzunehmen und jetzt sind sie seine charakteristischsten Interpretationen. Sein weichkehliger Stimmklang hat vornehmlich bei den Frauen ein so großes Echo gefunden. 1954 wurde er zum besten Sänger Amerikas ernannt. Man kann sagen, daß es keine Gegensätze zu geben scheint für Nat 'King' Cole, wenn er Jazzmusik oder Sweetmusik spielt..."
„Gut lachen" hat auch Stan Kenton... „Aus dem einst umstrittenen Musiker ist der Vorläufer für den klassischen Jazz als Kunstform geworden. Die Anerkennung, die ihm heute zuteil wird, ist der Dank der Musikfreunde für seine zielstrebige und harte Arbeit."
Neben Jane Froman und Lou Busch alias Joe „Fingers" Carr wurden auch Les Paul und Mary Ford in ausführlichen Texten gewürdigt.

Wieder aufgelegt wurden „Stan Kenton In Hi Fi", Benny Goodmans „B. G. In Hi Fi", „Harry James In Hi Fi" und Lennie Tristano und Miles Davis in „Classics In Jazz". Auch die beiden EPs von Gene Vincent gab es weiterhin. Um beim Rock 'n' Roll wenigstens ein bisschen mehr Präsenz zu zeigen, wurde Ella Mae Morse mit „Razzle Dazzle" noch einmal angeboten. Neue EPs wurden von June Christy, Yma Sumac und den Four Freshmen veröffentlicht, neue Singles von Frank Sinatra, Nat King Cole, Dean Martin und Tex Ritter. Die beiden Singles aus dem Film „High Society" bekamen Ergänzung durch „Who Wants To Be A Millionaire" von Frank Sinatra und Celeste Holm sowie Sinatras „Mind If I Make Love To You" aus dem Musical-Soundtrack. „Ein Film, der zu einem fröhlichen, bezaubernden und unvergeßlichen Erlebnis für jeden wird, der ein bißchen Sympathie hat für das unbeschwerte Leben in Amerika", lobte die Electrola-Werbeabteilung die Handlung. Als neue Interpreten im Capitol-Programm gab es jetzt The King Sisters mit „In Hamburg sind die Nächte lang" und Sonny James mit „The Cat Came Back". Von Louis Prima und Keely Smith kam sogar eine LP in die Läden: „The Wildest" mit unter anderem „Buona Sera", „Oh Marie" und dem Medley „Just A Gigolo"/ „I Ain't Got Nobody (And Nobody Cares For Me)". Als „beim Fachhandel erhältlich" wurde im Prospekt auch ein Capitol Start-Katalog angepriesen.

Dieser Katalog war bereits 1956 zum Druck vorbereitet worden, ohne die Neuerscheinungen des ersten Prospekts „Capitol Records Melodie der Welt" vom Januar 1957 zu berücksichtigen. Aus dem Vorwort: „Vor Jahresfrist ging die weltbekannte amerikanische Capitol Records Incorporated, Hollywood, in den Besitz des größten Schallplattenkonzerns der Welt, der Electric & Musical Industries Ltd, Hayes, England (E.M.I.) über."
Ab 1. Januar 1957 begann der Vertrieb in der Bundesrepublik. Man hatte im Wesentlichen gängige Musik aus dem „Capitol-Gesamtverzeichnis 1956"

der TELDEC übernommen – von Nat King Cole bis Dean Martin, von Les Paul und Mary Ford bis Frank Sinatra. Von Gene Vincent war nur „Be-Bop-A-Lula“ aufgeführt. Insgesamt war das Angebot im Electrola-Katalog mit 87 Seiten im Vergleich zum 253-Seiten-Katalog mit den Telefunken-Veröffentlichungen drastisch ausgedünnt worden. Schon im März 1957 meldete Electrola dann „Der Rock'n Roll brach alle Rekorde“ und lieferte eine Definition für den neuen Trend: „Musik der Jugend durch Jugend“. Die richtige Schreibweise von Rock 'n' Roll musste man erst noch lernen. Neben „Bluejean Bop“/„Who Slapped John“ waren jetzt auch alle drei Vincent-EPs „Gene Vincent And His Blue Caps Play Bluejean Bop“ bei Electrola erhältlich. Kommentar: „'Rock'n Roll', die große musikalische Hysterie, die auch auf Deutschland übergegriffen hat, bringt täglich neue 'Größen' hervor. Die neueste ist der 21jährige Gitarrist und Sänger Gene Vincent.“ Dabei wurde „Größen“ nicht von ungefähr in Anführungsstriche gesetzt. Vincents Musik war ihnen nicht ganz geheuer. Aber er hatte in England eine große Fan-Gemeinde behalten, und das spielte schließlich bei der Kölner Veröffentlichungspolitik eine große Rolle. So bekam die Bundesrepublik auch „MA (He's Makin' Eyes At Me)“ der Johnny Otis Show zu hören, das in Großbritannien anders als in den USA 1957 ein Top-Hit war. Es folgten noch die Singles „Willie And The Hand Jive“ – ein Klassiker der Rock-Musik – und „Crazy Country Hop“ von Johnny Otis. Im Mai konnte Capitol dann zwei Top-Hits nach Deutschland exportieren: „Young Love“ von Sonny James und Frank Sinatras „Hey! Jealous Lover“. Für Sonny James' Lied verwendete Electrola den Begriff „Prärie-Song“ statt Country und berichtete, dass der Sänger schon von seinen Lehrern als „musikalisches Bürschchen“ bezeichnet wurde. RCA-Produzent Chet Atkins hatte James seinem Kollegen Ken Nelson empfohlen, der ihn für Capitol unter Vertrag nahm. Auch Merrill Moores „Fly Right Boogie“ wurde, kombiniert mit „Red Light“, wieder aufgelegt genauso wie „West Of Samoa“/„Flippin' The Lid“ von Speedy West und Jimmy Bryant. Die Reihe der Nat-King-Cole-EPs wurde um „Nat King Cole After Midnight“ erweitert.

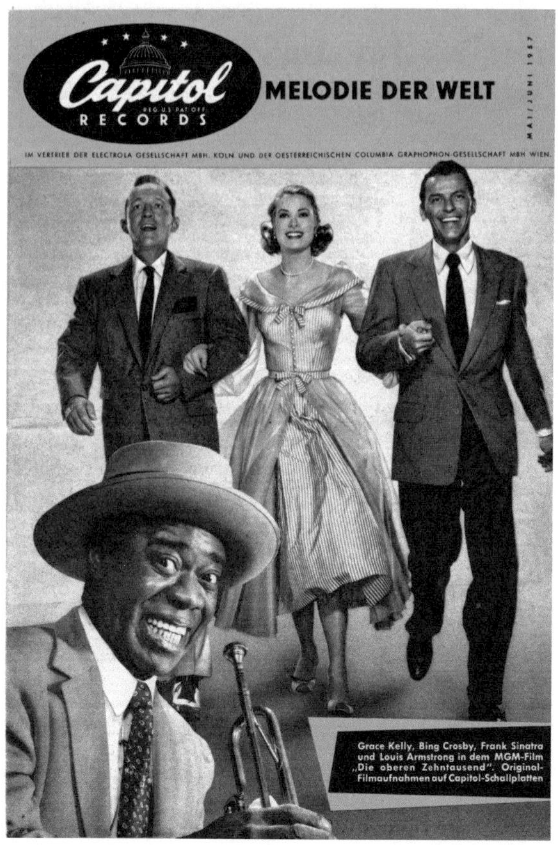

„High Society“ war, nicht zuletzt wegen Grace Kelly, so populär, dass es das Musical jetzt auf LP gab, bevor eine EP davon gepresst wurde. In England hatten Bing Crosby und Kelly für „True Love“ eine Goldene Schallplatte erhalten.

Capitol-Sängerinnen widmete Electrola im Juli im „Melodie der Welt“-Prospekt besondere Aufmerksamkeit. Das bot sich bei den King Sisters wegen des Titels „In Hamburg sind die Nächte lang“ an. Sie waren schließlich „in aller Munde“. Und: „Luise, Yvonne, Marilyn und Alyce singen mit einem derart elektrisierenden Drive, daß es einen förmlich vom Stuhl hochreißt.“ Auch bei den Andrews Sisters war es auf Grund des deutschsprachigen Titels „Bei mir bist du schön“ nicht verwunderlich, dass ein Porträt des Trios veröffentlicht wurde. Die Schwestern waren „das erste weibliche Vokal-Trio, das durch seine verblüffende Präzision und seine klangvollen Harmonien die Schlagerwelt aufhorchen ließ“. Die King Sisters und die Andrews Sisters hatten bereits in den 40er Jahren ein großes Publikum erreicht.

Anders sah es bei den drei Taylor Maids aus. Die Electrola-Werbeabteilung pries sie gemeinsam mit den beiden anderen Gesangsgruppen unter der Überschrift „2 Mal 3 und 1 Mal 4“ an, die auf die Anzahl der jeweiligen Sängerinnen gemünzt war. Die Taylor Maids waren gerade erst seit 1954 bei Capitol unter Vertrag und hatten außer mit der Cover-Version von Ivory Joe Hunters „I Almost Lost My Mind“ wenig Beachtung gefunden. Ihre Single „Rock Island Line Shuffle“/„Yea, Man!“ reichte jetzt als Anlass, sie gemeinsam mit den beiden anderen Gruppen vorzustellen. Naturgemäß gab es nicht wirklich etwas über sie zu sagen. So blieben dem Autor der Zeilen nichts als Gemeinplätze: „Einmalig in ihrer herzerfrischenden Art sind die Taylor Maids. Ihr Vortrag ist nicht nur betont rhythmisch, sondern vor allem harmonisch bis ins letzte ausgefeilt.“

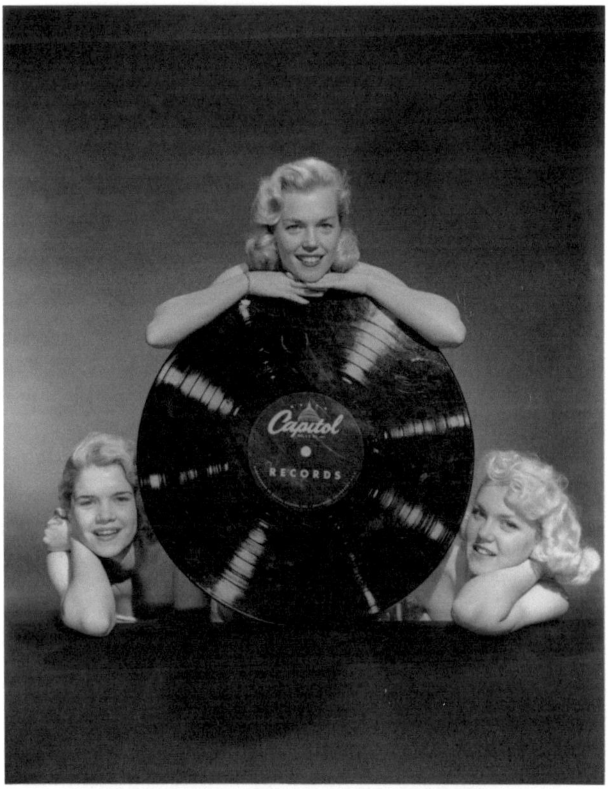

Musikalisch weniger auffällig als durch Sex-Appeal: die Taylor Maids, drei Schwestern Patrice, Jinny und Beverly

BOBBY WEISS GEHT

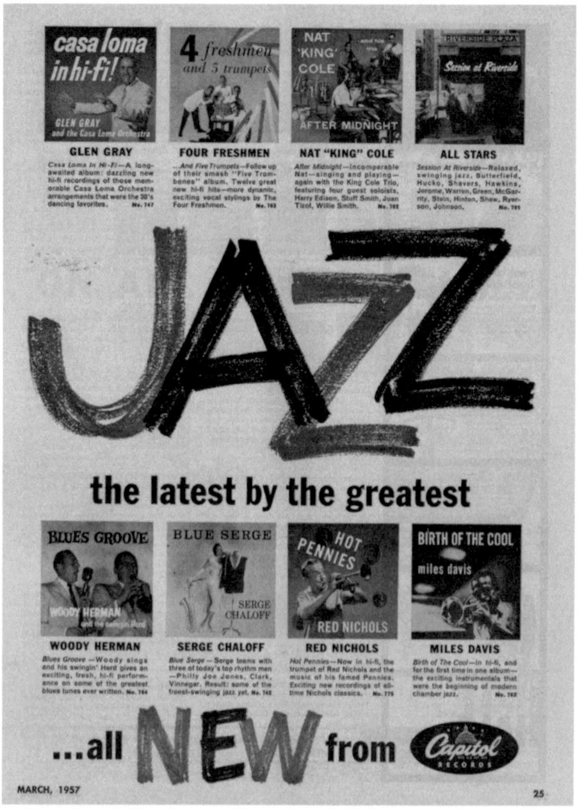

Capitol-Anzeige aus dem Jahr 1957

Die ausgesprochene Jazz-Betonung des Labels geriet jetzt mehr und mehr in den Hintergrund. Bei vielversprechenden Musikern wurden zwar noch die bisher veröffentlichten EPs als Lindström-Platten wieder herausgebracht. Stan Kenton und Duke Ellington wurden ausführlich im Electrola-Prospekt gewürdigt. Jimmy Guiffres „Tangents In Jazz"-EP wurde wieder angeboten, weil der Titel „The Leprechaun" im BFN als Erkennungsmelodie gespielt wurde. Aber bei Alben, die man überhaupt erst seit 1954 in Köln presste und die jetzt im Vergleich zu den EPs noch in der Minderheit waren, setzte man mehr auf Pop. Ausnahme: Woody Herman and the Swingin' Herd mit „Blues Groove". Selbstverständlich wurde mit Frank Sinatras „Songs For Swinging Lovers" wieder an seine großen Erfolge angeknüpft. Die „Four Freshmen And Five Trumpets" waren auch mehrheitsfähig. Und Soundtracks sollten daneben von der Popularität der US-Filme profitieren. Außer „Die oberen Zehntausend" brachte man „The King And I" (im Film: Deborah Kerr und Yul Brynner) und „Rodgers & Hammerstein's OKLAHOMA!" auf LP unters Volk. Die Vorgaben für Veröffentlichungen des Capitol-Labels kamen jetzt statt aus Amerika von EMI aus Großbritannien. Der amerikanische Musikologe Donald Clarke ließ kein gutes Haar an den neuen Besitzern und ihrem Umgang mit Capitol: „Capitol Records went to hell when Johnny Mercer and the others sold it to a bunch of talentless accountants." Das muss auch Bobby Weiss so gesehen haben. Er hatte sich entschlossen, nach Übernahme durch die Engländer das Weite zu suchen, und hatte die Vertretung der E. H. Morris Music Company übernommen. Schon 1958 wurde er Director der International Division des neugegründeten Labels

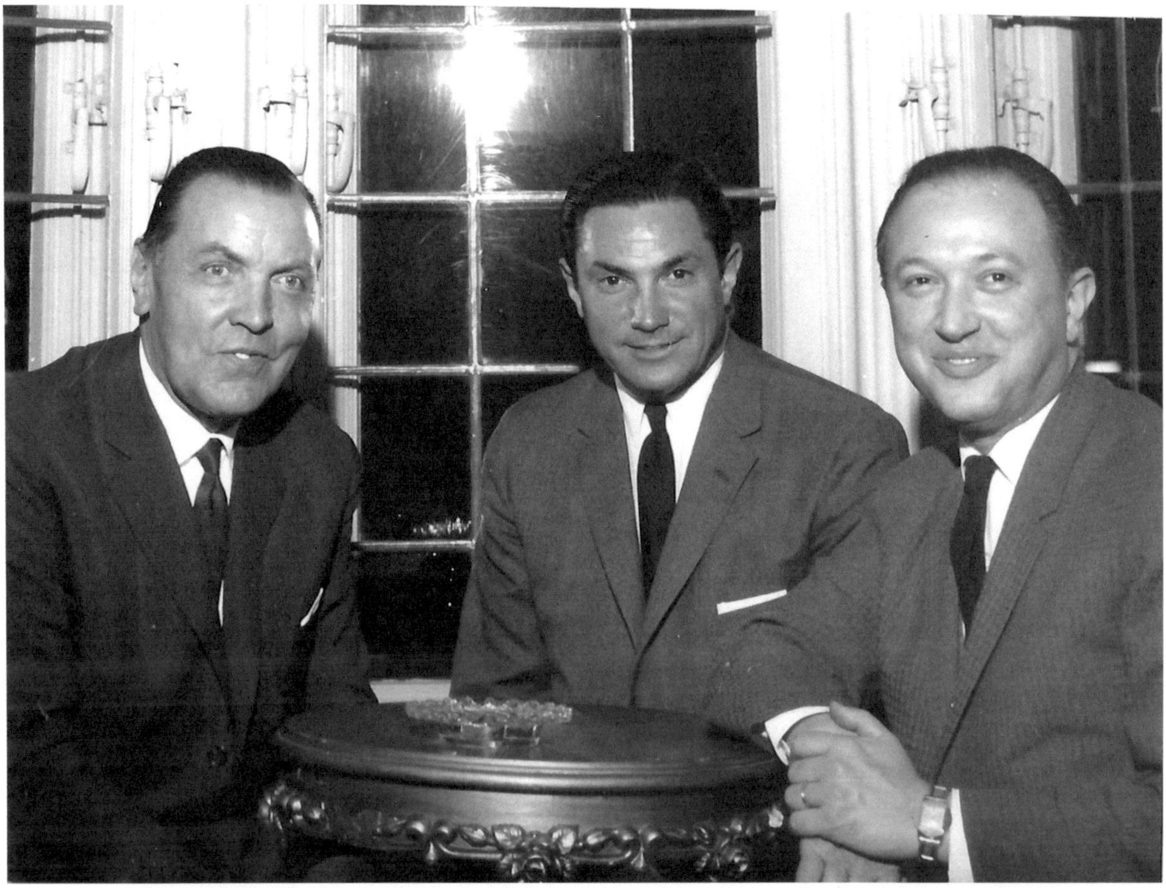

Bobby Weiss mit (von links) Sixten Eriksson und Mike Maitland. Die drei arbeiteten bei Warner Bros. wieder zusammen

Warner in Paris, 1965 trat er in derselben Position beim amerikanischen Monument-Label an.

Der Abschied von Bobby Weiss bedeutete auch das Ende des Capitol-Deals mit den PX-Stores, die aber weiterhin von der TELDEC beliefert wurden. Damit fielen die G. I.s für Capitol als Kunden weg. Der im Electrola-Katalog behauptete „vielversprechende Auftakt zu einer konsequenten Ausweitung des Capitol-Repertoires" fand nicht wirklich statt. Dr. Carl Mahlmann, über 33 Jahre Manager bei EMI in Köln, bekennt in seiner Chronik der Firma, dass es außer „True Love" und „Buona Sera" zunächst kaum Hits bei dem neuen Label gab. „Buona Sera" wurde von der Firma schnell auf Deutsch von Ralf Bendix kopiert. Die Bemühungen, das Capitol-Label zu pushen, wirkten auch nicht gerade dynamisch. 1958 brachte Electrola eine Werbeplatte mit hauseigenen Aufnahmen heraus. Das Exemplar für den Kieler Schallplattenladen Kihr-Goebel hieß genauso wie die TELDEC-Singles: „Klingende Post". Als Sprecher für die Pop-Aufnahmen war „der Schallplatten-Jockey" Chris Howland verpflich-

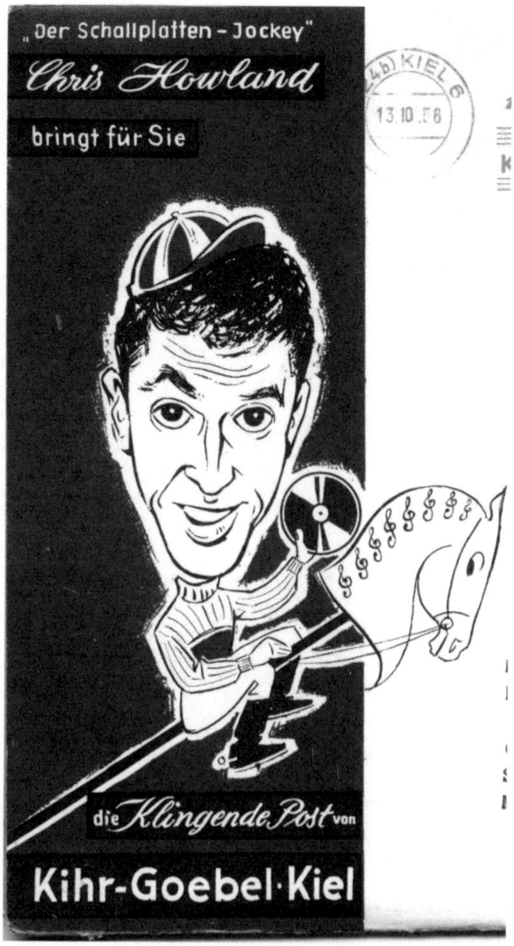

Werbeplatte mit Chris Howland

tet worden. Mit seinem typischen „Boing“ stellte er als Heinrich Pumpernickel die Sängerin Conny mit „Blue Jean Boy“ vor: „Blue Jean Boy und Blue Jean Baby gehen heute aus.“ Mittlerweile hatten es die amerikanischen „Nietenhosen“ in die deutsche Schlagerwelt geschafft. Howlands Kommentar: „Bluejeans, das sind die Dinger, in denen die Bügelfalten nur zwei Minuten halten.“ Neben den aktuellen Schlagern empfahl er den Kunden zwei englischsprachige Songs: „He's Got The Whole World In His Hand“ des Engländers Laurie London und „Big Man“ der Four Preps. Diese Capitol-Aufnahme war eher nach Dave Dexters Geschmack. Kam sie doch bei den College-Studenten und deren Eltern eher an. Sie waren keine „mere children“, was im Namen der Band (Privatschüler), im Text („I was a big man yesterday“) und in der Musik klar wurde. Die vier Preps hatten bei Capitol ernste Konkurrenz im Kingston Trio, das ihnen in den Charts mit „Tom Dooley“ auf den Fersen war. Deshalb witzelten sie auf einer Parodie-Single: „Hang down the Kingston Trio. Hang 'em from a tall oak tree. Eliminate the Kingston Trio, more money for you and me.“

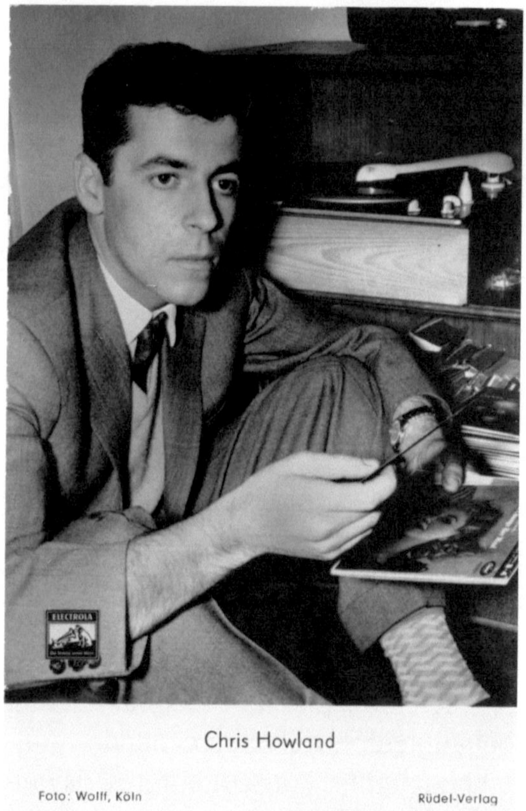

Chris Howlands Electrola-Starkarte

Anders als „Big Man“ wurde „Tom Dooley“ in der Bundesrepublik ein Überraschungserfolg. Daran hatte auch Chris Howland großen Anteil, der die Capitol-Single in seiner WDR-Sendung rauf und runter spielte. Schon als BFN-Moderator hatte Howland festgestellt: „It wasn't long before our hits became German hits, too, and the situation has remained the same ever since.“ In dieser Zeit hatte er ein Gefühl dafür entwickelt, was in Deutschland ankam. „Tom Dooley“ wurde hier auch prompt von den Nilsen Brothers auf deutsch gecovert. Und die Original-Version hatte von der Electrola einen deutschen Einleitungstext (Sprecher: Allen Grace) verpasst bekommen. Man wollte nicht riskieren, dass die Ballade von Dooley, der seine untreue Geliebte erstochen hatte und dafür hängen sollte, nicht verstanden würde. Sprecher Grace wirkte zusätzlich auf einer „Tom Dooley“-Aufnahme einer deutschen Gruppe mit, die sich nach dem Song Tom-Dooley-Trio nannte. Das Kingston Trio selbst brachte „Sloop John B“ nach Deutschland, bevor die Beach Boys ihren Welterfolg damit schafften. Eine

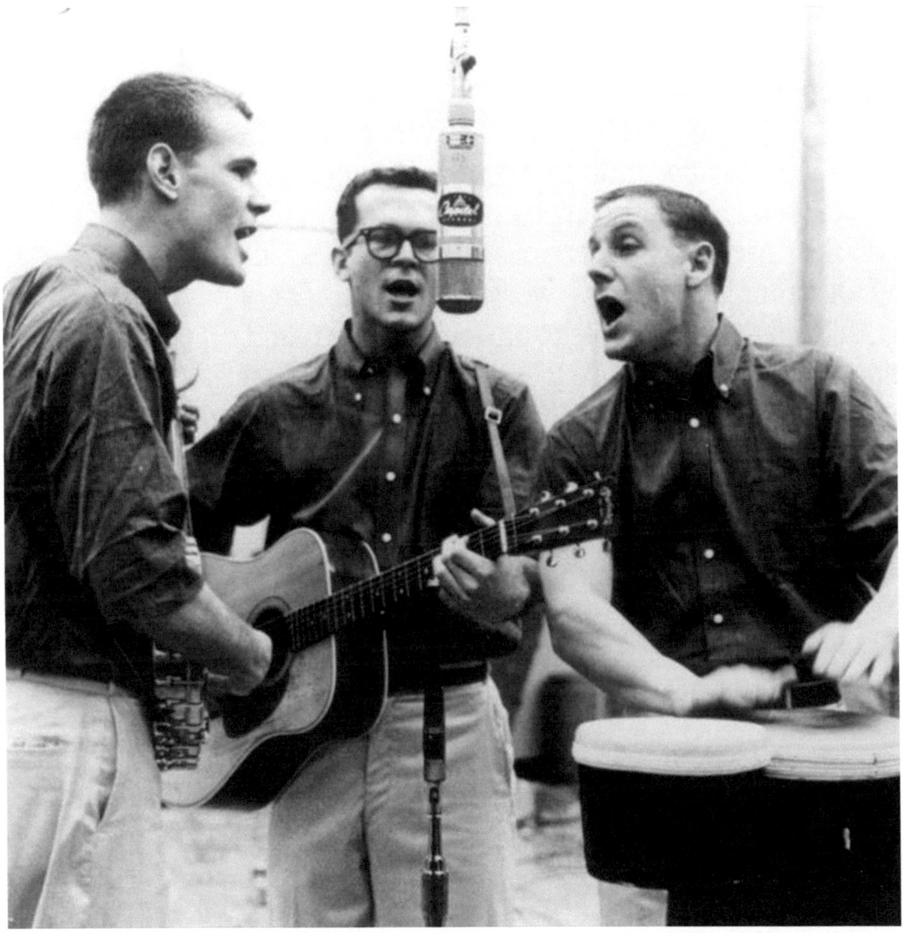

Das Kingston Trio wurde mit „Tom Dooley“ weltberühmt

schnell nachgeschobene EP mit dem Titel „A Trip With The Kingston Trio“ wurde wieder deutsch eingeleitet – diesmal nannte sich der Sprecher Allen Dooley. Das Trio – bestehend aus den ehemaligen Studenten Dave Guard, Bob Shane und Nick Reynolds – stieß in Europa eine Begeisterung für Folk-Songs an, die die Liebe für Country bei weitem übertraf.

Die Electrola hatte weiterhin Tennessee Ernie Ford im Programm, neben seinen bisherigen Telefunken-Titeln auch das neue „In The Middle Of An Island“. Stolz vermeldete man, dass sein „Sixteen Tons“ insgesamt bereits drei Millionen mal verkauft wurde. Ferlin Husky war es ebenfalls gelungen, mit „Gone“ in die „Billboard“-Ten aufzusteigen. Hank Thompson gab's auf EP. Ansonsten war das Country-Programm ausgedünnt worden. Die Ankunft von Elvis Presley in der Bundesrepublik am 1. Oktober 1958 lenkte die Aufmerksamkeit in den Medien und in der Bevölkerung auf amerikanische Musik, doch nicht gerade auf das Angebot von Capitol, auch wenn sie sich mit Ray Anthonys „Peter Gun“ und Gene Vincents „Pistol Packin' Mama“ darum bemühte. Die Kölner Firma hatte im Frühling – im zehnten Jahr nach der Vertragsunterzeichnung der Capitol-Chefs mit Telefunken – Johnny Mercers „Ac-Cent-Tchu-Ate The Positive“ mit „Candy“ auf der Rückseite noch einmal aufgelegt. Aber das war mehr eine Würdigung des Firmengründers als eine kommerzielle Entscheidung. Mercers bedeutendster Star, Nat King Cole, hatte mit „Fascination“ aus Billy Wilders „Ariane – Liebe am Nachmittag“, „Send For Me“ und Brook Bentons „Looking Back“ mehr Hit-Chancen. Er blieb dem Label bis zu seinem Tod 1965 erhalten. Anders Dean Martin, der 1960 sein Glück bei Frank Sinatras neuem Label Reprise Records suchte. Er verabschiedete sich italienisch mit „Volare“ und – sinnvollerweise – „Return To Me“ („Ritorna A Me“), kehrte aber nicht zurück. Seine Filmrolle im Western „Rio Bravo“ von Howard Hawks, aus dem der Song „My Rifle, My Pony And Me“ stammt, war ein Vorbote der vielen Country-Alben, die er bei Reprise aufnahm. Sinatra selbst kehrte Capitol den Rücken, als er mit „All The Way“ und „Witchcraft“ und den preisgekrönten Alben „Frank Sinatra Sings For Only The Lonely“ (mit Nelson Riddle), „Come Fly With Me“, „Come Dance With Me“ (beide mit Billy May) und „Nice 'N' Easy“ den Höhepunkt seiner Laufbahn erreicht hatte.

DIE CAPITOL-STARS

In den 60er Jahren verlor das Label seine von Johnny Mercer, Dave Dexter, Lee Gillette, Paul Weston und anderen geprägte Identität. Dexter wurde zu Anfang der 70er Jahre sogar von EMI gefeuert. Allein Ken Nelson baute das Country-Segment weiter aus. Zu Hank Thompson und Faron Young gesellte sich jetzt Buck Owens. Allen dreien widmete die Electrola 1960 eine 10-inch-LP mit dem Titel „Western Music". Schon bald entwickelte sich Owens zu einem der größten Umsatzträger wie auch Merle Haggard, dessen Alben ebenfalls von Nelson produziert wurden. Im Laufe der Jahre konnte das Label weitere bekannte Country-Künstler verpflichten: Wanda Jackson, The Louvin Brothers, Anita Carter, Glen Campbell, Tanya Tucker, Hoyt Axton, James Burton, Dick Curless, Eddy Rabbitt, Eddy Raven, Anne Murray, Billie Jo Spears, Crystal Gayle, Juice Newton, Garth Brooks, Keith Urban, Gene Watson, Don Williams und andere.

In den USA hatte das Label sogar von EMI den Vertrieb der Beatles übernommen. Das geschah nur sehr zögerlich. Dave Dexter hatte sie zunächst mit der Bemerkung „They're nothing!" abgelehnt. Darauf bekam Alan Livingston einen Anruf von Beatles-Manager Brian Epstein: Er möge sich die Platten doch wenigstens einmal

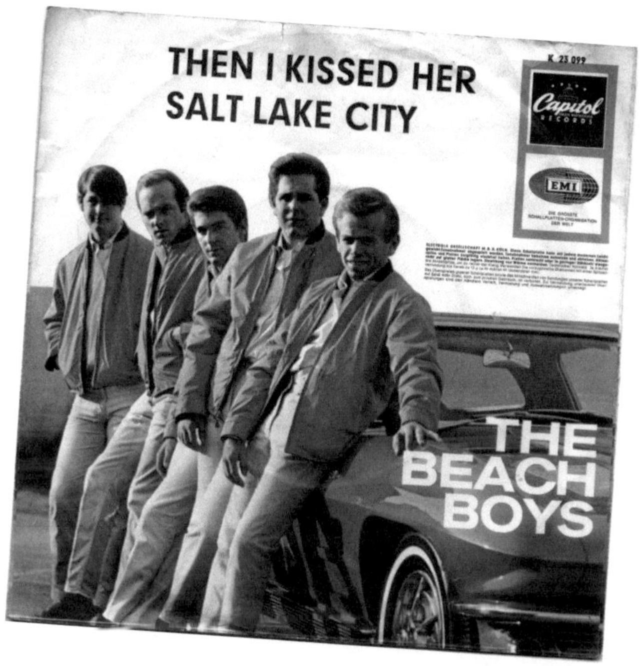

60er-Jahre-Band The Beach Boys

anhören. Livingston war zwar auch nicht von der Qualität der Liverpooler überzeugt, gab aber nach. So begann mit Capitol im Dezember 1963 die British Invasion. Ein Jahr zuvor hatten die Amerikaner selbst die Beach Boys unter Vertrag genommen. Weitere US-Künstler: Brian Wilson, The Band und Don Henley und Levon Helm, Dick Dale, Bobbie Gentry, Joe South, Bobby Darin, The Righteous Brothers, Linda Ronstadt, Bonnie Raitt, Nats Tochter Natalie Cole, Carole King, Lee Clayton, Delbert McClinton, Bob Seger, die Steve Miller Band, Mink DeVille, Lou Rawls, Neil Diamond, Nancy Wilson, Tina Turner.

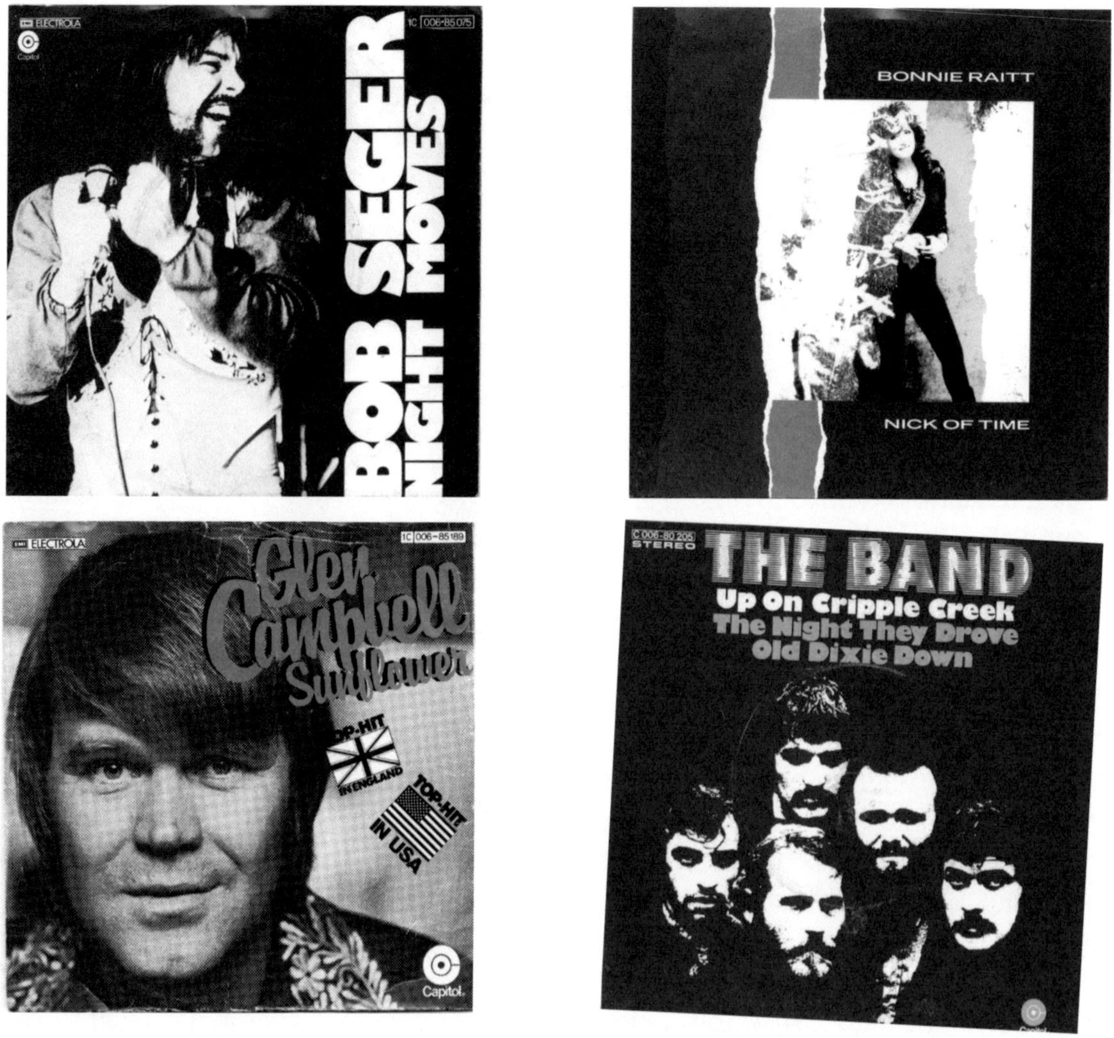

Capitol-Künstler mit Aufnahmen aus den 60er, 70er und 80er Jahren

Die Präsenz im Jazz wurde durch Wiederveröffentlichungen von 50er-Jahre-Platten gewahrt – von Les Brown bis Stan Kenton. Bereits im Juli 1958 war auch die Stereo-Technologie in der Bundesrepublik vorgestellt worden. Damit begannen die Plattenfirmen zögerlich, dem Publikum die Vorteile des neuen Hörerlebnisses zu präsentieren. Bei Capitol bedeutete das, dass wie in Amerika auch in Europa Jazz-Aufnahmen als Versuchsballons herauskamen. Eine LP „Swingin' Stereo“ versammelte Billy May, Paul Weston, Stan Kenton und Ray Anthony im neuen „Raumklang“. Alben von Les Brown und Stan Kenton waren vorausgegangen. Einer der ersten Interpreten, dem eine Stereo-LP gewidmet wurde, war Nat King Cole mit „The Very Thought Of You“. Er war es, der mit seiner Kreativität Capitol zu einem der Major Labels gemacht hatte.

VON TELEFUNKEN NACH NORWEGEN GELIEFERTE MATRIZEN

Inventory of Capitol matrices supplied to A/S Nera, Oslo, by Telefunken-platte G.m.b.H., Hamburg, and partly A/B Söderquist, Stockholm.

Record no.	Matr.no.	Pieces	Name
319	999	2	White Christmas
	1225	2	Silent Night
449	1638	1	Down in Chi-Hua-Hua
	1804	1	Minor Riff
570	4009	1	After you've gone
616	3831	1	Early Autumn
	3833	2	Keeper of the Flame
629	4233	1	Some enchanted Evening
	4234	1	Bali Ha'i
889	5159	5	Baby, won't you say you love me
	5160	4	I almost lost my Mind
1010	5664	2	Mona Lisa
	5665	2	The great Inventor
1184	6513	1	Orange coloured Sky
	6514	2	Jam-Bo
1192	6538	1	Goofus
	6539	2	Sugar sweet
1221	3764	1	Venus de Milo
	4349	1	Darn that Dream
1259	5504	2	Rudolph the red-nosed Reindeer
	5505	2	Christmas Boogie
1280	6732	1	Autumn Leaves
	6734	2	Mr. Anthony's Boogie
1316	6832	1	Tennessee Waltz
1351	6672	1	If
	6849	1	Castles in the Sand
1352	6247	1	Be my Love
	6816	1	I wonder what's become of Sally
1356	6826	1	John and Marscha
	6920	1	Ragtime Dan
1373	6996	2	Mockin' Bird Hill
	6957	2	Chicken Reel
1401	6241	2	Destination Moon
	5641	1	Always you
1449	7050	2	That's my Girl
	7108	3	Too young
1451	6958	3	How high the Moon
	7179	3	Walkin' and whistlin' Blues

Record no.	- Matr.no.	- Pieces	-	Name
1468	- 6274	- 4	-	A little Love
	- 7134	- 2	-	Red Sails in the Sunset
1493	- 7337	- 2	-	Because of you
	- 7339	- 3	-	Unless
1494	- 6279	- 2	-	The Continental
	- 6280	- 2	-	I'll be there with Bells on
1502	- 6251	- 1	-	Mr. Anthony's Blues
	- 6770	- 1	-	Cook's Tour
1526	- 6288	- 1	-	The Donkey Song
	- 6287	- 1	-	Baby Blues
1583	- 7333	- 2	-	My truly, truly Fair
	- 7248	- 2	-	Pretty Eyed Baby
1592	- 7611	- 1	-	I wish I'd never seen Sunshine
	- 7612	- 2	-	Josephine
1702	- 7631	- 2	-	Good Morning Mr. Echo
	- 7553	- 2	-	River Road two-Step
1744	- 3304	- 1	-	In the Hall of the Mountain King
	- 7804	- 1	-	Jazz Pizzicato
1748	- 7863	- 2	-	The World is waiting for the Sun rise
	- 7864	- 2	-	Whispering
1794	- 7816	- 1	-	My silent Love
	- 7950	- 1	-	Fat Man Boogie
1806	- 7987	- 1	-	Sin
1808	- 7937	- 1	-	Unforgetable
	- 7938	- 1	-	My first and my last Love
1809	- 9023	- 1	-	Cool, cool Kisses
	- 7995	- 2	-	Hey, good lookin'
1825	- 7621	- 2	-	Jazz me Blues
	- 7622	- 2	-	Just one more Chanse
1829	- 7933	- 1	-	Mean to me
1837	- 9024	- 3	-	Slow Poke
	- 9025	- 3	-	I wanna play House with you
1875	- 7759	- 2	-	Charmaine
	- 7760	- 0	-	Cry
1893	- 9005	- 2	-	Miss me
	- 9008	- 2	-	Here's to my Lady
1919	: 9375	- 0	-	Charmaine
	- 9377	- 2	-	When I take my Sugar to Tea
1920	- 9387	- 2	-	Tiger Rag
	- 9386	- 2	-	It's a lonesome old Town

Record no.	- Matr.no.	- Pieces -	Name
1922	- 9371	- 3 -	Love me or leave me
	- 9372	- 3 -	The Blacksmith Blues
1964	- 9600	- 2 -	I wanna love you
	- 9615	- 2 -	Wheel of Fortune
1966	- 9608	- 3 -	Blue Tango
	- 9609	- 2 -	Please, Mr. Sun
2080	- 9947	- 2 -	I'm confessin'
	- 9948	- 2 -	Carioca
2120	- 10485	- 2 -	High Noon
	- 9778	- 2 -	Go on ! Get out !
2123	- 10201	- 1 -	In the good old Summertime
	- 10107	- 1 -	Smoke Rings
2130	- 9580	- 2 -	Funny
	- 7973	- 2 -	Walkin' my Baby back home
2146	- 9747	- 1 -	I want my Mama
	- 10263	- 1 -	Green Eyes
2154	- 20009	- 2 -	Mine
	- 20010	- 2 -	Wish you were here
2165	- 10272	- 2 -	You belong to me
	- 10354	- 2 -	Hominy Grits
2193	- 10432	- 2 -	Meet Mr. Callaghan
	- 10424	- 2 -	Take me in your Arms and hold me
2205	- 10481	- 1 -	Two-faced Clock
	- 10484	- 1 -	Till the End of the World
2212	- 10449	- 1 -	Because you're mine
	- 10451	- 1 -	I'm never satisfied
2225	- 10541	- 1 -	Indian Summer
	- 7578	- 1 -	Quiet Village
2265	- 10709	- 2 -	My Baby's coming home
	- 10710	- 1 -	Lady of Spain
2284	- 10596	- 1 -	High Noon
	- 10599	- 1 -	Do you ever think of me
2292	- 10657	- 1 -	Why don't you believe me
	- 10658	- 1 -	Come back to me, Johnny
2315	- 10833	- 1 -	Oh, happy Day
	- 10834	- 1 -	A million Tears
2316	- 10613	- 2 -	Mammy's Boogie
	- 10608	- 2 -	Bye bye Blues
2321	- 9826	- 1 -	The Music goes round and around
	- 9827	- 1 -	Mr. Wah Wah

Record no.	-	Matr.no.	-	Pieces	-	Name
2332	-	20083	-	1	-	I believe
	-	20084	-	1	-	The Ghost of a Rose
2334	-	9614	-	1	-	Too busy
	-	10279	-	1	-	Side by Side
2346	-	10436	-	1	-	Don't let your Eyes go shopping
	-	10950	-	1	-	Pretend
2354	-	10674	-	1	-	Friend of the Family
	-	10798	-	1	-	Let me know
2361	-	20088	-	1	-	Melancholy Serenade
	-	20090	-	1	-	You're getting to be a Habit wi[illegible] me
2364	-	10550	-	1	-	Cocktails for two
	-	10552	-	1	-	Little brown Jug
2429	-	11201	-	1	-	Say you're mine again
	-	11202	-	1	-	The Song from Moulin Rouge
2442	-	11005	-	1	-	Oh !
	-	11006	-	1	-	San
2450	-	11394	-	1	-	Lean Baby
	-	11395	-	2	-	I'm walking behind you
2457	-	11402	-	1	-	Ruby
	-	11403	-	1	-	A little Love
2458	-	11398	-	1	-	Satin Doll
	-	11399	-	1	-	Without a Song
2486	-	11544	-	2	-	Vaya con Dios
	-	11545	-	2	-	Johnny
2505	-	11504	-	1	-	I've got the World on a String
	-	11525	-	1	-	My one and only Love
2507	-	20091	-	2	-	Peg o' my Heart
	-	20141	-	2	-	Terry's Theme from"Limelight"
2511	-	11446	-	1	-	All about Ronnie
	-	11354	-	1	-	Baia
2512	-	10858	-	1	-	Oh, these lonely Nights
	-	11126	-	1	-	I'll forget you
2589	-	11694	-	1	-	That's Amore
2614	-	11878	-	1	-	Don'cha hear them Bells
	-	11879	-	1	-	The Kangaroo
9006	-	7317	-	2	-	September Song
9008	-	2473	-	2	-	Night and Day
	-	2729	-	2	-	Cherokee
9009	-	6254	-	2	-	Vilia
	-	6271	-	2	-	One Dance with you

Record no.	-	Matr.no.	-	Pieces	-	Name
9020	-	9392	-	3	-	Blue Moon
		9463	-	2	-	With a Song in my Heart
9022	-	9968	-	2	-	Here in my Heart
	-	10179	-	2	-	Take my Heart
10128	-	3073	-	1	-	Orchids in the Moonlight
10129	-	3070	-	1	-	April in Paris
	-	2639	-	1	-	Gone with the Wind
10130	-	3071	-	2	-	Time on my Hands
	-	2643	-	2	-	Poor Butterfly
10158	-	2337	-	1	-	Alice blue Gown
	-	2324	-	1	-	Shine on Harvest Moon
10189	-	2158	-	1	-	Cole Capers
10207	-	3972	-	1	-	Wunderbar
	-	3977	-	2	-	Too darn hot
10210	-	3973	-	2	-	Why can't you behave
	-	3652	-	2	-	So in Love
15105	-	3330	-	2	-	Twelfth Street Rag
15117	-	2937	-	1	-	How high the Moon
	-	2946	-	1	-	Interlude
15148	-	2207	-	1	-	Lake Charles Boogie
	-	3048	-	1	-	Cool Water
15224	-	1995	-	1	-	A Woman always understands
	-	2929	-	2	-	Lillette
15246	-	512	-	1	-	Dream
	-	2074	-	1	-	The Whispering Song
15411	-	3965	-	1	-	Bop went the Strings
15518	-	5040	-	1	-	Cover the Waterfront
	-	5051	-	1	-	I got the Right to sing the Blues
15782	-	4008	-	2	-	I want to be happy
	-	7727	-	2	-	Linger a While
15800	-	9388	-	2	-	Oodles of Noodles
	-	9535	-	2	-	Liza
20086	-	1137	-	1	-	Come back to Sorento
	-	1197	-	1	-	Artistry in Bolero
57-708	-	4005	-	2	-	Ecstasy
	-	4007	-	2	-	Limehouse Blues
57-70037	-	4723	-	2	-	After School Blues
80031	-	4658	-	2	-	The last Mile home
	-	4659	-	2	-	Ragtime Cowboy Joe

Record no.	-	Matr.no.	-	Pieces	-	Name
80036	-	2773	-	1	-	Cigarets, Whuskey and wild, wild Women
	-	2982	-	2	-	Moe Zart's Turkey Trot
80092	-	3037	-	1	-	Alexanders Ragtime Band
		3052		1	-	My little Boy
80200	-	7215	-	2	-	Najala's Lament
80213	-	7980	-	1	-	Lament
	-	7979	-	1	-	Suray Surita
80221	-	9557	-	1	-	You will never grow old
	-	9570	-	1	-	You weren't there
80231	-	7946	-	1	-	I go crazy
	-	7948	-	1	-	I wanna say hello
80234	-	7922	-	1	-	Rock City Boogie
	-	9299	-	1	-	Tennessee Saturday Night
80241	-	7603	-	1	-	The hot Canary
	-	7604	-	1	-	What's new
80248	-	9375	-	1	-	Charmaine
	-	9561	-	1	-	Always
80251	-	9521	-	1	-	Tea for two
	-	9462	-	1	-	I'll walk alone
80263	-	3714	-	1	-	Yesterdays
	-	3786	-	1	-	Intuition
80287	-	9601	-	1	-	I waited a little too long
	-	7746	-	1	-	Mee too
80299	-	5770	-	1	-	Harlem Nocturne
	-	6775	-	1	-	All Anthony and no Cleopatra
80318	-	10053	-	1	-	Adios
	-	10673	-	1	-	Don't let the Stars get in your Eyes
80334	-	10744	-	1	-	Yours
	-	10483	-	1	-	Vieni, Vieni
80337	-	11252	-	1	-	The Rainbow Waltz
80338	-	10525	-	1	-	Pale Moon
	-	10526	-	1	-	I went to your Wedding
80374	-	20111	-	1	-	Till I waltz again with you
	-	20112	-	1	-	Seven lonely Days

QUELLENNACHWEIS

Ansin, Marc Dröscher, Jürgen Foth, Gerhard Klußmeier (Hgb.), „Anglo-German Swing Club. Als der Swing zurück nach Hamburg kam...“, Dölling und Galitz, Hamburg 2003

Steve Aynsley, Roger Nunn, „Git It“, http://www.rockabillyhall.com/GitIt.html

Joachim Ernst Berendt, „Das Jazzbuch“, Fischer Bücherei, Frankfurt am Main und Hamburg, 1953

BILLBOARD
Capitol Record's 10th Anniversary https://books.google.de/books?id=uR8EAAAAMBAJ&pg=PA50&dq=Jim+Conkling+capitol&hl=de&sa=X&ved=2ahUKEwixgdWieLuAhVNzYUKHQ22A0AQ6AEwAXoECAEQAg#v=onepage&q=Jim%20Conkling%20capitol&f=false

Capitol Record's 25th Anniversary https://books.google.de/books?id=XygEAAAAMBAJ&pg=RA1-PA18&dq=history+of+jazz+capitol&hl=de&sa=X&ved=2ahUKEwiVlrPn1unuAhWR8uAKHXD8DJ8Q6AEwAnoECAEQAg#v=onepage&q=history%20of%20jazz%20capitol&f=false

Capitol Record's 50th Anniversary https://books.google.de/books?id=jQ8EAAAAMBAJ&pg=RA1-PA16&dq=Johnny+Mercer+capitol&hl=de&sa=X&ved=2ahUKEwjBnaHRjeLuAhWPasAKHZMjBlcQ6AEwAnoECAMQAg#v=onepage&q=Johnny%20Mercer%20capitol&f=false

Capitol (Telefunken) 16. 10. 1948 https://books.google.de/books?id=Ix4EAAAAMBAJ&pg=PA18&dq=telefunken+capitol&hl=de&sa=X&ved=2ahUKEwj2pcipkOTuAhWP0eAKHaxsBbQQ6AEwAXoECAMQAg#v=onepage&q=telefunken%20capitol&f=false

Capitol nimmt Kontakt mit Europa auf
Billboard 24. 4. 48: https://books.google.de/books?id=PEUEAAAAMBAJ&pg=PA17&dq=porges+capitol+records&hl=de&sa=X&ved=0ahUKEwjDvYzVk-3KAhXEIA8KHc9BAXs4ChC7BQgfMAA#v=onepage&q=porges%20capitol%20records&f=false

Capitol (Telefunken) 23. 7. 1949: https://books.google.de/books?id=QA4EAAAAMBAJ&pg=PT16&dq=telefunken+capitol&hl=de&sa=X&ved=2ahUKEwjRuduUo-LuAhXoQUEAHY46CR0Q6AEwA3oECAAQAg#v=onepage&q=telefunken%20capitol&f=false

Rüdiger Bloemeke, „Die TELDEC-Story. Wie eine Plattenfirma unser Leben veränderte“, Voodoo Verlag, St. Dionys 2018, 2020

Rüdiger Bloemeke, „Don Robertson. Songs For Elvis“, Bear Family Records, Hambergen, 2003

Rüdiger Bloemeke, „Live in Germany. Spurensuche im musikalischen Entwicklungsland“, Voodoo Verlag, Hamburg 2008

Rüdiger Bloemeke, „Roll Over Beethoven. Wie der Rock 'n' Roll nach Deutschland kam“, Hannibal, St. Andrä-Wördern, 1996

Helmut Brünn, „Überblick über die Entwicklung der Telefunken/TELDEC in Nortorf und deren Verbindung nach Schweden“, Nortorf, 2014

Werner Burkhardt, „Klänge, Zeiten, Musikanten. Ein halbes Jahrhundert Jazz, Blues und Rock“, Oreos Verlag, Waakirchen, 2002

Donald Clarke, „The Penguin Encyclopedia Of Popular Music“, Penguin Group, London 1990

Donald Clarke, http://www.donaldclarkemusicbox.com/jazzletter/1988-3.pdf

Nik Cohn, „AWopBopaLooBop ALopBamBoom“, Rowohlt Taschenbuch, Reinbek, 1971

Jim Dawson and Steve Propes, „What Was The First Rock'n'Roll Record“, Faber and Faber, Winchester, MA, 1992

Diane Diekman, „Live Fast, Love Hard: The Faron Young Story“, University of Illinois Press, Urbana, Chicago, Springfield, 2007

Dayton Duncan, Ken Burns, „Country Music. An Illustrated History“, Alfred A. Knopf, New York, 2019

Günter Ehnert, Hit-Bilanz, Taurus Press, Norderstedt 2000

Colin Escott, „Faron Young. The Classic Years 1952 - 1962, Bear Family Records, 1992

Will Friedwald, „Frank Sinatra. Ein Mann und seine Musik“, Hannibal Verlag, St. Andrä-Wördern 1996

Philip Furia, „Skylark. The life and times of Johnny Mercer", St. Martin's Griffin, New York, 2004

Georgia State University: https://digitalcollections.library.gsu.edu/digital/collection/popmusic/search/searchterm/capitol%20news/page/1 (Capitol News)

Charles L. Granata, „Sessions with Sinatra: Frank Sinatra and the Art of Recording"
Google books

Bernd Hoffmann, „Spiegel unserer unruhigen Zeit": Der Jazz-Almanach. Anmerkungen zur Rundfunk-Sendereihe des NWDR Köln (1948 – 1952), Franz Kerschbaumer / Franz Krieger (Hg.): Jazzforschung / Jazz Research 40, Graz: Adeva Musik 2008, 175 – 239

Bernd Hoffmann, GRENZKONTROLLEN IM DEUTSCHEN JAZZ, http://geb.uni-giessen.de/geb/volltexte/2010/7569/pdf/Popularmusikforschung_36_S95_112.pdf

Bernd Hoffmann, BROADCASTING HOUSE / MUSIKHALLE – Hamburg 36, der Anglo – German Swing Club – eine programmatische Skizze. In: Horst Ansin / Marc Dröscher / Jürgen Foth / Gerhard Klußmeier (Hg.): Anglo-German Swing Club Dokumente 1945 – 1952, Hamburg: Dölling & Galitz Verlag 2003, 507 – 521

Gerhard Klußmeier, „Jazz im Rundfunk – weshalb nicht in Deutschland?", aus „Swinging Hamburg Journal" Nr. 2, Hamburg 2002

Kaspar Maase, „Bravo Amerika", Junius Verlag, Hamburg, 1992

Kaspar Maase, „Am Ende einer Legende? Die Nachkriegsdeutschen und die ‚amerikanische Musik'. Eingängig und vertraut oder herausfordernd und rebellisch?" in Michael Fischer und Christofer Jost (Hrsg.) „Amerika-Euphorie – Amerika-Hysterie? Populäre Musik made in USA in der Wahrnehmung der Deutschen 1914 - 2014", Waxmann Verlag, Münster, New York 2017

Carl Mahlmann, „Chronik EMI in Deutschland 1898 - 2013", Projektgruppe EMI Deutschland, Köln 2019

Peter Martland, „Since Records began. EMI, The first 100 years", B. T. Batsford, London 1997

Dave Marsh, „The Heart Of Rock & Soul. The 1001 Greatest Singles Ever Made“, Plume New York, 1989

Berndt Ostendorf, „Subversive Reeducation? Jazz as a Liberating Force in Germany and Europe“ in Revue française d'études américaines, 2001/5

Les Paul „The Legend and the Legacy“, Capitol-CD 1991

Amanda Petrusich, „Do Not Sell At Any Price“, Scribner, New York 2014

„Rockin' Fifties“, Gabriele Maag (Hgb.), München, verschiedene Jahrgänge

„Rock'n'Roll Musikmagazin“, Heinz-Günther Hartig (Hgb.), Oldenburg

John Rockwell, „Sinatra: An American Classic“, Random House, New York 1984

Wolfgang Rumpf, „Music In The Air. AFN und die Jugendkultur in Deutschland“, Vorläufiges Paper Tagung Atlantische Akademie 7.- 9. Juni 2007 Kaiserslautern

Dietrich Schulz-Köhn, „I Got Rhythm“, Quadriga Verlag, Heyne Sachbuch, München 1990

Interview Schulz-Köhn, 1. 8. 1992

Lu Seegers, „Kontinuitäten nach 1945: Wider moderne Kunst und Jazz“, aus „Swinging Hamburg Journal“ Nr. 2 und 3, Hamburg 2002

Hansfried Sieben, „Herbert Grenzebach. Ein Leben für die Telefunken-Platte“, Düsseldorf 1991

George T. Simon, „The Big Bands“, 4th Edition, Schirmer Books, New York 1981

Joe Smith, „Off The Record. An Oral History of Popular Music“, Warner Books, New York 1988

Clive Splomon, „Record Hits. The British Top 50 Charts 1954 - 1976“, Omnibus Press, London, New York, Sydney o. J.

Sigbjørn Stabursvik, Hans Otto Engvold, „How RCA brought Elvis to Europe“, Follow That Dream Records 2016

Irwin Stambler, „The Encyclopedia Of Rock And Soul“, St. Martin's Press, New York, 1989

„75 Years of Capitol Records“, Taschen Verlag

Joel Whitburn, „Top Pop Records 1940 - 1955“, Record Research, Menomonee Falls, Wisconsin. o. J.
Joel Whitburn, „Top Pop Singles

1955 - 1990“, Record Research,
Menomonee Falls, Wisconsin. o. J.

Interview Eva Windmöller,
22. 8. 1995

INTERNETLEXIKA

https://secondhandsongs.com

Wikipedia

Bildnachweis

S. 17 Nat King Cole Trio
(Michael Ochs),

S. 60 Joachim Ernst Berendt
(Jazz Institut Darmstadt),

S. 72 Stan Kenton
(William Gottlieb),

S. 133 Dean Martin
(Capitol Studios),

S. 169 Serge Chaloff
(William Gottlieb)

Danksagungen

Mein besonderer Dank gilt
Hans-Ove Regén (Schweden),
Tom Valle (Norwegen) und
Richard Weize, die mir ihre
Dokumente und Fotos zur Verfügung
stellten.
Außerdem unterstützten mich
Harald Bluschke,
Heinz-Günther Hartig,
Dietrich Heitz, Klaus Kettner,
Gerhard Klußmeier,
Dr. Mark Lehmstedt,
Reinhard Pietsch,
Jans Rabbers (Holland),
Helmut Radermacher

Parallel zur Entstehung dieses Buches hat Harald Bluschke eine umfassende Discografie der Telefunken-Capitol-Schallplatten erstellt. Seine Website bietet zusätzlich viele Informationen und Porträts zu den Musikern: https://www.rocknroll-schallplatten.de

Im VOODOO VERLAG erschienen

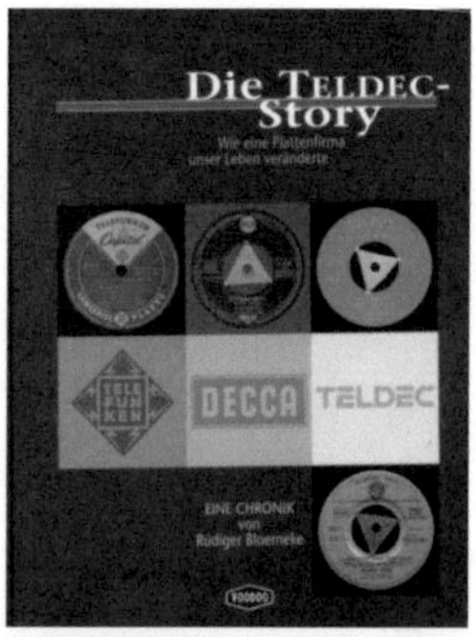

Die TELDEC-Story. Wie eine Plattenfirma unser Leben veränderte

Eine Chronik von Rüdiger Bloemeke

310 Seiten, Paperback, mit vielen Farb- und Schwarzweiß-Abbildungen,
Großformat, 3. erweiterte und überarbeitete Auflage

ISBN 978-3-00-067260-6

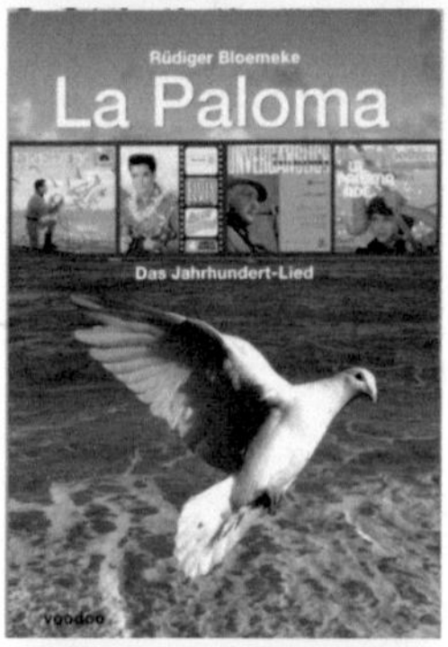

„La Paloma – Das Jahrhundert-Lied"

Rüdiger Bloemeke

158 Seiten plus viele Farb- und Schwarzweiß-Abbildungen

ISBN 978-3-00-015586-4

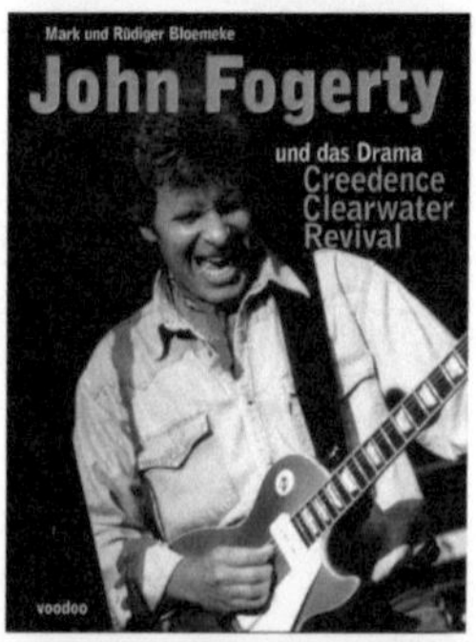

„John Fogerty und das Drama Creedence Clearwater Revival"

Mark und Rüdiger Bloemeke

308 Seiten mit vielen Schwarzweiß-Abbildungen,
2. überarbeitete Auflage

ISBN 978-3-00-003885-3

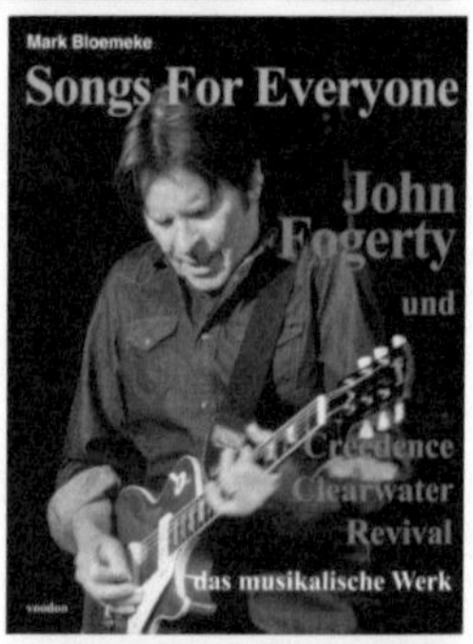

„Songs For Everyone – John Fogerty und Creedence Clearwater Revival – das musikalische Werk"

Mark Bloemeke

248 Seiten mit vielen Farb- und Schwarzweiß-Abbildungen

ISBN 978-3-00-049687-5

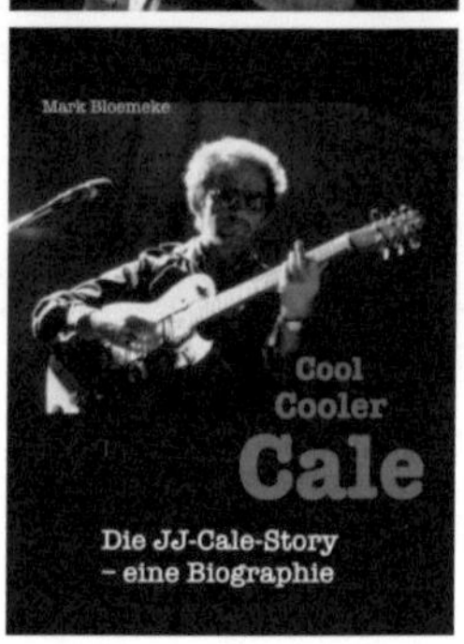

„Cool Cooler Cale – Die JJ-Cale-Story – eine Biografie"

Mark Bloemeke

258 Seiten mit vielen Farb- und Schwarzweiß-Abbildungen

ISBN 978-3-00-066151-8

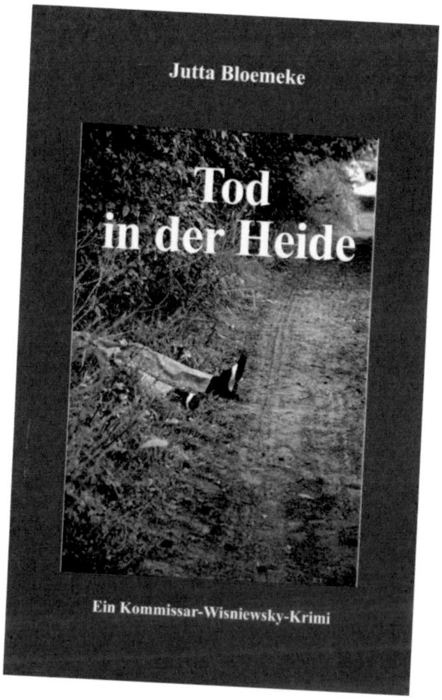

Tod in der Heide

Ein Kommissar-Wisniewsky-Kriminalroman von Jutta Bloemeke

276 Seiten

ISBN 9781505221138

In einem Gebüsch in der Lüneburger Heide wird eine männliche Leiche gefunden. Für den Hamburger Kommissar Wisniewsky kommen als Täter nur zwei Frauen in Frage.

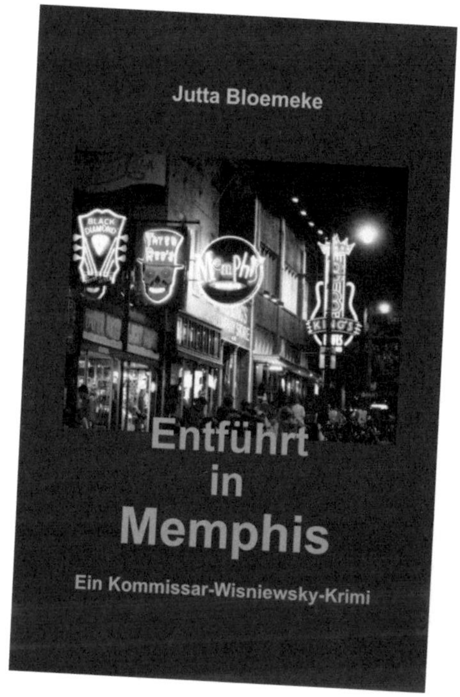

Entführt in Memphis

Ein Kommissar-Wisniewsky-Kriminalroman von Jutta Bloemeke

240 Seiten

ISBN 978-3-00-068240-7

Ein Traumurlaub in Amerika von Bernd Wisniewsky und seiner Frau Ute wird zu einem Horror-Trip. Der deutsche Kommissar gerät in Lebensgefahr.